政协委员履职风采

# 一份沉甸甸的责任

郑孝燮 著

中国文史出版社

# 《政协委员履职风采》丛书 编辑委员会

郑孝燮（2009年）

1981年5月全国政协文物保护考察团在山西大同华严寺。前排左起：郑孝燮（左二）、蹇先任（左三）、萨空了（左五）、程思远（左六）、单士元（左七）

1982年5月全国政协文物保护考察组在江苏扬州个园。前排左起：萨空了（左二）、吴亮平（左五）、单士元（左七）；后排左起：郑孝燮（左二）、钱伟长（左四）

1990 年 6 月被称为“三驾马车”的单士元（右一）、郑孝燮（右二）、罗哲文（右三）在陕西省周至县考察仙游寺

1992 年 5 月在平遥接待联合国人居中心古城保护规划专家组的考察活动。后排右起：郑孝燮（右四）、阮仪三（右七）

1995 年 9 月在云南考察历史文化名城丽江。左起：郑孝燮（左三）、鲍世行（左五）

2000 年 2 月在福建考察永定客家土楼

2004 年 6 月出席在苏州召开的第二十八届世界遗产大会。左起：谢辰生（左一）、郑孝燮（左二）

2004 年 10 月侯仁之（左二）、郑孝燮（左三）、罗哲文（左一）在一起

2009 年春节单霁翔（左）看望郑孝燮（右）及夫人马毓荃（中）

2014 年 10 月郑孝燮出席中国城市规划设计研究院六十周年院庆学术报告会时与研究院领导交谈。前排从左至右：李迅、郑孝燮、张兵、李晓江、邵益生

# 目录
contents

## 自述：我在政协调查研究和保护文化遗产的十五年



## 建言献策　尽责履职

【提案】

**政协第六届全国委员会**



**政协第七届全国委员会**

# 媒体报道

# 自述：

# 我在政协调查研究和保护文化遗产的十五年

# 童年往事

我是1916年阴历二月初二在奉天省沈阳市出生的。我祖父有三个儿子，我父亲是长子，所以我一生下来就顺理成章地成了郑家的长孙。祖父得知有了长孙，非常高兴。二月二，龙抬头，因为我是龙年龙月龙日这天出生的，祖父就给我起了小名叫龙顺，意思是希望我一辈子都顺顺当当的。在祖父的心目当中，长孙是特别受到重视的家庭成员，所以我从小就跟我的祖父母生活在一起，得到了祖父的特别宠爱和很多教诲。

我出生在一个书香门弟的读书人家。我的曾祖父郑世珍生长在官宦世家，他的父亲曾做过清朝内务府的副司库。但是曾祖父郑世珍却对做官毫无兴趣，他终日置身书斋，舞文弄墨。后因学问出众，他曾赴京求学，成了国子监太学生。

我的祖父郑英澜，号海航，是曾祖父郑世珍的第二个儿子。他自幼聪颖好学，六岁起就寒窗苦读，研习各类经书，精通书法、诗律和文章。祖父体弱多病，但他勤于读书，笔耕不辍，留下了很多文集。现存的祖父文集有《客窗笔忆》、《丙午笔记》、《冷窗杂抄》、《旅吴桥杂记》、《乙酉随笔》和《庚申随笔》等。祖父温文儒雅，待人谦和，为人善良，在当时是有一定影响的人。他曾做过东三省参议会及奉天省参议会的参议员。1925年，祖父曾应直隶吴桥县县长张子新之邀赴吴桥县署办理公牍。祖父还参与了创办奉天纺纱厂的工作，曾任职为奉天纺纱厂协理。除此之外祖父还热心慈善事业，他曾担任过沈阳最大的慈善团体——奉天同善堂的理事。祖父毕生以读书求知为己任，集品德修行于文集之中。他一生遵循“惟读书求清白，做文人得儒雅”的信念，并对我言传身教，对我以后的立身做人影响很大。

我喜欢写诗弄句是受祖父的影响。大约是从五岁起，祖父就开始教我识字。祖父把唐诗，还有他写的诗一首一首地教我读。我当时还不能理解这些诗中的意思，但每次祖父教过的诗我都能背得滚瓜烂熟。祖父看我学得很起劲，非常高兴，就开始教我作诗。相对念诗背诗而言，作诗就不是那么容易的事了。我国的古诗无论是五言的，还是七言的都很讲究用韵、平仄、对仗等格式。祖父在教我念诗的同时，常常会教给我一些平仄、押韵、对仗的作诗规则。这对一个小孩子来说本来是很枯燥乏味的事情，但我常常听祖父讲诗，听得津津有味入了神。没过多久，我就可以把“平平仄仄平，仄仄仄平平；仄仄平平仄，平平仄仄平”这样的平仄押韵格式都琅琅上口地背出来了。在祖父耐心的教导之下，我很小的时候就开始写诗了。开始的时候我写的都是一些简单的诗。后来经过反复练习，我写的诗就比较像样了，还常常得到祖父的夸奖。时间过去很久了，我小时候写过的诗早已记不起来了，但是受祖父的影响而培养起来的读诗写诗的兴趣却伴随了我的一生。

我对京剧艺术的爱好也是受了祖父的影响。祖父知识渊博，兴趣广泛，喜欢诗词歌赋和中国古典文学，还特别喜欢京戏。祖父是戏迷，我很小的时候就开始跟祖父祖母去戏院子看京戏。京戏里有诗，有故事，祖父常常会给我讲戏里的唱词, 讲戏里的故事。看得多了，听得多了，我也就成了小戏迷，看戏时常常看得如醉如痴。后来经戏迷朋友介绍，我开始到教戏老师的家里去学戏。老师唱一句，我就跟着唱一句，一句一句地学。有时候老师教做功，练起霸，一招一式，我都练得很起劲。回到家来我就在院子里提甲、抬腿地反复练习学过的动作。学了一段时间之后，我也可以唱几段了。记得那时学过的京戏有《黄鹤楼》、《洪阳洞》、《鸿銮禧》等等。后来在交通大学唐山工学院读书时，全校师生在礼堂举行庆祝活动，我还穿上戏装，粉墨登场，在京剧《黄鹤楼》这出戏里扮演赵云。京剧成了我的一大爱好，小时候随祖父看戏时学过的唱腔、唱词我到现在还记得，有时候听戏听到入迷时，我就情不自禁地跟着唱起来。

我很小的时候母亲就去世了，我一直是在祖父母身边长大的。祖父一家人住在一个四合院里，院里有一个大花园。祖父祖母都喜欢花，每当花开季节，一盆盆的鲜花都摆放在院子的前面，十分好看。院子的西南角有一个很大的地窖，是天气冷时用来摆放鲜花的花窖。我的祖母顾淑兰是江苏吴县人，她心地善良、聪明好学。没有上过学的祖母，在祖父的帮助下学会了很多字，后来可以自己读书看报了。祖母长期居住在北方，但仍然保持了很多南方人的生活习惯。每次祖母从南方归来，总要带回来一些南方的花卉，摆放在花园里，供人观赏。

我父亲郑联桂在民国初年从奉天法政大学毕业，后入奉天法政研究院。父亲经常在外地的法院工作，他曾在开元、吉林市等地担任过法官，是辽宁吉林等地有名的律师。祖父的第二个儿子叫郑叔彝，是我的六叔。他曾在哈尔滨邮局工作，后又调到天津邮局。六叔为人正直善良，对我帮助很大。我在外求学期间，因为日本人占领了东三省，我与家里断了联系，都是靠六叔的帮助，我才得以顺利完成学业。

1931年“九一八”事变日本人占领了东三省，我那年只有15岁。1931年10月，不甘心做亡国奴的我，毅然离开了家乡，跟随南下请愿抗日收复失地的爱国学生一起来到了南京和上海，开始了我求学以报效国家的艰难路程。

这以后我很少有机会再回到我的亲人身边，但是童年时期在祖父身边的回忆永远都铭记在我的心里。

2014年7月

# 我在政协调查研究和保护文化遗产的十五年

我从“文化大革命”结束后的1978年开始担任第五届全国政协委员，连任了三届，数来有15年，件件往事萦绕心头。正是从担任全国政协委员开始，我几乎把全部精力都投入到了文物保护、历史文化名城以至后来的世界遗产保护的工作当中。特别是在第六届全国政协期间，以侯仁之委员为首的四位委员向政协大会提交了中国加入《世界自然和文化遗产公约》的提案，其中就有我在内。

“文化大革命”结束后，刚刚恢复工作的第五届全国政协的主要任务是贯彻中央“拨乱反正”的精神，这其中包括对各地文物的保护情况要作专门调查。负责具体工作的是刘澜涛秘书长和萨空了副秘书长。当时在全国政协和这项工作有关的工作组有两个：一个是城市建设组，组长是韩光同志，我是副组长；一个是文化组，组长先是丁玲，后来是魏传统。萨空了同志直接推动了这件事情。十年浩劫，各地文物破坏严重，其中西藏破坏最厉害，200多所寺庙都被毁坏了。全国政协从1980年开始，就组织调查团去各省市区实地调查文物保护情况。我任全国政协委员的15年间，年年都参加这种调查活动。

第一次去的是承德，由五届全国政协副主席王首道带队，大家积极性很高，去的人也很多，我记得参加的人有缪云台、赵朴初、沈其震、萨空了、魏传统、程思远、吴亮平、杨放之、单士元等。承德避暑山庄和外八庙的古建筑和环境在“文化大革命”前就被几个单位占用，并且不断地乱搭乱建，建设性破坏很大，“文化大革命”中破坏得就更厉害。“文化大革命”结束后，有的地方还是被一些单位占用，山庄的热河温泉竟被当成城市自来水的水源而抽枯。避暑山庄湖区北岸的万树园一带是清朝乾隆皇帝宴请蒙古王公的地方，日军侵占时在那里建起了传染病院。中华人民共和国成立后，成了北京军区的肺结核病医院，并新建了礼堂、食堂和多栋二层单元宿舍楼。又如清朝藏四库全书的文津阁成了地区老干部休养所，为了冬天取暖，高大灰粗的烟囱插建其间。20世纪60年代初，外交部韩念龙副部长曾建议把承德作为外国驻华使节短期游憩的地方，得到周总理的同意。为此，当时国家建委城市规划局即组织承德的专项调查组，我参加了。这以后，避暑山庄的问题才开始逐步解决。

承德避暑山庄及外八庙具有很高的历史、艺术和科学价值。托物寄史，它铭记了清朝康乾盛世时中华民族多民族统一的民族政策和巩固边疆的政策，如“因其教，不易其俗”、“修一庙胜用十万兵”、“兴黄教，所以安众蒙古”、“合内外之心，成巩固之业”等一系列的民族政策。清朝后期火烧圆明园后，丧权辱国的第二次鸦片战争的不平等条约就是在避暑山庄由咸丰皇帝签署的。这次全国政协的调查，使问题的解决自然更为彻底。后来萨空了同志给我写过一个条幅：“一九八〇年与郑孝燮诸同志六月七日访问承德，傍晚突然黑云压顶，到烟雨楼忽又转晴。夕阳照锤峰，呈金色。群以为幸遇，书此诗，以志：‘片云头上黑，同游烟雨楼。锤峰金落照，无诗意境幽。’”落款是：“孝燮同志雅正，萨空了病中涂鸦，一九八四年十一月。”我一直挂到了现在。追随萨公诸委员保护文物，我和空了同志成了忘年之交。

1981年，全国政协副秘书长萨空了率政协调查团赴中原地区的河南、陕西、山西三省调查文物保护，成员有沈其震、蹇先任、程思远、王朝闻、杨放之、吴亮平、单士元和我等。调查团先后察看了洛阳的龙门石窟、邙山历代古墓、汉魏故城的保护情况，重点考察了西安大雁塔、兵马俑、秦始皇陵、古城墙，太原文庙、晋祠，平遥古城和大同华严寺、云冈石窟等。这些地方存在的问题主要是，有不少的工厂或学校建在了重要的遗址地上或文物的保护范围与控制地带上，使这些珍贵遗存遭到很大的破坏，也就是所说的“建设性破坏”。再有就是不适当的道路交通对文物造成的巨大影响，而地方上有人往往强调“生产压倒一切”，例如像云冈石窟背后的那条运煤车辆源源不断的国道（109国道），煤车重载的振动，煤灰的污染，都给佛像带来损害。在交换意见的座谈会上，程思远、单士元等很多委员都发了言。更有甚者，有的煤矿开采设计方案竟然要想挖煤到石窟地下的近旁。委员们看了设计方案，一致要求废除只顾挖煤、不顾石窟安全的错误设计。

1982年5月，全国政协组织调查团到了华东四省区。这一次，除调查文物外，还有一个新课题：关于中年知识分子生活状况的调查。全团仍由萨空了同志带队，参加的有钱伟长、程思远、沈其震、杨放之、吴亮平、单士元、佟铮和我等同志。调查团到了上海、杭州、绍兴、苏州、扬州和南京等地，工厂车间、学校上课、单位办公、居民居住等占据历史建筑，几乎每个城市都有这样的问题。个别地方领导说，这是不得已，“为了要吃饭”。吴亮平常委就此写文章在报上批评这种说法。水乡苏州已经填了许多河道，又在郊区天平山、灵岩山坡地，大量开拓墓地。最后我们来到济南调查，当时大明湖边上也有不少工厂，损害了整体环境，哪里还有“家家流水、户户垂杨”的诗情画意。大明湖的水甚至被有关工厂用来做了印制钞票纸的工业用水。

这几次调查结束后，全国政协调查团都写了专题报告，向中央反映情况。当时还没有进行大规模的旧城改造，拆迁的问题很少。主要问题是破坏性建设的情况比较突出，如何从整体上保护古建筑的认识不够，这就有了保护历史文化名城的概念。1982年，国务院公布了第一批24个国家历史文化名城的名单，这和政协委员长期进行的文物保护调查、提建议和提案是分不开的。

1985年，在六届全国政协第三次会议前，北京大学教授侯仁之委员写信，后又打电话给我。他说，联合国教科文组织1972年在巴黎通过了一个《保护世界文化和自然遗产公约》，中国应该加入这个公约，我们应该提交一份这样的提案。我当即表示完全赞成。侯仁之教授先是在1984年到美国康奈尔大学讲学时知道这件事的，这给他很大的震动，中国历史文化渊源深厚，完全符合世界遗产的条件，我们应该放眼世界，更好地保存祖先留给我们的宝贵遗产。这样，就有了这份由侯老起草的，侯仁之、阳含熙、罗哲文和我共同签名的，编号为663号的提案（见附件）。当年4月，这份提案送交给全国人大，引起高度重视。1985年11月，全国人大常委会批准了我国参加《保护世界文化和自然遗产公约》。1987年，我国有了第一批入选世界遗产保护的项目。

正是有了这样的好传统，不管是哪一届，全国政协委员都要为保护文物而进行深入调查、奔走呼吁、提提案，甚至上书中央。保护北京古都风貌，更成了政协委员义不容辞的责任。当时，往往是全国政协会同北京市政协一起去调查。我还清楚地记得这样一件事：五届、六届全国政协的时候，我们多次调查并呼吁：卢沟桥具有重要的历史价值，不能再走车了。在一次调查现场，一位大概是管道路交通的负责人说："桥，就是走车的。"我不太同意他的这个观点，我说："过去是，但现在不行！碗是吃饭用的，但我们故宫陈列的金饭碗就不是吃饭用的！"

1993年的9月下旬，当时我已不再担任全国政协委员，仍被邀请参加了全国政协对三峡文物的考察。这次的考察团有很多人参加，从重庆到宜昌，考察团包了一艘客轮，顺江而下，白天在岸上调查，晚上再回到船上。团长是全国政协副主席、81岁高龄的著名学者钱伟长先生。多年以来，三峡工程一直是政协委员讨论的中心议题。在三峡工程就要动工兴建的时候，我们都特别关注三峡地区地上和水下丰富的文物古迹的命运。9月25日，考察团从重庆朝天门码头上船，经涪陵、丰都、忠县、云阳、奉节、巫山、秭归，到达三峡大坝坝址所在地，最后在宜昌登陆，前后历时十天。考察团成员实地察看了多处珍贵的文物遗存，像涪陵的白鹤梁江面、忠县的汉代"无铭阙"和石宝寨、云阳的张飞庙、奉节的白帝城以及瞿塘峡的摩崖石刻等等，比较详细地了解了三峡工程对文物造成的影响以及解决的办法。在船上和宜昌岸上，考察团成员和有关县市的负责同志多次座谈，大家都积极发言。国家文物局局长、全国政协委员张德勤，还有罗哲文、谢辰生和我都谈了很具体的建议。我还记得钱伟长说：抢救三峡文物，就是保护中华民族的历史文化，就是维护中华民族的凝聚力。船到中堡岛时，正值中秋佳节，钱伟长副主席代表考察团向文物考古工作者赠送了中秋月饼。考察团一行在三峡度过了一个难忘的中秋节。

回忆保护文物的往事，有时很顺，但多数时候都是历尽艰辛。1979年2月北京德胜门箭楼要拆除。当时我是五届全国政协委员，有责任呼吁不要拆除北京德胜门箭楼。我即于1979年2月14日上书陈云副主席，请考虑制止破坏这一文物。我的信很快地就得到了批准，德胜门箭楼也得以保存下来。但是有时也出现过莫名其妙的突变，若不是据理力争，像本该列入历史文化名城的上海，应该列入世界遗产的平遥古城，恐怕都被一下子抹掉了。上海是半殖民地半封建中国近代史的缩影，是中国共产党的摇篮，怎能不列入历史文化名城？平遥古城的古城墙、古街巷、古民居及古庙宇都基本上保存完好，这样一座体现了明清时期汉民族文化传统的古城，怎能在我们自己最后讨论申报世界遗产会上突然“榜上无名”？对上海列入历史文化名城这件事，当时是六届全国政协委员的单士元、罗哲文和我联名上书万里副总理才得以解决的。而平遥古城的问题，是我在会后不得不立即于1995年6月19日紧急上书给建设部侯捷部长等领导，建议一定把平遥申报为世界遗产。

从五届全国政协起，全国政协组织的文物保护调查活动给了我很大的机缘，使我对古建文物做了很多“身临其境”的调查研究，至今二十余年来为追随历史文化遗产的保护工作而“马不停蹄”。我想，保护文物，保护世界遗产，匹夫有责。我还要坚持不懈做下去，责任是沉甸甸的。

2006年

**附件：第六届全国政协提案（教育类）**

**提案第663号**

案由：我国应尽早参加“联合国教育、科学及文化组织”（简称教科文组织）的“世界文化和自然遗产保护公约”，并准备争取参加“世界遗产委员会”以利于我国重大文化和自然遗产的保存和保护，加强我国在国际文化合作事业中的地位案。

提案人：侯仁之　阳含熙　郑孝燮　罗哲文

理由：联合国教科文组织在1972年第十七届会议期间，于11月16日通过了一项国际公约，即“世界文化和自然遗产保护公约”，其目的在于通过国际合作，更积极、更有效地保存和保护对全人类具有重大价值的文化遗产和自然遗产。该组织列有予以保存和保护的世界文化遗产和自然遗产名单。前者包括人类历史文化中具有突出的普遍价值的古建筑、古遗迹和其他古代的艺术创作（不包括可以移动的收藏品）；后者包括具有突出的普遍价值的天然名胜、自然景观以及遭受绝种威胁并严格划定的动物和植物的栖息地区等。现在批准该公约的教科文组织成员国已有七十六个国家。公约国每两年开一次大会，讨论计划、预算和专家会议交流经验、培训人才。发动某项重要遗产的国际保护运动（如埃及因筑阿斯旺水坝而迁移的神庙的保护），经选举产生的“世界遗产委员会”，主要是管理基金（多由西方发达国家捐助）。公约国交费为教科文会员国会费的1%，为数不多。

从我国来说，我国为文明古国，地大物博，无论是在上述的文化遗产或自然遗产中所拥有的具有世界性重大价值的、而且是应该积极予以保存和保护的对象，历历可数，其中为举世所公认并已得到国际友人主动赞助进行维修和保护的，如万里长城和卧龙熊猫自然保护区，即分别属于上述的文化遗产和自然遗产两大类别之中，但是我国迄今尚未参加“世界文化和自然遗产保护公约”，因此也不能享受由签约国所应该享受的一切权益，更无助于推动这项有益于全人类的国际文化合作事业。

据悉我教科文组织全国委员会为了考虑参加“世界文化和自然遗产保护公约”，已经做了不少的准备工作。我文化部、科学院、人与生物圈国家委员会、城乡建设环境保护部、林业部等单位，也已进行过研究，只是尚未会同作出最后决定。现在我国实施开放政策，除去注意引进有利于我国四化建设物质文明的各种技术、设备和资金外，也应该积极参加并推动既有益于我国，也有益于世界人民精神文明的国际文化科学事业。因此建议我国尽早参加“世界文化和自然遗产保护公约”，并准备争取参加“世界遗产委员会”。

办法：由我教科文组织全国委员会会同文化部、科学院和人与生物圈国家委员会、城乡建设环境保护部、林业部、外交部等有关部门，准备有关“世界文化和自然遗产保护公约”的文件，并备文说明参加该公约所应具备的条件和有关事项，报告国务院和全国人民代表大会常务委员会审核批准。

1985年

# 建言献策　尽责履职

【提案】

政协第六届全国委员会

# 建议中原油田拿出一部分油伴气或天然气，供应首都或京津城市民用

地跨河南、山东黄河，南北狭长146公里的中原油田，石油及天然气均储藏甚丰，而且地理位置适中，距北京、天津较近。城市气化是现代化建设的重要内容之一。今年4月，全国政协调查团曾去中原油田参观，深受中央决策英明及油田奋战胜利的鼓舞。目前，中原油田的纯天然气井已打了多口，打后即封存，暂时不用。同时还打了许多口油井，石油年产已达300万吨。油井伴生大量的石油气不能封存，由于一时运不出去，所以只能放空烧掉。为此而建立了许多火炬，每天日以继夜地要白白烧掉40万至50万立方米的油伴气，已烧了三年了。从油田至沧州的输气管道正在修筑（从沧州再接至青岛、南京的输气管道）。所有这些都是专为输供化工厂用气而建的。我们有的委员在油田时问起："油田规划是否也考虑供应城市气化？"回答不考虑，原因是每一立方米的气均算工业产值。但我们知道，许多国家从国外或洲外既为工业又为民用输送天然气。建议国务院研究决定，中原油田的油伴气、天然气总要拿出一部分就近供应城市民用，尤其是首都或京津。石油化工厂的大量用地用水要靠城市提供；污染环境城市又首当其冲。我们认为提供一部分气给城市民用，也是社会主义生产的目的。城市气化还有煤制气等其他气源，但热值"大卡"均低。

总的经济效益是可以比较的。即使中原油田供应京津地区部分民用气，油气、煤气并举也好。首都是全国的政治中心和对外橱窗。贯彻中央书记处四项指示，工业部门包括石油部门都是有份的。

1983年

联名提案人：钱伟长　赵宗燠　夏行时　蔡　啸

# 关于迅速制止在八达岭长城修建索道缆车的提案

去年我国外汇收支不平衡，国务院提出今后利用外资有三条重要原则。为此，我们特向国务院建议：对北京市延庆县为修建八达岭长城从滚天沟至北八台、南四台的索道缆车，拟向香港金晖公司借1200余万元人民币，向南朝鲜华裔周先生的公司借600余万元人民币，两项共借1831万元人民币（合495万美元），两年借完建成，十四年还本还息916万美元，此事应迅速制止，以减少国家在经济上的损失和对全国重点文物、风景名胜的破坏。

一、八达岭长城举世闻名，是全国重点文物保护单位，是国家重点风景名胜区。爱我中华同伟大的长城总是连在一起的。长城是中华民族力量与智慧的象征，是凝聚海内外炎黄子孙的巨大精神文明支柱，是国歌用以激励人心、振兴中华、团结奋发的号角，是人类历史文化的奇迹。联合国内挂着的象征中国的绒绣巨画万里长城，正是北京八达岭长城。埃及金字塔、日本的富士山、美国的大峡谷等世界著名的文物古迹、风景名胜，均绝对不允许架设索道缆车，以免导致文化风貌上的破坏。

二、北京慕田峪长城借外资修建的索道缆车据说是外国旧货冒充的。现在那里是亏损的旅游点，外债拿什么去还？何时还完？经验教训，犹如隔日，不可不察。否则东起山海关，西至嘉峪关，万里长城缆车一旦引建成风，何以收拾？游览名山大川、风景文物，如美国的大峡谷，可以骑马代步，也有直升机可乘，俯览全貌，八达岭长城似宜参考。

三、根据《中华人民共和国文物保护法》及国务院关于国家风景名胜区的规定，均不许可在保护范围内随意建设。即使必需的旅游建设，也必须经过国家主管业务部门的同意。显然八达岭索道缆车事前并未经过文化部和建设部的同意，这是违法的。

四、我国电力供应紧张，北京三环路以外及郊区农村，停电较多，所谓停三开四、停二开五，甚至停五开二（均每周），均已直接影响了生产和生活。在这种情况下，修建耗电多的缆车等更是不应该的。

五、据向中国机械委员会北京起重运输机械研究所运输室了解，这类索道缆车的技术，我国已从国外引进，能自己设计和制造。如用国产同样设备，只需要600万元人民币，比外资省三倍，而且不用外汇。

我们认为，根本不应修建八达岭长城的索道缆车。修建缆车索道，则粗大的钢缆、众多的高大钢架（支撑钢缆）以及机房和站房等建筑均要一个个暴露在长城的保护范围内。这不可能为长城锦上添花，而必然是对长城环境的破坏，损害长城的伟大形象和历史价值。八达岭长城早已人挤为患，游人大大超过了它的环境容量。如果修建索道缆车，等于火上加油，更不利于向外疏导，增辟其他文物风景旅游区。

1987年

联名提案人：叶道英　朱伯禄　朱洁夫　关士聪　李铁铮　陆钦侃
茅祖杓　孟鞠如　胡有萼　俞恩瀛　夏行时　钱人元
韩云岑　程学敏　曾世英　潘国定　李希泌　袁宗虞
张春男

# 关于南京中山陵园森林急需抢救的提案

南京中山陵是全国重点文物保护单位，陵园是全国重点风景名胜区。保护好中山陵（包括陵园），对发展爱国统一战线，团结海内外同胞，特别是对中国台湾、中国香港、中国澳门同胞及国民党人士，都具有特殊重要的意义。这一全国重点文物与风景区的政治影响作用，不可低估。中山陵园现有以黑松、马尾松为主的森林面积3.8万亩。1982年开始发现有些黑松零星死亡，1983年黑松的死亡，传染很快，于是引起了省、市领导的重视，随即请了南京农业大学、中国林业科学研究院、林业部森林检疫所等专业单位到陵园松林现场进行“会诊”，并确诊为“松林线虫”害，属于森林毁灭性虫害，目前国内尚无有效防治办法。根据专家的建议，采用了日本的有效防治经验，即：采取伐除和处理已病死的松树，同时用飞机喷洒药物杀灭螟虫（螟虫是“松林线虫”的媒介）。经过这样三年的治理，陵园松林的死亡率有所减低。但是陵园周围的部分林区，由于紧靠居民区、菜田、水源、牧场，因而是不能喷洒药物灭虫的，以致这些地方的松树死亡达50%，个别地方竟达70%，情况非常严重。1987年2月南京市组建了“防治松林线虫指挥部”，准备进行大面积的药物喷洒灭虫。对于中山陵墓核心地区及上述不允许喷洒药物地区的森林，则必须改用向树干体内注射药物，才能奏效。指挥部虽已成立，但防治经费需由陵园管理处出；而陵园管理处近几年因苗木滞销，经费拮据，相当困难。为此，他们反映，拟请中央国家有关部门能够专拨人民币30万元、外汇日元500万元，用以赶紧抢治中山陵园的森林。建议：有关国务院部门赶快调查核实，支持抢救。

1987年

联名提案人：夏行时

# 建议将宁波郊区的“它山堰”列为全国重点文物保护单位

宁波郊区“它山堰”是唐朝太和七年（公元833年）建的保存至今的古代水利工程重要遗物。它山堰全长134.4米，宽4.8米，高10米，堰面全部为大条石砌筑，堰身为木石结构。这一重要的唐代水利工程，具有咸水、淡水分家（阻咸蓄淡）和引水与泄洪的多种功能。尤其是直到今天，这一古老水利工程还在继续发挥作用，为当地百姓服务。它山堰具有重要的历史、科学价值，像这样的古代工程，在全国是非常少见的，它反映了一千多年前我国人民的高度创造智慧，并且已在一次国际水利会议上把它的历史成就介绍给了国外。建议列为全国重点文物保护单位。

1986年

联名提案人：钱伟长　萨空了　夏行时　沈其震　罗哲文　李希泌　单士元　侯仁之　张楚琨

# 建议将内蒙古的美岱召和五当召列为全国重点文物保护单位

一、内蒙古的美岱召（俗称三娘子庙）是建于明朝的喇嘛召庙，位于包头市东郊。美岱召古建筑群现已修缮完整，包括：1.石砌方城及城楼；2.蒙汉混合形制大屋顶的前殿大经堂、大雄宝殿、后殿三佛殿；3.西侧的方形平顶二层白墙的藏式建筑；4.蒙汉混合式的东侧的太后庙、八角庙及楼院。整个古建筑群背倚大青山，布局完美，显示出很高水平的建筑艺术价值。17世纪中前叶，成吉思汗第十七代孙阿拉坦汗统治这一带，他和他的妻子宗金（即历史上著名的三娘子）坚持蒙汉民族和平修好的政策。阿拉坦汗死后，三娘子继续为维护民族和睦、祖国统一而做出了重大贡献。她死后骨灰即安放在太后庙内。三娘子，自明朝以来深为内蒙西部蒙汉人民所敬仰，美岱召因此就更加具有重要历史价值。庙内现存的宗教壁画及有关三娘子的壁画，也都很有艺术价值。美岱召还具有革命历史价值，东侧的楼院就是当年乌兰夫同志从事革命活动的处所。建议把美岱召列为全国重点文物保护单位。

二、内蒙古的五当召位于包头市东北七十公里的阴山山脉的吉忽伦图山上，建于清乾隆十四年（公元1749年）。召庙建筑全部为西藏式，白墙、平顶，因山布置，规模宏大；佛像雕塑、壁画和建筑装饰均富有鲜明的喇嘛教特色。五当召周围峰峦环抱，旁有河道，过去林木茂密，别有天地。十年浩劫，由于当地蒙古族群众的保护，得以幸存。五当召是由六座大殿、三府（活佛府）、一堂（陵堂）等古建筑统一组成，全部建筑二千五百余间、占地三百多亩。五当召从前还是一座喇嘛教的高等学府，分为四大部分，即时轮学部（研究天文、历法、数学等）、宗教哲学部、医学部和教义戒律学部。当年远方喇嘛来此学习深造者甚多，毕业前还举行学位考试。五当召是内蒙古最大的黄教召庙，也是中国古代喇嘛召庙建筑保存完好的珍贵文物古迹（只是山上林木减少了）。具有如此重要历史、艺术、科学价值的五当召，早就应该列为全国重点文物保护单位。

1986年

联名提案人：钱伟长　萨空了　夏行时　沈其震　罗哲文　李希泌　单士元　侯仁之　张楚琨

# 建议将天津南开学校东楼列为全国重点文物保护单位

天津南开学校东楼是敬爱的周总理青年时期读书和从事革命活动的重要纪念建筑文物，十年浩劫后，已于1978年进行了修缮。目前天津市只有两处全国重点文物保护单位，一为蓟县辽代建筑独乐寺，一为位于市区的义和团反击帝国主义侵略的指挥中心吕祖庙。周总理鞠躬尽瘁，为中国人民革命和建设事业，为世界和平进步事业，立下了不朽的功绩，永远为全国人民所景仰、怀念，在国外为他立碑、立像，永志深切纪念的已有多处。因此，尽早把天津南开学校东楼这一具有重要革命历史价值的建筑文物升级为全国重点文物，是义不容辞的。

1986年

联名提案人：孙越崎　钱伟长　萨空了　夏行时　沈其震　罗哲文　李希泌　单士元　侯仁之　张楚琨

# 建议恢复国家文物事业管理局，以利开展和加强文物工作

我国的文物工作，十一届三中全会以来有了很大的发展，成绩不小。第七个五年计划期间，随着物质文明与精神文明建设一起抓，全国第二批历史文化名城的确定以及旅游事业大发展的新形势的需要，特别是为了加强法治，更好地贯彻执行国家文物法和进一步制定、补充文物法的细则等的需要，现有的文化部文物事业管理局机构显然已经不够适应。此外，还必须看到保护文物、宣传文物等于保护与宣传祖国历史的根，这对于沟通、激发海内外炎黄子孙的爱国思想感情，对于教育我们当代人及子孙后代，均至关重要。几年来实践表明，文化部所管的工作既繁多而又复杂，以致不可能把更多的力量用在文物管理工作上。实际上，文物事业有许多重要的工作应做而未做。为此，建议尽早恢复国家文物事业管理局的组织机构，以保证进一步加强我国的文物工作。

1986年

联名提案人：钱伟长　萨空了　夏行时　沈其震　李希泌　单士元
侯仁之　张楚琨

# 关于城市建设欠账太多，“七五”计划应列有城市建设的户头的提案

城市建设是国民经济和社会发展的生命线，没有城市的道路、交通、供水、排水、邮政、电信及商业服务，文化、教育、医药卫生、体育、游憩等设施的服务，恐怕任何工厂一天也活不下去。城市建设许多项目的生产性质是不宜否定的。现在全国城市供水的70%，供煤气的50%，道路上行驶车辆的70%都是用于工业生产的。北京地下水位日益下降，究其根源也与工业大量用水有直接、间接的关系。台湾有的城市因过量开采地下水使地面下沉，地上建筑物遭到破坏。上海也存在类似问题。这就是城市建设欠账的恶性循环。城市建设欠账的情况是普遍的。迄今全国有180个城市缺水，合计每天缺水1240多万吨，其中40个城市严重缺水。全国城市还有半数以上在建成区内没有排水设施。有的大城市的下水道普及率仅有30%左右。全国城市供煤气的普及率目前仅占22.4%。至于城市道路失修失养，以及交通拥挤，都是有目共睹的。上海公共汽车、电车，平均每平方米车厢地板站立11人。此外工业造成的城乡环境污染，也会危害人民。据这次大会陈先委员的发言，北京的空气污染，已超过国际体育运动会要求的标准。他说这将影响亚运会或奥林匹克运动会能否在北京举行。城市建设欠账太久、太多，建议在“七五”期间，不要继续欠账，否则窟窿越来越大。我们中华人民共和国成立快四十年了，应当把城市建设列为户头，作为综合平衡的一个重要环节。

1986年

# 关于新建合肥火车站站房应依法审查、慎重决策的提案

国务院已于1984年正式颁发《城市规划条例》并在全国执行。条例规定："城市总体规划批准后，必须严格执行，任何组织和个人不得擅自改变。城市人民政府认为确需修改时，必须提交该城市人民代表大会或其常务委员会审议后，报经原批准机关同意。"合肥市总体规划是省、市人大和政府正式上报国务院，并经国务院正式下文批准的。其中铁路枢纽和客站规划，符合合肥市的长远发展，并经铁道部正式论证、鉴定、批准。近来，有关部门和地方的个别同志，以早日改善站房为理由，不顾城市规划条例的规定，不按照国务院批准的合肥总体规划，打算仍在老站新建大型新站房。这样，势必带来站内站外一系列改建、扩建和新建工程，带来大量楼房与基础设施的拆毁，造成很大经济损失。更值得重视的是，这样做，将打乱和否定国务院批准的合肥总体规划，给未来的城市布局形成很不合理的局面，从长远看，也影响合肥市的进一步发展。为此，我们建议，对这个将会给合肥带来重大影响的问题，转给主管部——建设部和铁道部，依法进行审查，再作最后决策，以免形成重大失误。

1987年

联名提案人：杨纪珂　吴　翼

# 《政协章程》对县级政协工作应作出明确规定

1987年2月我出差川北通江县调查文物、风景名胜区保护问题时，县政协主席、副主席、秘书长专门邀我座谈，希望我能向全国政协反映他们的意见。他们感到开展县政协工作有一定困难，主要是因为《政协章程》对县级政协工作的制度化、法律化没有明确的原则规定。

一、由于县政协工作缺乏制度化、法律化的规定，加上不少人认为县政协可有可无，所以对县政协“高兴叫你去，不高兴就不叫你去”，只是“口头重视”。这样下去怎么能够发挥民主协商、互相监督的作用呢？县政协要组织调查没有钱，资料写出来要印，没有钱。而和同级县人代会相比，工作困难要多得多。

二、通江县为川北革命老苏区的贫田县，目前还是个补助县。县政协暂借用的工商联的房子，因为工商联正在恢复，必须还房，所以县政协即将“无处安身”，这将如何开展工作？

三、县委统战部现有两位部长，一位干事，下面没有兵。人员编制太紧。

我的意见：县级政协工作的开展情况各地不一样、不平衡。对于像通江县政协这一类工作困难的地方，希望全国政协多了解、多关心。至于《政协章程》如何，或用其他补充办法，也请研究。

1987年

# 建议尽早把湖广会馆和平阳会馆改为北京戏曲和中国戏曲历史博物馆

北京是元朝的大都，是元曲的发祥地。元曲四大家的关汉卿、马致远、王实甫、白朴都长期在大都生活和创作。《窦娥冤》、《西厢记》、《赵氏孤儿》、《陈州粜米》（包公戏）等元代杂剧，至今还有影响。明朝中后期到清朝康、乾年间，高腔（弋阳腔）、昆曲流行于北京。当时北京，上自宫廷、贵府，下至许多寺庙、会馆、饭庄、茶楼戏园，均建有戏台，经常演戏。“七七”事变前尚存的前门外肉市的“广和楼”就是明代的民间戏园。明代汤显祖的《牡丹亭》，清初洪升的《长生殿》昆曲，都是在广和楼上演的名剧。近代的富连成科班，长期保护和利用了广和楼古戏楼建筑作为实验舞台。乾隆五十五年（公元1790年）以二黄为基调的四大徽班进到北京，道光年间（公元1821—1850年）以西皮为基调的汉调戏班，又从湖北进京。这样，经历了半个世纪的发育成长，才真正地使京剧成熟起来。其中，京剧还吸收了梆子、罗罗腔、昆曲等的优点，并在身段、作派、念白、武打等方面博采众长，精益求精。可以说，京剧成熟的这一过程，正如元曲之与大都一样，也是以北京为摇篮的。百余年来，从北京造就了一代一代的京剧演员、乐师、教师、杰出的艺术家。梅兰芳还是最早为京剧赢得国际荣誉的艺术大师。京剧剧本，浩如烟海，仅以唐宋故事为题材的，就有“唐三千，宋八百”之说。近一两年来，天津腾出广东会馆、苏州腾出全晋会馆，加以修缮、保护、利用为戏曲历史博物馆。既保护了文物建筑，又开办了戏曲博物馆。北京在中国戏曲发展史上，有着重要的经历和作用，尤其还是京剧的故乡，全国戏曲的文化中心。为此，建议北京要有两个戏曲历史博物馆：一个是以京戏、昆曲为主，一个是面向全国主要地方戏曲（二处均要适当包括曲艺在内）。京昆历史博物馆可用湖广会馆，全国地方戏曲历史博物馆可用平阳会馆。现在这两个会馆，用为纸本厂和中药仓库，均有火灾危险。

1987年

联名提案人：夏行时　李希泌　袁宗虞

政协第七届全国委员会

# 建议暂存甘肃省图书馆的乾隆善本《四库全书》归还辽宁省安全珍藏

《四库全书》是清朝乾隆三十七年（公元1772年），用时十年编纂的典籍巨著，当时一共缮写七部，分藏于：1.北京故宫的文渊阁；2.圆明园的文源阁；3.承德避暑山庄的文津阁；4.沈阳故宫的文溯阁；5.杭州孤山的文澜阁；6.扬州的文汇阁；7.镇江金山寺的文宗阁。1860年第二次鸦片战争，火烧圆明园毁了文源阁。另外扬州文汇阁，镇江文宗阁也毁于战火。杭州文澜阁的《四库全书》则散失不全（后补抄齐全）。缮本《四库全书》极为珍贵，是国宝一级文物。沈阳珍藏的《四库全书》虽历经日俄战争、日本侵略及解放战争等的沧桑，均一直安全无恙，完整无缺。1966年当时辽宁省委基于“备战”的指示，经中宣部、文化部批准，将原在沈阳珍藏达一百八十余年之久的缮本《四库全书》，交甘肃省图书馆暂时存藏。现在十年动乱早已结束，党的十一届三中全会以来，全国拨乱反正，安定团结，尤其党的十三大的改革精神更加激励了各项事业走向健康发展的道路。辽宁省、沈阳市人大代表，政协委员近几年来多次提案要求《四库全书》完璧归赵，由甘肃归回辽宁保存。1986年7月“（辽宁）省长办公会议第166次会议决定，责成文化厅积极索回《四库全书》”。当即派福居副厅长向文化部宋木文副部长和图书馆局鲍振西副局长“面谈了省政府意见”，并“得到了他们口头赞同和支持”。接着，“省政府给国务院提出正式报告”（见辽宁省文化厅、辽文图字［1986］10号文件——省文化厅给李长春省长林声副省长的报告）。我们一部分委员于1987年10月赴辽宁调查文物保护工作和历史名城情况时，得知这一情况，事后并看了有关文件。我们认为上列经过属实，并一致提议：

一、现存甘肃的全套缮本《四库全书》应由辽宁省全部收回。这是合理、合情、合法的，是对《四库全书》在沈阳珍存一百八十余年历史的尊重。

二、为保证《四库全书》的安全，运回沈阳后不能存藏在原“文溯阁”木构文物建筑。辽宁省图书馆专藏《四库全书》的新馆，必须是具有现代化设备和条件的专用书库，以保证防火、防潮、防虫、防震的安全。

三、建议文化部把督促实现这一完璧归赵的案件列入工作日程。

1989年

联名提案人：吴修平　罗哲文　钱伟长

# 必须加强保护在我国的世界文化遗产

现在我国有五处全国重点文物保护单位和一处国家级风景名胜区，合计为六项，已被联合国教科文组织审定公布为“世界文化遗产”。它们是敦煌石窟、长城、秦陵兵马俑坑、北京明清故宫、周口店猿人遗址、泰山。这一审定，使我国灿烂的历史文化和壮丽的山水名胜在世界上更加闪烁着光辉，同时也在要求我们必须严格遵守国际准则，承担义务，把在我国的世界文化遗产保护好。但是近几年有些世界文化遗产却人为地遭到了这样或那样的破坏。例如：最使人震惊，最触目惊心的是盗窃和走私文物的魔掌已不止一次伸入了防备周全的敦煌莫高窟。1986年莫高窟珍贵壁画曾被盗窃。去年有一位全国政协常委在香港看到敦煌壁画居然出现在文物市场。不料今年1月莫高窟又有珍贵壁画约1平方米——为藏传佛教密宗元代壁画——被盗。奇怪的是这个被盗的石窟并不开放，只有内部人员可去。去年春季，联合国教科文组织派考察团来华考察我国的六项世界文化遗产的保护工作。他们回去后写的报告中对长城的保护指出：一是长城修得太新；二是为运送游客的空中索道，在任何情况下将是不允许的。全国政协无党派组委员数十人，两年前曾写了紧急提案，呼吁停建八达岭长城索道。以后，仍有不少委员和专家学者一再呼吁。目前终于有了停建的结果，但此中已造成的损失非小。修建八达岭长城索道是违反国家文物法和风景名胜区管理条例的。秦始皇陵兵马俑的发现，轰动世界，称为奇迹。然而十年动乱中竟在这一重要文物的保护范围内，乱选址修建了“陕西缝纫机厂”。时至今日，该厂不但不迁，反而就地扩建，根本不把国家文物法和风景名胜区条例及保护世界文化遗产应负的国际义务放在眼里。联合国教科文组织考察团对此批评尖锐，希望中国政府赶快拿出秦陵整个地区的保护措施及规划，三年怎么打算？五年怎么打算？等等。1929年发现的周口店北京猿人遗址，是69万年前猿人头盖骨及大量旧石器、用火痕迹和动物化石等出土的重要遗址。十年动乱，在遗址开山取石，建工厂、烧石灰、烧水泥。后来经各界强烈反对，一度中止了破坏，但最近几年又死灰复燃，开山取石，办厂、建房、搞钱不止。联合国教科文组织考察团看后，表示“担忧”，该“原始地貌和洞穴已经基本全部遭受损害”（《人民日报》（海外版），1989年1月12日）。此外，乱占乱用与破坏性建设，即使北京故宫和泰山这两处世界文化遗产也未能避免。鉴于上述情况，我们建议政府要尽快着重抓一抓，不要等闲视之。

一、在我国的世界文化遗产项目，建议由国务院列为特别保护单位，责成由国家文物局和建设部归口，统一联合管理。旅游、宗教、外事、林业、环境保护等业务，凡涉及世界文化遗产保护的均由归口部门综合，防止各行其是带来的种种破坏。

二、加强法治和承担国际义务。建议全国人大常委会考虑对《刑法》补充修订。盗窃走私文物大案要案及监守自盗等大案要案应及早定出从重治罪的律条。同时由国家文物局和建设部制定在中国的世界文化遗产特别保护单位的专门保护法规及各自的保护与管理实施条例。联合国教科文组织的有关准则和考察报告中及其他文件提出的原则，均属我们应承担的义务。

三、加强保护规划。在总体保护的基础上，还要有分片、分段、分点、分期的整顿治理历史与自然文化环境的保护规划，包括各自及周围一定范围的保护。强调保护世界文化遗产的历史与自然的文化特色和基调。

四、接受各级人大、政协等的监督检查。

五、加强对在我国的世界文化遗产的学术研究和国土工作。

六、现在来我国考察、研究世界文化遗产和实地拍摄这方面影片、电视片的团体、个人日益增多，其中情况有的比较复杂。因此需要专门定出法规和统一归口管理的制度。

1989年

联名提案人：丁轸宇　王振铎　冯　寅　朱　扶　朱洁夫　任以奇
任宗德　李希泌　李铁铮　杨希枚　杨国桢　吴家楹
陆钦侃　林　娜　孟鞠如　胡公石　胡有萼　俞恩瀛
钱人元　倪松茂　郭布罗·润麒　唐连第　梅绍武
董竹君　蒋彦胤　韩云岑　程学敏　雷天觉　廖静文
潘国定　梁从诚

# 保护天津的古城区，不要造成“破坏性建设”

天津和广州、上海在中国历史上均具有特殊历史意义，所以被定为国家级历史文化名城。历史是不可割断的，天津先有古城，后有租界及其余扩建地区，它们是先后有机联系着的。即使从元明清算起，天津现存的古城区，也属历史悠久。元大都及明清北京，皆赖天津漕运枢纽为生命线“输给京师”。明朝天津卫是北京的东南大门，反映明朝卫所制度的古城区，迄今几乎成了全国保存卫城比较完整的孤例。清朝从第一次、第二次鸦片战争至八国联军入侵，天津作为京师门户，首当其冲，灾难深重。古城区的这一历史见证，显然并非别的地方所能代替。八国租界是帝国主义侵略中国的见证，历史意义重大。租界的出现同古城区的历史与环境演变完全分不开。目前天津古城区决不会因为环境破旧而失去它的历史地位和历史价值。托物寄意，正是文物古迹、历史保护区、历史文化名城保护给人以精神影响的实质所在。天津现存古城始建于明永乐二年（公元1404年），呈长方形，计南北600余米，东西1000余米。城墙被八国联军拆除改筑环城马路，但城内基本上仍保持着原格局及建筑基调与风貌，当然水电路等基础设施是现代的。据郑孝燮、谢辰生委员会同建设部城市规划司严仲雄总工程师亲赴天津实地查看，天津市的内环道路规划，拟从北马路向南扩展切入古城保护区，需要切占50—90米的进深，即大约十分之一至七分之一的古城区将被抹掉。实质上，这将成为一个对历史文化名城保护的“破坏性建设”规划，等于在自毁名城。根据1982年2月《国务院批转国家建委等部门关于保护我国历史文化名城的请示通知》所指出的“对集中反映历史文化的老城区、古城遗址、文物古迹、名人故居、古建筑风景名胜、古树名木等，更要采取有效措施，严加保护”的要求，根据今年5月《全国文物工作会议》文件的精神，特别是李瑞环同志重要讲话“以保护为主，把抢救放在首位”的精神，我们认为：

一、需要修订道路选线方案，以保护天津古城区完整为前提。

二、如一定坚持切占古城保护区的道路规划方案，应当比照《中华人民共和国文物保护法》取得国家文物局会同建设部的书面同意。因为一是事关重大；二是国家级历史文化名城的主管，归口这两个国务院部门。

三、关于道路规划与天津古城保护的矛盾及法律依据似应向世界银行事先提供备忘，以取得他们的认可或需要另作方案。

四、对古城保护区应进一步做好分区保护规划。

1992年

联名提案人：傅熹年　王世襄　罗哲文　谢辰生

# 建议国家对国土规划、区域规划、城市规划加强领导

中华人民共和国成立初期，党和国家就十分重视区域规划和城市规划工作。在“一五”期间，有150多个城市编制了初步规划，其中有15个重点建设城市的规划经国家建委等中央部门批准。从1956年开始，区域规划也在一些地区逐步展开。其后，从六十年代初期直至十年动乱，规划工作屡遭挫折。但在1978年以后，规划工作又得到了较快的恢复和发展。国土规划、区域规划、城市规划是三个不同层次又不可分割的有机整体，都与国民经济和社会发展的各个方面密切相关，是综合性、地域性、战略性很强的工作。许多国家都是把这三者作为一个完整的系列，统一管理。法国、联邦德国、瑞典、比利时、捷克等国，这三项规划都是由一个部门主管。目前在我国国土规划、区域规划由国家计委负责，城市规划由建设部负责。加之六十年代以来国土（区域）规划中断了近二十年，对国家资源的合理开发利用和生产力的合理布局，对国家重点项目建设与城市规划的协调都有影响。为此，1978年3月，中共中央在《关于加强城市建设工作的意见》中提出：“为了搞好工业的合理布局，落实国民经济的长远规划，使城市规划有充分的依据，必须积极开展区域规划工作”。1981年党中央和国务院作出了开展国土整治工作的决定。从1985年起，由国家计委组织编制《全国国土总体规划纲要》，并于1987年第四季度上报国务院。1984年7月，经国务院领导批准，建设部城市规划局改由建设部、国家计委双重领导。这对加强城市规划与国民经济和社会发展计划的结合，为城市规划部门参与国土（区域）规划以及重点项目的选址工作，都创造了有利的条件。当前，计划体制改革和机构改革正在深化，为建立和加强我国的国土规划体系，

特提出以下建议：

一、国务院尽快批准下达《全国国土总体规划纲要》。

二、国家计委根据国务院批准的《全国国土总体规划纲要》，加速开展国土（区域）规划的编制工作，着重抓好生产力布局、土地利用和城镇布局的规划。

三、继续保持国家建设部和国家计委对城市规划部门实行双重领导的体制，国家计委要加强对城市规划工作的领导，把城市规划纳入国土（区域）规划的管理系列之中，逐步建立和完善我国的国土规划体系。

1989年

联名提案人：杨国桢　倪松茂　罗哲文　侯仁之

# 建议尽快理顺城市土地管理体制，克服目前工作混乱、扯皮等问题

当前，有不少城市的建设用地规划管理工作出现了新的矛盾和混乱。主要是管理体制不顺，管理程序不当造成的。

一、国家土地管理局成立后，曾发出文件，要求所有城市按统一的模式建立独立的土地管理机构。这样一来，有些单独成立土地管理机构的城市，就出现了城市规划职能削弱、规划队伍削弱等问题，而且机构重叠，增加层次，互相扯皮，不利于深化改革，不利于建设工作。

二、按照《中华人民共和国土地管理法》和《城市规划条例》的规定，城市规划部门负责城市规划区内建设项目的选址、定点，按照城市规划的要求进行综合协调，保证各项建设用地的合理布局，土地管理部门负责征用、划拨土地。但目前不少城市对此是有法不依的，打乱了部门的合理分工和管理程序。例如四川、贵州等省制订的土地管理法实施细则甚至规定建设单位要向土地管理部门申请选址，有的城市土地管理部门背着城市规划部门擅自审批建设用地，助长了违章用地和违章建设活动，严重影响城市规划的实施。

为了尽快解决上述问题，建议国务院在机构改革中采取以下措施：

一、重申国务院业务主管部门不得干预地方机构的设置，城市土地管理机构应由各地根据实际情况和改革开放的要求确定。目前，天津、沈阳、青岛、兰州、南宁等不少城市规划和土地管理机构合并或采取一个机构两块牌子的做法。这比较符合精兵简政、提高效率的原则，效果是好的，应予提倡。

二、按照《土地管理法》和《城市规划条例》的规定，进一步明确城市规划部门和土地管理部门的职责分工，明确建设用地的具体管理程序。地方立法不符合国家有关法律规定的应予纠正。

1989年

联名提案人：杨国桢　倪松茂　罗哲文　侯仁之

# 建议全国人大常委会及早审定《城市规划法》并颁布执行

《城市规划法》是为了科学地制定城市规划，保障城市规划实施，促进国民经济与社会发展及文化发展的基本法。据悉，1988年《城市规划法》草案已经拟出，希望全国人大常委会早日审完颁布。当前由于无法可依，矛盾突出：

一是城市规划在城市土地、基建选址、新建扩建改建、环境保护、城市管理等方面应有的“龙头”作用，并无保证；长官意志以批条子或以言代法，使“城市规划不如领导一句话”的状况，仍然在许多地方存在。某市副市长公开讲：“乡镇企业的建设用地可以先圈、先占、先建设、后申请，或者是边建设边申请。”这个口子一开，不可避免地要使城市规划区的土地被非法大量占用。

二是城镇土地管理分工问题至今悬而未决，以致不少城市的土地管理部门与城市规划管理部门出现了职权上的矛盾。政出多门，势必造成扯皮、无谓的内耗，因而不利于城市规划工作的正常进行。例如1988年11月27日国家土地管理局曾单方面以（1988）国土（建）字第169号文下达《关于国家建设用地审批工作的暂行规定》，其中规定建设项目的选址要由土地部门负责和核发建设用地许可证。这样就把城市建设用地规划管理的职权抽走，从而引起了工作的混乱。宁波的土地管理局执行了这一暂行规定，但同时市规划局则很不同意。这种人为的内耗怪现象，在其他城市也在出现。显然这同改革大计的要求，是并不一致的。因此1988年12月就有25个省（市）、自治区、8个省会和计划单列城市的省长、市长、建设厅长近百人，联合上书呼吁尽快下决心解决土地管理分工问题。

三是城市规划、建设、管理至今尚没有一个全国的基本法，建议全国人大常委会及早审定并颁布《城市规划法》。

1989年

联名提案人：罗哲文

# 建议国务院财政主管部门规定城市规划工作的经费渠道

《中华人民共和国城市规划法》于1990年4月1日起在全国实施。城市规划是城市政府为实现经济社会发展目标，确定城市性质、规模和布局、合理利用城市土地、协调各项建设的综合性部署和具体安排的一项重要工作。我国现有450个市、11000多个建制镇及工矿区都要根据《城市规划法》制订总体规划（包括近期建设规划），及分区规划和详细规划。规划法还规定要在全国各省区、各市域、各县域制订不同层次的城镇体系规划，以指导各市、镇的总体规划，并引导人口与生产力在一定区域内合理布局。所有这些规划都是国家指导和管理地方经济，促使社会协调发展的重要手段，同时还是一项技术性比较强的综合性工作。为此，城市规划部门需要：1.全面搜集及掌握社会、经济、人口、文化、教育、商业服务、市政设施、环境、地貌、水文乃至历史发展、文物古迹等基本资料；2.拿出从一百万分之一到几百万分之一的不同比例尺的地形测量图；3.一定的技术设备；4.一支专门的队伍，等等。为了依法实施城市规划，在审批建设项目设计任务书阶段，必须有城市规划部门的选址意见书；在办理建设征用土地之前，必须有城市规划部门核发的建设用地规划许可证；在城市所有建设工程开工之前，必须有城市规划部门核发的建设工程规划许可证，即所谓“一书两证”制度。为了使规划工作符合实际，城市规划人员须在深入现场调查、勘测、掌握各项基础资料的基础上，拟订规划设计方案，并进行多方案比较论证。此外，方案确定后，还须抓紧抓好诸多建设项目的选址定点的规划管理，并进行一系列建筑物、构筑物、道路、管线，以及工程进行中的容量、环境、色彩、体量、地上地下设施的协调等的技术审查。这些也同样需要一批专业技术队伍及相应的手段设备。原国家建委于八十年代初，曾发文按城市人口万分之一的比例配备各级城镇的规划技术人员。但城市规划工作的经费渠道问题，无论在中央或是在地方迄今都没有解决。据知，我国其他类似的工作，如环境规划与保护、土地规划与管理、国土规划与整治、大江大河流域规划、乡村规划等，中央财政均有户头，地方财政亦有相应的安排。城市规划工作作为国家管理城市的重要手段，没有一定的资金渠道，会造成工作上很难开展的局面，这是长期没有解决的老问题。

建议国务院财政主管部门对于各级政府在制订、实施、管理城市规划上所必需的经费应有个明确的渠道，并作出规定。

1990年

# 国家财政应列有保护历史文化名城的专项资金

1982年和1986年国务院先后公布了62个国家级历史文化名城，是我国历史文化遗产和自然遗产资源的荟萃之地。这些关系发展第三产业的宝贵资源，正在继续为扩大国家经济收入、文化教育、旅游及对外交往等直接或间接地取得巨大的效益。历史文化名城，包括其中的文物古迹、风景名胜所作出的贡献，不可低估。62个历史文化名城公布以后，国家明确了对它们保护与利用的要求，但尚没有从城市角度，对重点保护区及文物古迹和风景名胜的整体综合保护利用，明确所需要的资金渠道。国务院在公布第二批国家历史文化名城时发的文件（国发［1986］104号）指出：“保护历史文化名城需要一定的资金，中央有关部门及各级地方政府在财力可能的条件下应给予支持。”目前仅少数省市（如云南省和一些城市）为保护历史文化名城拨出一定资金外，中央财政应出的这一块却一直没有落实。国外主要经验是：为了保护历史名城，中央政府均从财政上拿出一笔固定的补助资金，用于保证规划和有关法令的实施和贯彻，并且借以施加政策影响，吸引地方的及私人的资金。日本中央政府的这项补助占80%，联邦德国占33%，荷兰占60%。我国当前迫切需要采取中央、地方、社会三方面共同集资保护历史文化名城的办法。我国现有的62个国家级历史文化名城中，有40个是中小城市。它们大多数经济比较落后，城市基础设施很差，而且城市维护建设税数额很小。1987年全国每一城市人口平均占用城市维护建设费51.1元。而国家级历史文化名城中的小城市则平均有25.3元。其中的县城又平均只有13.7元。这样少的资金用于城市经常维护已很困难，所以就更无力支持必要的基础设施建设和历史城区等的保护——这些历史名城确实属于困难户。若使这些困难户的城市维护建设资金达到全国平均水平，每年约需

1亿元。建议30%由中央负担，即财政部每年拨3000万元专项补助资金归口中央主管历史文化名城工作的部门掌握使用，重点补助那些保护、维护欠账久、欠账多、任务重，而经济特别困难的老、少、边、穷地区的中小历史文化名城，以济燃眉。

1989年

联名提案人：罗哲文

# 历史文化名城的保护与建设，亟需立法

现行的国务院关于《城市规划条例》、国务院关于《风景名胜区管理暂行条例》及《中华人民共和国文物保护法》，对于我国历史文化名城的保护与建设已经产生了一定的法律作用。历史文化名城的保护与建设，在我国是属于城市规划的新任务，同时也是属于文物保护（有的还包括风景名胜）的延伸。同一般城市相比较，历史文化名城具有鲜明的特性、内容、文化积淀和环境形态，因而在保护与建设上，必须具有某些特殊的制约条件与要求，仅仅依据上述这些立法，显然不够。某些城市之所以能够定为历史文化名城，最关键的决定性因素，就在于它们的历史文化遗存（包括地上地下）必须具备历史、艺术、科学上的重要价值。这些价值不但取决于外在形式表现，同时还着重于从中反映的历史文化内涵。正是由于保存着这样的历史文化价值，历史文化名城才足以在当今世界上成为一种特殊的城市类型，并且不少国家为之制定有专门的立法。若干年前，全国人大常委会法制委员会扩大讨论《中华人民共和国文物保护法》草案，当时其中就有一段由国家文物局起草的关于历史文化名城的条文。有人认为这段条文尚不成熟，所以在讨论后被拿掉了，留待日后另拟，搞深搞好。现在《中华人民共和国文物保护法》业已实施多年。国家级历史文化名城已公布了两批，省级历史文化名城，有的地方在陆续公布。为了进一步搞好历史文化名城的保护、规划与建设，建议请建设部与国家文物局拟制《历史文化名城保护与建设条例》，审定后，由国务院颁发执行。

1989年

联名提案人：罗哲文

# 建议恢复国家文物局为国务院直属局

我国是一个历史悠久、文化灿烂的国家，早已被称为世界四大文明古国之一。尤为可贵的是，我们的历史文化连绵不断，一脉相承，这是世界上其他文明古国所难以相比的。由于历史悠久、文化光辉灿烂，保留下来的历史文化遗产即文物非常之多，非常珍贵。这些珍贵的文物是几百年、几千年、几万年、几十万年来历代先辈们为我们留下的无价之宝；是进行历史唯物主义教育、爱国主义教育、革命传统教育的实物教材；是弘扬优秀民族文化传统，建设具有中国特色的社会主义的重要依据和借鉴。其意义之重大，不言而喻。我们这一代人不仅要把它保护好，弘扬好、发挥好它的积极作用，而且要把它保存下来传之后世，方能上对得起祖先，下对得起子孙后代。由于我国文物之丰富、珍贵，保护的任务非常艰巨，而且涉及的部门众多，举凡基本建设、交通运输、城市规划建设、风景名胜、旅游外事、公安司法等部门无不密切相关。文物工作实际上包括了社会科学和自然科学两个范畴在内。为此党中央和国务院一贯给予了高度的重视。自1973年起在周总理的关心下，即成立了直属国务院的国家文物局，在直至1982年的十年中，发挥了保护和抢救文物的积极作用。自1982年机构调整合并于文化部以后，在部的领导下，也发挥了积极的作用。但由于目前保护与弘扬的任务更为艰巨，已经较难适应发展的形势了。为了更好地保护好如此丰富的民族历史文化遗产，使之更好地为两个文明建设、为建设有中国特色的社会主义发挥更大的作用，特别是更好地配合与协调各部门的关系，特此提议，将现在由文化部代管的国家文物局恢复为国务院的直属局，以利减少层次，便于工作。其人员编制和经费预算等仍可按现有的实际情况不变。

1991年

联名提案人：常书鸿　王世襄　罗哲文　谢辰生　王定国　毛昭晰

# 建议成立环境文化研究机构，并归口中国社会科学院

环境文化科学，主要是对人造环境（如国土规则、城市规划、农村规划、建筑、园林、风景区等）的若干社会问题进行综合研究的科学。这是20世纪70年代在国际上逐渐形成的一门系统科学。各种人造环境，一方面为提供社会需要而塑造出种种活动空间系统，一方面又体现了历史遗存的和现实生活产生的这样那样的文化价值。大而言之，现在环境污染、森林不断减少、人口膨胀、粮食短缺、能源危机等，已成为人类社会面临的重大问题，综合研究社会生活的空间环境及其发展，是重要的和迫切的。小而言之，对于我国在建设社会主义现代化和物质文明及精神文明的进程中，结合我国的实际情况（历史传统和现代文明的）建立环境文化科学，进行研究，也是迫切需要的。环境文化包罗很广很深。建议先从以下几个方面考虑着手。人造环境总是依托或改造自然环境并与之融为一体。其中建筑文化，往往最有决定性意义。美国把建筑视为“现代化文明的一大支柱”。建筑文化，本质上具有比建筑工程更为深层的，更属于社会科学范围的文化性质——历史的与现实的，继承的与发展的。通常谈的“建筑学”既包括工程技术的一面，又表现为文化艺术的一面。比如长城、金字塔、故宫等，今天所遗存的价值，主要在于它们的珍贵历史文化意义和社会效益。目前，我国还没有研究环境文化这样一门重要系统科学的专门机构，为此，提请中国社会科学院予以考虑，以利研究工作的开展。

1989年

# 建议对任职于专业行政单位的技术人员一律评定技术职称

我国实行技术职称评定制度以来，取得很大成绩。这是贯彻知识分子政策，体现尊重知识、尊重人才，体现科学技术是生产力的一项重要制度，也是鼓舞广大科技知识分子发挥积极性的一件大好事。现在的情况和问题是：

一、任职于专业行政单位的技术人员，来源有三：1.为新中国服务的原解放前的技术人员。2.中华人民共和国成立后大专毕业的技术人员。3.从事业单位或院校或企业单位调来的技术人员。这个情况说明，专业行政工作没有一大批对口的专业技术人员（有些包括高级专家）是不行的。因为专业行政工作是属于专业性强的管理工作。

二、专业行政单位同专业事业单位，大专院校或企业单位的技术人员之间，只是分工岗位的不同，利用其技术专业之长则是根本一致的。比如：一些建设项目先由设计院作设计，设计时依靠的技术标准、技术法规等主要是专业行政单位制定或组织制定的。设计后还要通过专业行政单位的评审、批准，以及有时还要检查评比、总结经验等。不少专业行政单位往往因此常把有经验的专家从设计单位调来，主要是出于这种专业技术上的需要。

三、目前专业行政单位的技术人员，技术职称的评定，一种是按制度完成了评定，为国务院的若干部，像建设部各专业司、局的技术人员均早已评定技术职称。另一种如山东省建委各专业处、室，青岛市建委及专业局、处等行政单位，则属于未评单位。据了解，这些专业行政单位的技术人员是有意见的。他们有的是50年代大学毕业统一分配来的，多半是所在省、市参加开拓这些专业工作的第一代人。数十年来，他们辛勤工作，发挥专长。如今都已五、六十岁，有的已离、退休了。尤其是得知他们本人尚未评定技术职称，却常被有关专业事业单位，如设计院等，请去担任技术职称评定委员会的评委。这个现象足以说明把他们排除在专业技术职称之外是如何的不妥。

四、如果说有了行政职务就不必同时再有技术职称，这与实际情况也是不符合的。很多部的司、局、处长，以及北京市属的许多专业行政单位的技术人员，都是既有行政职务又有技术职称。此外上述单位尚有更多的不担任行政领导职务的技术人员，也都评了技术职称。作为重要政策的一项制度，对于同一性质的专业行政单位不论是国家级还是地方级的，我们认为均应一视同仁。

建议：进一步明确专业行政单位凡未评定技术人员技术职称的，均应逐步评定，特别是省、市的专业行政单位更宜抓紧。对于合格的但已离、退休的技术人员也不宜漏评。据了解，很多技术人员对技术职称的关心是超过行政职务或其他待遇的。目前，有的行政部门已评定技术职称，一律不和工资挂钩，既不增加国家财政支出，又有利于调动技术人员的积极性，实在是一件好事。

1992年

联名提案人：俞恩瀛　梁裕宁　程学敏　傅熹年　刘　豹

# 关于加强保护济南万竹园的提案

济南市名胜趵突泉公园之西，现完整地保存着一处规模较大的古典风格王府式建筑群，即万竹园。万竹园占地面积21亩，磨砖对缝青砖青瓦，木架彩画，木雕、砖雕、石雕精美，还有亭、台、楼、桥分布其间。尤其济南的72名泉中的3泉就在其中（即白云泉、望水泉、东高泉）。花园在西，泉溪相连，溪边因地叠石成岸，自然古朴。顾名思义，园内绿化以竹为主，竹的品种多样，还有苍松古柏及花草，环境幽雅。像万竹园这样的布局完整，建筑艺术价值很高的古典风格王府式建筑群，不但在济南，在山东应数第一，即在全国来说，也属不可多见的宝贵文化遗产了。国画大师李苦禅纪念馆，现在就在万竹园。1991年3月17日至20日，建设部、国家文物局、中国建筑学会在北京联合召开专家会议，评审国家级的近代建筑保护单位，作为国务院审批第四批全国重点保护单位的部分名单论证决策之用。其中就包括济南万竹园在内。郑孝燮和罗哲文等委员都是这次专家评审会的成员。万竹园初建于明朝隆庆年间，清朝扩建后名“二十四草堂”。现在的规模是清末民初北洋政府山东省督军张怀芝圈地后于1912年至1917年所扩建的。耗资巨大，能工巧匠创造了这处文物精华。正是根据它的重要文物价值，上述专家评审会议才把它列上并通过提名为国家级的重点文物保护单位。济南是全国历史文化名城，建议：

一、对万竹园应依据《中华人民共和国文物保护法》和《中华人民共和国城市规划法》进一步加强保护。特别要依据《文物法》第九条“划定必要的保护范围”，第十二条“在文物保护单位的周围划出一定的建设控制地带。在这个地带内修建新建筑和构筑物，不得破坏文物保护单位的环境风貌”。我们认为，要接受万竹园西北角墙外冒出来的五层新建平顶住宅造成环境风貌不协调的严重教训。切不可重演“破坏性建设”。

二、临街的19号院是万竹园整体组成部分，应统一规划修缮和对外开放。

三、西青龙街的城市规划设计及建设管理，应突出对万竹园及外围环境风貌协调的保护。建设或开发单位均应对此做好配合。

四、深入宣传，加强依法建城，严格执行《中华人民共和国文物保护法》及《中华人民共和国城市规划法》，为保护文物，保护济南历史文化名城做出更大的成绩。

1991年

联名提案人：李希泌　孟鞠如　常书鸿　罗哲文　孙轶青

# 建议把济南万竹园列为全国重点文物保护单位

济南市名胜趵突泉公园之西，现完整地保存着一处规模较大的古典清式风格的王府式建筑群——万竹园。万竹园占地21亩，济南名泉的白云泉、望水泉、东高泉就在其中。花园在西、泉溪相连，溪边因地叠石成岸，自然古朴，园内还有苍松古柏及花草，环境幽雅。万竹园之名始于元朝，因当时竹林成片而得名。明朝隆庆年间内阁大学士殷士瞻曾在此园内居住，至今还留有明朝的“蒙斋亭”。清朝诗人王苹在园内倚泉搭房居住，名“二十四草堂”。清末民初北洋政府常备军第五镇统制张怀芝（后为山东省督军兼省长）圈购此地后，于1912年至1917年在旧园的基础上，扩建成这座具有较高艺术价值，规模较大，具有中国南方庭园与北京王府，北京四合院群相结合的建筑群。济南解放后，万竹园一直为国家机关占用，也正因为如此所以十年浩劫中才幸免于难。1972年被列为济南市级文物保护单位、现在是辟为国画大师李苦禅纪念馆，对外开放。像万竹园这样的布局完整，建筑艺术价值很高的古典风格王府式建筑群，不但在济南，在山东应数第一，即在全国恐怕也属不可多见的宝贵文化遗产。1991年3月17日至23日，建设部、国家文物局、中国建筑学会联合在北京召开专家评审会议，评审近代的优秀建筑。其中就包括济南的万竹园在内，很多专家都对万竹园给以很高的评价，并希望把它作为国家级重点文物保护单位。

建议国家文物局在审定第四批全国重点文物保护单位时，把万竹园审定为全国重点文物保护单位。

1991年

联名提案人：李希泌　常书鸿　罗哲文

# 建议将敦煌鸣沙山、月牙泉列为国家风景名胜区

鸣沙山和月牙泉是敦煌莫高窟侧，丝绸之路上最富有沙漠风光特色的自然奇景。沙漠同泉水本来格格不容，但在这里它们却神奇地始终和平共处，相安无事。鸣沙山沙峰起伏，就大范围谈，东西长40公里，南北宽约20公里，海拔1650米，最高峰400多米，整个山景表现为连绵起伏的一色黄沙的风貌。由于风吹，峰岭形成了削如刀刃的山脊，宛如蜿蜒伸展的游龙气势。白天在阳光照射下，刀刃一边是阳面，一边是阴面，天是蓝的，山是黄的，自然造化形成的对比格外鲜明。另外还有成群结队的沙漠之舟骆驼，往来运送游人，以及游人漫步山下，或爬上沙山坐着滑下的动态穿插，从而使得这一人间奇胜，倍加神奥。游人坐着滑下来，沙粒颓落，往往会发出丝竹管弦之声，如果有风绕山吹过，又会轰鸣作响，发出金鼓齐鸣或滚雷之声。所以自古以来“沙岭晴鸣”便成了敦煌著名八景之一。月牙泉是在鸣沙山包围之下，形如新月的小湖，长100米，宽约25米。湖水清澈如镜，倒映着鸣沙山影，湖上长着芦苇，岸边留着几棵衰柳。古诗留句不少。如：“一弯如月弦初上，半壁澄波镜比明。风卷飞沙终不到，渊含止水正相生。”又如：“四面风沙飞野马，一潭云影幻游龙。”还有：“沙挟风而飞响，泉印月而无尘。”这里全点到了月牙泉的奇奥：一是在年蒸发量大于降水量几十倍的沙漠中，这湾盈盈积水居然永不干涸。二是“沙不犯井”，任何大风飞沙扫来，却一点也不把月牙泉埋掉。此外，月牙泉原有九泉，“文化大革命”抽水开田学大寨，以致现在只剩下三泉了。原来还有几处庙宇古建筑，也于同时被毁。鸣沙山、月牙泉辟为“天下奇观”已有千年历史。它以奇异的自然景观价值，悠久的历史文化价值，赢得古今中外的高度赞赏。譬如近几年中外名人到鸣沙山的活动与谈话，都给我们留

下很深刻的印象，这将有助于正确地去评价它和认识它的价值。例如：1986年美籍华人杨振宁博士游鸣沙山时说，他走了许多国家，但如此四面环沙，中间有泉，几千年不被埋掉，还未见过，真可谓是世界奇观！80年代日本前首相竹下登游鸣沙山。他兴致勃勃，流连忘返，不忍离去，一定要等着月亮出来，看看月夜的鸣沙山。于是等到月亮上升之后，看了又看才离开回到寓所。新加坡李光耀总理带着女儿爬上了鸣沙山，又从沙山上连滑带溜地下来，共两次，兴趣非常高，特别赞赏这一人间稀有的奇观。1992年5月全国文物工作会议后，李瑞环同志来敦煌视察文物保护。上了鸣沙山，爬到沙山半腰，脱下鞋袜，光着脚地往下滑，亲身品味这一绝无仅有的名胜，兴致很高。

我们认为鸣沙山、月牙泉具有非常珍贵的自然风景价值、重要的历史文化价值和突出的海内外影响，应当属于我们的国宝之列。建议建设部深入调查研究，多方征求意见，落实科学论证，把鸣沙山、月牙泉现已开放的风景区范围列为国家级风景名胜区。

1992年

联名提案人：罗哲文　段文杰　孙轶青

【会议发言】

# “七五”计划期，首都建设的城市风貌和建筑艺术应进一步提高

首都北京是中华人民共和国的政治中心、文化中心，是全国重要的历史文化名城。它不但是我们的首善之区，也是世界瞩目的最能反映中国物质文明与精神文明的一面镜子。首都的建设，不论古今中外几乎所有国家都极重视。我国古代社会就把它列为国家礼法典制的大事，所谓“体国经野，都鄙有章”（统一规划都城及其郊野，使城内与城外的建设纳入章法），规定得很严，必须遵守，其中包括布局形制、用地区划、建筑选址、用途、高度、形式，以及用料、装修等等，均有主次，有秩序。城市风貌说到底就是在政治、经济基础上产生的一代文化的集中表现（包括文化历史的积累）。中华人民共和国成立三十多年来，当代中国的首都如何规划建设，建成什么样子，表达什么精神文明，一直是中央亲自关怀并决策的。现在“七五”计划即将开始，北京作为首都面临着新的发展，其中关于城市风貌和建筑艺术水平问题，正在引起越来越多的人的关心。不能小看，这个问题同首都的发展战略是分不开的。

## 一、北京的城市风貌及建筑艺术创作，必须突出以我为主，鲜明地维护和发扬民族的个性特色，而不宜盲目崇拜和模仿别人的形式

我们试看中、英、法、美、苏五个联合国常任理事国中的伦敦、巴黎、华盛顿、莫斯科四个首都的城市风貌，就全都表现了自己明显的历史传统和民

族特色。即使是仅有200多年历史、依靠移民立国、传统影响很少的美国，它的首都华盛顿也同样地显示了这种自己的基调，在那里根本没有“纽约款式”的摩登大厦立足之地。北京历史悠久，又是社会主义新中国的心脏，本来就具有自己独特的风格基调。尤其是1983年“中共中央和国务院关于《北京城市建设总体规划方案》的批复”已经指明了：“北京的规划和建设要反映出中华民族的历史文化、革命传统和社会主义首都的独特风貌。对珍贵的革命史迹、历史文物、古建筑和具有重要意义的古建筑遗址，要妥善保护。”城市风貌问题的方向是十分明确的。但是在建设中毕竟还会出现这样那样的问题。北京能不能学香港、深圳？学习其现代的城市工程技术是可以的；但学习其城市建筑文化风貌，是不可以的。虽然香港、深圳的特色也很明显，现代化程度甚至很高，不过那只能是工商业城市个性的风貌，北京决不能套用那样的现代化模式。

**二、北京的城市风貌基本上应有两大基调，或者做好两类风貌分区**

一为62平方公里的老北京城，也就是旧的内城与外城两个范围，以及郊外重点文物风景区，这是北京古城风貌的精华，必须以突出保护文物古迹、历史传统及民族特色为基调。其中：1.精心保护文物古迹本身及其保护范围。2.成片保留若干四合院胡同区。3.著名“老字号”的店面建筑，应表现传统风格特色，不要学摩登，面目全非。4.东交民巷应保留帝国主义入侵的某些历史烙印。5.老北京城的新建筑要讲求民族化、现代化，并从严要求民族化，着重体现中国味、北京味，同时应是新时代的一种创作。

二是在老北京城外围大片开拓的新北京扩建区。这里的基调可以着重多样化与民族化、现代化结合。但扩建区对一些关键的环境，例如从北京机场进城的大门像三元立交桥等，从铁路、从公路进城的大门等处，也必须带有民族味、北京味，给人以亲切印象，感觉是到了北京，而不像外地，甚至外国。风貌分区可以大分区中再划分小分区，按照需要而定。小分区也应有一定的基调。

三是要特别加强城市建设的立法和法治。按程序经过党中央国务院批复的北京城市建设总体规划，就是立法，在京任何单位、集体、个人必须遵守。其他如业已公布的建筑高度控制、取缔违章建筑等的法规，都直接关系城市风貌与建筑艺术的管理，同样必须遵守。但是仅有这些法，还是不够的。所以针对当前存在的问题，如见缝插建，房屋和人口密度过高，又如乱选址、乱建设，破坏环境风貌协调，再如外资或合资的建设有法不依，以及有些建设越过北京市主管，径请领导个人批条子，定建筑选址、定高度、定风格等等，都迫切需要一一立法，加强法治。

四是要有宏观上的部署及国家计划的支持。北京以旧城为中心的西起石景山，东至定福庄，北起清河，南至南苑的规划市区，常住城市人口已超过430万人，人口密度每平方公里已达一万多人，其中老北京城的旧城区更是高达二万多人一平方公里，大大超过了伦敦、巴黎、华盛顿、莫斯科等城市的人口密度。北京这样拥挤不堪，从根本上说是同城市现代化的原则背道而驰的。而且现在每年有800万平方米的新建筑在市区，包括老北京城，建成投用。五年十年就将达到4000万至8000万平方米，其中的老北京城若是再挤再高，势必成为高层建筑密集的林海，如同香港、深圳的面貌，也就不成其为北京了。因此，必须进一步加强向外疏导建设的政策，除去我们已经采取的开发卫星城的政策外，还可以向东沿铁路、公路研究论证一串新城的方式。必要时北京的行政区范围可以相应地调整。此外，还需要在重点新城，建设北京的第二个、第三个城市商业文化中心，使之逐渐形成第二个、第三个王府井大街、前门大街，就近产生磁力，也就是产生吸引力。现在的北京站大大超过饱和，良性循环已经开始转化；世界名都的大门铁路客站，没有一个是如此的。北京西郊的铁路新客站，再也不能迟建了，应该赶紧安排计划，并在“七五”期间进行建设。总之，只有从各方面向外疏导，创造新环境，才能缓解和防止旧城区密集膨胀的恶性循环。首都如何建设是国家大事，多少年一小变，多少年一大变，这个中央领导同志已经有过明确的指示，影响所及，特别巨大。希望国家计委在加强综合平衡的改革工作中，能把首都的建设与发展纳入“七五”计划的重要议事日程，列为重点“块块”的计划专项，补充“条条户头”的不足。如果能够这样从根本上解决首都建设问题，相信必将有利于促进城市面貌及建筑艺术的提高。这是首都物质文明、精神文明建设一起抓所必需的。

1986年

# 加强重要文物古迹的保护，激发炎黄子孙的民族凝聚力，促进祖国统一

现在我将从增强民族凝聚力，促进祖国统一这个意义上，谈谈加强重要文物古迹的保护问题。

天下炎黄子孙一家人，热爱中华民族，热爱祖国可以说是一种“天性”。我们的爱国统一战线同时包括了以社会主义为政治基础和以拥护祖国统一为政治基础的两个联盟。两个联盟的共同基础是：只有一个中国和一国两制。这种共同基础的民族根本情义，是通过多方面的文化形态反映出来的。其中关于文物古迹所起的重要精神文明作用是别的东西不能代替的。我热切希望各级政府，进一步为此作出更大成绩。

一、万里长城是伟大祖国的象征，凝聚着中华民族勤劳、智慧、坚强和力量。长城以它特有的巨大的精神文明力量，把海内外炎黄子孙的心同祖国联结在一起。这一举世闻名的雄伟神奇的全国重点文物保护单位，1987年已由联合国教科文组织公布为全人类自然与文化重要遗产。万里长城纵贯历史上下两千多年，横跨东西几万里，东起鸭绿江，西达天山之南（过去说东起山海关，西止嘉峪关已证明不准确），它使祖国大好河山更加壮丽宏伟。它孕育着沿线许多民族、宗教、名胜古迹、民俗民风、民间文学艺术，产生过不少重要历史人物和历史事件，以及城乡经济、政治、战争与和平诸种文化。长城不愧为一部丰富多彩的历史文化长卷。

长城是那么伟大无比，具有逶迤磅礴的自然气势与坚忍不拔、不畏艰险的精神气质。邓小平同志题写的“爱我中华、修我长城”代表了海内外炎黄子孙共同的爱国心声。

去年有很多全国政协委员、北京市政协委员、北京市文物保护协会委员和建设部为了保护长城和八达岭风景名胜区，提出不要借外资在八达岭长城修建索道。这里我再次建议请主张修建八达岭索道者收回成命为好。因为：1.这是违反了文物法的保护范围条款，违反了国务院关于风景名胜区的保护条例的。2.乘缆车上下同长城特有的气质和“不到长城非好汉”的精神背离。3.著名的埃及金字塔、美国大峡谷、日本富士山并不因为高险而修建索道，而且建索道是绝对禁止的。4.借外债，上马不该修建的建设已有教训为戒，例如赔本的游乐场等，八达岭长城索道十四年后要加倍偿还大量美元外债。5.八达岭长城那么长那么高，没有必要非要舒舒服服上到顶峰不可。游长城有登攀的，有远眺的，量力而为，因人而异，都可以锻炼人的意志，而舒舒服服靠索道上下，却算不了“好汉”。况且两座最高的敌台，台上面积窄小，容不下多少人。为此而借外债小题大做，是得不偿失的。

此外，鉴于长城对中华民族，对全人类文化有着特别重要的历史价值、艺术价值、科学价值，非常广泛地牵动着海内外同胞和朋友们的心，建议制定《长城保护法》。要看到，偌大的长城仅仅依靠国家文物法是不够的。

二、闽南的全国历史文化名城漳州、泉州和经济特区厦门，在历史文化上同台湾密切相连，包括祖籍、语言、风俗习惯，以及民宅、庙宇等传统建筑艺术在内。台湾同胞的先人绝大部分是在明末从闽南随郑成功收复台湾时迁去的移民。不久前我访问了漳州龙海县白樵村的慈济西宫（始建于公元1150年、南宋）和厦门同安县青樵村的慈济东宫（始建早于西宫200年）。这两处文物古迹是台湾现有100多座慈济宫的祖庭，渊源至深，就连建筑形式也基本上一样。300多年来海峡两岸的慈济宫一直成为台胞寄思和谒祖的重要纽带。慈济宫供奉的是北宋时的一个叫吴夲的闽南民间医生，他医道甚高，济世救人，扎根百姓之中，后人为了纪念他，在漳州、厦门建了慈济两宫。台湾修建的100多座慈济宫，也是为了纪念家乡这位名医的。闽南慈济宫历代多次修缮，殿前的盘龙石柱就是1816年台胞捐献的。1982年在台湾有十万祖籍闽南的台胞聚集到海边隔海遥祭闽南慈济宫的活动。文物古迹具有如此巨大的凝聚力，300多年来把海峡两岸的民族情、故乡情始终连在一起。这次我在闽南慈济宫看到殿前挂着大幅红绸横标，上写“热烈欢迎台胞探亲、寻根、谒祖”等字，看到西宫东宫的建筑风格和台南学甲镇（郑成功收复台湾时在此登陆）的慈济宫一模一样，尤其西宫的保护与修缮非常之好，高兴极了。但是又感到一些不安，那就是厦门青樵村的慈济东宫已经年久失修。建议：福建省和厦门市及早安排慈济东宫的修缮。这是有利于增进海峡两岸人民愿望的大事，决不等于一般庙宇的修缮。

物质文明可以变为精神文明，清朝乾隆在承德修建外八庙时，就懂得“修一庙胜用十万兵”，和平统一祖国的道理，而且实现了多民族统一的中华祖国的大业。1983年我们在广东调查文物时听到有个“香港青年大陆观光团”到广东旅游，当他们参观全国重点文物保护单位广州三元里时，知道了鸦片战争时老百姓奋起组成的平英团抗击侵略者的历史，当他们去到全国重点文物保护单位虎门炮台和太平镇林则徐销烟遗址及鸦片战争历史博物馆参观时，他们深深地感动了，于是马上改了团名为“香港青年祖国观光团”。把“大陆”改为“祖国”，同是两个字，然而内心感情深处的变化，却是大的。

以上仅举两个突出的例子，对其他有类似重要意义的文物古迹无疑也必须加强保护。我认为当前在以经济建设为中心的同时，越是注重物质文明、注重经济效益，就越需要加强认识文物古迹对激扬民族凝聚力、促进祖国统一的作用和重大意义。这决不只是文物部门一家的事，而是大家共同的事，特别是计划等综合部门和地方领导更值得注意的。

1988年

# 纪念鸦片战争150周年，保护近代重要史迹，促进精神文明建设

《政府工作报告》提出：今年要围绕纪念鸦片战争150周年，开展中国人民反帝爱国斗争的历史传统教育。进行这一历史传统教育，对学生的培育成长至关重要，非常迫切。以史为鉴，不忘过去，其意义与作用也还密切关系到更为广泛的海内海外的中华子孙。

鸦片战争掀开了中国近代史的头一页，它给中国人民带来了长达百年的苦难的命运。旧中国长期贫困落后，受尽侵略、欺凌之苦，正是从1840年起至1842年的鸦片战争开始的。

这场鸦片战争是先从广东虎门外的海上爆发的，随即扩展到浙江定海、乍浦、上海吴淞口、江苏镇江及南京等沿海沿江战略要地和重要口岸。历时三年，抗战与投降、胜利与失败交织，最终以签订丧权辱国的《南京条约》而暂告战争结束。然而潜伏着的则是后来愈陷愈深的半殖民地半封建社会的岁月。在另一方面，这场反抗外来侵略的战争所深深反映的中国人民英勇抗敌，坚贞不屈的伟大民族气节，可歌可泣的英雄业绩，留给我们和我们后代的精神力量则是永恒不朽的，最可宝贵的。这尤其在今天对于增强海内外中华子孙的民族凝聚力和向心力，对于促进全国人民在四项基本原则的基础上，安定团结，振兴中华大业所产生的力量更是不可低估的。

文物古迹是历史的物证，是“无字史书”。鸦片战争遗留至今的重要文物古迹，都是血肉筑成的。虎门炮台是民族英雄虎门副将陈连升、广东水师提督关天培及许多将士流血牺牲的地方。陈连升战死后，他的坐骑被敌掳至香港，竟不饮不食，天天望着大陆悲嘶而亡。马也有爱国守节，使人崇敬的骨气

（广东省历史博物馆，现藏有清朝后期刻的“节马碑”）。关天培为国捐躯，林则徐悲愤不已，给他的挽联中有“闻异类亦钦伟节”的哀恸句子，就是说英侵略军也钦佩他（联存淮安关天培祠）。我们1983年去广东考察文物保护时，听到介绍说有一个“香港青年大陆观光团”，看了虎门及广州三元里平英团的文物古迹之后，知道了其中的历史很受教育，于是便把团名改成了“香港青年祖国观光团”，“大陆”二字改为“祖国”二字，正是文物古迹，使他们触景生情，激发了爱祖国的赤子之心！

纪念鸦片战争150周年，应当更加珍爱鸦片战争的重要文物古迹，加强对它们的保护，使之进一步发挥精神文明的作用。为此，特提出以下建议：

一、要注意加强虎门、广州、定海、镇江等地尚存的重要文物古迹的保护，通过这些史迹，能够把鸦片战争这一课贯穿起来。遗迹难找难寻的原址，可以树碑立记，以志永久不忘。切不要听之任之，不管不问。

二、鸦片战争重要文物古迹的保护，必须依法包括环境的保护，不宜听任文物古迹独善其身，造成所谓“破坏性建设”的出现。

三、任何新的建设，如公路、桥梁、房屋、临时场地等的选址，对属于全国重点文物保护单位的鸦片战争史迹，均宜严格依法禁止。如在这方面已经出现了矛盾的，也必须依法多方论证，建议报请国务院审批。

四、对每一处鸦片战争史迹的保护与开放，均要做好统一规划。

五、电视、广播届时需有鸦片战争史迹的报道或专题考察纪录。

1990年

# 为弘扬中华文化，增强民族凝聚力，建议充分发挥文物风景及历史名城的作用

我国现已公布的国家级重点文化遗产共有：

1.全国重点文物保护单位500处；

2.国家重点风景名胜区84处；

3.全国历史文化名城62个。

另外还有很多地方政府公布的省级风景名胜区、省级历史文化名城和省级的与县级的文物保护单位很多。在国家级的重点文物古迹和风景名胜区中，迄今已有7项经联合国教科文组织批准列入“世界遗产目录”，作为人类自然与历史文化遗产的重点保护项目。这7项是：（1）长城；（2）北京故宫；（3）北京周口店猿人遗址；（4）泰山；（5）西安秦始皇陵兵马俑坑；（6）敦煌莫高窟；（7）黄山。

我国历史悠久，各族人民共同创造和发展了中华民族古代和近现代的历史文化。虽然我国历史上也备经沧桑，甚至近现代濒于危亡的边缘，但是终究衰而不亡，衰而奋起。这在世界四大文明古国中是仅有的。究竟是什么缘故？归根到底是因为中华民族具有一种不可摧毁的内在的精神基础——来自它特有的优秀文化传统和文化体系。这种内在的精神基础实质上是民族凝聚力。文物古迹、风景名胜区、历史文化名城是不用文字记载的史书，能够托物寄情，最能触发中华民族凝聚力的共鸣。民族凝聚力是激发热爱祖国，振奋民族精神，提高民族自尊心、自信心，团结海内外中华儿女，最广泛最根本的精神动力。振兴中华不仅是指振兴经济，同时还指振兴文化，振兴民族精神，包括充分发挥文物古迹、风景名胜区、历史文化名城所起的重要精神文明作用。此其一。

文物古迹、风景名胜区、历史文化名城还是“旅游文化资源”的无价之宝。发展旅游除取得社会效益外，又可为国家大量创汇增收。有的国家或地区把发展旅游作为财政来源的一大支柱。我国的旅游事业，虽然起步晚，但经济效益日益增多。有人赞美说，中国宝贵的“自然与历史文化遗产”是金饭碗。例如1990年我国旅游业的外汇收入达22.2亿美元，比原计划超额11%；接待海外来华的旅游者425万人次，比原计划超额21.5%。不远千里万里而来的海外旅游者，基本上就是专为观光中国的文物古迹、风景名胜区和历史文化名城为目的的，中国的文物古迹和风景名胜对于华人、华裔自然更是情深。此其二。

鉴于文物古迹、风景名胜区、历史文化名城对于促进我国社会主义经济和文明建设具有如此重要的作用，建议在“八五”期间进一步加强对它们的保护，并制定相应的改革措施。

**一、体制和保护资金的渠道**

作为旅游文化资源的文物古迹、风景名胜区现在分由国家文物局和建设部主管，历史文化名城则由这两家合管。主管旅游事业的国家旅游总局对旅游文化资源只是受用，并未承担保护及开发方面的义务。现在历史文化名城保护，由于缺乏资金，致使有些很有特色、很有价值的中小历史文化名城面临很大困难。例如山西的平遥、安徽的歙县就因为是国家历史文化名城，在发展工业经济或行政区划方面都受到限制，以致在财政上承受不起长期保护的重任。归口国家文物局的文物保护资金，虽然国家列有专项，但僧多粥少，因而对于有些早该维修、抢救的文物古迹也不能及时抢救。

建议国务院考虑：（1）从旅游总收入中，切一小块分成，作为历史文化名城保护和文物抢救补助资金。（2）侨乡地区的历史文化名城及其文物古迹保护，欢迎华侨的赞助。（3）为其他合法的自筹资金办法创造条件，成立专门基金会。

**二、加强保护的统一规划**

落实文物古迹、风景名胜区、历史文化名城的保护，首先在于把历史文化遗迹与自然风貌保护好。这里所指的风貌既是外在的环境形象，又是内蕴历史或意境的环境依托，即形神兼备。

文物古迹本身是主体，但是决不能独善其身，脱离周围环境。因此要划出“保护范围和建设控制地带”，结合在一起进行环境风貌的保护。否则，“破坏性建设”就会乘虚而入。

风景名胜区的风貌保护，除本身外，同样要有“保护范围和建设控制地带”。强调整体协调，防止“破坏性建设”。

历史文化名城的风貌保护，大处要划定历史风貌分区（或叫保护区）和新建风貌分区，同时采取“分而治之”的原则方法。小处则要把分散的重要文物和风景统一纳入总的保护规划。郊区如果也有重要文物和风景名胜，也要做好单独的风貌分区规划。不同的风貌分区，应确定不同的基调。

此外还应特别注意：（1）控制高层建筑不要伸入历史风貌分区及重要景观视廊。（2）严格要求在历史风貌分区之内，必须环境协调，切忌杂乱。

**三、占用文物古迹的问题**

有些重要文物古迹或其保护范围部分，长期被占被改。建议“八五”期间改变这种不合理状况，恢复文物古迹的本来面目。我国的文物保护单位的所有权，依法属于国家，并非谁占谁有。政府应制定相应的法规，规定使用期限、使用期租金、维修养护的“文物标准”及退还的步骤原则。

1991年

联合发言人：罗哲文

# 为纪念辛亥革命80周年，占用武昌起义纪念馆红楼的单位应尽早迁出

自1840年以来，在中国近代史上无数的革命先烈、志士仁人，为了寻求中华民族的振兴之路，抛头颅、洒热血，终于找到了一条革命之路。辛亥革命一声炮响，推翻了两千多年的封建专制制度，其意义之重大、影响之深远，早已载入了中国人民革命的史册。

中国共产党历来对辛亥革命在中国革命史上的地位给予了高度的评价，对辛亥革命的遗址、遗物和纪念建筑认真加以保护，由国务院和各级人民政府分别公布了许多处各级文物保护单位。湖北武昌的辛亥革命武昌起义军政府旧址“红楼”就是国务院公布的第一批国家级重点文物保护单位。

由于辛亥革命武昌起义军政府旧址“红楼”在辛亥革命中的重要意义，党中央和社会各界都非常重视。国务院已公布为国家重点文物保护单位，划定了保护范围，1981年在中央和省政府的关怀下，以旧址为依托，建立了“辛亥革命武昌起义纪念馆”。至今近十年的时间里，共接待了海内外友人170余万人次和世界40多个国家和地区的来宾，朋友、国际友好人士。在增强国际之间的了解和友谊，加强海峡两岸的联系，维护安定团结，进行革命传统教育，促进祖国统一等方面都产生了重大的影响。

今年是辛亥革命80周年，党中央已经决定要在北京和全国有关城市进行隆重的纪念活动，届时将会有台湾、港澳同胞和海外炎黄子孙，辛亥革命故旧以及全国各族各界人士参观辛亥革命的遗址和纪念建筑。辛亥革命的重要纪念地点武昌红楼将是一处重要的参观地点，它保护的好坏、纪念陈列的内容和环境的状况将会对这次的纪念活动产生重要影响。

然而，目前的情况却令人十分担忧，据有关工作部门1991年3月18日的反映，纪念馆的保护范围内仍有东北角、西南角、东南角的房屋和约4500平方米的灰楼为一些部门所占用，有的破烂不堪，影响观瞻。有些占用部门，先后进行拆改，至今无法复原维修。许多国内外友人及我国有关方面领导、海外侨胞看此情况后，多次呼吁立即维修复原，以供参观。

为了保护这一重要辛亥革命纪念建筑，中央和国家机关有关主管部门、全国政协委员、社会各界都曾做过极大的努力，但是所得的结果，不能令人十分满意。回顾历史经过，1974年国家文物局书记刘仰峤和文物处罗哲文同志为了迁出红楼占用单位之事专程找了湖北省委书记面谈此事，答应按原划定的保护范围全部迁出。1983年7月22日中华人民共和国文化部专函致湖北省政府提出："该旧址的使用，应严格按照《中华人民共和国文物保护法》执行。占有部门迁出后，不应再由其他部门占用。要逐步恢复旧址原貌，继续充实完备已有的陈列展览，使其为教育人民群众，建设社会主义精神文明，促进祖国统一大业早日实现发挥积极作用。"1984年5月23日中共中央宣传部以中宣［1984］81号函给湖北省委宣传部称："要求搬迁该馆保护范围内居住的二十六户居民，并归还被其他单位占用的灰楼，我们认为这种要求是合理的，符合《中华人民共和国文物保护法》。"1984年6月5日中共中央统战部以统发文［1984］第523号函致湖北省委称："望统筹安排，使上述单位和住户得以迁出。"为此有关部门还拨了专款，为迁出单位建了新房。

全国政协自1983年起，曾经有吴汉家、罗哲文、王世襄、王振铎、华君武、黄翔、黄苗子、丁聪、孙轶青、郑孝燮、胡如雷、金冲及、郭履灿等委员多次提案，呼吁有关部门重视这一辛亥革命重要纪念地的保护。但是提案的答复每况愈下。就拿1990年的提案答复来说，起初湖北省有关部门的答复还是认真的、实事求是的，是尊重中央、国家有关主管部门的意见和执行国家文物法的规定，并遵照省、市历次的决议的。而到了湖北省另一个部门1991年2月22日厅函［1991］11号的答复则改变了态度，没有考虑国家文物法规定，也没有考虑中央统战部、中央宣传部、文化部、国家文物局的意见，甚至连原省委负责同志的批示，以及省委、省政府有关部门早在1965年10月共同签订的《全国重点文物保护单位——武昌军政府旧址使用保管合同》中明确规定的"以起义军政府旧址大楼为主体，南至孙中山铜像前五公尺，北至旧址后院墙，东西以旧址两侧院墙外两公尺为界，在此范围内的一切建筑物及附属文物（包括建筑物的附属设备）均属文物保护范围之列”的合同内容都不承认了，提出了明明就在国家重点文物保护单位重点保护范围（也称绝对保护范围）内的建筑“并没有涉及”，如此众多重大的问题“并不存在遗留问题”的答复。实在难以令人理解。

作为政协委员，我们只是出于对国家重点文物保护单位爱护之衷情，希望湖北省有关部门以大局为重，以辛亥革命在中国人民革命史上的重要意义为重，以今年纪念辛亥革命80周年的重要意义为重，以保护这一重要纪念建筑在进行革命传统教育，促进祖国统一之作用的影响为重，认真按照《中华人民共和国文物保护法》的规定办事，听取一下中央统战部、中央宣传部、文化部、国家文物局和我们这些诚恳进言的政协委员们的呼声，珍视辛亥革命这一具有伟大意义的重要纪念物，珍视革命先烈们流血牺牲的革命成果。

我们并在此呼吁党中央、国务院、湖北省委、省政府的领导同志关心一下此事，使隆重纪念辛亥革命80周年这一重要活动更加完好。

1991年

联合发言人：孙轶青　罗哲文　王世襄　郭履灿　盖山林
史树青　金冲及　谢辰生　何正璜　金安槐
王仲殊　徐苹芳　殷叙彝

# 首都建设风貌，要强调中国特色

北京是历史悠久、文物古迹甚多的文化名城，同时又是伟大的社会主义新中国的首都。首都是代表一国的首善之区，这种代表性首先是从城市风貌上体现出来的。改革开放后，由于政治、经济的发展，北京在统一规划、保护与建设城市风貌方面积累了很多重要的经验。例如：区分古城保护区与新建区，控制建筑高度，保留一批四合院民居，以及确定什刹海为历史文化风景区等。又如为重点文物保护单位“划定保护范围及建设控制地带”，彻底纠正乱改、乱用、乱堆带来的破坏，其中最突出的是恢复卢沟桥的原貌和禁止车行，恢复天坛环境，铲除十年动乱中乱堆的大土山等等。这些经验对其他历史文化名城也是有参考意义的。至于新建、改建方面，北京全市（古城区、新区、郊区）的道路交通系统、管线系统、绿地系统等，更是日趋完善和现代化。尤其亚运体育中心和亚运村不但是现代化的新区，而且同古城区之间，在风貌上对比鲜明，却并不显得直接冲突。这比建国门外大街的高层新区与天安门广场之间的风貌关系要好。此外，北京铁路西站等的建筑设计，有不少都在尝试体现有中国特色的现代化风格。总之，现在已不再听到“把北京变成香港、纽约有什么不好”之类的论调了。可见中国特色问题越来越深入人心了。

北京城市风貌强调中国特色，一靠保护古城区和文物古迹，历史本来就赋予了它们传统的中国特色。二靠有许多新建的现代化建筑注入中国特色“血液”，使之成为“新而中”的环境创作。北京作为“文化古都、现代城市”，并非是不要建筑风格的多样化，但必须强调中国特色为主导的基调。

有几点建议：

一、要有重点地，带着成绩或问题抓些评论和经验总结。比如针对古城区、长安街及其延长线、什刹海、八达岭等处的保护与建设，特别是回顾现代化与中国特色的评论与经验。要像繁荣文艺那样，有创作、有评论，学会两条腿走路。

二、继续严格控制建筑高度，对于新区高层建筑热也该降温。文物保护单位的“保护范围和建设控制地带”仍要大力继续完善。

三、卢沟桥“七七事变”的“战场遗址”是炎黄子孙永不遗忘的历史见证。现在它被占为钢渣堆场，应抓紧还其本来面目。卢沟桥镇的保护与建设的风貌特色，主要在于树立它成为爱国主义现场教育的大课堂。

四、要探索北京古城区南城的历史痕迹，寻找唐、辽、金故城与元、明、清城区之间的发展变化和遗存的纽带关系。比如某些街、庙宇、民居及地下文物等等。这是过去不太被有些人注意的一个历史角落。这种历史痕迹当然也是有中国特色的历史价值的。

首都的城市风貌，决不是简单的形式而已，而是一部重要的历史画册。托物寄意，见景生情，使它更多地反映中国特色，就更会激发热爱祖国的精神和增强中华民族的凝聚力，以及对外的吸引力。

1992年

联合发言人：罗哲文

【调研考察】

# 关于制止拆毁德胜门箭楼的紧急建议

陈云副主席：

听说北京即将拆除一座明朝建筑——德胜门箭楼。为此建议，请考虑对这类拆毁古建筑的事，应迅加制止。

一、北京是个历史悠久的世界名城，风景名胜较多，特别是古建筑更是独具风格。目前除加强保护好城区和郊区的风景名胜外，还需要考虑在整个城区或郊区也能适当保留一些中小型的风景文物。这些中小景物应同北京风景名胜的主体风格取得协调或有所呼应。德胜门箭楼是现在除前门箭楼外，沿新环路（原城墙址）剩下的唯一的明朝建筑，如果不拆它并加以修整，那就会为新环路及北城一带增添风光景色。

二、德胜门箭楼位于来自十三陵等风景区公路的尽端，是这条游览路上唯一的、重要的对景。同时它又是南面什刹海的借景，并且是东南面与鼓楼、钟楼遥相呼应的重要景点。不论在新环路上或左近的其他路上，它都可以从不同的角度映入人们的眼帘。在新建的住宅丛中，夹入这一明朝的古建筑，只要空间环境规划好、控制好，就能够锦上添花，一望就是北京风格。从整个北京城市的风景效果来看，保留它与拆掉它大不一样。

三、拆除这座箭楼，可能是出自交通建设上的需要。但是巴黎的凯旋门并没有因为交通的原因而拆除，这很值得我们参考。风景文物是“资源”，发展旅游事业又非常需要这种“资源”，因此是不宜轻易拆毁的。

四、破坏风景名胜有两种情况：一是拆或改。二是不拆，但在周围乱建，破坏空间环境，喧宾夺主或杂乱无章，如北京阜城门内白塔寺（1096年辽代建，1271年元代重修）就是一个教训。国外如日本在这方面是有严格限制的，欧洲有些城市把上百年历史的建筑也列为保护对象，为旅游服务。我们的城市规划、文物保护、园林绿化工作，迫切需要有机配合，共同把风景名胜保护好，并且应由城市规划牵头。

五、像德胜门箭楼的拆留问题、白塔寺附近的规划建设问题，可以请有关单位组织旅游、文物、建筑、园林、交通、城市规划等方面的领导、专家、教授座谈，听听他们是什么意见。

仅此建议，如有错误请指示。谨致

敬礼！

全国政协委员　郑孝燮

1979年2月14日

## 附：德胜门箭楼的保存

1979年初，为了解决德胜门一带的交通问题，修建立交桥，北京市政部门准备将德胜门箭楼拆除，工程队伍都已经组织好了，几天之内就将进场。时任全国政协委员、全国政协城市建设组副组长的郑孝燮闻讯后，立刻给时任党中央副主席的陈云写了一封信，呼吁保留德胜门箭楼，信中力陈保留德胜门箭楼这样的古建筑的重要意义。陈云阅信后，又转到了时任国务院副总理、国家建委主任谷牧同志的手里。谷牧很快批复，请郑孝燮牵头召集国家文物局、市规划局以及建筑科学研究院的专家进行讨论。会上，专家们一致支持郑孝燮的谏言，均认为保留德胜门很重要。郑孝燮在会上还建议全面维修德胜门箭楼。会后，郑孝燮又和建筑科学研究院的袁镜身主任，一起打了报告给谷牧，建议由国家批拨专款给北京市文物局维修德胜门箭楼。谷牧很快专批了30万元，并责成国家文物局负责工程。

工程于1980年6月开工，至1982年4月竣工，遵照“保存原状”的修缮原则，原拆原盖。凡大木拔榫走迹部分都做了拨正归安，并用铁活加固节点。朽烂过甚的梁枋和缺失的楞木、楼板、栏杆、楼梯等都按原制用松木修配齐整。同时，墩台两侧的垛口、蹬道、女儿墙等也都进行了修补。为了坚固耐久，并考虑结合使用，墩台全部海墁水泥方砖，改善台面排水设施。安装防雷与消防设备，以保证箭楼的安全。经过修缮，这座15世纪的城堡建筑又恢复了青春。虽然只保留了箭楼西侧的一段瓮城城墙，使城台呈月牙形，比起要彻底拆除德胜门，也算是“刀”下留门了。1980年9月，在德胜门箭楼的南侧建成德胜门立交桥，建成的立交桥将箭楼包围在其中，虽使箭楼略显单薄，但将内城九门之一，北面唯一的一座城门保留下来实属不易。1979年德胜门被北京市政府公布为北京市文物保护单位，2006年被国务院公布为全国重点文物保护单位。

德胜门是北京内城的九座城门之一，位于内城北垣西侧，是由城楼、瓮城和箭楼等组成的群体城防建筑。始建于明正统元年至明正统四年（公元1436—1439年），后经多次不同规模的修缮。清康熙十八年（公元1679年）因京师地震，毁坏严重，箭楼曾落架重修。1900年曾被八国联军破坏，光绪二十八年（公元1902年）修缮。德胜门城楼在1921年严重倾斜而政府无力修缮，于内城九门中率先被拆除，仅存的城台及城券门也于1955年被拆除。1951年国家曾拨专款修缮了残破的箭楼。1964年北京城修建环城地铁工程施工，将德胜门城墙拆除。1982年修缮竣工后设立文物保管所，并对外开放。1992年恢复瓮城内的真武庙。同年将德胜门箭楼文物保管所更名为北京古代钱币博物馆。近年来，不断对箭楼进行维修及加固修缮。

（原载于《当代北京古建筑保护史话》）

# 我所知道的一些文物古迹被破坏的情况

## 一、陕西临潼秦始皇陵墓与兵马俑坑之间乱摆工厂

全国重点文物保护单位秦始皇陵位于陕西临潼县城东5公里。1974年3月在陵墓以东一公里半处发现了兵马俑坑（为一号坑）。这个坑深5米左右，东西长230米，南北宽62米，面积达14000多平方米，坑内排列有足尺的陶俑、陶马，全部发掘后将有6200多件，军阵严整，兵精马壮，栩栩如生。到今年国庆节为止，已接待了国内参观者100多万人次，外宾2万多人次。据说这一重点文物是世界八大奇迹之一，1975年新加坡总理李光耀去参观时就说："这是世界的奇迹，民族的骄傲。"在一号兵马俑坑以北20米处，后来又发现了第二号、第三号俑坑。估计在陵墓周围地下还会有其他的兵马俑坑，而绝不只此三处。秦始皇生前在统一六国前后就开始营建这个陵墓，共用了70万刑徒，31年的时间。后来项羽进关，把秦始皇陵墓的建筑也烧了。现在一号兵马俑坑内还可以看到被烧的痕迹。

"文化大革命"期间的1970年，在秦始皇陵墓和一号兵马俑坑之间（距陵墓只有500米的地方）建了一个有2700多职工、10万多平方米建筑面积的缝纫机厂，这个缝纫机厂的下面很有可能埋藏着文物。把工厂等项建筑摆在世界八大奇迹之一的文物古迹保护区内是一种严重的破坏。此外，还有一个鼓风机厂也选址在不远的地方。对于这种不调查、不研究、乱摆乱建，破坏重点文物的教训，今后应由国家严加禁止，使之不再发生。

陕西省有周、秦、汉、唐四大文物遗址，都是国家级重点文物保护单位。"文化大革命"以来，这四大遗址都曾遭到了不同程度的破坏。周朝的丰镐遗址，由于建工厂已成了新的小城市。秦代的阿房宫遗址，1974年被乱挖一

阵，柱础也给移动了。在“农业学大寨”的口号下竟把秦代阿房宫遗址和汉长安城的武库遗址用推土机推了不少，搞得一塌糊涂。唐朝长安的大明宫遗址，四周很多单位特别是铁路部门都要挤向这里搞建设；附近农民还在这里取土做煤球，常年打官司。遗址成了农村平整土地的对象或者是建筑选址的对象，遭到了严重的破坏。外国友人到西安常常要求看这些遗址，特别是日本人来总要看看大明宫遗址。像现在这样搞下去，不但损害国家文物，对外也会造成很不好的影响。

**二、浙江普陀山遭到严重破坏**

普陀山是我国著名的佛教四大名山之一，位于舟山群岛，面积12.5平方公里。据传说，普陀山是南海观音出身之地，开创于五代后梁贞明二年（公元916年）。当时日本和尚惠锷从五台山请来一尊观音像去日本，途经普陀山莲花洋时受阻，于是就在普陀山紫竹林留居下来。经过一千多年的发展，普陀山建造了普济寺（前寺）、法雨寺（后寺）、慧济寺（佛顶山）三座大寺，88座庵堂和128座茅篷，建筑面积共达14万多平方米。这些建筑经过历代不断地修整，现存的都是明末清初建的。清朝康熙、雍正、乾隆三朝对普陀山寺院的建设很重视，上述三大寺的重建和御碑亭的修建都是有“圣旨”的，所以有资格用黄琉璃瓦顶。寺庵内的大量雕塑佛像、碑文以及山石上的摩崖石像和诗文雕刻都是重要的文化艺术遗产。普陀山有“海岛佛国”之称，风景秀丽，林木茂密，气候宜人，又是国内外著名的游览避暑胜地之一，特别是对亚洲佛教国家如印度、日本、泰国、柬埔寨、新加坡、马来西亚等的华侨很有影响。过去，寺庵内待客的床位曾达到4000多张。

中华人民共和国成立后，重视文物保护，1956年、1958年、1962年到1963年普陀山进行过三次整修古建筑。但在“文化大革命”中普陀山却遭到空前的劫难。所有大大小小的佛像一万多个全被捣毁，碑石多数被砸烂，山石刻诗刻文刻像也全被凿去，改刻成“全民皆兵”、“劳武结合”等口号。寺庵建筑有的被拆毁把材料运走，有的长年失修不断倒坍。此外还任意砍伐树木、开山取石和运沙，把名胜古迹搞得残破不堪，不少寺庵已成了一片片废墟。据初步统计：这几年倒坍拆掉的寺庵87座，面积25000多平方米。如“紫竹林庵”的两个大殿、“西天”的大殿都被拆光。三大寺的普济寺（前寺）近十年来倒坍的房屋有2000多平方米，占该寺建筑面积的四分之一。其中天王殿、藏经楼大面积地漏雨，梁、柱、桁条多已霉烂，大雄宝殿有十二根大柱下部已经烂掉。慧济寺（佛顶山）的大雄宝殿、藏经楼也是严重漏雨。法雨寺（后寺）的后大殿已严重倾斜，也处在岌岌可危之中。

“文化大革命”中1973年新加坡有七个华侨佛教徒汇来助缘款7000元，并询问普陀山的寺院情况。“文化大革命”以后，1979年2月香港宝林寺衍济和尚来到普陀山（据说是他出家的地方）住了十天，是来探询和看看普陀山整顿恢复情况的。现在普陀山已成立了管理局，正在着手搞规划，准备整修、恢复。

### 三、四川乐山大佛被砸

乐山大佛在岷江东岸，正对大渡河、青衣江汇流处。这座大佛是利用凌云山因山就势凿刻的一尊弥陀佛坐像，气魄雄伟，是全国最大的石佛。石刻的年代为唐开元元年（公元713年）至贞元十九年（公元803年），先后花了90年时间刻成。

大佛坐着的高度71米，头部直径10米，每只眼宽4米，每只耳长6米，脚背上可停放十辆解放牌汽车。原来建有13层木阁把大佛罩起来，叫天宁阁（俗称大佛阁），明末张献忠起兵后木阁被烧毁了。据说在日内瓦会议休息期间闲谈时，东南亚一些佛教国家都说他们国内的石佛多高多大，是世界第一。周总理风趣地说：我们中国乐山有个唐朝的石佛，坐着高度就有71米，若是站起来也许100米高了。结果是大家都赞赏地笑了。

“文化大革命”在所谓破“四旧”、砸烂“封、资、修”声中，一些“造反派”起来砸毁大佛，但砸来砸去，花了很大力气也砸不动，只是伤断了大佛的一个手指头。他们没有办法，于是打算用炸药来轰，可是当地农民不答应，拿着锄头要同他们拼，这样才把这个有着一千多年历史的重要石刻文物保护下来了。“文化大革命”以后，大佛的那只断指已经修补好了——用了5000块砖、13000元修补的。

乐山大佛原是四川省重点文物保护单位，听说将改为全国重点文物保护单位。这样巨大的石刻雕像艺术，比例、尺度、形象是很不容易掌握的，总的来看，这些方面都达到了很高的水平。

宋朝诗人陆游的“凌云礼佛寺”诗：

出郭寻幽一笑新，径呼艇子截烟津。
不辞疾步登重阁，聊欲今生识伟人。
镜泉正涵螺髻绿，浪花不犯宝趺尘。
始知神力无穷尽，丈六黄金果小身。

（陆游自注云：一泉泓然正在髻下，每岁水涨不能及佛足）

“四人帮”一伙给文物造成的灾难是无法挽救的，他们破坏乐山大佛那样一个头在山顶、脚在江面的庞然大物，虽然只能伤其一指，但是对于遍布全国各地的中小雕塑造像，则几乎是厄运难逃的。例如：普陀山寺庙共有一万多个菩萨，就无一幸免。南京栖霞寺的释迦牟尼樟木雕像，在“打砸抢”后变成了一些人的樟木箱子。北京北海善因殿内著名的全国唯一的一座铜制的千手千眼佛像被毁掉了，善因殿四壁的450块琉璃砖佛像，也被全部取下来砸掉了。碧云寺内全国最大的哼哈二将泥塑同样被砸成了泥土。据不完全统计，在北京仅铜佛被毁的就有22座，泥塑、木雕和磁制佛像被毁的607座。颐和园内有21座铜佛共重25万斤，全部被拉到炼铜厂，除周总理发现追回3座外，其余18座都化了铜。颐和园保存的“泥人张”第一代张明山的泥塑作品“木兰从军”、“风尘三侠”都是国家一级文物，也全部被砸毁了。北海团城的白玉佛身上镶的珍珠宝石被盗一空，铜仙承露盘被摔坏，铜塔三座重七八吨送去化了铜。至于西藏大规模地毁佛毁寺的事例就更多了，这在政协二次会议《简报》中已有报道。

### 四、上海市嘉定县文庙附近乱建房屋

嘉定县文庙在县城中街，是上海市的重点文物之一。该庙创建于南宋嘉定十二年（公元1219年），当时的规模是比较宏壮的。现存南宋绍定二年（公元1229年）碑刻记有“嘉定十四年中冬落成，殿堂门庑，高壮华丽”。现存的

文庙，虽经过历代多次修缮，但整体布局基本上还是原来的格调。

“文化大革命”中，在该庙主体建筑大成殿的背后，建了一座高七层、长二十一开间、粉红色外墙面、平屋顶的住宅大楼。同时在西侧附近也建了一座五层、平顶、灰白色墙面的住宅。这样，就把文庙的环境空间比例、建筑风格面貌完全搞乱了。这种乱摆乱建，造成极不协调的结果，也是对文物古迹的一种严重破坏。

类似这样在古建筑旁边乱摆乱建的例子，很多地方都一再出现。例如北京阜城门内的白塔寺、西安的清真寺、广州的农民运动讲习所、杭州的岳庙、四川新都的宝光寺、承德的外八庙、沈阳故宫、大同华严寺、洪洞广胜寺、北京天宁寺塔、北京雍和宫、芮城永乐宫等的近旁都出现了很不协调的新建房屋、或高烟囱、或水塔之类的东西。西安唐代建筑小雁塔附近400米处正在兴建一栋13层高、19000平方米建筑面积、500床位的高层旅馆，显然是同小雁塔唱对台戏、喧宾夺主。现在这个正在施工的事例，已引起了很多方面的关切和反应。

### 五、古建筑的破坏与所有权问题

很多地方不承认古建筑是国家所有。一旦古建筑被借用或占用办工厂、办仓库、驻军队，或作为机关、学校等用房时，谁用就等于归谁所有，谁就可以任意拆改。这个问题普遍存在于全国各地，造成的损失是不小的。例如：古北口长城是全国重点文物保护单位，但是被部队、公社拆城砖修房子。杭州风景区的古建筑净慈寺为某单位占用，昭庆寺改为少年宫，上天竺、中天竺、下天竺改为工厂，韬光寺改为电视塔站。这些文物古迹被占后，名存实亡，都被拆改得面目全非。山西的古建筑最多，但是这些年来，县和公社可以随便有拆庙的权力。洪洞县关押苏三的监狱，由于县委书记军代表的一句话“关妓女的监狱为什么还保留？”一下子就拆光了——这是全国保存下来的唯一的一座古代监狱。忻县有个明朝嘉靖年间建的文庙，县委占用改为家属住宅大院，不慎起火，八个县的救火车赶来也没有救了，文庙全部烧光了。五台山拆毁明朝的罗汉洞，不仅拆庙，拆后还卖材料。又如陕西蒲城有唐睿宗的陵墓，石刻比较完整，但是竟在这里办了采石子厂和烧石灰厂，要他们迁走，非要赔偿38万元不可。王冶秋同志去，要把这个陵墓改为全国重点文物保护单位。四川成都东北郊的清代建筑昭觉寺，规制宏伟，是川西著名的大寺院，“文化大革命”中成了关押所谓“走资派”的“集中营”，后来改为动物园，现在门口和里面改得不伦不类，把一座很大很好的古建筑给毁了。还有些城市的房管部门，因为旧房维修缺乏材料，于是也打古建筑的主意。例如绍兴有个吕府，是明嘉靖年间吏部尚书吕夲（音滔）的府第，占地30亩，有13个厅和9个台门（即九幢宅院），布局和建筑以及环境都很讲究，市房管局看中了它的木料想拆它。这种“穷过渡”的搞法，也危害到古建筑上来了。

不仅外地，北京许多王府和寺庙等古建筑也被一些单位长期占用着，如政协占顺承王府，教育部占郑王府，公安部占恭王府，科学出版社占九爷府，北京军区占八大处，某部占大高殿，公安部占朝外东岳庙等等。这些单位，占用既久，往往就要拆旧建新建高，特别是在城市用地紧张的情况下，更是如此。这样，这些王府、寺庙就将慢慢地被一点一点地改头换面，以致完全吃掉。听说政协要拆顺承王府西院一部分房屋建汽车库，北京市规划局有的同志感到不好办，希望委员们注意研究一下，究竟该如何对待。

### 六、江南水乡城市的问题

今年春天在上海，浙江省建委一位同志同我谈起绍兴的城市规划如何体现江南水乡风格的问题。我说这些年来，江南城市填河筑人防或改路之风很盛，如果把城里的河填光了，没有水面了，哪还谈得上什么水乡风光！

据我所了解，杭州填了浣纱河做人防，完成平方米任务不少，但是里面积水严重而且变臭，成为蚊子的孳生地，夏秋季节黄昏时蚊子从通气孔出来，多得成了一股烟流一样。苏州也有类似情况，群众很有意见，无锡的河除运河外已经彻底填光了。

江南水乡，城内河道纵横交错，运输方便，而且别具风光，是我国古代江南城市规划和建设的一个良好的传统，不应当轻易地把它填平。有人说那些河道臭了，不填不行。但是十几年、二三十年不去疏浚它，反而愈来愈多地把工厂污水、生活污水、垃圾等一个劲地往河里排，那又怎能够不臭呢？过去江南水乡城市的河道是定期疏浚的，所以活水川流不息。意大利威尼斯是全世界最有名气的水乡城市，经常疏浚，保持河道清洁，从而也保持了这个古老的水乡城市的风格面貌。人家可以做得到的，为什么我们却非要填河不可？我国古代的城市规划和建筑艺术，总的表现都是中国风格、中国味道，但其中又充分地体现出千变万化的地方风格、地方特色来。这里面很有值得我们研究借鉴的地方。

现在日本和欧美等国，都有人在研究中国古代城市和建筑艺术，把它作为世界建筑文化艺术中的一支独立的体系。我们自己在这方面就更应该进一步加以重视，保护好历史遗留给我们的文化遗产。

1979年12月11日

# 承德避暑山庄的抢救性保护迫在眉睫

1980年7月5日，我随全国政协参观调查团赴承德，对该市的城市建设和文物保护工作进行了为期五天的考察。

承德在北京的东北，距离256公里，地处塞外，却有着闻名遐迩的山水和文物古迹。建于18世纪的清朝避暑山庄和外八庙就在这里，现在是全国重点文物保护单位和风景区。这批具有重要历史意义与艺术价值的文化遗产，先后花了80多年才建成。当时正是康熙、乾隆年期，国势强盛，对外抗击了沙俄的侵犯，对内平息了民族分裂的武装叛乱，归顺了流落沙俄境内的我国少数民族27万多人，使中华民族形成了统一的多民族国家。避暑山庄和外八庙（原为十一庙）之所以是珍贵的文物古迹，首先在于它们是上述历史的见证。其次在宫苑、庙宇等的规划与建筑艺术上，可以说是集离宫别馆、南北园林、山水名胜、各族寺庙建筑、雕塑、绘画乃至民俗活动等的大成，而且设计创作的理念和手法，强调“学其神，不学其像”。尤其，在政治上当时承德是全国的第二首都，民族事务、外交事务，很多是在这里处理的，皇帝每年夏秋都在承德，同时还到北边的围场狩猎——实际上是练兵和示威。修建外八庙则是出自民族统战政策（当时叫“怀柔”）的需要，“因其教，不易其俗”，“修一庙，胜养十万兵”，确实起到了重大的作用。

作为城市的起源，承德完全是随避暑山庄、外八庙的建立而后才发展起来的。现在承德市区人口有11.43万人，面积16.6平方公里，包括避暑山庄5.6平方公里，外八庙0.44平方公里。城市虽有着大好的山、水、文物古迹的独特优势，却在其他方面比较求全求多，已经发展成了地区和城市的政治、经济、文化中心所在。仅工业一类就有188个工厂（包括郊区城镇），工业产值1979年

4.9亿元，重轻工业、有害无害工业都有。因此，城市人口增加，环境污染，住房紧张，供水紧张。市领导在这种情况下，就需要把更多的精力用于研究发展优势，割掉劣势包袱，调整改革，尽快把承德发展成为风景旅游城市，改变现有城区的性质和环境。这次前去参观调查，时间所限，见闻尚不全面，初步提出以下几个问题，需要加以注意并研究解决。

## 一、发展旅游与工业调整、环境保护、控制城区人口的问题

1975年2月22日余秋里、谷牧副总理批文：承德避暑山庄与外八庙“经过考虑，将来可对外开放”，“同时应协助承德市搞一个城市建设规划，以利有计划地建设，为逐步对外开放创造条件”。1976年1月14日谷牧副总理又批示：“国家投资950万元作为整修之用，为保持避暑山庄的完整性，迁出驻在避暑山庄内的266医院等单位。”接着，国家又拨款800万元，作为迁建费，限期两年完成。

承德的城市规划，有关部门向我们专门作了介绍。规划的原则基本上符合国务院指示的精神。规划提到：要发展成为具有承德特点的风景园林城市。市区不再发展工业，对污染严重的皮革、印染、铸锻、橡胶厂等要及早迁出市区。工业调整要关、停、并、转、迁。市区15公里外的双滦地区，是个老工业城镇，一些迁出去的工业将在那里落户等。

我们认为：调整工业，必须落实兑现，市领导要下更大的决心，采取更具体的措施，而且也应有个限期。有的如橡胶厂等还必须由河北省下决心、定措施、限时间。

我们还认为：城区规划的人口按15万人考虑是偏高的。1978年谷牧副总理去承德提到市区人口要控制，以不超过10万人为宜。虽然现在市人口已达11万之多，但这是工业未迁动，就业人口分配城区较多，以及有些农村人口进城所造成的。如果这种局面不变，或改变迟缓，即1985年规划为12.4万人，远期为15万人的话，城区建设中的老问题，如用地、住房、生活服务、供水、交通、环境保护等的紧张和矛盾，必将持续下去。桂林、苏州、杭州等著名风景城市，在发展工业中的经验教训和带来的破坏，应是前车之鉴。

## 二、当务之急是保护水源

避暑山庄内的“热河泉”是风景区水系如意湖、澄湖、镜湖、上湖、下湖等的来源。由于现在城区人口日益增加，工业未迁，供水不足，于是竟动用这一宝贵水源，每日要抽用5000吨的热河泉水。目前已经出现泉水水位下降的趋势。济南过去是著名的泉城，就是由于乱抽泉水，现在许多名泉如趵突泉、珍珠泉等早已有名无实，遭到了破坏。这个严重的教训，切莫在避暑山庄重演。

避暑山庄外的武烈河是城市的主要水源，现有城市井源多处。上游是磷矿等的矿区，打算进一步开采。这类矿区的生产污水有毒，如果不经处理或处理不够，即从上游排入河内，全市主要水源都有被污染的危险。必须对此严加控制，坚决按国家规定的标准办理，并责成工矿单位必须用管道引至城区下游，把处理过的有害污水排出去。保护水源，事关重大，首先是市政府的领导思想要警惕，要重视，要有行动。

## 三、重点文物保护单位要划保护区，严禁乱占乱建

目前在古建筑群的附近，甚至内部，乱占乱建比较严重。这是对文物环境、风格、气氛的破坏，是不符合国务院文物保护管理暂行条例的。以外八庙为例，在溥仁寺大殿（康熙年建）后面建了自行车配件厂，在普宁寺（大佛寺，乾隆年建）山门前平台上建了一所学校大楼，在殊像寺（乾隆年建）近旁正在修建军队的招待所楼。又如避暑山庄内部六和塔前后被军区长期占用，建了大片的机关及居住等用房。为此，应在城市规划总图上划定风景文物的保护区，即保护范围不仅限于风景文物的围墙以内，还应当在围墙以外划保护区。这种保护区是“禁建”或“严格限制建设”的范围，特别是对围墙以外如果允许兴建的建筑物，也必须严格限制其高度、距离、风格，以保证与风景文物协调一致，比如避暑山庄宫墙外一定距离范围内的建筑物都不宜高过宫墙等等。法国巴黎、日本奈良等就非常严格地划定文物保护区，有的划至三道甚至五道的保护区，绝对不许在古建筑周围乱占乱建。

四、立即保护、抢救避暑山庄的古松

避暑山庄及外八庙原有大量的200多年古松。日本侵占时被毁了4000多株，中华人民共和国成立初，还是松林有鹤，飞来飞去。现在只剩古松1400多株，不少已经黄尖，濒于死亡，非常可惜。古松其实也等于有价值的古代文物一样，要妥善加以保护。市领导及园林单位，需要抓紧研究，加强保护，赶快抢救！沈阳东陵保护古松有经验，可以去学习。

五、关于旅游旅馆建筑

避暑山庄内有些毁了的文物古迹，如别馆、寺庙等，可以恢复重建，保持原貌风格，并用作旅游客舍，主要接待国外游客。这些别馆、寺庙如“梨花伴月”、“有真意轩”、“秀起堂”、“碧峰寺”、“玉岑精舍”、“山近轩”、“敞晴斋”、“广元宫”等，都是很好的景点、景物。恢复后，住在其中就是一种高层次的中国艺术环境的欣赏。不少国外游客表示，他们愿意住中国式的住处，包括蒙古包、延安窑洞都使他们感兴趣、觉得新奇。在风景文物区及其外围保护区建洋式高楼旅馆，如无锡蠡园等是煞风景的，也不切合外国游客的心理。旅游部门、设计单位需要根据风景文物区的规划，文物古迹修整的计划，把旅游与旅馆建筑结合起来，千万不要到处建高、大、洋的旅馆建筑，要吸取如无锡、杭州、西安等地的教训。

六、承德市城市规划的审批问题

鉴于避暑山庄、外八庙是全国重点文物保护单位和全国重点风景区，在国内外的名气很大，而且涉及的规划与建设问题有其特殊性，因此建议把它列为国家审批的对象，并由承德市组织邀请专家、教授评议。

1980年7月14日

# 关于中原三省文物保护的考察报告

我们最近到豫、陕、晋调查了文物保护，历时一月。中原三省是我国悠久文化的摇篮，有不少文物是震惊世界的文化遗产珍奇。三省的大部分又曾是中国革命的重要根据地，革命遗址、遗物也极珍贵。鉴于这些年古文物毁坏的特别严重，因此这次调查只侧重于这方面。我认为：当前为了刹住破坏古文物之风，急需考虑如下的问题。

## 一、坚决禁止基建用地选占重要文物遗址

洛阳是“九朝古都”，古墓葬遍地皆是，其中更以城北邙山为最多。唐诗说“北邙山头少闲土，尽是洛阳人旧墓”。老百姓形容那里的古墓多到了“无卧牛之地”。古墓葬是文物的宝藏，但是邮电部537厂、国防工办5408厂和黎明化工研究院（所）等却选址建在那里，不惜大量毁坏地下的无价之宝。洛阳城市规划对这些国家的、军队的工厂、研究院（所）等项目都叫上邙山，原因是邙山的庄稼差，不占好田，而对地下文物则不考虑。水电部电厂最近也选址在洛阳地区的西晋皇陵区，还要把铁路专用线横穿洛阳“汉魏故城”遗址。郑州商城遗址，近一两年来被市粮食局等单位强占强挖，在上面盖房子，破坏了比秦始皇长城还早1300年的一段商城遗址。

基建用地选址和城市规划，应受地下有无文物的制约。“一五”期是这样做的，即不在古墓地区选址，在对地下古墓探明、发掘、清理、取出文物后才确定选址及规划。建议国务院今后明令禁止基建选址占用文物遗址的错误做法。

## 二、迅速制止在地下有文物处，用地下爆破方法搞基本建设

在基本建设中，仅洛阳一市近些年就连续炸毁了周、战国、汉、唐、宋等地下古墓葬360多处。这是对古代文物骇人听闻的毁灭性的大破坏。尤其严重的是至今仍未完全制止。破坏的方法是在墓址钻孔，每孔放入三斤炸药，炸后再灌注混凝土。据初步统计：1975年邮电部537厂炸毁汉墓20座、唐墓19座、宋墓25座。1980年8月国防工办5408厂和洛阳市二轻局炸毁战国墓64座。1981年1月洛阳市食品公司蛋库工程炸毁战国墓9座。1981年4月龙门煤矿在改建啤酒厂中爆破取土，炸毁唐墓（唐定远将军安菩夫妇墓，有重要文物）1座。其他建设单位雇用农民零星爆炸古墓还很多。据西北建筑设计院副院长谈："在咸阳的基建工程中也用过爆破办法，但现在不用了。"

建议国务院将洛阳大爆破古墓事件通报全国并严禁继续爆破，否则爆破者应负刑事责任。

## 三、城市规划应保护文物的环境和风格面貌

云冈是我国三大艺术石窟之一，对于它的修缮与加强保护周总理做过重要指示，并已得到了贯彻。现在的大同市规划方案则要在石窟顶上开辟公园。我们看了规划方案感到惊异。1.这个公园将破坏云冈的环境风貌，不伦不类。2.云冈石窟距城区18公里，大同公园虽少，也不宜如此舍近求远。3.石窟是沙岩的，雕刻已有一千多年历史，风化严重，最怕渗水。公园绿化会加重往下渗水，这对石窟将是致命的毁坏。现在有些单位为了赚旅游钱，急于在石窟前面平地上建房。这些房屋的位置、高低、大小、多少和风格很令人担心。听说有一次美国代表团的一位成员参观云冈石窟时，见到道路尘土飞扬、坎坷不平和对岸是煤矿的情景时哭了，并说，这样的环境同伟大的石窟艺术太不相称了。

河南登封少林寺是少林武术的发源地。据说国家体委打算在此建一座少林武术馆。如果把洋楼搬到寺内或近旁，就会造成少林寺环境的破坏。太原市博物馆也提到城市规划应保护文物环境，不要在文物古迹附近盖高楼。我们希望防患于未然，严格规划设计和审查。

## 四、补充修改《文物保护管理暂行条例》，迅速改变拆除古建筑的现象，并加强防火安全的规定

山西素有“古建筑宝库”之称。近些年来人为破坏、拆毁、买卖古建筑的现象十分严重。十年统计约有500多处古建筑或遗址受到人为破坏。重要的事例如：拆卖寺庙在各县比较普遍。五台山在“文化大革命”前有寺庙67处，现在只有43处。有的地方放炮炸庙搞军事工程，多数是县里拆庙卖庙。如白云寺、万缘庵、灵峰寺、万佛洞就是由县里卖给公路站、供销社的，其中一进二院的万佛洞卖价1.8万元。五台山个别单位公然拆了玉皇庙碑廊把材料用于别处或被个人拿走。左权县财政单位1979年以3500元代价出卖永佛寺给丈八大队。灵石县1978年以1万元代价出卖城隍庙及戏台等为县委常委建了住宅和办公楼。忻县文庙失火，有人反而借机利用剩料为县委常委盖了住宅。洪洞县的明朝监狱是全国仅存的古代监狱的珍贵实物，这里关押过《玉堂春》冤案的苏三。1973年县委领导一句话，就把它拆光了，建了楼房。

以上问题出现的原因是与《文物保护暂行条例》第四条“县（市）级文物保护单位，由县、市文化行政部门报县、市人民委员会核定公布，并报省、自治区、直辖市人民委员会备案”及第十一条“文物保护单位需要拆除的时候，必须报经原公布机关批准”的规定有关。按规定，县就自己有权拆除县级文物，无须上报核准了。建议迅速修改这两条规定为：必须经上一级政府而不是本级政府核准才行。此外鉴于火灾对木构古建筑的威胁，建议迅速补充防火安全的规定。

## 五、文物出口政策问题

河南文物失盗事件1978年、1979年各发生一起，1980年七起，今年上半年六起。旧中国有文物投机倒把集团，同外国人勾结。现在洛阳盗墓的风气又恢复了，龙门石窟去年12月17日发现凿毁了61座佛雕头像及手，但洛阳市文化局直到今年2月10日才知道。邙山文物仓库有1952年基建时出土的汉墓陶器2000多件被砸被拿走了。文物走私现象也很严重，外地文物投机贩子钻到孟津等县、社收买文物，运到上海、汉口被查获。洛阳外语学院有个学员往返上海倒卖文

物，在他的宿舍发现有72件文物和有暗语的信件。至于围绕外宾私售文物的也非少数。还有，北京首饰公司和外贸部门等，更是经常深入各市、县、社收购文物。所有这些都在助长文物偷盗、挖墓及投机倒把，直至最后大批文物外流。考古发掘是科学，不是任何文物部门都可以干的；但是现在许多部门都争着要发掘，这在陕西最突出。上述问题三省都有，程度不同而已。

针对以上问题，我建议：今后应发展文物复制品出口，并禁止文物原件出口，像有些国家那样。洛阳复制的青铜器、石刻和唐三彩等是惟妙惟肖的。文物出口虽能换外汇，但却使无价之宝流出国外，为外国人所拥有，同时还会引起国内争相挖宝，争相逐利，有损于社会主义道德风气，有的直至走上犯罪的道路。文物是祖国的宝贵文化财富，是历史的科学见证。像目前这样继续发展下去，我们国家宝贵文物的完整性将会受到影响。由于文物出口政策复杂，情况比较乱，建议国务院组织有关领导、专家、教授研究，提出意见，慎重决策。

1981年6月

# 关于江苏风景文物保护工作的建议

这次我们全国政协调查组到江苏来，在南京、苏州、扬州等地重点调查了落实知识分子政策和文物保护问题。南京、苏州、扬州是国务院批准公布的第一批历史文化名城，这是江苏省的骄傲，对历史文化名城的保护方面也做了不少工作，是有成绩的。

听说，江苏在搞三大风景区的规划设想，这很好。为了搞好三大风景区的规划，搞好风景文物的保护，建议江苏省委要继续加强领导。现在有这么四方面的单位，就是工、农、兵、民；工是指工厂，农是指农村社队，兵是指部队，民是指民用建筑设计单位。有时候这四方面的单位对保护风景文物起了不好的作用，当然不是说这四方面的所有单位，只是一部分，是极少数。

苏州的问题，工和农的问题都有，起着很不好的作用。苏州有些工厂，不仅对周围环境造成了污染，还对景观效果造成了破坏。苏州是个古老名城，在世界上都享有盛名。如何保持城市的特色，这是一个很大的课题。这就涉及一个工厂的问题，要根据城市特色搞好工厂的规划，一是工业结构本身要调整，二是要根据名城的特点来调整，有些工厂可以先进行调整，有些工厂暂时不动，但也要给它们指出前景来。规划要从长远看，要看远一步。在扬州也看到有工厂方面的问题，扬州不能在运河边上乱摆乱建。南京的莫愁湖被工厂污染得很严重，莫愁湖是南京的一个很重要的风景点，但往城墙那边一看，显得很零乱，与文化古城的风貌很不协调。建议从绿化上来解决它，种些柳乔木来遮一遮，树的高度要选择一下。

在农村方面，最突出的问题是在风景区开山采石。苏州的花岗石是很有名的，历史上就有过采石的记载，但有的地方不能采，风景山名胜区不能采，苏州的几个风景山要保护。在平江图上，灵岩山、天平山等都是画在上面的。开山采石不能只贪图运输方便，对在风景区禁止开山采石，国务院文件上是有明文规定的。这是属于规划问题，不是不让开山，而是一个选址问题。在灵岩山开采石头，本身就是对风景区的破坏。省里要下命令，令出法随，要下决心，要紧急制止这种破坏现象。这次我们没有到洞庭西山去，听说破坏得更厉害。

兵的方面，主要是军事部门，在南京明古城遗址搞了一个教练场，在古城遗址里面乱搞建筑，这是不能允许的。在扬州也有类似情况，某军事单位至今还占着园林。前一时期总参、总政、总后三个部门发了一个保护风景文物的通知，军事部门要遵守、执行这个通知。当然这不容易，但要呼吁，宪法修改草案上就有保护风景文物这一条，要向他们宣传。

还有民用建筑设计单位的问题。现在一个突出的问题，就是要保护城市的特色和风貌，但在具体的设计方案里往往违背这一点。苏州观前街上有一个松鹤楼，挂的牌子说是乾隆年间就有了，历史悠久，但现在的建筑不能令人满意，房子是洋式的，艺术水平又很低，如同老饭馆穿上了喇叭裤，同苏州古城的风格很不协调。在它对面的老正兴、得月楼就比它好多了，房子的建筑风格有苏州味。扬州市在天平寺旁边盖了一个七八层高的饭店，破坏了天平寺旁边那一片的景观。建议民用设计部门要研究一下建筑风格的问题。

1982年6月23日

注：这是郑孝燮委员在全国政协华东四省区调查组向江苏省委和南京市委负责同志汇报调查情况座谈会上的发言。

# 湖北、广东两省文物保护情况的调查

1983年10月下旬至11月中旬，由单士元、罗哲文和我组成的全国政协文物保护调查组到湖北、广东两省的十个市、县，对《中华人民共和国文物保护法》公布一年后的文物保护情况进行了调查。这次调查的重点，除重要的古代文物遗迹外，还包括了一些近现代革命历史的文物遗迹。

从两省总的情况来看，《文物保护法》颁布后，文物保护工作为越来越多的干部和群众所重视。各地文物管理部门在当地党委和政府的领导下，克服了经费短缺、人力不足等困难，在恢复和健全文物管理机构，进行文物普查、文物维修、考古发掘，利用文物进行爱国主义教育等方面，都取得了很大成绩。

但是，在调查中我们也看到，有些地方在文物保护工作上仍然存在不少的问题。

## 一、仍然占用重要古建筑、古墓群遗址和革命遗址，甚至一再违法进行建设

湖北省随州市擂鼓墩地区，是近年发现的一个有重要考古价值的战国时期古墓群区。1978年在当地部队的配合下，成功地发掘出大型的擂鼓墩战国一号古墓曾侯乙墓，出土了闻名世界的大型成套战国乐器编钟和其他青铜器等珍贵文物7000余件。1981年在相距100米处发现了擂鼓墩二号墓，出土了一套中型编钟和数百件珍贵文物。1983年在距曾侯乙墓500米的公社砖瓦厂，又发现了一片较大的东周古墓群。根据湖北省、随州市文物部门的考察，认定擂鼓墩一带是春秋战国时期以来形成的重要古墓群集中的地区，保存有大量的珍贵文物，对于研究春秋、战国时期的历史文化具有非常重要的价值。

10月27日，我们文物保护调查组到随州市擂鼓墩古墓区实地考察时，发现建在古墓区内的武汉空军的三个单位，还在保护区内继续扩建营房、车间。从已经开挖的新建油机车间工地上，我们就发现三处有极大可能是古墓，其中一处盖有明显的青胶泥封土，另两处也有较明显的回填土，在工地上还发现有陶罐碎片等。

此外，在紧邻一、二号墓区，还新建有四个生产车间，其中的电镀车间不断排出有毒废水，直接污染了周围环境，腐蚀着地下尚未发掘的珍贵文物，并且由于处在城市生活用水取水口上游，也威胁着城市人民的健康。

全国重点文物保护单位，以宋代建筑为主体的广州光孝寺，长期被省电影机械厂、人防工程队等单位占用，被占面积将近一半。电影机械厂据说是个亏损企业，现已准备迁出光孝寺。在占用光孝寺的庙宇和土地多年之后，准备迁出时，还伸手向文物部门索取搬迁费。

广州公社旧址是全国重点文物保护单位，是广州起义的珍贵历史见证。现成的三栋革命纪念建筑分别是当年苏维埃政府、工人赤卫队、教导团及工农红军指挥部的所在地。现在大部分还被广州市公安局占用。广州市为了保护革命文物早已拨款为市公安局新建了13层的办公楼，但市公安局迄今仍不肯全迁。

另外，还有的重点文物保护单位，一个占用单位刚刚迁出，接着又被另一个单位占用。例如，武汉市辛亥革命军政府纪念馆的一部分附属建筑，原使用单位迁出后，湖北省直机关党校和省直业余大学竟于1983年5月进占至今。

以上几例，只是我们调查中了解到的一部分情况，占用单位的这些做法，都是违反《文物保护法》的。对于军队单位占用重要文物古迹和遗址的问题，同样也是不符合解放军三总部1982年4月联合颁发的《关于做好文物古迹保护工作的通知》的。

## 二、在古建筑和革命遗址周围乱建工厂或其他房屋，开山取石、取土，破坏文物环境风貌

广州市近郊的全国重点文物鸦片战争时三元里平英团遗址的周围，不断被挤占建房和乱堆东西。遗址的一边，靠墙建起了公社工厂的仓库，严重地威胁着遗址的安全。全国重点文物鸦片战争时的虎门炮台遗址现为部队的训练团

使用。全部虎门炮台共包括11处，现只能开放沙角炮台一处，供参观游览。部队某单位已在沙角山上建起了一幢四层楼的招待所，并准备在附近山巅上再建一幢多层宾馆。这种既不执行《文物保护法》，又无视保护规划的“建设性”破坏是亟待制止的。

三元里平英团和虎门炮台等鸦片战争的珍贵文物古迹，在当前统一祖国特别是收回香港的过程中，对于教育人民、鼓舞人民，具有格外重要的意义。最近香港爱国工会为了帮助香港工人了解帝国主义对我国的入侵和我国人民英勇抗敌的光荣历史，已经多次组织了香港工人来三元里等地参观，从中启发他们的爱国主义情感。我们认为对于这些重要的近代历史文物古迹，不但要加强保护，同时还可以对周围环境进行整顿。例如三元里平英团遗址的环境保护，只需要两万元建立围墙，并说服公社搬走仓库，就可以解决问题。但是由于市里推文化部，文化部推省里，问题却一直得不到解决。

### 三、由于城市规划不重视文物的环境保护，因而造成了“建设性破坏”

全国重点文物保护单位广州市中山纪念堂的邻近，新建了十七层的科技情报大楼和多层的新华社宿舍大楼；黄花岗七十二烈士墓旁建起了四幢八至十六层的高楼。惠州市的西湖名胜，近年来因为部队、机关、企业擅自挖山填湖，围湖造房，使得原有的五个湖现在只剩下了四个，房屋有增无减，湖区水面日益缩小。遗憾的是这种对文物和风景区环境风貌的“建设性破坏”，至今还没有引起许多地方党政领导的重视。

### 四、全国历史文化名城湖北江陵的地上地下文物，近年来遭受水灾的严重威胁

江陵古城位于江汉平原的四湖地区，每遇雨季洪水之时，由于县东面的长湖受汉江水的顶托，水位上涨，县西北水库的来水无处宣泄，因而全县地势较低地区及城关均遭水淹。江陵保存的明代城垣比较完整，城北还有全国重点文物保护单位春秋战国、楚国都城的遗址和大量的古墓群。我们调查组到江陵时，正值两次水淹之后，城内有些地方还在水中，城外有些工厂和大片农田与村舍几乎全都被淹，一片汪洋，地上地下文物当然也受到了严重影响。据县有

关部门反映，省、地、县已提出过根治这一带水患的方案，但因省水利部门有不同意见，省委迟迟下不了决心，至今尚无结果。建议水利电力部协助尽快加以解决。

鉴于上述问题的严重性，根据《宪法》关于国家保护文物的条款和《文物保护法》关于“一切机关、组织和个人都有保护国家文物的义务”以及解放军三个总部《通知》的规定，我们提出如下建议。

**（一）认真贯彻执行《文物保护法》**

所有机关、部队、企业、组织和个人都必须自觉遵守国家法令，要依照《文物保护法》，积极主动配合文物管理部门协商解决一切不符合文物保护政策和法令的各类悬而未决的问题。即使属于历史原因形成的问题，也应按照国家现行法令求得妥善解决，而不能长期置法于不管不顾。建议人民解放军三总部检查一下全军执行国家《文物保护法》的情况，并帮助解决一些下边不好解决的问题。其次，对于少数有法不依、违章乱建的单位，建议各级政府坚决按照《文物保护法》和城市总体规划的规定，给以适当处理，做到有法必依，执法必严，违法必究。为了进一步贯彻执行《文物保护法》，建议各省、市、自治区结合本地区的情况，制定出较为详尽具体的实施细则。现在有些地方已经这样做了，效果很好。

**（二）进一步做好历史文化名城、重点文物和风景名胜区保护的整体规划，加强有关部门的合作**

我们所到的十个市、县中，广州、江陵已经国务院列为历史文化名城，并已制订了名城的建设规划，其他地方大部分也制订了初步规划，使名城和文物的保护开始有了一定的保证。

城市规划一经批准就成为法律性的文件，任何单位和个人都应严格遵守，而不得以任何借口妨碍规划的执行。“规划规划墙上挂，不如领导一句话”的不正常现象必须改变。

保护名城和文物古迹的工作涉及面很广，其中城建、文物、园林、旅游、宗教等部门的协调合作十分重要。目前在许多地方这些部门之间的工作还没有很好地互相配合，而是各行其是，互不合作。我们再次建议：在中央，成立一个由国务院牵头的国家文物保护管理委员会；在地方，成立一个由地方政府牵头的文物保护综合管理机构，把文物保护工作从上而下地健全起来，把有关各方面的工作进一步协调起来。

我们这次在湖北、广东两省的调查，看到两省文物工作同志的努力，深受感动和鼓舞。希望今后《文物保护法》能够更加深入人心，并得到进一步的贯彻执行，使我国的文物保护工作取得更大的成绩。

1983年12月

# 建议将山西平遥列为第二批全国历史文化名城

今年8月我参加了平遥县总体规划评审会，并去了晋中、晋南，对文物古迹的保护做了一些了解，重点是平遥。

平遥在太原南100公里，是同蒲铁路上一座保存较完整的古城。城关镇现有5万居民，城墙基本上完好，1956年被定为省级重点文物保护单位。城内传统的街道、民宅、铺面及城内外的重要文物古迹也很少破坏。像这样保存完整的古城，在全国实属罕见。城西城南是新区，有些轻工业如推光漆器厂（出口工艺美术漆器）、火柴厂等。新建住宅、商店、街道主要建在这里，火车站、长途汽车站也在城西。

1981年7月，同济大学帮助平遥做了总体规划。规划中提出：城市性质应以“保护古城，开展旅游”为主；城市人口规模应控制，应不大增加；城市布局应是古城与新区并存，各尽其长，突出保护古城的原则。新区的工业也应限定为无害的、规模不大的、与旅游有关的工业。

1981年10月，平遥县第七届人民代表大会通过了“关于认真保护文物古迹的决议”，决议指出：“保护古城风貌，为旅游创造条件。”“城建规划部门和城镇有关单位，应严格执行保护古建筑和文物古迹的规定，要通盘规划，加强管理，分步实施，确保文物古迹、古铺面、民居和街道的民族特色，原则上城内不再增设新建筑物。”

我认为，县人大的决议和同济大学拟定的平遥总体规划是符合国家保护文物、保护历史文化城市的政策的，也是符合平遥古城的现状的，为此建议将平遥古城作为第二批全国历史文化名城的预报名单上报给有关部门。

平遥早在西周和春秋晋国时，已经是个城镇。历经各代到明清时，城镇更趋繁荣。平遥现存的、较完整的历史文化资源是使它成为历史文化名城的先决条件。

### 一、平遥的城墙未拆，明代砖城墙仍然存在

据说全国3400多个城镇中，现在只剩西安、平遥、兴城、宛平四处的城墙还在。南京城墙65%拆除了，现仅剩下14公里长。现存的平遥明城墙（外包砖城），1956年就列为省级重点文物保护单位，在1979年以后更加受到重视，国家已先后拨专款30万元对平遥城墙进行维修保护。

### 二、平遥城内街道和建筑依然保存着比较完整的、和谐的历史文化风貌

平遥城内大街，经纬分明，直对东西城门（各二）和南北城门（各一），构成棋盘式街道网，中间再分布着平行的小巷。城中心的几条市街，店铺栉比，百业集中，热闹又方便。就在最热闹的南北大街正中，有一清代初建的三层楼阁——市楼，拔地而起，俯视全城，为街景和全城建筑的空间轮廓增添了美的效果。这是我国古代城市规划常用的对比、统一的传统手法。

平遥城内的大量民宅，具有浓厚的晋中风格，主要表现在：1.长院多，方院少。2.青砖窑洞式多，青瓦单坡屋顶多。3.青砖高墙多用粗放的各种砖花收头。4.门窗花格及檐下木刻或彩画富于晋中风格。这些民宅在城内大量地保存着、使用着，维修养护也不错。还有一些票号大院，前后左右，套院跨院相接，既分又合，规模不小，现在多为机关、商店使用。像这类的民居，如果增加内部设备，改为旅游宾馆、饭店，恐怕比盖洋楼大厅更受欢迎，尤其不会破坏古城风貌。

### 三、平遥城内及近郊还保存有不少省级、县级的重点名物古迹

平遥近郊镇国寺的万佛殿，建于五代北汉年间，是中国古代建筑的瑰宝，现属省级保护的重点文物。文化部文物局沈竹副局长看后说，这座古建筑应升为国家级保护单位。我也有同感。其次如近郊的双林寺，以元代雕像艺术著名，吸引很多国内外游人。又如平遥文庙的大成殿，是建于金代的重要古建筑，可惜的是在其东南角不远处建了水塔，使这座古建筑与周围环境的整体性受到了破坏。此外，城内外还有其他文物古迹，如清虚观、金井楼、城隍庙、九眼大石桥及麓

台塔等古迹也都有保护与利用的价值。

在平遥县委主持的座谈会上，在同太原及省城建局、省文物局及古建研究所领导交换意见时，我谈了如下意见：1.平遥县人大的决定是正确的，同济大学的规划方案符合国家保护文物及历史文化名城的政策，是可行的，但应报省审批。2.目前应继续加强保护古城及文化古迹，防止乱占乱建。3.拟建议推介平遥为第二批历史文化名城。我的这些意见，他们表示赞成。

1982年9月15日

# 关于厦门城市环境艺术问题

我这次有机会随同钱伟长老到厦门来，看到很多新气象、新发展，十分高兴，很受鼓舞。

为什么我要讲“城市环境艺术问题”同大家探讨呢？刚才钱老着重从“系统工程”的宏观角度，分析论述了城市规划很多问题是互相渗透，有机联系的。我要讲的城市环境艺术问题，虽然是个微观局部的问题，然而毕竟还是很重要的。

城市环境艺术问题，最近两年来在北京引起了学术界的注意，开始作了些探讨。例如，全国政协就专门组织过讨论，主要是围绕北京市总体规划方案及党中央、国务院的《批复》，侧重在环境与建筑文化方面进行了座谈。《新观察》编辑部也在北京组织过一次座谈，讨论的题目是“展望文化中心的北京”，它的范围比较广泛，而不仅是环境与建筑方面的文化问题。中国建筑学会也组织过类似的讨论。

厦门正面临着新的发展形势。在经济建设与发展过程中，必定同时存在文化建设问题，两者是不可分割的，密切联系的。我们的城市一般地说，总是一定地区的（个别是全国的）政治中心、经济中心、文化中心。从奴隶社会开始有城市起，大概就是这样，一直到今天的城市也还如此。当然少数特殊城市，不一定同时都是这三个中心，而是其中的一个或两个，例如北京就是全国政治中心与文化中心。在研究北京总体规划、议论城市的性质时，对于北京是否还应该是一个经济中心的问题，当时很有争论。后来进一步讨论，才确定了北京的重点应该突出政治中心与文化中心，而不必强调经济中心。不强调经济中心不是说它没有经济，也不是说不许可办任何工业。关键在于可以办什么工业，不可以办什么工业，有这样一个重要的主导思想在里面。杭州、桂林、苏州的城市总体规划，按国务院批复的精神看，重点是要把它们发展成为风景旅游城市，这也牵涉到城市的性质问题。要求这些城市强调风景旅游性质和保护风景文物，国务院有文件，特别提到了这点。

城市性质的决策非常重要，是个具有战略性质的重要问题。城市性质问题之所以特别重要，是因为它不仅仅牵涉到目前城市的发展，而且关系到城市的长远利益和目标。

厦门作为经济特区，本身就是城市性质的一个重要组成内容。“特区”实行某些特殊的政策，进行某些特殊的建设。这些都属于城市的特殊属性，属于整个城市性质的重要组成部分。

我们探讨城市环境艺术问题时，有两个前提需要提到。第一个前提是上面所说的城市性质，城市究竟向什么方向发展，这首先是个重要的大前提。回顾首都北京，过去很长一段时期不光是把它当作政治、文化中心，同时又强调它必须也是经济中心。于是在北京摆下了很多工业，几乎样样俱全，甚至把大规模的炼油厂、化工厂、钢铁厂等也都放在北京。现在一看北京没有那么多原料，例如石油炼制和化工原料是远从大庆通过秦皇岛输送到北京的。北京水源很缺，先天不足，没有那么多水，并且又没有那么多电。同时这类工业带来的环境污染比较严重，很多人对这个问题是早有异议的。很明显，搞那么多的大工业、污染工业，这是不符合北京作为首都的身份性质以及客观条件的。而且这些炼油厂、化工厂等完全可以放在别的地方发展，而不放在北京；这对于整个的工业生产与发展，并不产生负面影响，不起阻碍作用。因此建厂要着眼于工业的大布局，看放在什么地方更合理，这是非常重要的问题。最后北京的城市性质还是定为政治、文化中心。应该看到，我们的首都和有些开放城市，作为文化橱窗的意义，是不能忽视的，这是一个前提。

第二个前提是城市总体布局的用地发展方向。一个城市的总用地向什么方向发展，也带有战略性意义，也影响长远利益，影响各个方面。前天听到厦门市领导同志和专家及“大地”建筑设计事务所几位专家介绍城市规划方案时，提到了规划的弹性问题。这很重要。现在的城市规划理论，特别强调作弹性规划，不能不留余地。这是因为城市规划非常错综复杂，综合性强，而计划性、可见性也在发展变化之中，不可能一劳永逸。过去相当一个时期，我们常把城市总体布局当作一个点来考虑，思路很窄，往往只集中考虑城区一个点，这是经不起发展的冲击的。现在很多城市都在突破过去只顾点不顾面的老框框，而着眼于采取相对集中，适当分散，这样一种比较灵活有弹性的布局方式与手法。有的人常说“城市群”，用城市群体的关系看待城市规划问题。这样才能比较实际地适应经济发展、文化发展的需要，适应城市建设的需要。深圳的总体布局就不是一个点，而是一串，从深圳到蛇口构成了相对集中，适当分散，用交通干线把它们密切串联起来，这样一个群体布局的总体关系。

厦门岛四面环海，一面跟陆地很近，隔海相望。岛上有个旧城区，现在又正在它的外边建设新的开发区。此外，还有些文物古迹分布在岛内岛外。文物和风景也是一种资源——文化资源。它同样会给我们创造财富，取得经济收益。现在我们常听到发展城市第三产业的概念，它就是属于第三产业范畴的旅游事业所需的一种资源。第三产业也会创造价值，而不仅仅只有工业才能创造价值。我们看到的厦门总体规划修改方案，把城市布局的发展方向，朝向内陆，跨海用一座桥把两岸联系起来，这是一个很好的想法，富有弹性，比较灵活。开发建设厦门，首先得把交通打通，其中建桥是个重要关键，一定要把桥早日建起来。如果不这样，只是一味地在孤岛上做文章，我想将使厦门旧城区的环境改善难上加难，深受影响。旧城区现在太拥挤了，如要使旧城区调整、改善环境，不那么拥挤，包括鼓浪屿也不那么拥挤，就得适当给它留有一定余地，特别是建桥过海的内陆余地。即使这种调整、改善需要的时间较长，也必须充分考虑。这样做，当然有利于带动大陆上的发展，厦门岛跟内陆是分不开的，是紧密相关的同一个市的范围。这种关系比舟山群岛之于宁波，比海南岛之于湛江更为直接、更为密切，在经济、文化及各方面的联系上更多。因此厦门城市总用地的发展方向主要应在对岸内陆，以取得更多的弹性和更大的主动性。北京的总体规划十分复杂，总用地布局也具有一定的弹性的考虑，以旧城为核心向四周有重点、有步骤地发展，内外结合，内外调剂。这样才使得北京地区、北京郊区和旧城区作为文化中心的若干文化资源，能够更好地保护、利用和发展。

根据以上两个前提，接下来就需要研究做好厦门的分区规划。所谓分区规划，就是化整为零，把厦门城市总体规划方案化整为零，分而制之。这个治就是分区、分片甚至分段去做好进一步的、深入的、比较细致的规划、设计和建设工作。由于每个分区各有自己的条件、历史发展状况、特点和职能。因此做好分区规划就需要强调把各个分区的特色与功能突出表现出来。分区规划的种类内容可以很多，这里着重提出来探讨的只是艺术分区问题。艺术分区主要应根据城市与郊区的自然环境风貌，人文环境塑造，特别是建筑艺术、园林艺术、城市绿化、街道系统及文物古迹等的分布和风光特色，以及旅游条件等因素，进行精心区划。每个分区再根据自己的这些条件因素，扬长避短去发挥各自的优势。

拿北京来说，它的艺术分区该如何考虑？我的想法是，第一个分区是城市中心分区，即北京的中心艺术分区。这个分区要突出天安门广场、突出长安街的面貌，突出它们象征全国政治中心、文化中心的含义。

第二个分区是突出市中心重点古建筑群的历史分区，主要是以故宫、三海这些世界闻名的历史名胜建筑群为主题基调而区划的，包括周围一定范围的艺术分区。

第三个分区是旧城改建区，包括环城以外，旧的城墙以内的地区。

每个分区的规划设计都应体现出建筑艺术等的不同原则与不同要求。例如刚才提到以故宫、三海为中心的第二个分区，就要求绝对保护那里的重要的历史文化环境和重要的古建筑、古园林。对于旧城区即第三个分区，除重点保护文物古迹外，这个分区还有适当改造的任务。当然改造是有原则、有条件规定的，其中尤其是要严格规定建筑高度不能超过的标准，建筑形式应体现的格调、特色，从而使得旧城保护与改造由内而外，能够表现出艺术面貌的格调统一、呼应和逐渐变化与过渡关系。周总理曾提出过北京旧城墙内的建筑，不宜超过45米，旧城墙以外不宜超过60米的主张。一直到现在，很多人还都认为周总理在这方面的远见卓识，具有重要的指导意义。现在北京旧城规划的建筑高度控制，基本上还是按照这个精神考虑的。当然在执行过程中，不可避免地会出现这样或那样的矛盾，有些单位总想往旧城范围内挤，甚至要求盖几十层的大厦，并以此来标志北京的现代化，不顾已审定的北京总体规划方案和《批复》。为此，国务院授权成立了首都城市规划建设委员会，下面专门设有一个建筑艺术委员会。建筑艺术委员会就是为了研究、评审建筑与环境的艺术问题，如何使之更好地符合北京作为全国政治中心、文化中心的要求。北京首都城市规划建设委员会，不属于北京市，而是属于国务院的一个综合性机构，由北京市有关领导和国务院有关部委组成。它下面的建筑艺术委员会，主要是邀聘若干专家、学者组成的，包括市政府的有关顾问参加专题研究调查和讨论，为决策时提供咨议。

第四个分区应是新、旧使馆区。新使馆区在建国门外，旧使馆区在东交民巷。使馆区作为一个单独分区是很有必要的，因为它的历史发展、文化背景、环境内容和建筑风格，都有特殊性质。就环境面貌来看，它是一种异国风光的格调。东交民巷之所以在清朝末期划为使馆区，成为“国中之国”的特区，这完全是中国近代史中八国联军入侵，1901年签订的《辛丑条约》的产物。现在我们如果划这样一个历史小分区，不仅仅是为了保存面貌风格上与古老北京的民族传统建筑完全不同的建筑群，而且更重要的是通过历史环境与建筑，启迪我们勿忘近代历史的爱国教育。当然建国门外的新使馆区是中华人民共和国成立后开辟的，那是北京城市规划一个为外国使馆建筑提供的特区。新、旧使馆区的建筑风格、艺术面貌，仍是外国情调，但是在北京城市整体环境艺术上却是一个别具特色的重要组成部分。

第五个分区就是原城墙外的若干新建居住区。对这些旧城外新区的环境风格、建筑艺术的要求，可以比旧城墙内适当放宽些；但是对重点文物风景的保护范围仍要从严要求，切实加强保护。

第六个分区为郊区许多地方，主要是指郊区以重要文物古迹、风景名胜为主的一些地方或县、区。如北京郊区的长城、八达岭、十三陵等处。它们完全可以独自构成艺术分区，突出有重要价值的各自的文物古迹、自然环境、风景特色，作为旅游胜地。

每个分区，本身应有规划，有要求，有限制。城市规划是综合性的学科，包括若干学科及工作交织在内，并不仅是建筑，建筑只是其中的一个重要部分。但是在城市环境艺术问题上，建筑所占的地位又是决定性的。很明显，不同城市的城市环境艺术面貌不同，地方性风格的差别，民族形式的差别，都要通过建筑表现出来。不同的国家、不同的民族地区的城市环境艺术的不同，也是通过建筑的不同而体现出来的。

厦门需要深入地进行分区规划，在环境艺术、建筑风格等的塑造上，分而治之。下面谈几点建议。

**一、在考虑厦门的分区规划时，对不同的艺术分区，需要定出不同的基调，或者叫主题思想**

譬如鼓浪屿，主要应该反映什么？一个是反映民族英雄郑成功的光辉业绩及环境文物形象。第二个是反映标志半封建、半殖民地旧中国的厦门租界地的“国中之国”、“万国公地”的痕迹。第三个是反映岛上绮丽的自然风光。进一步研究这些问题，抓住它的基调和基调所包含的中心内容，使规划设计更富有思想内涵，这是很重要的。

我们漫步在鼓浪屿上，看到了这些景物，自然的、历史的、人文的各个方面的景物，往往会触景生情，启发一些联想。比如联想在鼓浪屿这个小岛上，过去曾经发生过一些什么样的重要历史事件，有哪些重要历史人物，等等。所说触景生情，启发联想，就是环境基调产生了精神作用，或文化作用，从中引发、启迪我们热爱祖国的思想感情。我们的眼睛、我们的视觉是精神通道，所谓见景生情，就是这个意思。建筑不仅仅是建筑材料堆积起来的形体，而且是可以同你对话的形体，它可以告诉你很多东西。例如广州的白天鹅宾馆，在大厅里布置一个园林小景，包括一个假山，山上有亭，假山上顺着石头有一条瀑布流下来，一块大石头上面刻了“故乡水”三个字。我听说很多老华侨回广州来，住在白天鹅宾馆，一进门看到假山瀑布和石头上的字“故乡水”，他们有的人便抑制不住感情，思念故乡、热爱祖国的热泪就流了下来。有一年我去广州虎门炮台，听说不久前有个“香港青年大陆观光团”来旅游。他们看到了鸦片战争时广州三元里人民抗英，虎门炮台林则徐、关天培、陈连升将军及士兵百姓抗英的可歌可泣的历史遗迹之后，马上就把旅游团的名字改成“香港青年祖国观光团”了。把“大陆”改为“祖国”二字，这不正说明历史建筑、历史环境对香港青年起到了精神感染的作用吗？厦门也有很多这方面的内容，需要有这方面的新创作。环境与建筑艺术有思想性，会产生感情，是活的有机的东西。鼓浪屿菽庄的对联，不仅写景，也出自寄情，例如：“长桥支海三千丈，明月浮空十二栏”。扬州瘦西湖有一组小建筑，挂的一副对联是“月来满地水，云起一片山”，都是依托景物抒发情感，而且是遐景遐情，诗情画意很深。这虽然是所谓文人之情，但也是传统。刚才说的白天鹅大厅里小园林“故乡水”三个字的意境和道理，正是继承发扬传统而来的。所以在规划城市环境的时候，应当深入一步，心能通神，透过物质现象，探求达到精神的境界。

厦门本岛上的旧市区历经沧桑，过去主要是半封建、半殖民地型的工商业、港口城市。在元朝它不过是个海防据点。明初建城仍是为了防备。随后葡萄牙殖民者入侵，接着倭寇又来掠扰。明末清初，民族英雄郑成功收复台湾，驱逐红夷（荷兰侵略者），就是以厦门为基地并出师渡海的。鸦片战争后，厦门划为五口通商的口岸之一，从此城市逐渐发展。诸如帝国主义分子为掠夺而进行的鸦片贸易、华工贩卖及各种走私活动……都是厦门畸形发展的早期原因。厦门还是重要的文化教育中心和侨乡，鲁迅先生任教过的厦门大学就在近郊，陈嘉庚先生创建的集美学校和新建的华侨大学均在岛外郊区。此外还有一些文物古迹、风景名胜分布岛上，如南普陀寺、胡里山炮台、万石岩、陈化成将军墓（鸦片战争在上海吴淞口抗英，壮烈牺牲）等。厦门旧城的历史背景和反映这些背景的城市环境与建筑，如二三层为主的住宅、骑楼式的市街及有曲有直的街道系统，乃至已经为数甚少的闽南院式古老民居等，基本上累积形成了厦门旧市区的基调。旧城区规划上既应有所改造，也应有所保存。研究它的基调，是至关重要的问题。

对于厦门特区新开发的地区，等于白纸画画，没有多少旧的物质环境因素的牵制，所以基调是新的，现代化为主的。当然同时还得注意多样化，注意丰富多彩。我们看到了厦门经济特区新区正在兴建的一部分新的环境和建筑群，给我们的印象，与老区相比，自然清新明快得多。老区有些环境和建筑无疑比较沉闷、拥挤。你到珠海旧区看是这样，到深圳旧区也有此感觉，但它们的新区则给人一种轻松有生机的观感。

## 二、关于新区的建筑层数和整体轮廓效果

厦门新区的新建筑，例如结合地形，利用山包建造的那片一两层的别墅式住宅，不论环境规划和建筑本身的设计都不错，比老的华侨新村好得多

（1962年我来厦门，看了刚建起来的华侨新村）。另一方面，当前厦门有些新建筑的设计，也有不足，并不理想。厦门新区可以建高层建筑，但是切忌搞高层高密度建筑。同时新区还可适当搞些低层的新建筑，主要为旅游或度假等服务，像深圳、珠海那样，跟自然结合得很好，相得益彰。高层建筑的分布问题，不应密集如林，这同环境质量、日照、通风、绿地、空地标准和城市整体的空间美是息息相关的。城市规划与建设的现代化最重要的就是环境质量的真正现代化，而不是畸形的所谓现代化。高层建筑只有规划分布与控制得恰当，特别是搞好一些高层公共建筑的布点，才可能为城市的空间整体环境增添节奏、韵律美。城市环境面貌问题必须考虑整体性。厦门的环境整体面貌，从海上来去看，从火车进出看，从公路过往看，都有各自角度的景观轮廓线映入眼帘。我们这次在海上乘船航行一阵，回头看了一下岸上，景观还是不错的，主要是大轮廓有节奏、有韵律，这一效果是整体性的。新的高层建筑的选址是头等重要的百年大计，一定得具有城市整体观点，摆得恰如其分。摆好了，将会给厦门城市环境整体增加艺术效果。若是摆得太密了，搞成高层高密度，将不仅有损环境整体美观，而且会造成城市生活居住环境条件变坏，阳光受遮、通风不畅等毛病接踵而来。香港、澳门规划和建设的高层高密度，因为它们没有地，有其历史和现实原因。我们的新区，像厦门等处的新区，虽然也要节约土地，但不宜采取港澳那种无可奈何的路子了。

### 三、每个艺术分区还应该有选择地表现一些重点突出的部分

对于重点突出的部分，就要给予它必要的渲染和烘托。比方说，厦门旧城区的商业大街、闹市口，海滨中心地段、海港、客运码头、车站、中山路口海滨广场、绿地等都可以成为需要重点渲染的窗口。其中海滨地带，在分区规划里，在细搞城市设计时，还可以本着一定的原则方针，把那一带的环境清整规划一下，把有些需要拆掉的建筑，有规则地、有步骤地纳入整顿、拆除之列。这样可以使城区的重要部位多接触海面，改善环境，改善交通，改善绿地，打开现有的局面。

杭州湖滨有一些破旧建筑，多少年占据在那里动不了，这几年下决心拆除了，迁走了，从而使得湖滨更多地接触市民，接触游人。当然这种问题涉及

占有单位的利益，办起来很不容易，因此什么时候实现，分什么样的步骤实现，都需要实事求是和统一规划。

### 四、艺术分区的道路规划问题

钱老谈了在旧城区可搞些步行区、步行街，我很赞成。在旧城区甚至新区有的地方，规划出一片或几片步行区，搞一些步行街，这是现代城市规划的重要经验，在许多国家行之有效。譬如在中山路与思明路商业闹市区，划定一定范围，使之成为步行区，除消防车、急救车、夜间定时驶出驶入运货汽车外，均禁止车行，车辆只允许从附近的车行路走。城市步行区、步行街对改变整个城市环境面貌和环境气氛，也是重要的，这是城市现代化的重要措施之一。厦门这样的城市，还需要有些风景性的道路。特别是当我们从机场进到市区来，或出旧城中山区到厦门大学或郊外一些风景区，沿途道路的绿化问题，应该搞得更美些、更有变化些。路旁要种树，要绿化，但不要千篇一律。而且有的路要重点考虑树景、树种、树形及高低、深浅、层次的轮廓美、季节变化美。好多年前，我在广西南宁，看到有条街的树以黄槐为主，几乎不种别的树，而另一条街道却以其他树种为主；开花时节不同，树的形态不同，它们相互之间既变化又有联系，所以更美观了。广东新会非常特别，好像全市只有一个树种，到处沿街沿河都种的是“葵”（做扇子的葵）；然而并不使人感到单调，原因是在葵树的布置排列手法上用了很多脑筋。还有成都锦江的望江公园，也很别致，园内及大门外全是种竹子，清一色地用竹子取胜，各种各样品种的竹子，各种各样布置手法的竹子，有竹树、竹丛、短竹墙、竹篱笆，还有竹子盆景，真是别有风味特色。在绿化方面厦门有得天独厚的条件，植物那么多，树种花种草种那么多，完全可以更多地做做绿化文章。昨天看到有些新修的道路不错，比较宽，但只是一块板，各种车混在一起行驶，功能、安全、美观上不如三块板的好，当然新路中也有些是三块板的。这些路如果进一步结合绿化，有的用绿带改造分割一下（必须宽度够），作为三块板路型考虑，交通功能及美观均会更好些。

## 五、对风景区要专门做好保护规划

风景区必须强调保护自然风景。风景区内的有些建筑，对其选址、体型、风格必须严格要求，有所限制，尤其必须协调，赏心悦目。国务院有文件，原则规定在风景区内一般不宜搞与风景无关的建筑，有关的必要建筑也要取得协调。同时要划出风景区的保护范围。保护范围内应怎么保护，不该有什么东西，都有规定。在分区规划中，都应当进一步贯彻。如果只属于风景点，也要做好专门的风景点的保护规划。现在若干地方出现“建设性破坏”。所谓建设性破坏，主要就是在风景区内外、在文物保护单位附近，在历史文化名城的历史分区等处乱摆乱建。如桂林要在漓江一个风景小岛上建一座圆筒式高层旅游大楼，以此为现代派的美，很多专家上书非议，最近可能有所改变。因此我们在对风景区的分区规划也好，对文物古迹保护范围的规划控制也好，都有必要明文规定禁止建设的地段，或半禁止建设的地段。而且相应地还要定出条例法规，加强法治。特别是引进项目，有些外商投资、合资、借资的法人，或港商同胞法人，他们往往要求建设选址和建设高度不受我国城市规划批准方案和有关政策、法律、规章的制约，这是当前加强城市规划，规划有法必依的一个迫切的重要问题。按照国际惯例，这种状况是主权国家所不允许的。城市总体规划一经批准了，就是法，世界各国无不如此。

## 六、关于传统民居的建筑风格

闽南一带，传统的民居建筑风格，具有鲜明的地方特色，同福州、广东的民居风格不一样，但是却跟台湾有些传统民居风格相似。原因是台湾同胞大部分原来是从闽南一带移去的。我不是说厦门建设要搞传统民居的再现，而是提出闽南建筑传统文化里面有没有可以启发我们，值得研究借鉴的东西。比如像临街店面的“骑楼”防雨遮阴那样传统的东西，值得吸收参考，推陈出新。

厦门是闽南三角洲的重要一角，是个经济特区与港口、风景旅游城市。厦门城市规划要看得远些、广些；大处着眼，小处着手。刚才钱老所讲的“系统工程”，强调联系泉州、漳州多考虑问题，强调闽南三角洲的区域关系，是非常重要的。我们考虑环境艺术问题时，从而结合旅游发展问题时，同样离不开这个区域关系，要切实规划好厦门与周围地区发展的关系。

1985年6月1日

注：应厦门市人民政府的邀请，全国政协常委钱伟长，全国政协委员郑孝燮、徐博文于5月25日至6月5日赴厦门对该市的总体规划进行了咨询。这是郑孝燮委员于1985年6月1日就厦门特区的城市规划发展所作的讲演。

# 新疆的历史文化与文物古迹初探

1986年8月下旬，我参加了全国政协赴新疆参观考察团第一分团的活动，对乌鲁木齐、吐鲁番、石河子、喀什等地进行了近20天的考察。在这次活动中，我们参观了新疆维吾尔自治区成立30周年成就展览，考察了工厂、农村、学校、大清真寺等，还参观考察了天池、高昌故城、香妃墓等名胜古迹。全国政协参观考察新疆的任务完成后，我由建设部城市规划局介绍，又在乌鲁木齐逗留了四天，专门访问了新疆维吾尔自治区文化厅文物处、自治区勘察设计院和乌鲁木齐城市规划局，向他们了解有关文物古迹保护和城市总体规划的一些情况；并且由他们陪同看了一些文物古迹和几处关系城市风貌特色的新建筑。

这次赴新疆参观考察虽然时间不长，但仍感到受益匪浅。新疆悠久多元的历史文化、丰富多彩的民族风情，以及数量颇多的珍贵历史文物古迹都给我留下了深刻的印象。

## 一、新疆的历史文化在人类文明的发展史上具有特殊的重要意义

新疆自古以来不仅是多民族居住生活的家园，还是东西方不同文化融合、交汇的地方。

汉唐时期“丝绸之路”的开通，不仅促进了经济贸易的发展，使者频繁往来，同时也增进了不同文明与文化之间的沟通与交流。历史上古罗马文化、希腊文化、印度文化、阿拉伯文化等的影响都经由“丝绸之路”传播到了中国。这使得新疆文化自古以来就呈现出多元化、开放、融合的特点。

“丝绸之路”在中国境内，从首都长安开始至敦煌分为南北二路：北路出玉门关，南路出阳关。北路沿天山南麓和塔克拉玛干大沙漠北沿，南路沿昆

仑山北麓和塔克拉玛干大沙漠南沿，到疏勒城（今喀什）合二为一，再西行不远即翻越葱岭，直去中亚及地中海东岸。

新疆汉唐“丝绸之路”沿线文物很多，很珍贵。清朝光绪二十六年（公元1900年）瑞典人斯文·赫定到罗布泊地区进行探险，在罗布泊湖西岸发现了一座古城遗址，即楼兰古城遗址。接着，英籍匈牙利考古学家斯坦因从印度也来到罗布泊等地，并到敦煌掠走了大批非常珍贵的文物。后来，法国考古学家伯希和，美国人亨廷顿，日本人桔瑞超也相继来到新疆和甘肃河西走廊，掠走了大批珍贵文物。从此世界东西方学者开始对敦煌的文物古籍进行研究，其中也包括对西域文化、“丝绸之路”文化的研究，并逐渐形成了敦煌学。研究敦煌艺术就必然要联系西域文化、丝绸之路文化。

## 二、古城遗址多

新疆现有古城遗址一百多处，以吐鲁番的交河故城、高昌故城遗址保存内容较多。

**高昌故城**——高昌故城的现存遗址最初是西汉屯田部队建成的。《汉书》把当时的故城称为“高昌壁”，壁是防御、防守的意思，当与屯田部队的任务之一有关。后来历代增修改建，现在看到的遗址基本上是唐朝城市规划的模式，其中受唐长安城布局的影响很多。

9世纪中叶，回纥族从蒙古西迁的一支来到吐鲁番高昌地区，改叫回鹘，史称西州回鹘或高昌回鹘，建都高昌城。这时的高昌回鹘是信奉佛教的，不但高昌城外有帕孜克里克石窟寺（千佛洞），就是高昌城内也是佛寺很多，从遗址上可以看出。

高昌故城当年水源充足，有河水从胜金口流入城里。高昌城由外城、内城及宫城三部分组成，具有一定的气派，三部分均是土城。外层略为正方形，城墙基址厚约12米，残高最高为11.5米，外筑马面，即突出的垛台。北面还保存有残存的瓮城。各面均有城门，南面三门，其余各二门。内城基本上也是方形城。正中偏北，有一不规则形状的小堡垒，内有高台，高建筑。考古学家分析，这是唐朝以前留下来的小城堡，并不是高昌王宫。宫城在全城的最北部，破坏严重。

敦煌莫高窟发现的《西州图经》（据《鸣沙石室佚书》）中记有："圣人塔，在子城东北角。"由此可以证明，这座古城就是唐朝的西州，即回鹘高昌城，当然它的基础是汉朝奠定了的。

唐朝城市的坊里布局实例，在内地已看不到了，而在高昌故城、交河故城遗址都可以看到，即坊有坊墙，坊墙只开巷门，不开住宅的大门和窗，大官住宅除外。唐长安城布局的这种形制，影响很广，直到日本的奈良、京都。

高昌故城遗址有半地穴式的住宅、作坊，这同解放前新疆的"地窝子"一脉相连。高昌故城出土了唐朝莲纹瓦当，还出土了不少波斯银币及宋代的钱币"崇宁通宝"等。

**交河故城**——交河故城也是汉唐城遗址，地处两河沟之间柳叶地段的高地上，用地狭长。其他均与高昌故城相似。

高昌、交河两座故城在13世纪属于元朝的高昌国。13世纪中叶以后，蒙古族贵族发动叛乱，多次进犯高昌国，故城均毁于战乱。

以后重建的高昌城就改址在原高昌城以西了。吐鲁番地区文管所的同志告诉我，为了发展旅游，有人想在古城遗址上建一条古街。我说，这是错误的，因为汉唐时期我国城市布局还没有市街出现，市街的形式是五代、北宋时才开始有的，与此同时高大的坊墙就取消了。总之，要遵守国家文物法，在古遗址内不可乱摆乱建。

## 三、喀什、吐鲁番的维吾尔族古建筑

10至11世纪伊斯兰教传入新疆，15世纪以后成为维吾尔族的宗教信仰，随着就产生了维吾尔族伊斯兰教的建筑艺术，表现为独特的民族风格、地方特色，是我国文化史、建筑史的一个重要组成部分。

维吾尔族伊斯兰教建筑主要包括三种类型，即礼拜寺、讲经堂、教长陵墓。

**礼拜寺**——礼拜寺是伊斯兰教徒祈祷的场所，遍布城市及农村。礼拜寺建筑一般是由礼拜殿、大门、塔楼（邦克楼）及阿訇居室组成。规模大的礼拜寺，还有讲经堂、经学院、小礼拜殿和学员宿舍。

礼拜寺的入口由大门和塔楼组成，沿街或面向广场布置。大礼拜寺的入口有高大的门楼，门楼正中有大拱券门洞及双扇大门。沿大拱券的周边排列一些小拱券，起到装饰墙面的作用，同时又烘托出大门在外观上地位重要的效果。塔楼紧贴或离开大门两边布置，塔身都有丰富的线脚，用玻璃砖或花砖拼砌美丽的图案。中小礼拜寺的入口，则将大门、塔楼组合在一起。

礼拜殿是礼拜寺的主要建筑，包括外殿和内殿。外殿为多柱的外廊式，内殿的西墙正中设圣龛。

总之，维吾尔族善于综合运用多种装饰手段，使礼拜殿、塔楼、大门等形成了特有的环境与建筑气氛，同四周环境对比，礼拜寺显得特别突出、庄重。

伊斯兰教反对偶像，所以建筑内外均不设石雕偶像以及人物和动物造型，而只是以植物纹和几何纹为装饰题材。建筑色调则喜欢用蓝、绿、白或米黄，间或用红色。

我们参观的喀什艾提尕尔清真寺是新疆自治区级文物保护单位，就具有上述的民族与宗教建筑特色。这座大清真寺，在国内，在中亚国家都是著名的清真大寺。

**陵墓**——陵墓是伊斯兰教历史上名人的墓葬地。最简单的只建有墓门和墓室，规模大的则包括礼拜寺、讲经堂在内。墓室平面多为长方形，有平顶墓室和拱顶墓室两种形式。

我们参观的喀什香妃墓（阿帕克霍加墓），规模很大，很讲究，始建于明崇祯十三年（公元1640年），葬着圣主的后裔五代、七十二人（现存58座墓堆）。这座香妃墓现在保护得很好。

香妃墓建筑十分精美，陵墓建筑群包括了主墓室、教经堂、大礼拜寺、门楼、小礼拜寺、水池和园林等部分。主墓室用四个大尖拱支持一个大穹窿屋顶，墙的四周各有圆柱塔楼。整个建筑近似正方形，高26米，全用绿色琉璃砖贴面，稳重简练，美观庄重。乾隆宠爱的香妃是墓主阿帕克霍加的重侄孙的女儿，所以叫香妃墓。但实际上香妃墓在清东陵，是陪葬乾隆的。

麻赫穆德·喀什噶里墓在喀什以西，葱岭山下疏附县的乌帕乡。去年这一带发生了地震，现已重建恢复。墓主人是11世纪中叶维吾尔族著名学者、语言学家。他长期在中亚各国调查突厥语系的语言，进行研究。1076年他在巴格达用阿拉伯文写成《突厥语大辞典》巨著，其中记录了当时中亚地区的政治、历史、民族、地理、民俗、疆域、文学艺术、畜牧、农业等的情况，对研究中亚地区各民族的历史、地理、社会、文化等方面提供了非常重要的资料。《突厥语大辞典》维吾尔文版，现在已在新疆出版。

墓主人喀什噶里公元1080年从巴格达回到家乡乌帕，1105年逝世，葬于乌帕。现在墓已重修一新，并且表现了维吾尔族陵墓的建筑风貌，是不错的。不过作为历史文物，还存在一些问题：一是伊斯兰教反对塑造、绘画任何人的形象，而这里却在墓室立了墓主人的半身雕像，这是教规不允许的。二是有些地方整修得不全像伊斯兰教名人墓，因此自治区文化厅的同志讲，这只能当作名人纪念堂，而不是古墓、文化建筑。所以迄今未列为自治区的文物保护单位。

**吐鲁番苏公塔**——苏公塔又称额敏塔，建成于公元1779年，已有200多年的历史了。苏公塔是纪念乾隆时维吾尔族的额敏和卓而建立的。额敏和卓是吐鲁番地区的统治者，曾因维护祖国统一，在平定准噶尔部的叛乱中，屡建功勋，所以于雍正、乾隆时先后被封为辅国公、镇国公，后又被封为吐鲁番郡王。他的几个儿子也为祖国统一做出了贡献。他的后代九人，六世为郡王。塔寺内存有乾隆四十三年的汉、维文碑，表示感戴皇恩。

苏公塔的建筑高耸壮观，塔高37米，塔身圆形，下大上小，底部直径10米，全部砖砌，外面叠砌成各种几何花纹，共有15种图案。塔内有螺旋形72层台阶道可上至塔顶。塔旁是清真寺，二者构成一组统一的整体建筑。寺院为长方形，寺门朝东，呈尖顶拱形。寺内礼拜殿顶上筑有拱顶大龛，南北面各有20个拱顶相连，寺内可容纳上千人做礼拜。礼拜殿包括拱顶，是用土块建筑的，具有吐鲁番地区建筑艺术特色。苏公塔是具有伊斯兰建筑风格的珍贵古塔，是新疆维吾尔族古建筑的又一重要遗产。

## 四、汉式风格的古建筑

新疆的这一类古建筑为数较少，主要有伊犁的将军府。将军府格局完整，基本上保存下来了，但至今未列为自治区文物保护单位，原因是军区占用着，搬迁的问题不好解决。伊犁现在还保存有一部分城墙。林则徐充军伊犁，就住在将军府。

昭苏县的喇嘛庙圣佑寺现为自治区级的文物保护单位，寺庙坐北朝南，有前殿、大雄宝殿、左右配殿、后殿等八座建筑，基本上是汉式风格的，规模不小。“文化大革命”中遭到破坏，现在已进行了修复。

乌鲁木齐市文庙的建筑布局、形制比较完整。文庙先是被自治区党校占用。后来党校迁走，市里某位领导做主把文庙拨给佛教协会，还塑佛像，要改为佛寺开放。为此市委常委开会进行了研究，决定把文庙改为市博物馆。

**五、新疆的城市风貌和建筑创作**

乌鲁木齐市为庆祝新疆维吾尔自治区成立30周年而设计建造的几大建筑，有的水平非常高，给我很多启发。像人民大会堂、国宾馆10号楼，我认为就能够称得上是具有世界水平，也确实受到国际友人的称赞，这是我们的荣誉。如何创作出现代化的、民族化的、有中国特色的现代建筑，这是一个大课题，我正在参与探讨、争论、研究这个问题。这次在乌鲁木齐市看到了成功之作，我想是值得在首都建设与建筑设计指导思想上借鉴学习的。新疆维吾尔自治区人民大会堂的设计者是全国人大代表孙国成建筑师，他陪我多日，在乌鲁木齐市参观新建筑和谈文物古迹。创新离不开传统，孙国成在研究新疆传统建筑方面是下了苦功夫的，他的建筑设计不是抄袭传统形式，而是化传统建筑风格于新建筑之中，达到神似，形神兼备的境地。

总之，新疆地大物博，文物古迹、风景名胜资源如此丰富，又有浓郁的民族风情，发展旅游事业是大有前途和希望的。

1986年10月

# 自贡、川北地区风景资源和文物保护的调查

1987年2月6日至28日，我和原国家城建总局副局长秦仲方去到四川。先是应省建委之邀前往自贡参加“自流井——恐龙风景名胜区总体规划”的评议；然后即经大足赴达县、通江、巴中、阆中、广元了解川北一带，特别是革命老区的自然风景资源、文物保护以及发展旅游、增辟就地扶贫出路等的情况。省里有的同志希望我们看看其中有的风景区和历史城市可否提为全国级。在自贡，我们还看了规模盛大的春节灯会。

## 一、全国历史文化名城——自贡

自贡市列为全国第二批历史文化名城，主要因为它有重要历史价值与科学价值的城市历史和文物古迹；但它不能和长江三峡、峨眉山、剑门蜀道相比而同时提为国家风景名胜区。“自流井——恐龙风景名胜区总体规划”其实际内容是历史文化名城的规划。

（一）自贡的井盐生产，始创于东汉，已有将近二千年的历史。北宋时这里首先发明了“冲击式顿钻法”的钻井技术，并用以钻凿数十丈的深井。英国李约瑟著《中国科学技术史》称：这一深井钻凿工艺，11世纪后（北宋晚期）从中国传入西欧。明清时自贡的钻井技术更加发展，清道光十五年（公元1835年），有的盐井（如现存的“燊海古盐井”）已经钻达1001.42米，成为当时全世界唯一超过千米的深井。因此，某些科学家论断中国古代科学技术不是四大发明，而是五大发明——即包括自贡古代钻井的发明。现在自贡还保存着标志高度历史价值与科学价值的清代盐场井架、碓房、车房、灶房或遗址等重要文物古迹。这些文物古迹，展现着我国古代盐井钻凿、盐卤提举、天然气

采输、天然气煮盐等一整套的生产工艺和劳动人民的创造智慧。

（二）自贡是举世闻名的“恐龙之乡”。从1915年起至今在2800平方米范围内，共发现发掘了恐龙化石100多个躯体，包括20多个属种，时间距今为1.6亿年，早于美国、加拿大恐龙的年代。其中有陆生、水生、两栖、飞行的恐龙；有食肉性恐龙，也有食植物性恐龙；有身长20多米的大恐龙，活着时体重40吨（世界最长恐龙化石为26.7米，现在美国），也有身长1.4米的小恐龙等等。附近还有与恐龙同时代的硅化木。自贡以大山铺为中心的恐龙群发掘现场，进一步充实了世界恐龙的演化史，也为四川盆地远古地理、气候、侏罗纪地层划分等提供了科学依据。大山铺新建的我国第一个恐龙博物馆，两年来已接待游人50万人次。

（三）自贡城区和郊区，还保存了一些具有历史与艺术价值的古建筑群和山石雕刻。如西秦会馆（清）、王爷庙戏台（清）、富顺县文庙（清）、荣县大佛（原称为宋刻，可能是唐刻）及摩崖石刻等。这些文物古迹也为自贡的历史文化遗存增添了内容。

此外，著名的自贡春节传统灯会，是富于民俗风情的节日游乐，老百姓喜闻乐见。但是近一二年来，灯会规模愈搞愈大，甚至过于盛大了。1986年春节灯会40天，看灯游人200多万人次，平均每天5万人，今年又有过之，绝大多数看灯人来自成都、重庆及附近县乡。为此，成都铁路局每天要加开专列观灯客车，而每加开一列客车就必须停开1/3列货车。外地一下子来自贡这么多人看灯，大大超过了这个城市的环境容量，带来临时食宿等不少困难。灯会借用的公园，花木草地也多被践踏。同时制作灯彩，争相攀比，锦上添花，耗用大量人力、物力、财力、电力，都要依靠工厂、学校、机关、商店等暂时分担。我们认为：今后春节灯会要适度，不宜贪大、追求豪华。

**二、川北革命老区**

川北革命老区目前有些地方收入低，粮食紧张。例如通江县全县面积4113平方公里，人口近62万人，1986年粮食产量4亿多吨；全县财政收入780万元，支出2300万元，困难可想而知。其中地处诺水河风景区的楼子庙乡，全乡土地600多平方公里，人口50600人。由于冰雹、寒潮及害虫、野猪、猴子破坏庄稼，粮食不够吃。这个山乡虽以出产银耳著名，农民年收入也只有200多元。总体来看困难较多。这里北距陕西31公里，交通部拟拨款400万元修通这段公路，虽非以工代赈，但对当地农民民工，很有帮助。如何对川北革命老区扶贫，多找出路，是需要注意研究的。川北革命老区地处大巴山、米仓山系及嘉陵江水系南江一带；著名的古代沟通川陕的“蜀道”就是经过这里的山水。可以因地制宜，发掘这一带的风景、文物等资源，发展旅游（主要面对国内）也未尝不是扶贫的一个出路。

关于自然风景资源

广元的“剑门蜀道”国家级风景名胜区——剑门山一带有七十二峰，景观十分雄伟，尤其翠屏峰数峰并立，满山松树，不愧为剑门景区的中心。剑门蜀道长约400多公里，北起川陕交界的七盘山，南至梓潼。其中剑门关危峦绝岭，非常险要，三国时诸葛亮因大剑山峭壁中断，下令凿石架设飞梁谷道，以通行旅，并在山断处设置剑门关扼守咽喉，号称“天下雄关”。李白有“蜀道之难，难于上青天”的诗句。红军四方面军也是攻克了剑门关天险而西征的。这一风景名胜区，自然与人文景观及古今故事十分丰富，意味无穷。

进入“两崖对峙倚霄汉，昂首只见一线天”的剑门关后，即进入500米长的深山幽谷。接着就是闻名世界的“翠云廊”（俗称张飞柏大道）。这是现存蜀道最珍贵的奇观。原来从剑阁往南至阆中，西至梓潼，北至昭化，300余里的官道两旁，从明朝开始就已种植柏树数十万株，清朝康熙年间称这条官道为“翠云廊”。现在“翠云廊”断断续续只剩有100多里，计保存下来古柏7789株。我们走过其中一段700多米，真是古柏参天，遮云蔽日，多数古柏数人抱不拢。据说明清时，这些古柏贵称“皇柏”，新旧州官、县官上任或离任交接时，必须一一点交“翠云廊”皇柏；对附近老百姓“行十户连坐法”，若翠云廊的柏树少一株、毁一株，唯所属十家是问。这两项依靠地方官和老百姓保护古树的办法，当时已成为制度。翠云廊奇迹听说已引起联合国教科文组织的注意，要来调查。广元市市长谈，当前翠云廊的保护迫切需要灭杀专吃古柏的“长毛虫”，急待上级从财力上、科学技术上给予帮助。

通江的诺水河风景区——通江城外70多公里的诺水河风景区，从楼子乡古老的山区街镇起长达17公里、宽10公里。沿河夹山，峰峦起伏，清溪蜿蜒曲折。有莲花潭、国画屏、玉皇坝、龙虎斗、铁索桥及古栈道等山水相依，或夹杂山村农舍在内的景区景点；还有众多的以奇、秀、妙、险取胜，变化无穷的大小溶洞。这里作为风景区，不但可吸引四川游客，同时对来自陕西西安、汉中的游人也是近便的。诺水河风景区可以列为省级风景名胜。但美中不足处在于山林稀少，这个问题其他山区也有。

达县真佛山风景区——真佛山风景区东距县城32公里，面积7.8万多亩，包括三区四乡。主峰上最高景点是清代建筑群，即真佛山寺，从山下有一条一里多长笔直的千级石梯山路可达，夹道种植香樟树。在主峰举目四望，山峦起伏变化，群峰层叠，大自然景色不错，可惜自然植被保护不多，所见树木也主要是次生林。远处1981年建的一个小水库，也纳入了风景区，叫“胭脂湖”，水面346亩，湖区四面高山环抱，山水一体。此外，风景区内还另有几处寺庙，如一佛寺、莲花庵、观音庙等。过去的真佛山是座以寺庙和庙会为主的山，现在这里烧香拜佛之风仍盛。真佛山风景区要开发搞好，就要从保护自然景物景趣出发，广植树木，改善生态环境及自然景观。目前达县已通铁路，交通条件较好，有利于发展旅游。

达县南郊的月儿岩温泉及小河咀风景区，距城区只有8公里，比较近便，虽然自然风光气势并不雄伟，但夹河山色却也如诗如画，环境宜人，作为近处旅游的风景小区，值得重视。

**关于革命文物、历史文物和历史文化城镇**

1932年12月红军四方面军从鄂豫皖苏区，经陕南进军川北，解放了通江。不久即以通江、巴中为政治、军事、经济中心，创建了川陕革命根据地，直至1935年3月西上长征。当时川陕苏区包括22个县和1个特别市，面积4.2万多平方公里，人口近600万人，红军曾在此扩大至8万多人。中华苏维埃中央政府革命军事委员会的西北革命军事委员会就设在通江城内天主堂，川陕省委、省政府和红四方面军总指挥部、总政治部先驻通江，后驻巴中。徐向前、陈昌浩、李先念、廖承志、许世友等同志均在这里领导革命或指挥战争。毛泽东同志1934年1月在第二次全国苏维埃代表大会上指出：“川陕苏区是中华苏维埃共和国第二个大区域”（第一个大区域是江西中央苏区），可见它的特别重要性。

最珍贵的是川陕苏区撤离后在白色恐怖下，依靠老区人民的智慧和信念，仍使众多的革命文物得以保存至今。通江现有重点文物：省级的3处，地区级的8处，县级的62处。其中包括著名的高踞山巅的巨字石刻："赤化全川"四字，每字5.5米×4.7米，及"平分土地"四字，每字5.7米×4.6米（均省级文物）。巴中现有重点文物：省级的6处，地区级的5处，县级的23处，另外还有石窟寺、古建筑、古墓葬、古遗址等19处。巴中还完好地保存有珍贵的刻在石板上的革命文献：如《中国共产党十大政纲》（2米×3米石板）、《中华苏维埃共和国宪法大纲》（3米×4米石板）、《劳动法令（草案）》（4米×4.5米石板）等。川北革命老区保留下来的石刻革命文物，遍布城乡，全国罕见。在当时有些"拉锯战"的县城，如广元、阆中等，至今也有石刻革命文物被发现。如：广元皇泽寺旁已建成了一座革命碑林，旧城中心的四层华光楼（市楼古建筑）门券上的石刻、革命标语也已显露出来。

通江、巴中的革命建筑，绝大部分同时也是古建筑和地方传统民居或市街。例如：通江的清代"文庙"是红四军总指挥部和总政治部的所在，现在用为革命历史博物馆。巴中的清代"云屏书院"古建筑群，是川陕省委机关的所在，现在是巴中中学。巴中城内许多旧街，仍保持原来非常艰苦朴素的革命老区传统特色。但是这几年也在旧区插建了方盒子七八层高楼，城市个性与风貌规划没有处理好。

在巴中至阆中途中，有一个革命老镇叫"恩阳镇"。这里水陆交通交汇，全镇人口1.6万人，共有38条大小传统老街，当年红军的标语石刻，大部分也都保护下来了。这一苏区革命小镇，原是一座历史传统古镇，几乎没有什么方盒子建筑。当然这样的老街作为历史名镇的保留项目，除其中的重点文物保护单位外，是允许在防火安全、功能使用、市政工程及公用设施等上加以改进的，但必须保持其革命的或历史的风貌特色基调不被破坏为原则。

## 三、几点建议

（一）川北老区发展旅游扶贫，其收益应主要就地归于地方和农民。同时国家在交通建设、旅游建设、信贷、税收等方面，还应适当给以帮助或优惠。

（二）为了从根本上保护林木，农村及乡镇世代以木柴为燃料的局面，急待改革。因此，要面向农村，补充北煤南运、煤炭下乡的政策和计划指标。

（三）历史上“中华苏维埃共和国第二个大区域”的通江、巴中应和瑞金一起列入全国历史文化名城。这样，中国共产党从上海诞生起，到遵义会议、延安抗日和北京建国，中间经过瑞金苏区及川陕苏区的重大历史环节就不被割断了。至于其他老区，均不宜同这数一数二的两个大区攀比。

（四）现存的稀世的百里古柏“翠云廊”，应按《中华人民共和国文物保护法》列为全国重点文物保护单位，并大力加强保护工作。

1987年3月16日

# 历史文化名城宜宾的保护与发展规划

1987年4月26日至5月5日，应宜宾市政府的邀请，全国政协委员魏传统、王定国、单士元、罗哲文和我对历史文化名城宜宾的风景名胜区和文物古迹进行了考察。我们考察了宜宾城区周围的古城垣、古民居、古寺庙建筑及竹海、石海、悬棺等风景名胜区，并就历史文化名城的保护和宜宾的综合发展规划，提出了意见和建议。

## 一、关于竹海风景名胜区

我们到宜宾后，所见所闻不少，特别是竹海，给我的印象很深，竹海的确名不虚传。

我们乘船而来的淯江一段，山清水秀，可以说是进入竹海的序幕。虽为开场戏或者前奏，却很重要，它能把你慢慢引渡到竹海，入景入情，渐进佳境。因此，可以把淯江的这一小段作为竹海外围烘托的重要组成部分。游人可以从淯江水路来，陆路回去，或者反之；这在桂林沿漓江至阳朔早有先例：叫做不走回头路。

淯江河道曲折，山水相依，恰到好处，与竹海的风光形成了先后对比和风格不同的对比。当我们进到竹海，一望无际的竹山竹海，真是竹的大千世界，不愧为淯江序幕过后的大块文章。

竹海的风景品格较高，很有特色，很有个性，堪称天下少有。竹海广阔无际，满山遍野都是清一色的竹，郁郁葱葱，表现为大片单纯的绿。但竹海也有它本身独特的景色对比，这就是单纯的清一色中的对比美。竹海的碧波是靠山势起伏，天色（光线）明暗，季候变化等因素形成各种对比美的。我们不能用品评黄山、武夷山、峨眉山的对比美的观点品评竹海，正如不能用广东菜比川菜一样。竹海能够称作“海”，自有一种茫茫如海似的单纯本色；但是这种单纯并不完全等于单调。竹海中穿插有若干“大中见小”的小景区，小景点，诸如悬岩飞瀑、古寺古洞、农家村舍、手工作坊、竹林幽径以及与竹海相连的山水田园等。它们犹如海洋中的各种岛屿，所以说从宏观上看，竹海的单纯绝非单调，这就是“大中见小”。成都望江楼也以竹取胜，但那是小文章，而竹海则是大块文章。为了更好地保护和发扬竹海的特色，发挥它的社会的、经济的、环境的效益，希望把规划进一步做好。

江安夕佳山古民居是一座川南农村古建筑群、地主庄园，保留和利用它作为民俗博物馆是恰当的。苏州不久前建立了一个民俗博物馆，就是保留和利用传统旧宅。传统旧宅的本身也可以反映一部分民俗，特别是其中包括的建筑、民族民俗文化。江安的这处民俗博物馆是竹海外围的一处重点人文景观，是很有价值的一项历史文化旅游资源；缺点是道路交通稍远了些。江安夕佳山这处有特色的古建筑群及其邻近环境能够保存得如此完整、和谐，是难能可贵的，稀少有时就能变成珍贵。

对竹海的规划讲几点具体意见。

（一）保护文物风景、发展旅游，要讲风貌分区，要在风貌分区规划上做文章。在总体规划基础上进行风貌分区，主要是根据自然景观和人文景观的历史价值、艺术价值、科学价值和分布状况做好综合考虑。而且在一个大的风貌分区之中还可以再划分风貌小分区。如夕佳山古民居就应当作为一个突出的风貌小分区，并适当地把周围邻近的环境保留规划在内。

（二）风景区以外的旅途交通要改善，做到安全和比较迅速；但拐弯处不宜快，要以保证安全为前提。迅速与快节奏不同。旅途迅速，同游客的轻松愉快、心平气和是合拍的；而快节奏式的高度紧张，甚至奔狂的声色刺激，却无论如何也不能同旅游风景名胜、文物古迹的心情相协调。进入竹海风景区序幕淯江旅游，若乘木船，更会把你带入民俗历史文化的情景之中，更能被竹海的自然山水情趣所陶醉。意大利的水城威尼斯至今还保留着传统的“贡都拉”小船，大量为游人和为城市生活服务。轻舟徐游，便能饱览两岸如画风景和民间风情，假如疾驶而过恐怕就难以尽兴了。这也是民族风格，地方特色有关风貌的一个问题。

（三）每一个风貌分区，要有一定的基调。其中的风貌小分区，要有它独有的小基调，不能笼统，不能千篇一律。例如竹海天宝洞就有它自己的基调特色，显而易见与相近的天寓洞和其他小景区是有所不同的。

（四）旅游设施及建筑风格问题至关重要。全国有些风景名胜区，往往在旅游设施的选址、规划、设计、修建以及管理等方面安排欠妥，甚至失误。例如黄山的温泉景区，现在已然“城市化”了，成了一座相当热闹的小市镇。名山大川风景名胜区虽然少不了旅游服务设施，但不宜搞成闹市，越建越大，与风景区格格不入。又如泰山登山入口的岱宗坊边上，前些年建了一座七层方盒子现代化旅游宾馆，直接建在风景文物的保护范围之内，造成了风貌上的建设性破坏。泰山中天门建的许多旅游设施，布局杂乱，喧宾夺主，本来重点突出的中天门文物建筑给压下去了，环境格调与意境都不合适。还有农民在泰山回马岭盖了小旅馆，位置、体形影响了整个风貌效果。至于泰山新建的索道，原先选线为下起中天门，上至南天门，这一线是登泰山的精华地带，自然遭到很多专家学者的坚决反对，后来才改选了现在的位置，避开了十八盘和南天门等重点风景名胜的精华所在地。泰山缆车的架线钢架有的很高，缆车车厢容31人立位，简直等于把一辆公共汽车吊在风景区的上空，怎不大煞风景？！又如无锡紧贴古典园林蠡园新建了十层方盒子宾馆，由于太近，使景区的建筑风格极不协调，而且这一高层新建筑居高临下，从楼上下望园景一目了然，这恰恰同中国园林贵在含蓄，曲折变化，步移景异，引人入胜的情趣效果是相反的。宜宾的竹海景区总的基调贵在淡雅朴素，看的、吃的、住的都是竹，风格基调淡雅朴素是符合竹世界的精神的。竹海内的建筑艺术要以带有民族风格及地方特色为佳。建筑外观往往是环境风貌的决定因素；创新一定要体现民族味、地方味风格，而室内设计则可以不拘一格；新材料、新结构、新设备在保证民族味、地方味的前提下，当然是可以引用的。至于各级文物保护单位的古建筑，必须依据国家文物保护法修旧如旧。竹海景区的建筑风貌应有统一的、和谐的基调。

此外，竹海的一些小的地方也要注意搞好：1.所见的仙寓洞厕所和悬岩飞瀑的电站，建筑虽小，位置很暴露，对环境风貌是败笔。2.防止环境污染和旅游公害。3.防止乱建乱伐。一些景区的大竹，不能乱伐，若是留下的尽是小竹，就不美了。4.如果碰到旅游外资合作的问题，应是互有条件的，其中特别重要的是必须依中国之法，符合我们的规划。5.严格控制竹海内的建筑高度，建筑切忌贪高、贪大、贪洋，必须严格把关。6.建议竹海设立竹子研究院（所），时间上或迟或早视条件而定。无论从植物学上，从生态环境上，从生产加工与种植上，从旅游观点上，竹海都是这些专题研究的天然大课堂。

## 二、关于石海风景名胜区

5月2日行程一日，我们参观游览了石海的天泉洞、大漏斗；曹营的悬棺、古堡及自然山水；麻糖坝的九盏灯、珍珠伞一带的悬棺、田园风光及山水景色等等。过去看过一些文献，只知“蜀中名胜多”。这几天的所见所闻得到一个概念：川南地区是还没有被人们认识的一串明珠。川南地区以宜宾为中心的川南游览区，包括竹海、石海、悬棺、自然山水、文物古迹等，都有它许多独特的地方，独具的特色，有很高的艺术价值和历史价值。下面对石海游览区的规划问题谈几点看法。

（一）从石海到悬棺的这一段行程，沿途风景如画，有山有水，山峦叠翠起伏，美不胜收。建议从石海到悬棺这一段路程，是否可开辟为公路旅游长廊，主要是坐在车上游，车速可快可慢，观赏沿途的山水、农舍、民俗、田野风光等。对从石海到悬棺这一段路程沿途的旅游资源要重点调查研究，分析一下。比如沿途路上有一些古堡，这是少数民族的历史文化遗迹，在其他地方也是不多见的。要做好这方面的调查研究，包括对少数民族的文化、民间传说、神话等方面的研究，把深厚的文化历史内涵的东西充实进去。这类古堡在西欧很多，价值也很高。这条旅游线路叫什么名字，可以研究一下。总之，我想通过这条线把几颗珠子串起来。

（二）僰人悬棺的历史价值很高。福建武夷山有悬棺，外形是船形的，塞在山洞内。这里的悬棺有独特的风格，不仅是文物，还与悬崖形成风景，应该做些研究。曹营、麻糖坝一带都要划出一定的保护范围，在公路两旁要设标志，用什么形式可多方案比较。悬棺陈列馆可以放在景区外面作序幕，就在当地民居风格上提高一下即可，不能搞高、大、洋，应突出历史文化风貌。如果悬棺陈列馆放在景区内，就一定要粗犷古朴，带有原始色彩，墙面要粗糙，材料用石头，与景区形成对比，才能更好地烘托主题，不要喧宾夺主，不能标新立异。当然内部的灯光可以现代化。

（三）石海应明确划分中心景区范围和外围保护范围，要明确石海的建筑风貌和环境风貌。将来有能力改造时，要把石海内部的建筑搬出去，因为这是“建设性破坏”。目前没钱可以暂不动，但规划上一定要考虑。中心景区范围内都要作为禁建区。外围划大一点，作为半禁建区。邮电、通信等服务设施都应划定一个范围。总之，前、后台要分开，观赏的地方不能用来住人。

（四）石海具有奇、瘦、皱的特点，对它的艺术价值要充分估计。天泉洞内的“泻玉流光”很好，很有特点。阿三妹放在门口，不是不可以，但服装、神态要研究。她的塑像与现代人差不多，线条分明，恐怕与历史人物有差距。短衣短裤不妥，中国妇女，特别是少数民族妇女衣着应宽松，含蓄一些为好。天泉洞门口的一段墙，白墙中有一园门，门上两道圈。墙用白色不好，还是暗色好；园门是庭园手法，还是天然一点，取自然之趣为好。

## 三、关于历史文化名城宜宾的规划与建设

宜宾历史悠久，地理位置重要，历史文化内涵丰富，自然环境优美，并且富有特色。长期以来，宜宾一直是一个综合性城市，早已名副其实地成为川南地区政治、经济、文化中心，在经济、文化诸多方面，以宜宾为中心的影响覆盖范围，从西汉以来就已扩大到了今天的云南，甚至贵州的边缘。万里长江交通大动脉起自宜宾，达于上海，古往今来一直是川、滇物资集散、民族往来、文化交流等的咽喉。宜宾的重要历史地位与现实地位，应在历史文化名城的规划与建设中充分反映出来，一方面应该加强保护或保留有关宜宾古代的及近现代历史的建筑、遗址、碑刻等文物，同时还要进一步搞好文物的普查和研究工作。文物是历史的见证，不仅仅可以成为旅游资源，更重要的是蕴含着内在的精神文明力量，起着重要的教育作用。抗战时期的1938年夏天，我曾由重庆坐船经宜宾到乐山，那时的宜宾城市房屋破旧，马路路面是煤渣石灰三合土打的。这次重来宜宾看到了城市面貌几乎整个改观了，生产、生活、交通、绿化以及文化设施等，不知比过去强了多少倍。我记得那时宜宾至乐山沿岷江的小

镇，有不少“未晚先投宿，鸡鸣早看天”的鸡毛小店，现在都没有了。新旧对比，给我印象很深。国务院已经公布了两批全国历史文化名城，这是城市规划工作的新发展，同时又是文物保护工作的新发展。国务院1961年公布的文物保护暂行条例，是现行的《中华人民共和国文物保护法》的前身。过去文物保护的工作方法和管理比较单一，似乎有点独善其身，对文物保护单位的前后、左右环境不大敢控制。现在改进了许多，已经能够从城市的全局规划上考虑控制了，或者说懂得了文物保护，必须包括保护或协调外围环境在内。而城市规划工作，也是从此以后才真正注意了城市历史文化及文物保护的地位、意义和综合关系。因此，历史文化名城保护与建设，完全需要城乡建设环境保护部与国家文物局共同配合。顾此失彼、只靠一方面是不行的。前车之鉴，不少犹在眼前，那是从经验教训中得来的。例如全国重点文物保护单位建于唐代高宗时的西安小雁塔，前些年为发展旅游事业，草率地在离塔很近的地方选址建起了11层方盒子旅游宾馆。这块地方本来规划为小雁塔公园绿地，但当时国家建工总局的设计局和西安的城市规划管理部门却同意了宾馆的选址和设计。我们曾上书表示反对，可是地方上旅游单位和设计单位还是照样干。

在历史文化名城的建设中，特别是关于城市风貌问题，总会遇到如何继承与发扬传统和实现现代化如何创新的问题。美术界有人认为中国画的传统是枷锁，只有彻底背离它，大胆引进西方现代绘画观念指导中国画，才能使中国画走出绝路。与此同时，几位绘画大师则提出了如下观点：刘海粟说：“我是在大量地研究了中国古代绘画艺术的基础上，再去接受西方的东西。创新一定要有根基，懂得传统。”吴作人说：“要在传统的基础上变革、创新才有‘根’。”叶浅予说：“每个民族的艺术都有自己的‘魂’。只要中国的民族还在，国家还在，这个魂就永远存在。否定传统，重起炉灶是不行的，否定传统与他们对传统的无知有关。”在此之前，李可染也说过：“艺术只有民族的，才是世界的。”当前我国城市的环境与建筑风貌艺术，存在着类似的争议。我认为：城市建设的现代化是必然的，但必须是中国式的现代化；包含继承和发扬优良传统的现代化；绝不等于全盘西化才是我们的现代化。目前世界上的现代建筑流派五花八门，什么国际风格派、光亮派、几何派、后现代主义派等等。我们常见的，千篇一律的方盒子建筑，一般就是指国际风格式的建筑。总之，历史文化名城的建筑现代化与民族化应该是不可分割的。

国际风格派建筑原是30年代先从德国创始的，其基本理论观点是：讲建筑的功能、材料、结构至上；因而造型简洁；否定建筑文化的历史传统、地方特色以及任何装饰；美只存在于材料、结构的本身。这种国际风格流派的建筑，可谓风靡世界。在有些城市它们同高层、超高层建筑技术结合，从而塑造了高塔林立式的所谓现代化城市环境与建筑风貌，有的摩天高楼一个劲往高空发展，借以显示商业竞争、垄断的不可一世。像美国纽约的110层高的国际贸易中心一对大厦，就是这方面最突出的例子。但是世界著名的花园城市华盛顿却始终不准许建高层建筑，规定任何建筑均不得高过国会大厦。华盛顿城对于保护首都环境与建筑风貌，纪念它的重要历史意义，继承和发扬它的优良传统，对于突出首都政治、文化中心的特色，均不愧为世界名都的典范之一。我们的历史文化名城应该避免走全盘西化的路子。有人评论：从北京天安门广场往东看城市风貌像纽约，往西看像雾都伦敦。又如西安古城西门外新建的金花饭店，虽然建筑高度不过三层，但外貌却全盘西化了，“光亮派”的玻璃镜面大墙，是它最时髦的洋装。历史文化名城的建筑创新不能只是模仿西方的时髦，而应探索民族特色。

对历史文化名城宜宾的规划与发展谈几点意见。

（一）城市规划的布局要合理，性质、规模要控制。宜宾规划为地区政治、经济、文化中心和历史文化名城是正确的。宜宾长期以来作为连接川南、滇北地带的中心重镇，既有悠久的历史文化和重要文物古迹、风景名胜，又有相当发达的轻工业和连通省内外的长江航运、岷江航运及铁路、公路的交通系统。有些全国历史文化名城同时又是工业城市，例如西安、洛阳、成都以及宜宾等。因此他们的城市规划与建设既要体现合理发展工业，又必须保证保护和发扬城市的历史文化性质、风貌和作用。

（二）城市环境与建筑的风貌分区要搞好，事先明确各自的风貌基调是什么，在风貌分区基础上具体做好保护、保留与建设的规划。历史文化名城的总体规划，只能够是大轮廓文章，因此还需要做出分区的规划。所谓分区规划，按内容要求的不同而不同。比如可以有人口密集分区、有建筑高度分区、环境保护分区等等。有的还特别需要做出城市的风貌分区，其中还有以保护历史文化为重点的风貌分区。对这类重点风貌分区尤其要以突出文物、风景为基调，取得整体环境风貌关系的协调。比如宜宾可以把翠屏山、真武山合为一个或分为两个文物与风景的风貌分区；并做出详细规划，促使自然景观的山水林木及古代、近现代的人文景观得以保护，促使风貌特色更能突出，促使各种效益更加发挥。现在利用翠屏书院古建筑作为革命烈士、民族英雄赵一曼纪念馆，利用几座古庙分别为五粮液酒史、川南铜鼓等展览馆，既古为今用，又很省钱，一举数得，值得提倡。川东北革命老区通江县利用文庙为革命历史博物馆，天津利用广东会馆、苏州利用全晋会馆办戏曲博物馆，也都是古为今用的好经验。另一方面有的名城，如绍兴却拆掉了鲁迅家老宅门和新宅门的前院，去新建了鲁迅纪念馆，去拓宽了原来的小水巷，结果损毁了鲁迅故居的环境原貌和风情。宜宾岷江对岸旧州坝这一广阔长条地区，包括双龙水库在内，若能划为一个风貌分区，也会别有特色。那里有唐宋旧州城遗址，有土城墙残迹，还有完好的旧州砖塔。这些历史痕迹是古宜宾城市变迁的珍贵史证。不要小看旧州城址那一小段残破的土城墙，应当很好地把它保护起来。建议在土城墙外加修栏杆保护，并树立保护标志和简介牌，旧州坝这一风貌大分区比较开阔，岷江弯曲成带，群山连绵起伏，水库如镜，田园如锦如绣，加上新建的五粮液酒分厂建筑群，宛如一小块玉石嵌在其中，整个风光情趣如诗如画。酒厂建筑群大轮廓以白墙为主的建筑色调同大自然景色对比，效果甚好。只是那些黄瓦屋顶，假如当初改为青瓦，则更会表现民间建筑特色。酒厂塔楼最高的一层如果做成空透的（比如亭阁式），与下层墙面虚实对比，效果或许更好。此外酒厂厂区最好多布置绿化，做成花园式，美化这一对内对外开放旅游参观的酒乡环境。

三江环绕的城区半岛的环境与建筑风貌比较复杂。当然可以根据具体内容把它再分为若干风貌小分区。比如城区半岛的走马街、滇南街、栈房街等以传统建筑为主的街市环境，就可以划为独特风貌的小分区。这些以古街旧馆（会馆）为标志的小分区古老风貌，记录了宜宾过去商业贸易繁荣，交通运输繁忙，成为川滇咽喉，沟通经济、文化的历史。这是值得加以重点保留和修整的。一来可以继续使之为城市的人民生活服务，二来还是一项具有地方风土民俗、历史文化的旅游资源。安徽省安庆市保留和修整的一条古老商业街叫“倒爬狮街”。这条古街，群众喜闻乐见，吸引游人，很有特色。保留修整的办法是：该加固的加固，该修饰门面的修饰门面，该加防火墙的加防火墙，一家修整施工，左邻右舍店铺照常营业，所以这条街总是活的。街景街容原来破旧的样子随着整修也就完全改观了。这要比大拆重建的北京琉璃厂文化街省钱得多，风貌纯朴得多。走马街的云南会馆是过去川滇往来历史上最有代表性的标志。虽然云南会馆目前由于住占拥挤，乱插乱建，搞得不成样子，但是仍然有必要把它列为市级或地区级重点文物保护单位。一旦有了条件，住户得到迁置以后，利用云南会馆作为宜宾城市历史博物馆或者川滇经济、文化交流历史博物馆等，看来是适宜的。自贡市保留和利用西秦会馆为盐业历史博物馆就为名城生色不少。可惜的是在西秦会馆门口建了高楼大厦，造成了城市景观的“建设性破坏”。宜宾合江门三江汇流处是全市最突出的景点位置，过去因为忽视城市景观和历史文化，以致把又高又长又大的航运大楼建在那里。从现在起，应该考虑把三江口那一带定为“禁建地区”，以保护城市的景观环境。

（三）整个城市的建筑高度，应该统筹规划，严格规定。重点历史文化风貌分区的地方，决不宜修建高楼。因此，规划上迫切需要有一个“建筑高度分区”的方案和相应的地方立法，作为高度控制的蓝图及法律依据。

（四）环境保护要加强，污染要消除。宜宾岷江北岸，烟囱林立，不知空气、江水污染程度如何？有没有酸雨？是否危害老百姓的生活环境和身体健康？工厂如果成为污染源，当然应该治理。为保护环境，造福人民，很多城市的市人大、市政协常常发出加强环境保护的呼吁。

（五）整个城市绿化的加深，城市与周围交通线路的畅通，都应该在规划上一一作出方案。民用机场，迟早得有，也要纳入规划。总之，规划工作要加强，走在前面，同时各方面要多宣传、多建议，促使宜宾这座全国历史文化名城在保护与建设方面取得更大的成绩。

1987年5月

注：以上为1987年5月1日与5月5日，全国政协委员、城市规划专家郑孝燮在考察与指导历史文化名城宜宾的规划与建设座谈会上的讲话。

# 巍山历史文化名城主要情况调查

应云南省文化厅、建设厅和巍山县政府的邀请，全国政协提案委员会委派我于1991年6月13日至14日，对云南省历史文化名城巍山县进行了实地考察。现将有关情况综合如下。

巍山是一个地近边陲、历史悠久、少数民族多的文化名城。汉武帝通“西南夷”，开始在这里设县（初名邪龙县），属益州郡管辖。县的土著民族为彝族。汉族是西汉后逐渐来的，而大量的汉民却是明初进军西南，消灭元朝云南梁王势力，“随军屯田”移入的。回族主要是元朝开国前忽必烈攻打大理国的“回回军”的后裔。白族于南诏国时来自大理。傈僳族则是清末移入的。我国历史上的云南，由于少数民族多，山高水险路难，远离中央王朝，加之各民族的社会发展差别甚大，所以兴衰存亡，分裂与统一的斗争，以及民族个性与地方特点的影响，几乎贯穿于各个朝代。这在巍山的历史文化上也有许多痕迹可寻。巍山县现有27.5万人。其中有少数民族23种，共11.7万人，占总人口的43.29%，其中彝族9.1万人，回族有18个村。

巍山县具有重要历史价值、艺术价值和科学价值的自然与历史遗存，包括城区和郊区，主要有：

**一、滇西古道，西南丝绸之路**

滇西古道是指经巍山通往缅甸、印度等国，已有两千多年历史的国际古道。现在巍山县境内还完好地保存着这条石板古道及若干驿站遗址，如隆庆关等。民国年间滇西公路未开之前，这条古道仍是我国对外的一条重要商路，马帮络绎不绝，每天多达数千匹，这就是所说的我国的西南古丝绸之路。汉武帝时张骞通西域，他曾在大夏（今阿富汗）“见蜀布，邛竹杖”，才知道这些东西是来自“东南身毒国（今印度），可数千里，得蜀贾人市”（《史记·西南夷列传》）。当时为了统一大业，汉武帝曾派使臣赴云南寻找这条通向身毒之路。然而使臣遭到了“散在溪谷，绝域荒外，山川阻深，生人以来未尝交通中国”的原始部落的阻挠。（《后汉书·西南夷·哀牢传》）于是，公元前109年（西汉元封二年）汉武帝乃不得不“发巴蜀兵”，“以兵临滇”（《史记·西南夷列传》）。其实“公元前4世纪，中国云南到达东南亚、南亚的商道就已开通”（《人民日报·海外版》第3版，1991.7.12）。汉武帝通“西南夷”的重要意义则在于：更大地加强了这条古道对国家统一，对西南少数民族地区实行郡县制及“羁縻”政策，对促进落后地区社会经济文化发展和对外交往的空前历史作用。

## 二、南诏国（公元649—902年）的故都遗址

唐朝西南少数民族之一的乌蛮（今彝族的先民）在滇西建立了南诏国（初名大蒙国），传13代，达254年。巍山是它的发祥地和初期的国都，前四代君王建都于此达114年，以后才迁都大理。南诏的故都，就在今天巍山县城的北郊。遗址有两处：一在海拔1700米的垅圩图山顶，第一代王（细奴逻）在此建都称垅圩图城。二是迁都山下，依托唐朝的蒙舍州城（后为阳瓜州）改建为都城；南诏国第二、三、四代王均设都于此，原来的垅圩图城作为避暑的别宫。至今这两处都城遗址，还可看到残存的砖、瓦当、滴水及石柱础，有的瓦当尚有彝族早期的文字，蒙舍州城的城墙也还存有残迹。虽然两处都城已是废墟，但是所含的历史价值仍然存在。北京周口店猿人遗址已列为联合国的世界文化遗产，历史价值更高；殷墟因为是三千多年前的都城重要遗址，安阳才被定为全国历史文化名城。

## 三、南诏土主庙

巍山县境内反映南诏独特历史内容的文物古迹，尚有分布在山上和坝上的许多土主庙。巍山彝族崇拜祖先，笃敬土主神。所谓土主神，就是土生土长的地方保护神。南诏国的13代君王，均被奉为土主神，无限崇拜，似乎成了一

种崇教信仰。最早的南诏土主庙，也叫“巡山土主殿”位于巍宝山腰，供奉南诏开国第一代王细奴逻，原是他孙子第三代王盛罗皮于唐开元二年（公元714年）建的。当时庙宇宏大，占地500多平方米，为中轴对称的四合院式布局，中国传统古典建筑风格；有大殿及东西厢房，山门两边分别建有藏头房。大殿中塑南诏始祖细奴逻坐像，奉为第一代土主神，像高一丈余，纱帽，九龙紫袍，玉带，足穿云头鞋，手捧朝笏，神态威武，左右各塑一侍童，左侍捧印，右侍握刀。并在东西厢房各立“祖公碑”。明末清初，庙宇毁于战乱，现庙为清光绪十九年（公元1893年）重建，近年又加维修的。巍宝山的这座“巡山土主殿”是西南各地土主庙的祖庭。彝族习俗每年要三次到此隆重祭祖，同时举行盛大的民间“打歌”活动，从昼至夜。另外垅圩山上还有一座南诏第一代王的土主庙，是明代彝族土司所建。至于遍布各乡的土主庙，则是越近巍宝山越多，那是供奉其余各代南诏王的庙。巍宝山上的“巡山土主殿”和每年到此隆重祭祖，以及其他各处建的土主庙，全都从一个侧面反映了南诏历史的过程，乃至彝族与南诏的渊源。文物从来就是历史的见证，就是无字的史书。有的文物古迹即使艺术价值、科学价值不大，但历史价值很独特、很重要，也不可忽视。如天津吕祖庙的价值在于是义和团的司令部，广州三元里庙的价值在于是鸦片战争平英团抗英的指挥中心，所以均成为全国重点文物保护单位，巍宝山“巡山土主殿”为省级重点文物保护单位，同样是它的历史价值决定的。

南诏国最强大时的疆界，包括今天的云南全境、四川南部、贵州西部、缅甸北部、老挝及越南的北部，比今天云南的全省范围大得多。更重要的是南诏是在唐王朝的支持下立国的，后来也是以重新臣服唐王朝为归宿的。其间正值吐蕃（西藏）藏族政权勃兴，势力很强，从而造成了吐蕃同唐王朝间互争南诏作为同盟，错综复杂的所谓三角形势。“可以这样说，没有历史上的南诏国，就没有今天云南的版图”，“南诏国在中国历史上占有重要的一页”（《巍山县文史资料·第一辑》1986年6月县政协编印）。这一论点，显然是符合历史真实的。

**四、巍山明清古城**

巍山从前称蒙化，元末在此修过土城，作为蒙化州城及土司衙门的治所。明军攻取了云南，不久巍山彝族土官左氏随即归降。于是为了屯兵戍守，巩固这一地区，明军于洪武二十三年（公元1390年）在元土城以南新筑了一座卫城——称“蒙化卫城”，即今县城的位置。新的卫城在南，老的土城在北，互相连接，合起来南北约二公里长，东西约一公里宽。卫城“城方如印”，“城周迴四里三分，高二丈三尺二寸，厚二丈，砖垛石墙，建四门，上树谯楼”（《蒙化志稿》）。老的土城仍旧用作府治及土司衙门的所在。现在城墙和三座城门城楼早已拆毁。

在古城内调查时还看到：（一）正在文庙大成殿眼前的中轴线上，首当其冲地施工一栋三四层教学楼。（二）有些久被占用的古建筑遭到了不同性质的破坏。例如：1.明成化元年（公元1465年）的等觉寺双塔（密檐砖做方塔），在“文化大革命”中西塔的上部被拆，安上水箱，变成了医院的水塔，东座被拆只剩了一层。2.制药厂占用的明末建筑东岳庙，大殿变为仓库，放置油料及纸张等易燃物品，还在山墙“墀头”的精美砖雕（透雕）上拴拉电线。占用文物古迹办厂，即使是出于不得已的原因，也应当在用中保护，决不可以乱来。这些问题是应该着手逐步解决的。

另一方面更重要的是，巍山古城与建筑虽然破旧的多，但是整体上对于历史文化风貌的保护仍算比较不错。第一，保留了“城方如印”的布局骨架，包括：1.东西南北四城门、四街道棋盘式传统布局的体系；2.仍然突出以北门城楼（明洪武二十三年始建）及城中心的星拱楼（明初建，清咸丰年重修）为全城制高点，以贯穿南北的中央大街（750米长）为全城的中轴线。第二，传统四合院式的一、二层民居，遍布古城，包括北门外的原土城范围。现在这些民居仍是千门万户的家。老百姓几乎家家养花爱花，为民居增色不少。民居的标准中低档次居多，少数高档住宅，院多、屋多、所谓“三方一照壁”或“四合五天井”等，而且往往后有花园。第三，其他现存古建筑，如书院、学宫、会馆、寺庙、祠堂等，多年来虽有很多做了某种使用，但极少拆掉。沿街店铺市肆，绝大部分保持了原貌，在维修或改建中也都比较注意整体协调和反映古城的历史文化特色与气氛。

古城现有街25条，巷18条，路2条，主要是来自原来的格局；还有重点古建筑22处，其中11处是明代建筑。老房子总共占80%左右，约35万平方米。巍山在城市规划上已把古城（包括北门外）划为历史文化保护区，同时在保护区外即古城的东北和东南处划出新建区，以便有秩序地安排各种建设，并全面统一控制建筑高度，类似这种“分而治之”，保古城、辟新区的经验，在全国历史文化名城山西平遥和陕西韩城都已行之有效。

**五、郊区其他重要文物风景区**

除郊区的南诏故都遗址、彝族土主庙已如上述外，我还部分地调查了巍宝山的风景区与古建筑群和大小围埂清末回族起义的村寨。

位于南郊的巍宝山，现为国家级“大理苍山风景名胜区”的景区之一，山上的古建筑群则属省级文物保护单位。巍宝山气势雄伟，海拔2500余米，山高谷深林幽，清净无尘。唐朝这里已有道观，明清更甚。当时巍宝山同道教圣地武当山、青城山来往甚多，进而广建宫观，设置道场，渐渐成了西南的道教名山和游览胜地。不少名人如明朝杨升庵、徐霞客都留有足迹。

巍宝山主峰两侧分布着20多座道观，主要是明清时新建、重建、扩建的。这些古建筑，依山就势，布局严谨，规模较大。建筑艺术及雕刻、塑像、彩绘、壁画等的民族风格、地方特色，深受中原文化影响。云南除少数民族土生土长的一些山寨建筑外，更多的历史建筑都带有汉化影响。其实早在南诏时的各代君主，就不遗余力地提倡吸收唐文化，尤其在建筑艺术与技术上的融合更多。此外要特别提一下，巍宝山文昌宫有一幅彝族“松下踏歌图”壁画（100厘米×120厘米）绘于清乾隆二十四年（公元1759年）。画的是在群山环抱的平坝上有官有民共男女39人，载歌载舞，围成一圈。此画非名家大师的手笔，而是完全出自民间非常朴实的描绘——是一幅珍贵的、反映彝族民俗风情的壁画。现在露天保护欠佳，颜色已经减退。

“文化大革命”中，巍宝山遭到了浩劫，现在有的地方还在修复之中。这次调查，限于时间，只不过看了现有道观的四分之一和风景区的一角。

清咸同年间，滇西爆发了影响全国的杜文秀回民反清起义。起义基地就在巍山县东北的大围埂村（当时居民3500人）和小围埂村（有村民7000人）。杜文秀原在永昌府（今保山），永昌发生“杀回”惨案后，他逃到小围埂教学，并暗中组织回民反清。咸丰六年（公元1856年）清政府又在大理“杀回”。于是他在小围埂揭竿而起，随即攻克大理，建立反清政权，并派重兵驻守大小围埂的基地。但是后来大理、巍山县城及大围埂相继为清兵攻陷，杜文秀就义。小围埂是清军最后挖地道才攻陷的，村民被屠6000余人，烧毁清真寺和民房2000多间。现在大小围埂村还保存着起义军筑的炮台、栅门、城埂、操场遗址，及回民被杀的万人冢和清军阵亡的祠堂等遗迹，作为历史的见证。

这次在巍山的调查，历时不足两天半，事后查找若干文献，尚有必要。巍山县现为云南省级历史文化名城，已经在申报国家级历史文化名城。愿这一调查报告能对巍山古城及文物古迹、风景区的情况提供一些参考。

1991年7月18日

# 关于历史文化名城杭州保护工作的几点建议

杭州来过好几次，最忆是杭州，可见它的吸引力和感染力。我谈几点意见：

一、关于杭州临安皇城遗址的保护问题。南宋建都杭州约147年，作为历史文化名城，七大古都之一，其它六个古都都已保留下来。南宋时期的临安志就曾描绘过当时临安皇城的宫廷建筑，文物部门对宋城遗址的发掘还是第一次。现在的问题是，皇城遗址上有军队的仓库，虽然已成了事实，但我们还是要强调保护意识，不能放弃保护。云南大理有个唐朝国方塔，长期被地方部队占用作仓库，由于人大、政协和专家们的努力呼吁，去年已全部搬迁了。承德避暑山庄为部队一所医院所占，建了许多房子，军部也设在那里，钱伟长老等人都去看了，去年军队都搬走了。当然费了很大劲，总算保住了，这是通过国务院、军委解决的。

我们希望杭州临安皇城遗址能保护下来，不要再继续损毁，希望使用单位刀下留情。这里提几点具体建议：一是与主管部门协商签订协议，不要再盖房子了，本来也是违章建筑。二是要向中央反映情况，紧急呼吁，临安皇城遗址的历史价值是很高的。

二、看了几个博物馆，不论大小、外部建筑设计风格、体量及内部布置都很精致，我非常欣赏，说明杭州这方面很有人才。我想是否多建些博物馆，现有的丝绸、茶叶、中药、官窑等博物馆，中药博物馆是全国第一家，不仅保护了文物，还迎来了中外宾客，影响海内外。我认为这个路子可以走，把这个作为拳头，以此来增加文物的内涵。是否可以建运河博物馆、钱塘江博物馆，运河钱塘江的海塘也是历史文物，海塘是钱王的重大贡献。昨天钱老还说到印刷博物馆，印刷也是人类文明发展的一个重要标志，毕昇就是浙江人，这个提议可以考虑。另外还可以建工程博物馆、戏曲博物馆，以此来反映我们的历史文化。现在杭州的几个博物馆很有特色，有地方特色、民族特色、时代特色，与周围环境十分协调。省博物馆与文澜阁很协调，茶叶博物馆也很雅致，我很欣赏，把它称之为杰作。好的杰作我就要宣传，也是在宣传杭州。

三、西湖风景区总体上说保护得很好，希望继续保护好。前天市政府汇报的目前西湖风景区的体制是农民归西湖区政府管，园林文物归园林文物部门管的问题，我认为要订出一些规章制度，加强管理，对违章建筑要严肃处理，这个问题不解决后患无穷。西湖风景区内会有一些建筑出现，但切忌搞高、大、洋，如果都像博物馆那种风格的建筑还是可以的，这样还会给历史文化名城的保护增添色彩。

四、关于城区部分的文物保护问题。对于西湖东边的有些高层建筑，我是不赞成的，希望在城市建设中掌握好杭州的基调，这是非常重要的。杭州有的街道也缺乏特色，是否可选择几条具有民族传统特色的街道进行保护建设，越有个性才越有价值。

郑孝燮

1994.10.20

注：1994年10月12至29日，由钱伟长副主席带队的全国政协历史文化名城保护情况调查团，考察了苏州、杭州、泉州、福州四个历史文化名城的保护和建设情况，有力地推动了历史文化名城的保护工作。郑孝燮应邀参加了这次考察活动。这是郑孝燮在全国政协历史文化名城保护情况调查团杭州座谈会上的发言。

# 关于对金华夺回古城风貌工作的建议

朱自煊教授委托我在会上把他的意见传达给在坐各位，关于金华申报国家级历史文化名城一事，他是完全赞成，完全支持的。下面谈谈我的看法：

我多次来过金华，金华留给我越来越多的印象，金华作为历史文化古城，其历史文化资源基础十分丰厚，很多重点文物保护单位及历史文化遗存文化品味亦很高，这是我的总体印象。

现国务院已下批过三批国家级历史文化名城。从现状看，有一种是历史文化遗存较为集中的，另外更多的名城，其历史文化遗存是相对集中，不是单一集中而是其中有几个历史文化区，分散布局，这是由历史原因造成的，原来都是建成一片的，后来由于城市经济等的发展，在某一时期内忽视了历史文化遗产的保护工作，因而造成乱拆乱建，大拆大建而杂乱无章，这种现象在北京也是很多。现国家级名城绝大多数，其历史文化遗存是相对集中，分散分布的。而较为集中型的较少，现只有两处：即是前不久被联合国科教文组织批准的世界文化遗产，一是山西平遥，二是云南丽江。其他有一些即是国内小城市，少数民族地区的小城市，像我国的六大古都，安阳、北京、西安、南京、开封、洛阳等也都属相对集中型，金华也是属于这种类型，其历史文化遗存不是原封不变的，而是随历史而变化的，其中古子城、侍王府、八咏楼、府城隍庙相对各居一个片区，各自形成一定的历史文化氛围，或者是文化气候。城市外围的一些历史文化遗产，有些价值比较高，比如全国重点文物保护单位诸葛八卦村，江南水乡，布局奇特，体现诸葛亮八卦阵的形式。另外，尤其是体现重要历史名人的效应——三国名人诸葛亮，因此海外华侨、外国朋友最近都到此来参观了。一开始时主要是上海人，现在已影响至海外，我想这在于古建筑，文化环境以及诸葛亮历史名人及后裔的内涵。又如卢宅古建筑群，现在尽管是一部分，但亦保存得非常完好，这处古建筑群也很重要。还有上次参观过义乌吴晗故居，现在其外部周围环境还是一团糟，把吴晗故居给包围了，我觉得应该将此处列入历史文化名城很重要的一部分，吴晗作为金华现代的一位历史名人，对其故居现只是县级文保单位，我认为应该将其进一步申报升级，吴晗是一位了不起的明史学家，大学者，他对革命贡献也很大，他早期就是民盟委员，我想在我国很多地区的名人故居已经是省级或国家级重点文保单位，建议金华将吴晗故居申报省级甚至更高一级的重点文保单位。总之在我国，对于历史文化遗存相对集中，分散布局的历史名城，是占绝大多数，首都北京也不例外。北京原规划62．4平方公里是作为重要古城风貌保护区，禁止起高楼，现在执行起来亦有些困难了，要退至皇城了，现在连皇城也很难保住了，联合国教科文组织官员去年来北京时主动提出要保护天坛和颐和园，申请世界文化遗产，他们参观考察后认为北京在皇城范围内保护古城风貌应该是很有希望的，我们听后觉得很高兴，后来又听说主要因为北京市内有关开发房地产等原因，将申请工作耽搁下来了。

现在从金华角度看，金华有着一个非常好的18字方针，使其中的一些矛盾得以总体协调统一，如拆建与保护、经济发展与名城保护，城市布局规划等都相互协调统一。另外我想提几点具体意见：

一、在金华的旧城改建规划中，应该将八咏楼前面原有的风貌重新夺回来，八咏楼前面直至江边状况，建议一定要进行改造。我认为八咏楼在金华古城风貌中应该是焦点，尽管其建筑体量不大，很平常，但其重要性却非常大，因其凝聚许多文人骚客在金华留下的许多歌咏诗句，有很大的历史文化遗产。八咏楼，选择在现址，就是要求临江面海，要求视野开阔。我国的四大历史名楼全是靠水而居，离不开水，黄鹤楼、滕王阁、岳阳楼，传统的楼阁都是临水而设，到现在却发生变化了，我想应该把楼阁改造而成临江面水，成为申报历史文化名城的一个标准和要求，该项目可能牵动面较广，包括居民户、住房等等，但是至少应该先做好其保护改造规划，可以根据经济实力分步实施，必须列入市政府重点工程之中。最近几年在夺回古城风貌的工作之中，有些地方开展得不错，如哈尔滨，是国家级历史文化名城，圣索非亚教堂周围曾建有许多建筑，环境看上去是乱糟糟的，最高楼层达六层，现都给拔掉了，打开了教堂的视野，有关报纸报导了这一新闻，并附上了照片，就连北美的一家日报都刊登了这则新闻和照片。河北保定也是国家级历史文化名城，全国重点文物保护单位——清代李鸿章总督府，过去曾是政府办公地点，现不仅腾空搬出，而且将其周围环境恢复原貌，夺回原貌，其中一幢很好的六层高楼现也被拆迁。梧州的白塔寺是个元朝建筑，在文革期间前面增加了一些建筑，山门被拆掉了，我们多次对此事提出提案，都解决不了，去年终于开始拆除，恢复了山门。金华在这一方面也开始着手做了一些事情，如军分区在天宁楼、八咏楼前面的一些建筑也已拆除了，我建议作规划时应该把眼光放得更远些，我认为八咏楼可以作为金华古城的一个焦点，不仅仅是一幢建筑物，不仅仅是一种“物境”，而且还有一种“情境”。只要登上八咏楼就会有感而发，触景生情，景以情驻，景与情是不可分割的。八咏楼是历代文人骚客驻足汇聚之地，其情境则更深，而且意境更加广阔，不论在时间上、空间上，八咏楼有着其物境、情境、意境三境状态，抓住三境来塑造八咏楼氛围，改造其周边环境，与八咏路这条老街应该相互协调。八咏街现重建仿古建筑，我对仿古建筑不是一概否定，主要视其设计建造水平而定，八咏街作为一条老街应将其风貌统一恢复起来，现在尚不协调，仿古建筑其功能用起来可以为现实需要所用，其风貌应该呼应、烘托八咏楼主体目标，只有这样才算比较合适。古城建筑艺术的保护、恢复应该要有协调意识，没有协调则是不行的，现八咏楼前面那些很高的房子就与八咏楼很难协调。针对金华八咏楼前面的改造，必须要有风格设计的原则。视野内严格控制建筑高度，这点非常重要，必须在名城保护规划中有所体现，这样才能真正体现出金华作为历史文化名城的品味。

二、关于婺江河道问题。现婺江河道淤积比较严重，婺江对于金华人民来说应该是母亲河，也是婺文化之源，应该进行治理，以达到“山青水秀”的山水城市风貌。河道若不治理，恐怕也很难体现“水通南国三千里，气压江城十四洲”的意境了，至少应该对江面水面进行整治。金华作为一座山青水秀的文化之邦，经济发展的中心城市，青山绿水最能使人陶冶性情了，在苏州沧浪亭中有幅对联就证实了这点——远山近水足有情，生活丰裕值无价。

三、新的文化设施建设，我认为这点上金华做得相当不错，严济慈图书馆、艾青纪念馆，现图书馆藏书已达60万册。在国外也有一些著名的名人小型图书馆，知名度较大，也很有特色。

总之，我希望金华的名城工作在仇书记的18字方针指导下，做得有声有色，越做越好，尽早进入全国历史文化名城行列。

1998年9月29日

注：这是郑孝燮在全国政协赴金华历史文化名城考察团意见反馈座谈会上的发言。

# 关于上海应列入第二批国家历史文化名城问题的回顾

徐国岁同志：

日前接到电话，现遵嘱将上海市列入国家历史文化名城一事略作介绍，并附有关文字资料。

一、国务院批转公布第二批国家历史文化名城名单（38个），时间为1986年12月8日，随即见报，正式公布。在这次的第二批名单中，上海被列为国家历史文化名城。

二、1982年12月，上海市政府在锦江饭店邀集专家评议上海城市总体规划，我应邀出席了这次评议会。在大会发言中我提出："规划定上海城市性质为'全国的经济中心之一'和'重要的国际港口城市'完全符合实际，但应该再加上一条，这就是'具有重要历史文化意义的城市'。上海是中国共产党的诞生地，新文化运动的发源地，也是过去帝国主义侵略中国的一个基地，许多革命遗址和历史文物要予以保护。在文化建设方面，上海需要进一步加强，把物质文明建设和精神文明建设更好地结合起来。"《文汇报》1982年12月20日报道了这次评议会，标题是"怎样把上海城市建设得更美好"。

1982年12月27日的《世界经济导报》也作了报道，而且比较详细地报道了我的发言："历史和文化在建设社会主义精神文明中的作用是十分重要的。城市规划作为城市建设的综合性蓝图，使人们懂得昨天的上海，更好地热爱今天的上海。上海有过宋、元以前开发的漫长岁月，有过宋、元以后发展成为港口贸易重镇的时期，有过鸦片战争后五口通商、开辟租界的苦难深重的历史，也有抗击外来侵略、扬眉吐气的历史，更有中国共产党在这里诞生而成为革命摇篮的光荣历史。上海曾经是党中央的所在地，工人武装起义的所在地，是许许多多革命烈士牺牲的所在地；上海还是‘一·二八’、‘八一三’抗日战争的重要战场。现在全国文物，包括古代的和近代革命的，毁坏十分严重。上海有些遗址现在都已看不出原貌，我认为都要加以修复。都要树立标志或立像。这不需要花多少钱，却能够用来教育后代。”

上海的“反映古老城镇历史的以金山神庙（今城隍庙）为中心的方浜路老街，反映鸦片战争的吴淞炮台，反映洋务运动的江南造船厂，反映太平天国时期小刀会起义的文物古迹，反映日本侵略的四川北路日本海军司令部以及金山的万人坑等，还有许多名胜和名人故居，都应保存下来。建议规划部门会同文化部门，对这方面做调查研究，纳入城市建设规划的内容”。

三、《文汇报》1982年6月6日载：“全国政协副秘书长萨空了等八同志组成的调查组，自5月29日到6月5日在沪就落实知识分子政策和文物保护问题，开展了调查研究。”其间，调查组“参观了上海博物馆和上海海关等单位，座谈了文物保护问题”，“还瞻仰了国家名誉主席宋庆龄的故居，拜谒了宋庆龄墓”。我参加了这个调查组的考察活动。这次全国政协的调查对象，除上海外，还包括杭州、绍兴、苏州、南京、扬州、曲阜、济南，主题均是落实知识分子政策和文物保护问题。

《人民日报》1982年7月15日登载了这次调查组回京后向全国政协副主席办公会议的汇报，题目是：“继续同破坏历史文物名胜现象作斗争”，汇报中强调了文物保护与城市规划的至为重要的关系，“抓好城市建设总体规划，注意保护文物、古迹、风景区的环境”；应“给历史文化名城以优惠待遇”；“健全文物管理体制，避免文物、城建、旅游、园林、宗教等部门各行其是”。

四、1985年至1986年初，建设部由当时的储传亨副部长召开了关于第二批全国历史文化名城的两次讨论会，我两次建议，应把主要体现中国近代历史价值的上海列入全国历史文化名城。

随后，由建设部城市规划局代文化部、建设部给国务院的《关于请核定公布第二批国家历史文化名城名单的报告》（草稿），其中附列的“第二批国家历史文化名城名单（34个）”，原来是列入了上海的。1986年3月18日，交请建设部党组会议讨论时，会议决定，天津、上海、武汉三市暂不列历史文化名城。这时我和罗哲文、单士元（均为全国政协委员）正在安徽出差，调查文物和历史文化名城保护问题。得悉这一消息后，我们立即办了两件事：一是于1986年5月20日在合肥由罗哲文、单士元和我署名给万里副总理写了紧急建议信，即“关于把上海列为第二批国家历史文化名城的紧急建议”。二是由我写信给上海市委统战部长、市政协主席张承宗同志，建议他立即促请上海市的全国人大代表、全国政协委员给中央写信，将上海列为全国历史文化名城。当时我们出差合肥，这件事又急，所以我写给张老的信是便函，也没有留底。需要时，请访问张老了解详情，并核实。

以上就是我遵嘱提供的一些情况。我现担任建设部城市规划司的技术顾问，中国城市规划设计研究院高级顾问（高级建筑规划师），兼国家文物委员会委员、国家文物局专家组顾问等职。城市历史、历史名城、文物保护，是我最感兴趣的研究课题。中学时代，我在上海读书，毕业于上海中学。1959年这一年的时间，我在上海参加了当时建筑工程部派出的与上海市规划局合作的专家组，研究提出上海的总体规划方案，专家组组长是王文克，组员有周干峙、张绍梁和我等人。

郑孝燮

1993年6月19日

# 建议将江孜补报为第三批全国历史文化名城

1992年9月10日至30日，在国家文物局阎振堂副局长率领下我参加了布达拉宫维修第三期工程的验收，接着出席了自治区文物工作会议，之后又随阎副局长等赴日喀则、亚东、江孜、山南等地考察了文物和历史文化名城。

海拔4040米的江孜是西藏一座古今咽喉重镇：北通拉萨，南扼边城亚东，西连萨迦和日喀则、东去山南。由于是交通要地，佛教徒、商人和游人来此或经此地的很多，江孜因此渐渐地发展成为西藏的名城之一；手工业发达，“江孜地毯”和“卡垫”以历史悠久、工艺精细闻名于世。

江孜古城在1300年前不过是西藏苏毗部落的政治中心。400年以后才成为贵族和大喇嘛（法王朗钦帕巴）的驻地，并在宗山上修筑了宫室。江孜有重要价值的文物古迹较多。我们从几十里路之外的途中就遥遥望见了最引人注目的江孜三处重点文物。一是宗山古宫遗址及近代抗英炮台遗址；二是15世纪建的白居寺；三是同时建的白居寺塔。

一、规模巨大的白居寺，历时10年建成，共有16个经学院殿堂，藏名叫“扎仓”，主寺为三层。藏传佛教几个不同教派和平共处，聚于这一佛寺。白居寺还以建筑、雕塑、绘画的风格独特闻名，特别是明代泥塑罗汉更属珍品。

二、白居寺塔高32米余，九层，共有108个门，77间佛殿、神龛和经堂。其中佛像达十万，因此塔又叫“十万佛塔”，可以说是一座佛像博物馆。塔身建筑也很奇特，底座占地面积2200平方米，五层以下为四面八角，六层以上则是圆形，塔上有四面八门，门上有飞龙、跑狮、走象等浮雕。

寺与塔的建筑、雕塑和绘画自成一格，即“江孜艺术风格”，与拉萨山南等地有所不同。我们以为，白居寺及塔应该从自治区级文物保护单位升为全国重点文物保护单位。

三、江孜宗山古堡又是当年的宗山抗英遗址。1840年鸦片战争之后，英国侵略军又于1888年和1904年侵犯我西藏。1904年5月1日当英军正沿我边城亚东、帕里由南而北，步步向江孜侵犯时，十三世达赖喇嘛即发出动员令：“江孜地区按村庄土地大小，集中健壮青年三千名，每人配给一支枪，带供一个月用粮食弹药，抵抗英军的进犯”（《西藏自治区概况》）。当时藏军藏民及僧侣，同仇敌忾，不到一个月即夺回了被英军占领的宗山炮台，并消灭了很多英军。后来又连续同增援的英军激战，紧紧地把敌人拖住，不使他们向拉萨前进。但是不幸我宗山上的火药库被炸，敌人乘机三面包围了宗山。坚守宗山堡垒的军民、僧侣在弹尽水绝的情况下，仍用石头、木棍继续作战，持续三天三夜，直至最后全部壮士跳崖殉国。宗山抗英，完全可以同鸦片战争广州三元里平英团的英雄功勋相比。对于宗山抗英的伟大历史意义，我们似乎在广泛的宣传教育方面做的很不够。

此外，江孜郊区还保留有帕拉农奴主庄园一座，包括两层藏式楼房及花园，楼梯口上还挂有对农奴施用的许多刑具。帕拉是这个村庄名，这一带是西藏的一个产粮区。

江孜和西藏很多城市一样，不筑城墙。城区街道，不是太多。沿街店铺及街后民居，主要是传统的藏式平顶一、二层建筑，很有特色。

据西藏自治区文化厅甲央副厅长说，他们曾想过要申报江孜为第三批历史文化名城，怕来不及了。关于少数民族地区的国家级历史文化名城，尤其是西藏、新疆，我认为现在显得太少。中央对西藏的政策和措施，在很多方面都体现了给予“特别支持”的精神，非常值得我们注意。最近国务院新闻办公室发表的《白皮书》，就有针对性地提到：

“中国政府历来重视维护和发展西藏的优秀民族传统文化，采取了一系列尊重、保护和繁荣民族传统文化的政策和措施，使西藏文化得到继承和发展。”

“十多年来中国政府向西藏地方拨专款2亿多元用于落实宗教政策，维修了建于公元7世纪的大昭寺，公元8世纪吐蕃王兴建的桑耶寺，藏传佛教格鲁派四大名寺哲蚌寺、色拉寺、甘丹寺和扎什伦布寺。为了维修布达拉宫，国家一次就拨款4000多万元。1984年中央资助专款670万元，黄金111公斤，白银2000多公斤及大量珠宝，在十世班禅大师主持下修复了五至九世班禅灵塔、祀殿。至今，西藏得到修复和开放的宗教活动场所已达1400多处。”

《白皮书》固然讲的是文物建筑，不过它们绝大部分是在拉萨和日喀则这两处全国历史文化名城。本来，保护文物和历史文化名城就是紧密结合在一起的。

现建议：把江孜补报为第三批全国历史文化名城。这个问题，尤其同在西藏贯彻民族、宗教、统战政策以及对外影响很有关系。西藏地区历史文化悠久，民族文化特色突出，自治区土地占全国土地八分之一，我们在历史文化名城问题上，是应当给予特别支持的。

此外，也希望把新疆的这一工作，争取做得比较完善才好。

1992年10月15日

# 关于第四批全国重点文物保护单位的建议

哲文兄如晤：

22日我即飞屯溪，再到歙县。我想多了解一下歙县古城及文物保护的情况，包括郊区古镇、古居等。

关于第四批全国重点文物保护单位，我建议如下几处，请考虑列上，需要时可再调查和深入研讨。

## 一、甘肃武威白塔

这是元朝统一西藏，归入中国版图的极为重要的历史见证。西藏自吐蕃王朝瓦解后，陷于分裂混乱长达400年之久。公元1239年蒙古族大将多达那率军入藏，结识了西藏佛教首领萨班。这是第一次接触。公元1242年，成吉思汗的孙子西凉王阔端从凉州（今武威）函邀萨班到凉州会晤，共商西藏大计。公元1244年，萨班先遣他的侄子八思巴到了凉州，之后于公元1246年萨班不顾自己年高，来到凉州。这时，西凉王阔端恰恰去了大都，未能及时见面。萨班就在凉州白塔寺宣扬佛法并治病施药，一时名声大振。公元1247年，阔端从大都返回凉州，同萨班举行了具有特殊历史意义的“凉州会谈”。正是通过这次会谈，西藏正式统一于元朝中央政权之下，纳入了中国版图，藏族成为中华民族大家庭的重要成员之一。萨班后来圆寂于凉州，葬于白塔寺。现在我国外交部对西藏为中国神圣领土不可分割的历史证据，就是根据这一重大历史事实的。

## 二、福建漳州慈济宫

这是漳州人民为纪念北宋民间医生吴夲的庙宇，吴夲是从北宋至今的漳州地方神，凝聚力很强。明末随郑成功渡海去台湾驱逐红夷荷兰人，收复台湾的漳州籍官兵，留在台湾成为今天台胞中祖籍漳州的先祖。为了纪念漳州地方神吴夲，台湾有不少地方建有慈济宫。80年代初期，据报道有10万祖籍漳州的台胞，隔海遥祭漳州的慈济宫祖庭（当时两岸尚无民间往来）。慈济宫在漳州市郊白礁有一处，在同安（今厦门）市郊青礁也有一处。当年郑成功在这两处庙宇前训练子弟兵，准备收复台湾。今天台湾同胞，如此重视慈济宫，说明慈济宫的深刻历史意义，即凝聚力。同时，慈济宫的建筑艺术价值也很重要，它具有闽南风格，而闽南建筑风格，也就是台湾传统建筑的基本风格。这种闽南风格，并不同于福州的风格，却同台湾风格相似。作为木构建筑，因此有其独特的地方传统色彩，不可以用北方木构建筑去较量，民族形式的地方性是很重要的。

从对台文化交流上，政治上及建筑艺术价值而言，我建议：漳州白礁慈济宫、厦门青礁慈济宫可以列为全国重点文物保护单位。

### 三、山西平遥的日升昌票号

日升昌票号是清末民初我国金融汇兑等业务最早的四合院式，晋中建筑风格的传统建筑群。这类金融性质的商业古建筑，如果过去没有选入全国重点文物保护单位名单，我建议这次请予考虑为宜。这对于中国近代经济史、金融史都是有重要意义的。

日升昌票号，开设于清道光四年（公元1824年）。总号设于平遥，分号遍及全国许多大城市，包办了当时全国的公私汇兑业务，并且通汇海外一些城市。咸丰、同治年间业务达到极盛。日升昌票号为全国首创，曾以“天下第一号”、“汇通天下”闻名于世。辛亥革命后，银行兴起，票号便随之倒闭。日升昌票号，在平遥古城西大街，坐南朝北，三进院落，临街面阔五间，明间为通道，两边为铺面，前院为柜房，中院为汇兑业务营业重地及客房所在。后院为正厅及客房。总体布局，墙高宅深，对安全极为慎重，有的地方专设有铁丝天网，网上系有响铃。

**四、湖南永州柳子庙**

位于永州市潇江西岸柳子街，是纪念唐代柳宗元的祠宇，现为湖南省重点文物保护单位，现存柳子庙重建于清光绪三年（公元1877年）。

柳子庙最早建于北宋至和三年（公元1056年），南宋绍兴十四年重建，均有碑可考。明正德八年、嘉靖三十七年、清同治初年均有重建或重大修缮。现存庙祠为砖木结构，前后三座，临街高墙，进门为戏台，再前为中殿，正梁上题有“皇清光绪三年丁丑岁仲秋月谷旦；祠下六场分祭绅耆商民捐资公建”题字。后殿原为寝殿，各殿均面阔三间。后殿右侧，现辟为园林，有珍贵的“荔子碑”等文物古迹。

柳子庙的建筑风格，完全不同于两湖常见的如屈原祠、君山二妃祠的风格。主要是面街的庙墙又高又长，祠门中心亦不突出，但整体上显得非常庄严，有令人肃然起敬之感。这种在平凡中显特色的庙宇或宅居，在浙江如绍兴的蔡元培先生故居等，大体相似，但规模均比柳子庙小得多。

柳宗元是唐宋八大家之一。唐永贞元年（公元805年）因政见原因被贬南下，谪居永州十年。他在永州更多地接触了人民，写了不少反映当时人民苦难生活的文章。永州的很多山水名胜，都留有他的足迹，著名的“永州八记”就是以此为主题的。柳子庙还有一个重要特点，就是庙前的柳子古街和愚溪，基本保持古朴的风貌，与柳子庙建筑群，浑然一气，而且这条古街是当年从湖南通往广西的重要驿道。现在全国不少重点文物的外围环境，如此纯朴，原貌整体保存较多较好的例子，实在是不多了。

此外，武威的天梯山石窟，早于大同云冈石窟，现已遭到水库的威胁，现在是省级保护单位。建议也请考虑列为国家级为宜。

我今下午即去皖南，匆匆不及一一，仅为几个文物古迹之事特向您略进刍荛之议，请向局长、副局长及处长同志，必要时转达。谢谢。

孝燮手上

1993年10月22日

# 山西宁武县管涔山风景名胜区印象记

1999年9月初应宁武县政府之邀，新华社高级记者、摄影大师成大林、国家文物局专家罗哲文和我从3日至6日在该县进行了管涔山风景区的访查，所获印象甚佳，现简报如下：

一、宁武县位于晋西北吕梁山脉管涔山区，是古代长城线上的重要关镇。县境大部分是山区，现辖总范围为1987平方公里。其中管涔山风景区得天独厚，范围大、品位高。三晋母亲河的汾河就发源于此。

宁武历史上长期是北方游牧民族与中原汉族争夺拉锯的战争之地。同时是北魏、北齐、隋唐、辽宋、明清佛寺较多和避暑的胜地。明清时景区尚有寺、观300余座，栈道40余里，但保存至今的已寥寥无几，特别是“文化大革命”再罹浩劫。幸而管涔山的自然山水风景（包括四大景区、上百个景点）仍然屹立长存。

过去近半个世纪，黄土高原的这片辽阔的、宝贵的自然绿色明珠却鲜为人知。今年春夏，成大林同志先去做了长时间的深入调查研究，接着《山西日报》以照片为主题，作了该风景区的整版报道。最近一二年大同、太原、京津等地前来旅游的人渐多，当地接待住、吃能力已感不足，致使有些老百姓的宅居也挤些出来提供临时服务。山西过去突出抓煤炭不太注意发展旅游的状况，现在正在改变。

二、管涔山自然风景区包括四大景区：（1）天池景区；（2）汾源景区；（3）芦芽山景区；（4）宁武关景区。四大景区各具特色，甚至情趣境界也不雷同。

作为四大景区的山体多半为石头山，而且石质各异。加之冰川运动等自然造化之功，所以山景变化、气韵生发，美不胜收。例如清真山悬崖绝壁上的万仞孤峰，直插云天，形如长城墩台，并紧紧地连着陡峭的形如长城铁臂的横岭。寺观建筑其上，栈道横贯其间，雄、绝、险、奇（只有骑骡马可以代步）。另外还有闻所未闻的北方摩崖悬棺，棺形及葬式同四川珙县的古僰人悬棺相似，但高度离地面仅五六米。远比高悬崖顶的珙县悬棺低得多。至于前者葬于何代、属何民族等依然是谜。再如某条山沟，沿沟自然地排列着一座座中高度的悬崖石壁，犹如一队仪仗队正在迎人。由于石壁的凹凸不平，呈现出千姿百态的各种浮雕状，从而诱人生发似是而非的想象与附会。这道山沟简直成了一条天然的石刻艺术长廊。

三、景以情合，“登山则情满于怀”（孔子曰）。当登上海拔2800米高的山顶大草原后，极目遥望，借来的远山远景，或层峦叠翠、气势磅礴；或长岭如刃，犬牙交错，好像是狼牙山那样险峻奇绝。此刻最能使人豪情满怀、胸襟开阔。

高山草原上迄今还横卧着一道石块垒筑的北齐至隋代的长城，这是特别珍贵的长城遗迹。同时草原之下是原始次生的森林，生长着松、杉、桦等林木。从山下登上高山草原，途中正好穿过这片林海。不仅如此，上述遥望的芦芽山区则是一片更大的森林区，已经列为国家森林公园。以前从未想到晋西北的黄土高原竟会有保存得如此生气盎然的绿色生态环境奇迹。

四、北方水少，黄土高原更是缺少。管涔山风景区既是青山，又有绿水。这水最主要的是两处：一是汾河的源头，出自一个山洞，水流轰鸣如雷，因洞建了楼阁，下临水口湖泊，水清澈而甘洌，县里同志说经过化验，可以开发用为天然矿泉水。湖东依山，原有雷音古寺，是汾河的水口寺庙，“文化大革命”被毁，现已重修起来，山、水、寺一体，历来均是重要的景点。二是海拔1954米处的天池，这里地势高而平坦，分布着大小不等的湖泊群。有的湖畔筑有寺观。隋炀帝避暑的汾阳宫遗址就在这里。县里设想开发天池为避暑旅游之地。

此外，属于地质奇观的有万年冰洞一处，洞如竖井，终年结冰不化，状如钟乳石，寒气透骨，据说是中国的冰洞之最。冰洞不远处则有一个终年冒烟不熄的洞口，说是火山口，其实未必，因为看不出火山漏斗的地貌。这里长年冒出来的烟，恐怕是地下煤矿自燃的烟口。

明代内长城著名的三关，偏头关、雁门关的关楼均在，唯独宁武关的关楼已毁。我们的意见可以复建，但要严格修旧如旧，把好古建筑修复设计的关。山海关的澄海楼、黄崖关的关楼，九门口的水关及城楼，居庸关关楼等古建筑的复建，已有成功先例。

像如此高品位的宁武县风景名胜区，下一步必须从全局、从长远着眼，做出高水平的统一规划和分区规划，保护为主，合理开发利用，并报省审批。现在道路交通、电力电讯等基础设施已粗具规模，但仍需补充、改善、提高。县外乃至省外的交通条件，主要是火车及公路与高速公路，基本上能够四通八达。我们认为这一高品位的风景名胜区，可以先申请为省级风景名胜区，以后再上一层楼，也未尝不可。

1999年9月12日于北京

# “藏在深山人未识”的稀世之珍——王家大院古民居

山西是我国保存古建筑最多的省份。梁思成教授称之为“全国古建筑的宝库”。这座宝库里有一批建于明清时期的民居大院完好地保存至今，如祁县的乔家大院、渠家大院、太谷县的曹家大院、襄汾县的丁村民居等，还有一处“藏在深山人未识”最近几年才发现的灵石县王家大院。这批民居大院的古建筑都比较讲究，主要同当时晋商的蓬勃发展以及由盛而衰的历史背景有关。虽然王家大院迟迟才被外界认识，但后来居上，它终归以自己的高品位的历史文化价值，得到了人们的赞赏，甚至有人把它视为“国宝、人类之宝、无价之宝”。

王家大院与众不同，首先它是一处很大的山庄，位于太原市以南约150公里的灵石县城东静升镇（因有静升河而得名）。这里已经深入到了太行山区的绵山风景名胜区脚下。现存的王家大院原是清乾隆、嘉庆时期建的，自然环境得天独厚，青山三面环顾，溪水四季潆绕，夏无酷暑，冬无严寒。大院山庄包括古色古香的民居房屋千余间，院落50余座，依山就势，布局有序，反映了中国封建社会大家族“以礼为本”的建筑艺术文态环境秩序。

## 一、亦商亦儒亦官与王家大院古建筑的文化品位

王家大院的开山老祖是元朝末年来自太原的一户佃农。中国封建社会进入明清，由于商品经济、地区交通的发达和政治、军事的背景关系，晋商在北方崛起，依恃其强大的经济势力和成功的经营之道，对全国很多通都大邑、江海口岸产生着巨大的影响，历时长达500年之久。不少晋商发展成为地主、商人、官僚三位一体的阶层而不是单纯的经商。这时候的王家，在人口繁衍和经

商发展的同时，又开始步入了读书入仕的道路，渐渐地成为“以商贾兴，以官宦显”的灵石县一大望族。很明显，这种三位一体的结合与深化，实质上是与“学而优则仕”的传统观念分不开的。明朝天启年间的王家已是“士者经史传家，英辈迭出”，“商者逐利湖海，积资万千”（《静升王氏远流碑记》——载于《王家大院》小册第8页）。清康熙年间，王家在山西、内外蒙古、河北、山东做贸易，开始迈向巨商。至清朝中叶嘉庆年间，王氏家族读书入仕，考官、捐官及授封各种大夫，官高爵显者已有42人，其中高品级者二品、三品各二人，四品者四人。生活在封建社会的富商大贾，当然不可能家家既商又儒，但是作为传统观念的这种影响却是普遍存在的，所不同者只是认识上的深浅，机遇上的多少，得失上的差异而已。

建筑是历史的镜子。即使是人去楼空，乃至毁为废墟遗址，也往往会把历史的影子常留人间。例如北京明清紫禁城，南京明故宫遗址，西安的周秦汉唐遗址等，就都能够反映封建帝王唯我独尊，一统天下的古代历史。近代历史时期的上海、天津、青岛、哈尔滨等保留下来的所谓“万国建筑历史博物馆”式的建筑、街区文态环境，所反映的是帝国主义侵华历史的影子。当我们来到僻处灵石县山沟里的王家大院，看到这处山庄民居古建筑群，细细品味时，会联想到它的历史文化背景，会感到它在北方现存同类古民居大院中的文化品位是出类拔萃的。非常明显，无论是用地选址和用地规模，总体布局和院落与建筑的等级形制及艺术水平，内外装饰的内容、手法与风格等等，还是整体环境形象与气势的塑造，王家大院均表现为中层士大夫官僚之家的建筑风貌与气质——官气、文气多于商气。在富丽中不但见质朴，而且含有一些书卷之气。中国古代民居建筑，从选址、规划布局到建筑设计，主人的参与意识十分重要，常常是“三分匠师，七分主人”。所谓文化品位在民居建筑中的高低，主要是主人的文化素质、文化修养程度的直接反映。

## 二、山庄大院的选址——居高临下，扶阴抱阳

静升镇的北山坡居高临下，是镇上的唯一高地。王家大院正好选址建在这块山坡上，堪称是一片理想的宅居宝地。

一是朝向好，合乎“扶阴抱阳”的选址原则，即背阴可阻挡北风，向阳

能使阳光照射充足。

二是保证这片宅居用地“高无近旱而水用足”（《管子》），就是说既无水灾之患，又不担心生活缺水。另外，坡上还有一条自北而南的冲沟，是夏季山水排泄的天然渠道。

三是居高可以望远，周围的群山夏天层峦叠翠，冬天银装素裹，一幅幅自然山水画，尽入眼底。大院的建筑环境溶入大自然广阔的美景之中。

四是大院以天然冲沟分隔成东西两片，各筑堡城，辟有城门，俨然像并列的两座小城似的。西片称为西堡院，名叫红门堡。东片称为东堡院，名叫高家崖。两片之间跨沟建有石桥相连。

五是大院后面山坡的最高处原有王家的祖坟，在“文化大革命”中连同树木均被毁掉。

建筑本属人造的物境。但是由于景以情合，这种物境往往能够产生情境，所谓托物寄情，见景生情。像王家大院这个例子，还不仅如此，它的物境与情境甚至可以升华到同自然或历史文化的亲合、渗透，进而产生意境，引人遐想。看到王家大院这处兼具历史、艺术、科学价值的文化品位高的古建筑，仔细思辨就可领悟它在物境与情境之外的意境了。

### 三、以“礼”为准则的建筑布局和地方风格

王家大院不论是西堡院（红门堡）还是东堡院（高家崖），里面的街道（马道）、小巷或夹道全是直的，横向为正东西，纵向为正南北。两片大院共包含院落56个，大小不等，却一律为方正端庄的四合院式。每个四合院均采取南北中轴线，左右对称，主次分明等一整套的汉族传统建筑布局章法。其间不同等级、不同用途的建筑空间定位与组合，首先遵从的是宗法礼制秩序。以家族观念为纽带的宗法礼制长期是中国封建社会统治的强大精神支柱之一。清朝提倡大家庭，褒奖四代同堂、五代同堂，完全继承了明朝盛行的大家庭礼制。尊祖敬宗、长幼有序、男女有别、尊卑有等、内外有差这些封建大家庭的伦理道德方面的礼制规范，不但是“修身”、“齐家”必须贯彻的，同时也成了家宅建设所遵循的准则。很多在外地经商或做官的，一旦有钱有势有名之后，总要不惜巨资在家乡大兴土木，修建豪宅，以实现宿愿。什么宿愿呢？就是不忘

水源木本，落叶归根，以光宗耀祖、炫耀门庭的宿愿。与此同时，往往还兴建家祠和文庙、文峰塔。王家大院山下的静升镇保存的这些古建筑至今犹一一在目。现择述如下：

（一）东堡院建筑——东堡院占地11728平方米，共有院落26个，东中西并列分为六路。中部的三路院落为主院，西部的二路为书院和花院（园），东部的一路为厨院。（1）中部主院三路的左右两路各为三进院落，建筑高大堂皇，气势恢宏，前堂后寝，是主人的居处。左右之间的夹院，那是孩子读书上学的书塾。（2）西部的书院、花院建筑尺度不大，比较平素淡雅，花院有台有亭可登，近观远取，导人心旷神怡，也能引人遐思。（3）厨院位于东部，是饮食炊事服务专用的院落。再往东则是一块场地，原是农事用的。东中西并列的一排院落门前是一条马道（街），往东出东堡门达静升镇，往西可通西堡门和石桥，与西堡院连接。此外，在主院之后是全堡院的最高处，上面筑有一排13孔窑洞房屋，居高临下，专供家丁保卫守望和居住。马道街南原来建有一排廊房，是鼓乐手、车马夫、轿夫休息之处。再往下就是南堡墙了。

（二）西堡院建筑——西堡院占地18900平方米，比东堡院的面积大，地形方整，东西宽105米，南北长180米。街巷系统像个“王”字，中间的一竖是主干道，贯穿着三条横巷。全部27座院落只有先通过横巷，再转入主干道才能出去。主干道不仅是唯一的通道，同时还担负山水下泻时的排洪功能。主干道的路面因而与众不同，全是用大块河卵石铺筑的，十分粗犷，显然是为了阻挡洪水冲刷。个别横巷尚有几座表彰功名的牌坊，略作点缀。西堡院所有院落的布局，大同小异，并不像东堡院那样在统一中求变化，富于情致意趣。但是“王”字街巷最南端西侧的主院建筑，也很庄重高大，气宇轩昂，尤其是三间两厦的大门更能反映出仕宦儒商大家的气派。

王家大院地处黄河中游的晋中地区，地理条件、历史文化背景、民俗民习传统以及建筑材料和建筑技艺等属于北方范围。因此王家大院的民居古建筑，总的为北方风格，尤其突出地表现为晋中地方特色。此外有些建筑在一些部分还吸收了南方民居古建筑的做法。

（三）窑洞式建筑及院落——晋中古民居最大的特色是窑洞。晋中一带善于把青砖青瓦梁柱式木建筑与砖石窑洞式建筑相结合，并布置成院。王家大院的绝大多数院落正是这样的模式。如：（1）单层窑洞外罩柱廊。（2）二层窑楼，底层为窑洞（有外柱廊或无），上层为梁柱式瓦屋。晋中的砖石窑洞均为每间一孔，一般做三间三孔，个别为五间五孔。门窗随孔做成拱券形，门窗棂格多种多样，锦上添花。柱廊间的额枋、雀替、枋头等处的木刻及柱基石刻等，题材不一，做工精细，艺术水平不低。许多木构上的彩绘比较朴素无华。所有这些均合乎礼制的等级规定，不敢越制出格。

“院落制度即是中国建筑最常用的制度……其好处是：（1）左右对称合乎礼制。（2）在应用上有极大的伸缩性。（3）最经济用地面积及造价。（4）各小院院内非常幽静，区划分明。（5）便于防卫等，所以院落制度在中国是长久而普遍地使用着”（刘致平著，王其名增补《中国居住建筑简史》第67页）。王家大院包括几十座院落，规模很大。这么多的院落有机地组合在一起既千篇一律，同时又千变万化，而且仍有鲜明的地方风格特色可寻。北京的四合院以方正的居多，山西、陕西、甘肃等的四合院很多是长方形的，厢房把正房的次间或稍间挡上。原因说法不一，有人说长方形院子是为了防风沙，防东西晒；还有人认为出于风水观念，目的为了聚气、聚财。王家大院的院落大多数仍是长方形的，少数才是正方形的，其中的东西厢房多半做成单坡式瓦屋顶。单坡屋顶也是晋、陕、甘一带传统建筑独有的一大特色。

王家大院历史上由于有很多人在外地经商做官，很自然地会接触并带回来外地的建筑文化影响。例如大院某些院落的厢房二楼上的外廊形式及做法，似乎就带有江南明代民居的味道；还有不少窗棂的设计也吸收了外地的影响。有的学者誉之为“窗如画卷，画作窗棂”，并引清代李渔的“是画也可以做窗”的观点。如东堡院西主院后院窑洞的镂花窗芯刻成“松竹梅兰”、“琴棋书画”等木棂画，而且不影响采光。

（四）大院的木雕、砖雕、石雕与彩绘——王家大院古建筑的三雕，即木雕、砖雕、石雕与彩绘，装饰典雅，极具特色，有不少给我很深的印象。略举几个例子。

属于大块文章的——明清时期建的大宅，有许多必定在院落中轴线的起点，即大门口的空间范围按照一定程式，布置几座体量大而特别稳重的雕刻。这些大块文章的雕刻主要是成双的石狮子、上马石、拴马桩和一面大照壁。它们和大门一起塑造出高门大户的气势。王家大院虽偏处山沟，但这第一部空间序曲不仅没有逊色，甚至堪称出类拔萃。例如那座仿木构型的砖雕大照壁，下有基座、中有壁身、上有斗拱檐口及四阿瓦顶就显得有些不凡。正中刻“五蝠”大圆盘，背面、侧面及屋脊等略做雕刻。其次大门两侧墙上镶嵌着8.18平方米砖刻高浮雕、左刻石与鹤、右刻松与鹿。这些用蝠、鹤、鹿为题的作品，风格浑厚，意在象征，吉祥纳福。

属于中小型的——（1）王家大院有不少院落的大门均在东南角（即按风水要求的巽位），进大门迎面的山墙（东厢房）镶嵌着砖雕或石刻的图画或字体，用意也是象征美好。（2）东西堡院间冲沟上架的石桥刻有民间喜闻乐见的一批石狮子。桥头的西堡门上部是一座带有江南风格的砖雕门头（亦称门罩或门斗）。这座门头或许是王家的孤品。（3）为使前后院空间分界明确，有的院落建有垂花门或屏门（包括前垂后屏式）。它们不但功能上有用，同时造型美观，独具一格，而且多为木雕与彩绘结合，锦上添花。王家大院的垂花门、屏门一能显示自身美，包含丰富的建筑造型及木刻与彩绘的艺术效果。二能造成院落空间的虚实变化，抑扬顿挫的节奏感与韵律美，一目了然，在整体环境上毫不喧宾夺主。（4）此外尚有少量的雕刻小精品，格外惹人赏爱。如某内院旁门上镶嵌的仿“贝叶经”状的小砖雕，造型简洁、清秀、文气浓郁。又如某内院的门槛石上刻的小猴与大猴，栩栩如生，活泼顽皮可爱。另外还有一处门槛石上刻的大狮子与小狮子，也是活灵活现，如同真的有了生命一样。这些动物石刻小精品，大小均不过二三十公分，皆为青石，质地柔细，而且雕刻工艺极精，艺术水平很高。

## 四、文气的凝聚

我曾三顾王家大院，却兴犹未尽。是那里的高品位的民居古建筑形神兼备的魅力，使我流连忘返。特别是我感悟到其中凝聚着一定程度的文气。而且想不到透着文气的这处北方古民居大院的文态环境，竟保护得那么好。

“文气”二字比较抽象，却又似虚而实。王家大院民居古建筑的文气，我第一次去时不见得印象就深，以后再去才一次比一次领悟。在领悟过程中，自然容易引起横的思考，对比别处的重点古民居建筑群保护单位。“有比较才有鉴别”，这是调查研究或鉴赏兴趣中的人之常情。优秀的四合院民居古建筑是中华文化的宝贵遗产。它们既有基于自然影响而产生的建筑性格和源于民族文化传统与发展而形成的建筑风格，同时还有来自“人的因素”而反映出来的建筑品格。王家大院古建筑的文气，应该说更多是属于建筑品格范畴的。国画大师董寿平先生谈画如其人时说：“有什么样的修养，才能有什么样（画出来）的线条，线条包含着画家的生命力。”（《人民政协报》邹士方“董寿平谈中国画”1989年11月18日）。艺术的道理原本是相通的，所以许多建筑也有“如其人”的品格。200多年间王家大院住着偌大的一个家族，虽然没有万卷藏书楼，也不能同“东园翰墨，西府图书”鸿儒之士的门第相比，可是它毕竟有其自己一定的士儒之气可以反映出来。即使家道兴衰变化，只要大院古建筑保存完好，文气的影子就不会完全消失。

“诗礼传家”的匾至今仍挂在王家的东堡院。其中的西路几座院落，如前所说是当年王家读书、讲学、养性修身用的书院和花院，环境清静幽雅，文化气息浓厚。在主人居住的中路两座院落，还另有书房及小姐闺阁绣楼与诗书有关的房间。此外，这两座院落之间的夹院是儿童上学的书塾。合计东堡院里用做封建家庭文化教育的院落约占有四分之一，比重不算小了。

中国古建筑很讲究运用文化小品之类的装点，如诗书画等精品，既是出于托物抒情、明志或寄意，又是为了点染美化建筑的内外环境。王家大院就采用了木刻、砖刻、石刻的手法把这类小品做成匾、额、楹联、壁饰、隔扇等置在建筑的内外要处。有些小品不仅表现了笔墨和雕刻结合之美，尤其更见内蕴精神，启人联想。现摘选三幅清代的及一幅今人补白的楹联如下：

例一：“河山对平远，图史散纵横”（东堡院桂馨书院）

上联写大院如画外景，山水平阔辽远；下联是指图书史籍，分别记述着纵横交织的上下古今。

例二：“篦籁风敲三径竹，玲珑月照一床书”（东堡院桂馨书院）

篦是竹器，籁是竹箫。此联写月夜的室内，传来户外风吹径竹犹如箫声，而明亮的月光照射着堆在床上的书。

例三：“谈心直欲梅为友，容膝还当竹子居”（西堡院某院内月洞门联）

此联表露爱梅爱竹的清高情致及庭院景趣。

例四："听汾思波涛，天下惟心路须静；望绵知崎岖，世上岂蜀道才难。"（东堡院中路"凝瑞"居大门今人温暖补白）

汾指大院位居汾水流域，绵指这一带山为绵山山脉。联意是借自然山水之动静，发挥议论，从静心修养至人世艰难的经验之谈。此联具有哲理，用意深刻，文采朴实，引人思考。

此外，还有不少门额题刻也颇耐人寻味，门额题刻一般多为长方形木匾，少数为不拘形式的砖刻、石刻。它们是只许用二字、三字，顶多四五个字去概括主人的身世、门第、意趣或希望等的建筑文化小品，用于院落、厅、堂、斋、室、楼阁、亭台等的匾额作为名字，虽然不过几个字，却要求意蕴深远。如：

主院大门："敦厚"、"凝瑞"、"清芬"；次院有"松竹院"、"清静思远"等

祖堂楼阁："木本水源"

客厅："诗礼传家"

学馆："养正书塾"

垂花门："自一山川"、"天葩焕新"

亭台："瞻月"

总而言之，含有书香气息的楹联匾额等项装点，妙在小中见大，虚中有实，是鉴赏王家大院民居古建筑文物的一个重要部分。这些文化小品起到"画龙点睛"的作用，用俗话比方，就像味精对于菜肴的作用一样。

## 五、"修旧如旧"及展望

1937年卢沟桥"七七"抗日战争前，王家大院一直被王家人居住着。"七七事变"后，王家举家南迁四川，于是人去楼空。但不久即由当地农民迁入杂居，直到90年代中期方被山西省列为省级重点文物保护单位。当时56个院落居住农民260户，600多人。正因为住人没有空着，反而使大院得以保存下来。当然年久失修也必有不少需要修缮的地方，这是任何古建筑所必需的。我在1998年6月、8月两次去时，西堡院正在进行维修，"修旧如旧"的原则得到了贯彻。国家文物法的这项决定是古建筑保护与再现历史风韵的关键。我得悉并且赞同山西省建委、国家文物局两位朋友看过后的口头评价：够格申报世界

文化遗产。我国明清古民居建筑，特别是村镇的，至今保存好的还有不少。我认为其中我们有责任推动申报工作更上一层楼的，除南方的以外，北方的当首推王家大院。

为此，以拙句二首结束此文。

## 咏灵石王家大院二首

### 历史文态保护

灵石古村山水间
四合坊巷礼为先
楼堂塾馆凝文气
儒仕农商二百年

### 更上一层楼

深山藏宝不知奇
大院山庄古宅居
愿领风骚攀世界
全凭文品论高低

1998年10月于北京

# 首都的文物保护和环境保护刻不容缓

中国是屈指可数的世界文明古国，又是具有优良文化传统的社会主义国家。首都北京是历史悠久、闻名世界的历史文化名城。中央书记处四项指示中就提出了“改造北京市的环境，搞好绿化、卫生，利用有山有水有文物古迹的条件，把它建设成为优美、清洁，具有第一流水平的现代化城市”的要求。国务院公布的保护历史文化名城决定，北京列居首位。

中华人民共和国成立后北京的建设成绩巨大。但是目前存在的文物破坏和环境污染是严重的。世界上不少历史名城在现代化建设中十分强调文物保护和禁止环境公害。他们的市议会决议和审议作用很大。他山之石，可以攻玉，国外重视保护历史文化名城和环境的经验是值得借鉴的。

## 一、关于破坏文物保护的几个事例

1982年冬北京市人大常委、市历史学会、法学会，以及1983年5月全国政协文化组、城建组和中国建筑学会，接连不断地对首都的文物保护作了调查、座谈和呼吁。1983年第5期《编译参考》刊载了西德《明镜》报题为“北京的文物和古建筑破坏严重”的文章。去年《纽约时报》刊载了我国文物破坏的长文（内参已载）。在清华大学讲学的法国城市规划设计师和哲学家洛纳丹谈到文物保护时说：“北京的命运关系到我们每一个人，因为它的伟大属于全人类的文化。”

我们殷切地期望对首都文物的严重破坏现象要果断地制止和处理，有法必依，违法必究，执法必严。

（一）长城曾被大量拆毁，现已制止了。但仍须督促检查，宣传教育，杜绝小拆小毁。

（二）周口店50万年前的北京猿人遗址，前不久被某公社乱占建了水泥厂。北京猿人遗址是古人类学、社会发展史和北京历史极其珍贵的史证。20世纪30年代发现这一遗址时震惊了世界。当时发现的许多遗址，现仅剩几处了，尤其是人类开始用火的遗址也毁灭了。

（三）卢沟桥建于金代，又是“七七事变”中国人民抗日战争的纪念地。卢沟桥的历史、艺术和科学价值很高。由于滥用这一古桥，每天有3000辆至6300辆重载的卡车、拖拉机、汽车、马车通过，使古桥负重过度，桥体多处振裂，拱石多处振掉，破坏得百孔千疮。现虽修复，但工艺粗糙，有的伤断处用砖头顶补，外抹水泥遮掩。此外有的桥孔还被石景山电厂排泻的粉煤灰堵塞，高达1至2米。

（四）元大都仅存的土城及护城河本来规划为绿带。但近年来被市房修公司蚕食建房，被公社侵吞，乱挖乱建，并变相与某部交易建厂建宅，从中渔利。有的地方成了大片垃圾场，有的成了新的坟地，污秽不堪。把有近700年历史的重要文物古迹搞成这个样子，实在有损于首都的文明风貌。元大都土城破坏严重，市人大常委等急切呼吁，而最后只让海淀区处理，草草了事，我们认为这样做不妥，问题也得不到彻底解决。

文物古迹是北京现代化建设不可缺少的重要条件。保护好这些珍贵的文物古迹，也是首都人民肩负的历史重任。

**二、关于环境污染的几个事例**

中华人民共和国成立后，北京在治理龙须沟和疏浚三海方面取得了很大的成就。但对于目前存在的严重环境污染问题，群众颇有意见。

（一）北京界内60多条河流一多半已受污染，有的又黑又臭。市区26条河渠，几乎全受严重污染。其中化学毒物如酚、氰、铬等均超过国家规定的标准，鱼虾绝迹。东郊坝河因工厂排放油污，造成了河面大火，烧坏了水闸、桥梁及高压线，损失很大。

北京市总用水量54%为地下水源。现在地下水位连年下降，而且多处含有酚或氰的污染。地下水的硬度和硝酸盐的含量也在增高。全市1981年有三个地下水厂的水质不合国家饮用水标准。很多泉源现在已经无水，如玉泉山、万泉河、莲花池等等。

（二）北京来自工厂排气降尘、民用烧煤和风沙的大气污染也很严重。每年排入大气的二氧化硫20多万吨，烟尘近40万吨，还有一氧化碳及其他有害废气。因而肺癌死亡率高，城区第一，近郊第二，远郊区第三。

鉴于以上问题，在首都建设中加强文物保护和环境保护已是刻不容缓，建议早日提上市政府的重要议事日程。

1983年6月

# 关于首钢与首都城建环保问题的建议

全国政协经济建设组和北京市政协两级政协委员41人，联合调查了首钢生产规模扩大与首都城市建设和环境保护的问题。联合调查组以全国政协经济建设组组长、民革中央副主席孙越崎为组长、北京市政协副主席巫宝山、市政协委员周永源、全国政协委员林华、林宗彩、陈明绍和我自1986年12月15日至30日，进行了半个月的调查和座谈，包括报告会、座谈会九次，到首钢实地参观一次；听取了北京市计委、经委、城市规划局、环保局、水利局、交通运输指挥部和首钢公司负责人的情况介绍；座谈时还请了国家计委国土局区域规划处、中国预防医学院环境卫生监测所、北京医科大学毒理研究室等单位的同志介绍有关情况。通过调查绝大多数政协委员认为，首钢生产规模的扩大，虽然目前有助于增加北京市财政收入，但是对首都城市建设、环境保护和人民生活以及国际影响是不利的。而且是同1983年7月14日中央、国务院对《北京城市建设总体规划方案》的重要《批复》不一致的。意见和建议如下：

## 一、北京是全国的政治、文化中心，城市环境已到了非治理不可的地步

第一，北京市近几年，每年都大量向空气中排放二氧化硫、氮氧化物、总悬浮颗粒物、一氧化碳和飘尘。据1984年《北京市环境质量报告书》称："1984年北京市的大气污染状况仍未好转，二氧化硫的污染从其排放总量、浓度、超标面积几方面衡量没有减轻的趋势。"而在1985年《北京市大气污染检测报告》中指出"本市TSP(指飘尘)污染比二氧化硫污染严重，TSP日平均浓度值，超标率为81%–99%，年平均浓度值超过了WHO（国际）标准1.85–5..85倍"。由于污染物质的大量排放和逐年增加，北京市的烟雾日（能见度

≤4公里）已由50年代的60天，增加到70年代的150天，80年代的190天。大气质量的恶化，据国外环境专家介绍，在100多个国家的首都中，1981年北京倒数第二，印度新德里倒数第一。而1982年北京则成了倒数第一，从一个以文明古都著称的美丽城市变成了世界主要国家首都污染最严重的城市。

第二，水是生命线，北京严重缺水，水质恶化。水的问题已成为城市发展中的决定性因素。近年来，由于城市规模扩大和工业生产的迅猛发展，北京市水的紧缺状态更加严重。据统计，全市平水年可用水量地表水约20亿立方米，地下水约23亿立方米，共计43亿立方米，枯水年只有32亿立方米。而北京市目前的用水总量每年约42亿立方米，其中居民生活用水标准一直是低水平的。枯水年就更出现供水危机。北京市的供水目前存在着三个重大问题：

1.官厅水库因上游工农业发展，来水量严重衰减，已从50年代平均年来水量19.4亿立方米下降到80年代的5.2亿立方米。据推算，1990年以后官厅将无水供城区使用，密云水库原是专为农业用水而建的，现在由于工业和城市的膨胀，已经改变初衷，把它完全改成了供工业和城市用的水库；一方面夺走了农业用水，另一方面又因输水明渠冬天上冻，所以冬季工业用水和城市用水又远水不解近渴。

2.北京市地区地下水由于严重超采，现已形成近1000平方公里的漏斗区，地下水位下降，最深处已达40米，因而水质越来越坏越硬，有些地区因为地面下沉，自来水厂供水能力也在锐减。

3.污水没有得到处理利用。30年来北京地区污水排放量增加了近30倍，现在仅城区日产污水就达180多万立方米，其中只有10％经过一级处理。据1984年环保部门统计，有51.7％的河流和17.7％的湖泊、水库受到中度以上的污染，尤以通惠河的污染特别严重。在地下水污染方面，1984年在城近郊区的326眼监测井中，有51眼受酚、氰、氯、铬、砷等毒害的污染均已超过国家规定的饮用水标准。

第三，北京市城市基础设施建设欠账过多过久，存在着交通阻塞、能源紧张、电信不畅等问题。城区97条主要干道有74条高峰时间交通量达到饱和或超饱和状态。能源方面近年来北京每年缺电负荷达20万—25万千瓦，仅1984年全年拉电4.7万次，平均每天129次。1985年以来，这种现象愈加普遍，拉电范围突破了三环路，部分国家机关单位也成了拉电对象。电信方面，通信能力严重不足，设备落后，打电话难、邮件发运难已成普遍现象。

北京城市环境质量下降和基础设施欠账，已经给首都的环境保护、居民生活和健康造成不利影响，也严重地有损于我国的声誉。近年来，外国首脑来华访问，有的自带饮水和食品。另外，英国、西德等国大使馆曾就污染问题向我国提出抗议。据北京市一份调查材料说，如不采取措施，市区主力水厂三五年后将因水源枯竭而报废。再次，电力、交通、通信等存在的问题，也是应当综合平衡，及早还账解决为宜。还需注意的是：北京市的城市环境问题，将直接影响1990年亚运会的召开和2000年组办奥运会的申请，1985年10月国际奥委会的一位官员曾说："如果北京如此严重的空气污染到2000年仍得不到根本的治理，想主办奥运会的申请是不会得到国际奥委会批准的。"

## 二、北京的环境质量下降问题主要是重工业发展过多过快的结果

北京市由于用水多、耗能多、运量多、占地多、污染严重的钢铁、化工、石油、火电重工业的发展，已经成为我国仅次于沈阳的重工业城市。1985年北京市国民生产总值中，第二产业的比重就占到59.8%，从而加重了环境保护的困难程度。

第一，1982年环保部门统计，在北京市仅30家污染最严重的工厂全年向大气排放的二氧化硫、氮氧化物和烟尘就占了各该项排放总量的68.1%、41.2%和40.7%。又据1984年市政工程管理处统计，工业废水年排量为3.4亿立方米，占全市污水总量的50.05%。

第二，北京市的能源耗费结构以煤炭为主。煤炭消耗占能源消耗总量一般在60%以上。而耗煤最多的首当工业，特别是重工业。据1984年统计，全市煤炭消费总量1969.9万吨，其中工业耗煤为1343.9万吨，比1983年净增73.2万吨，而首钢1984年耗煤占全市工业耗煤的21.5%。煤炭的大量消耗又是大气污染的首要原因。

第三，水是城市赖以生存的首要因素。工业，特别是类似钢铁、石油、化工的重工业属于耗水的大户，工业耗水在北京一般占到年耗水总量的2/3左右，据1984年统计，北京市1009个工业企业用水量为32.2亿吨。其中，仅燕化

总公司和首钢公司所属22个企业用水量就占了36.5%。每年北京市2/3的水是工业耗用的。

第四，北京市城市人口中有1/3以上从事工业劳动。因此，一方面因工业人口的增加扩大了城市规模，加重了城市的承载负担；另一方面因过多的人口从事工业生产，而造成了城市其他行业的发展缓慢，使得城市生活条件落后，给城市发展带来诸多困难。

## 三、继续在北京市发展污染重、耗能多、耗水多的重工业是“七五”战略决策上急需慎重研究解决的重大问题

既然北京城市环境的恶化与重工业发展过多、过大直接有关，那么，城市环境的改善就应根据首都定为全国政治、文化中心的特殊性质和环境容量条件等因素，逐步调整工业特别是重工业的规模。但是，在首钢扩大钢铁产量的问题上，似乎综合论证不足。而且仍然只靠钢的吨位取胜，只产大路货，这样下去对首钢发展也未必是长久之良计。

第一，首钢位于北京城区的上风向和水源上游，生产规模扩大对北京城区环境保护不利。首钢厂址地质属砂石土层结构，原是北京地下水源的涵养地带。但是由于厂区及居住用地的扩大，即使夏季雨多，也会阻碍地上水向地下渗漏，致使目前地下水的补充减少。同时工业和生活污染物质的增加又加重了地下水的污染。在冬季，西北风更把大量的工业粉尘和废气吹向北京城区及卢沟桥等地。首钢在卢沟桥的钢渣山，每当运渣火车倒渣时，工业粉尘升空，形成蘑菇云，就像小原子弹爆炸一样，大气污染超过历史文化区环境保护标准的44倍。

第二，近年来，首钢在治理污染、节水等方面取得了较突出的成绩，但是，由于受到科技发展水平和设备先进程度，以及治理资金的限制，首钢在近期内，要真正控制排污总量使之符合首都城市环境标准，节水节能取得突破性进展，看来还是很不容易的。所以它仍是影响首都环境的重点大户之一。

第三，三中全会后，北京定为全国政治中心和文化中心，这是对过去把首都当作一般工业城市看待的一个纠正。继续在首都大力发展类似首钢的重工业企业，意味北京市将继续走回头路，只顾眼前，忽视长远利益，是不符合中

共中央书记处关于首都建设方针的指示和中共中央、国务院对北京城市总体规划的批复精神的。而这些指示正是总结首都建设30多年的经验与教训换来的重大改革。

第四，鉴于以上问题，应立即采取措施严格限制首钢生产规模的膨胀。

（1）北京市的财政收入，应改革长期依靠工业产值、利润提成的体制为国家计划与财政按城市块块统拨的办法，同时大力鼓励第三产业的发展。目前的城市财政收入体制，均以工业产值利润定弦，这是50年代一贯制的老框框，显然不可能继续适应一切城市的性质与发展变化。若不改革，首都北京以及杭州、桂林、苏州等重点旅游城市，势必仍得走工业城市的老路，否则这类城市便无钱过活。北京市目前之所以不得不主要依赖于工业生产，就是这样的体制造成的。结果是工业越多，财政收入越多，环境矛盾也越大，因此，应尽快对北京市实行不同于一般工业城市的财政收入政策，进行上述的财政收入体制改革。

（2）切实加强首都规划建设委员会的职能作用，使之有职、有权、有法，实现委员会工作的法律化、制度化。今后凡是类似首钢扩建这样的建设项目，都应先由委员会组织专家综合论证，并接受委员会的审核、批准后方可实施。另外，任何企业、部门或个人都不应超越委员会集体领导权限，擅自批定项目或扩大生产规模。

（3）应尽快制定出符合首都城市性质的地方环境保护法规。北京市环境质量标准，不仅要制定出严格的个量指标，而且要制定出严格的总量指标，对此，可参考世界主要国家首都的环境标准。在京任何单位都必须严格执行这一地方环境保护法，并接受北京市和所在地区、县环保部门的监测。凡新建、改建的项目都必须经过环境质量综合评价，经由环保部门批准后方可实施。

**四、对首钢的现状和发展，建议采取如下措施：**

第一，在管理体制上，将首钢公司交由北京市政府管辖。今后，首钢公司生产、行政权的行使要受到市政府的监督和管理，改变地方难以过问的状况，使企业利益服从于城市发展的全局和长远的利益。

第二，在生产方针上，应改变现有的产品结构，即有计划地改变以追求产品吨位数、大路钢货多的目标，为高精尖产品方向，把产值翻番的基础定在高级品种质量上。首钢的产品方向应和一般钢铁工业企业有较大的区别。

第三，要从京津唐地区工业布局的国土规划出发，把首钢未来的发展方向指向冀东，如迁安、遵化或王滩，使首钢将来的厂点设置近原料、近燃料、近港口、近市场。为此，应尽早制定出向冀东发展的规划，走联合经营的道路，把首钢的有些粗加工等部分逐渐迁出北京。目前首钢原料、燃料等远途货运，高达北京铁路局年货运量的1/3，这是很不经济的。

第四，在生产技术和工艺流程的改造上，应继续贯彻改造与治污相结合的方针，并根据首钢所处的特殊地理位置，要把治理污染放在工程改造中更重要的位置。对那些污染重、耗能大，近期又无法治理的项目，应根据经济技术的可行程度，逐步缩小规模，研究向外迁移的方案。

第五，北京市已正式决定于1990年建成卢沟桥文化旅游区。现在该处的首钢钢渣山污染非常严重，这一环境保护问题，对内对外影响很大，时间迫切，建议首钢与北京市抓紧妥善解决。

总之，首钢在生产规模上的扩大，将势必继续对首都城市环境造成污染，加剧北京市水资源的紧缺，使北京市的能源和运输更加紧张，而且与北京市作为首都的城市性质很不相称。建议应进一步从北京市整体战略发展与总体规划出发，重新慎重考虑首钢扩大生产规模的问题。

1987年1月

# 保护古老、光荣的卢沟桥，严禁交通破坏

历史文化名城北京的卢沟桥，1961年定为全国重点文物保护单位。这座横跨永定河的十一孔大石桥长266.5米，桥面宽7.5米。它始建于金朝大定年间，既是近800年的古迹，又是“七七事变”我国人民奋起抗日、闻名世界的革命纪念文物。同时，自从它问世以来，就以其卓越的造桥工程技术及建筑、雕刻艺术而为北京、为祖国的历史文化放出异彩。

12世纪中叶金朝迁都中都（今北京）后，为了南下进军和政治、经济等的需要，公元1189至1192年建成了这座巨大的卢沟石桥。到了100多年后的元朝，意大利人马可·波罗在《马可·波罗游记》中，在大述特述“汗八里”城（即元大都）为“世界诸城无能与比”的同时，也对卢沟桥格外赞美：“河（今永定河）上有一美丽石桥，各处桥梁之美，鲜有及之者”，石栏、石柱、石狮“雕刻甚精……颇壮观也”。金、元、明、清，卢沟桥除供军运、货运外，还长期成为中原和南方庶民、士宦、商旅以及外国人出入京城唯一的陆路咽喉要道，具有战略上、经济上、交通上的重要意义。卢沟桥头，先是沿河筑有一些墩堡，并无城墙。随着发展，沿岸商市增多，成了小闹市。明末为了保卫京城，才在桥东市镇筑了砖砌方城，东西二门，叫“拱极城”；至今城门已拆，幸城墙尚存，已成为非常稀有的古迹了。卢沟桥镇在金、元、明、清年间始终不衰。那时候，走陆路北上进京，一般都要先在卢沟桥镇过夜，次日再坐马车或骑马进入中都、大都或北京城南（1553年前的北京尚无外城墙）。因此，卢沟桥镇上的马车店多，世代赶马车的人也多，明清北京城南一带尤其会馆多。

卢沟桥的革命历史价值早已载入了世界史册。1937年7月7日日本军国主义

侵略者攻打卢沟桥，遭到了中国军民的英勇抵抗，从而揭开了抗日战争的史页。古老的卢沟桥上，美丽的石刻栏板、望柱、石狮之旁，留下了爱国士兵架枪抗击敌人的历史痕迹。“平津危急！华北危急！中华民族危急！只有全民族实行抗战，才是我们的出路！”这是“七七事变”第二天，中国共产党向全国人民发出的通电号召。卢沟桥上和城墙上敌人射击的弹痕至今仍在。中国人民同仇敌忾，团结抗战救国，流血牺牲，终于取得了最后胜利。有人妄图篡改当年日军侵华、杀人盈城、流血遍野的历史。但是历史是篡改不了的，“国耻”不能忘掉，卢沟桥就是历史的见证。

卢沟桥历经金、元、明、清、民国到今天，它始终在承担着桥梁通道的重任，而且现在承担着更重的负荷。多年来通过桥上的大卡车、起吊车、拖拉机、汽车、超限大件平板车源源不绝，最近每天竟高达6300多辆，80%是大卡车。另外马车、自行车、行人也在桥上川流不息。有人说卢沟桥“老当益壮”，“越老越结实”。然而我们亲眼看到的则是大量的工业、农业、城乡交通运输使它疲劳过度，因而桥拱石不少被振落了，桥面有压裂的痕迹，有些石栏、石柱、石狮也振裂或振脱了。很明显这些均是疲劳振动过度所造成的。据闻全国人大代表王伟钰同志讲：一个物体进行疲劳试验100次不垮，但可能就垮在101次。我曾经看过捷克斯洛伐克首都布拉格市伏尔塔瓦河上，建于14世纪的著名古石桥，桥身、雕刻、灯柱等均保护极好，任何一点破坏，都是法律不允许的，只有个别小汽车经过特许才可通过。

能源、交通建设是国家重点。现在北京西南郊与城区之间的重载货车频繁，不但原有的工农业运输在增加，新建的石化总厂的车辆更是穿梭不穷。去年8至11月的调查显示，卢沟桥每分钟通过机动车20辆，高峰时卡车一直排队到长辛店，有时半小时也动不了。首都是全国的中心，交通问题如此严重，又先天缺水，重工业大上，势必后遗症愈来愈暴露。现在刻不容缓，必须另建公路新桥，卢沟桥不应再天天上阵了。卢沟桥不但超压损坏比较严重，同时桥下还长期被上游电厂冲下来的粉煤灰堵塞，一些桥孔厚达2米。这种情况，万一洪水来了，威胁随至。清康熙三十七年（公元1698年），卢沟桥就是毁于一场洪水的。

今天世界公认“文物比金子还贵”，因为它具有历史、艺术、科学三大价值。保护文物，目的在于古为今用。拆长城、挖城砖盖房子盖猪圈，毁元大都土城，取土平地，或乱伐树木，或乱占乱租文物古迹建房，或划作坟地，或变为大片垃圾场等等，这都不是古为今用，而是破坏毁坏文物古迹，应及时严加制止。

保护文物，党有政策，国有国法，民有义务。卢沟古桥必须赶快加强保护。最迫切的是必须执行市领导的指示（1983年1月15日）“先停止卡车、拖拉机、兽力车行驶”，同时“着手解决新桥问题”。最近北京市人大和政协、市历史学会、法学会，接着全国政协文化组、城建组和中国建筑学会及记者，接连不断去卢沟桥察看、座谈、群起呼吁，就是对市领导的支持。要像治亮马河、北护城河那样坚决，令出法随，限期实现，违法必究。

愿古老的、光荣的全国重点文物卢沟桥得以妥善保护，重放光彩。

（1984年初）

# 保护世界文化遗产，不能在八达岭长城建索道

全国重点文物保护单位和重点风景名胜区的长城，周口店猿人遗址、北京明清故宫、泰山、西安秦陵兵马俑坑、敦煌，共计6项已被联合国教科文组织正式定为世界自然与历史文化重要遗产保护单位。这一审定，使中国珍贵的历史文化更加在全世界闪耀着不朽的光辉。其中的前三项，均分布在首都北京（长城指北京地区的一段），使这座“文化古都，现代城市”，进一步扩大了世界影响。

令人不安的是：北京的三项世界重要文化遗产，保护上均存在失控。故宫过去长期无限制开放，慢性破坏严重。周口店猿人遗址在“文化大革命”期间，乱建工厂开山取石。前几年在各界呼吁保护声中，一度中止了破坏，但是后来又死灰复燃。报载“联合国教科文组织对这种现状表示担忧”，“呼吁加强保护”周口店这一“珍贵世界文化遗产”（《人民日报·海外版》1988.1.12）。

去年春天联合国教科文组织派考察团来北京，完成考察长城后，在报告中提出了两项重要原则：一是长城修得太新了；二是“为运送游客的空中索道，在任何情况下将是不允许的”。这是指的整个长城，当然八达岭段不能例外。

八达岭长城索道这样大的工程，迄今未报国家主管文物、风景的部门审批。显然这是：一违反基本建设程序；二违反《中华人民共和国文物保护法》和国务院关于《风景名胜区管理暂行条例》；三不符合北京市城市规划主管单位划出的长城保护范围200米的规定；四不符合1964年世界各国建筑师和专家通过的《威尼斯宪章》关于文物建筑的保护“要相应地保护一个环境”的国际准则。同时，这样做完全是背离联合国教科文组织考察团提出的在长城绝对禁

建索道的原则。我们决不可违背这些原则，企图用放弃对联合国教科文组织应承担的义务，去换取长城索道的引建。

“爱我中华，修我长城”，海内外爱国捐献活动记忆犹新；国际性的“拯救威尼斯，修复长城”的捐献动员，音犹在耳；甚至国内外小学生省下了糖果钱，为修复长城热情地捐献等感人事迹，不胜枚举。北京大学谢凝高教授说：长城“自发起募捐至今所得捐款，远不够修一条索道的！”中国人民怎么可以借那么多的外债，如此乱建乱用？当前，楼堂馆所项目正在清理下马，有什么必要借用大笔外汇资金来修建根本就不应该建的长城索道？！

（原载于《建设报》1989年1月27日）

# 创新与传统不可分割

## ——“中而新”应是首都建设风貌的总基调

所谓“中而新”，包括两个基本特征：一是城市建筑现代化对传统要有所继承和发扬，同时把外来营养化为自己的血液；二是创新应导致北京建设风貌的多样化，形成比较丰富的、完美的、有机的整体特色。

传统充满于现实社会中而且是发展的，对人类文明起着承前启后的巨大作用。谁都不能完全脱离传统而在真空世界生存。如果昨天毫无价值，必须和传统决裂，那就等于今天的一切全得从“零”开始。这怎么可能呢！

“方盒子”是北京对新建设的国际风格建筑的形象称呼。不少设计水平较高的国际风格建筑，在解决功能、空间变化，内外处理简洁，新材料、新结构、新设备的选用等方面，确有许多独到的成就；在室内的敞亮、舒适、方便和提高效能等方面也更是受人欢迎。不过这些优点并不能弥补它在理论上的短缺和风貌上的不足。即使在欧美对其也是议论纷纷。国际风格建筑派主张：（1）现代建筑的主流只能是国际统一的风格。（2）只有和传统与历史决裂，才能创新。（3）一切附加的建筑装饰全属多余。现在，北京的风貌正在这种超历史、超民族、超地区、超装饰的国际建筑风格的影响中迅速变化。

甚至有人认为，北京变成纽约、香港有什么不好！但是，如果从天安门广场向东望去，一连串的高、大、洋“方盒子”建筑形象迎面而来，成了首都市中心最夺目的借景，看上去非常逼近。这究竟是锦上添花，还是北京特色正在消失？他山之石，可为借鉴。华盛顿、伦敦、巴黎、莫斯科等国际名城并没有因为现代化的发展而摒弃其传统基础及风貌个性。全世界的城市风貌毕竟不能都变成无国籍的一种模式。相反，艺术只有民族的，才能绚烂多彩，才是世界的。创新与传统不可分割!

北京建筑风貌的多样化，首先取决于建筑创作必须走中国式现代化的道路，并提高水平。城市风貌属于综合艺术，其中建筑虽非唯一因素，然而却是头等决定因素。在不同风貌规划分区（包括小分区）的基础上，建筑创作的“中而新”应容许对传统的继承、发扬过程中，体现出不同的风格层次。

一、古语新用——精选一部分古典建筑艺术“词汇”，用于新建筑创作。新古默契，有机结合，如民族文化宫、美术馆、北京站、松鹤楼餐馆那样，只要设计得好，就能给首都环境美增色。其实，在现代生活中的古语新用，如“同心同德”（《尚书》）、“因地制宜”（《吴越春秋·阖闾内传》）、“画蛇添足”（《战国策·齐策》）等等，早已成为通常语言了。在建筑创作多样化的园地里，当然要有建筑的古语新用。

二、推陈出新——这是发扬传统的一种再创造。昌平县回龙观饭店就是一例，新材料、新风格而又表现中国味道。近来常有人提到建筑创作的“神似”问题，“神似”当然属于创新的更高水平了。绘画大师刘海粟曾说：“我是在大量研究了中国古代绘画艺术的基础上，再去接受西方的东西。创新一定要有根基，懂得传统。”这句话或许很值得建筑师参考。推陈出新求得“神似”或“形神兼备”，就必须由“仿”传统而进入“化”传统的境地。这既非仿古所能代替，更不是仿洋可以附会的。齐白石大师主张“不似之似”的理论，并认为神依附于形则“形神俱见”。建筑创作的“神似”何在？我认为一来自消化传统文化精髓，二来自环境风貌和文化基调。离开时间、空间的因素去找“神似”，是难以想象的。北京香山饭店、曲阜阙里宾舍、深圳东湖宾馆，这几处新建筑推陈而不泥于陈，创新而不失传统，用洋而不忘我，基本上是“形神俱见”，具有“神似”味道之作。

三、无装饰与有装饰——江苏常熟、太仓新农舍，多为粉墙青瓦二层小楼，淡朴无装饰；京郊新建农房，砖墙水泥瓦加脊，也很朴实。前者突出了江南民居新色，后者反映了京郊民居的变化；它们都有“中而新”的色彩。同属进口的铁皮二层汽车旅馆，南京丁山宾馆按原样装建，苏州姑苏饭店的装建则添加了一道铁皮屋脊，结果一洋一中，味道不同。因此，适当运用建筑装饰，点染中国特色，实属必要。装饰的题材很重要，也要多样化，也要考虑古语新用、推陈出新等手法。一些重大建筑如人民大会堂、历史博物馆是西洋古典列柱式的轮廓，香山饭店是方盒子的原型，但是由于善用或创化中国传统的装饰，因而点染成为“中而新”的建筑风貌。装饰是建筑的一种国籍符号，那种无装饰就是有装饰，材料、结构本身就是装饰的说法是不完善的。

“中而新”是总的基调，重点在于古城保护区和郊外文物风景保护区。体现民族特色的继承与发展达到什么程度，可以称为传统度。传统度对保护区应当要求高，对非保护区（除首都大门等重点地点外）可以放宽一些。有的特殊地区，如使馆区、国际展览区、体育运动区、科学研究园地、学校及外来建设，只要选址及高度不影响城市中心的环境风貌，就可以不拘形式。至于工厂、仓库、货栈等建筑，当然不存在传统度的问题。

（原载于《北京日报》1986年8月29日）

# 赶快规划历史文化名城的历史保护区

历史文化名城保护与建设的最佳方案是“保护古城区、另辟新建区”。这种比较理想的整体有机结合的保护与建设，在全世界也为数不多。中国虽是举世闻名的文明古国，然而像这样的实例却反而是少而又少，工作难而又难。现在只有“刀下留城”的山西平遥和偏处滇西北的纳西族的丽江这两座小县城，恐怕是全国“保古城、辟新区”的仅有者。平遥和丽江均以完整保护珍贵文化遗产和“分而治之”成功的规划经验，赢得了联合国教科文组织的考察审定，于1997年底戴上了“世界文化遗产”的桂冠。联合国是为共同促进人类和平与正义、文明与进步等的最高层次的现代国际联合组织——包括签订《世界遗产保护公约》把保护人类自然与文化遗产列为签字国共同应尽的义务。联合国的这个《公约》的执行，深刻地向全人类昭告了现代世界与历史世界是不可分割的根本道理。据闻，不久前，中央领导同志到苏州市周庄古镇视察时指出：我们不但要看到现代的中国，还要看到历史的中国。周庄历史悠久，小桥、流水、人家如诗如画，是保存完整的江南水乡古镇。这座古镇由于实现了总体规划上“保护古村，另辟新区”的原则和布局最佳选择，所以极有可能争取到申报“世界文化遗产”的成功。

古都北京是世界都城规划史上的杰作，更远的历史不说，仅从元大都与明清北京而言，先是载誉欧洲，随之就一直受到举世的称赞。

例如：13世纪70年代意大利马可·波罗（MarcoPolo）来中国居住长达17年。在他的《行记》中就惊奇地称赞元大都如何“广大庄严”，他说：“全城规划有如棋盘，其完善之极，未可言宣！”他还称赞大都的繁盛，说：“外国巨价异物及百物之输入此城者，世界诸城无能与比。”（《马可·波罗行记》

冯承钧译，中华书局1955年版）。

后来15至20世纪的明清北京城，就是在元大都规划的基础上规划建设的。明清北京城规划杰出地表现为：（1）继续“回”字形的都城形制，以宫城为核心，皇城为中心，“左祖右社，面朝背市”，外为大城。（2）重点突出南北中轴线，以为全城的脊梁，控制左文右武，讲求对称，分等列级的总体布局。（3）街道纵横端直，呈齐整的棋盘式格局，胡同多为横向，排列有序，以环境安静为主。（4）明北京内城是利用元大都旧土墙改筑为砖城墙的，其中南北城墙较元代的墙址分别有所南移。

又如：20世纪20年代瑞典美术史学家喜仁龙（OsvaldSiren）多次来中国对古都北京进行调查研究。这位学者在所著的《北京城墙和城门》一书（1924年出版）的《原序》中说明他撰书的意图是：“揭示北京城门的美，和对周围古老的建筑，青翠的树木，圮败的城壕等景物的美妙衬托，提示在建筑上的装饰价值，以致与周围景物和街道组成了一幅赏心悦目的，别具一格的优美图画。”

此外，还要特别指出，对北京古都给予至高评价的，并非只限于研究建筑史或美术史的专家学者，而且还有一部分现代建筑的理论家、设计大师。这些现代派建筑的权威，如法国的戈必意（LeCobusier）在20世纪30年代著的《明日之城市》（已印成多国文字传世，上海商务印书馆印有卢毓骏译的中文本）就一再从理论高度对古都北京的规划作出剖析，并给以高度赞美。主要如下：

第一，“城市建造之式样”有一种属于有“预定的意念与计划，而有科学的原理以建筑之者，如中国之北京城。”

第二，“建筑方面若无秩序，则凡四周之内，漫无纪律，其有违反于人生与自然方面。”译者在序言中介绍“戈氏曾赞北平街市干路，计划之合于秩序与整齐”。

第三，“古文明之北京故都”的规划秩序特别体现在“直角与直线的几何形布局之中”。并强调“直角与直线为人类创作上不可或缺之工具。唯直角斯可表现人类之伟大、光荣与胜利。”他还用“驴行之途径往往成曲线”，批评城市不直不畅的道路，说“旷视各国城市之道路类似驴行之路甚多，即巴黎亦然，诚属不幸”。为此他总结出如下几点要领：

“直线之路为工作上最善之路，弯曲路为游憩之路。
直线路方位整齐，易于辨认，弯曲方位错乱。
直线路合于真美术的建筑，而弯曲则有时美观。
道路而为直线，则其速度更为快捷，理甚明也。”

第四，该书印有一页古都北京的全图，大概是19世纪末，俄罗斯人绘制的（内城南北超长），图下戈氏特意地写有一行字：“以此地图而与巴黎城地图相比较，则吾人须侵取（学习之意）中国，因有必要侵取其文明也。”

中华文明古国曾以“四大发明”贡献给全人类。在城市建设史上，中国也曾以领先的卓越理论与实践为人类文明留下了这方面宝贵的文化遗产。中国主要从西周即开始“以礼治国”。《周礼》特别强调“唯王建国，辩方正位，体国经野，都鄙有章”的典制。这四句内容深刻的话是说：城市规划必须讲选址定位，讲城区郊区是统一整体，讲城区内与郊区的布局应有秩序而不杂乱。实质上这正是贯穿我国封建社会时期城市规划与建设的一条文脉，贯穿从都城至州府城至县城所形成的全国城市体系之中的文脉。上自明清北京古都，下至如山西省平遥县古城，这条以“礼制”为准绳的城市文脉是极其分明的。上述所引证的《周礼》的内容，虽是针对都城规划说的，但其中如《考工记》等又同时载有“逐级递减”的其他等级城市与建筑的形制规定。明清北京城是我国七大古都中唯一保存历史格局与建筑遗存比较完整的都城。明清北京的核心紫禁城，因此被联合国教科文组织列为“世界文化遗产”。与紫禁城有机联系成为一体的皇城，联合国教科文组织的专家也表示希望能够与紫禁城一起载入“世界文化遗产”的名册。

中华人民共和国成立50多年以来，首都北京的城市规划与建设是中央关注的国家大政之一。北京城市规划关于保护古城建设新区的问题，50年代初有过“保护明清古城区，在西郊新建行政中心区”的“梁陈方案”未被采纳。一直到20世纪末21世纪初，北京市提出在旧城划定第一批25片历史保护区的方案。这是个化整为零，分散成片，相对集中保护古都历史风貌的重要规划方案。提出并且通过这个方案，已经是非常不容易的。作为文化古都与现代城市的北京，在迈向现代化国际大都市的进程中，同时留有：（1）25片历史保护区；

（2）各级重点文物保护单位；（3）风景名胜区；（4）还有5处联合国世界文化遗产，必然使它的品位更高。

北京确定旧城25片历史保护区的规划是1999年底先从皇城内的南长街、北长街、西华门大街这些重要历史区段开始的。面对历史文化名城保护无法可依，而新兴的房地产开发事业又快速发展，一夜之间可以推平一个老街区，特别是在争逐旧城区所谓“黄金地段”的大面积、高速度改造的形势下，本着中央“保护为主，抢救第一”的方针，规划确定北京旧城25片历史保护区就成为了至关重要的决策。

北京25片历史保护区是本着如下的基本原则进行规划的：

一是历史保护区的历史年代界定为元、明、清、民国。

二是明确了保护区的性质，既有完整的历史传统风貌，又能满足现代的生活需要。

三是确定了“整体保护、合理保留、普遍改善、局部更新”的方针。

四是调查研究保护区的用地功能，在胡同体系及城市空间形态历经变化的基础上，做出和谐的整治方案。

全国历史文化名城的保护，当前依然形势比较严峻。去年轰动全国的浙江省舟山市定海古城在所谓“旧城改造”的名义下，惨遭破坏的非情、非理、非法的重大事件，其具有不可再生的重要历史文化价值，鸦片战争的爱国主义重要教育基地之一的价值均遭到了破坏。定海这一惨痛教训，应该成为所有历史文化名城不可忘记的、引以为戒的反面教材。与此形成鲜明对比的，在当前严峻形势下首都北京旧城的25片历史保护区的决策和经验，以及已经实现“保护古城，另辟新区”的平遥、丽江的经验，都是其他历史文化名城应该借鉴的。深切祝愿在现代化建设大潮中，加强保护或抢救历史文化名城的各项工作取得更大的成就。

2001年8月16日 于北京

# 琉璃厂文化园区的保护与规划

北京62平方公里的古城区迄今尚保留有一批有重要历史、艺术、科学价值的文化遗产。它们对于办好“人文奥运”极为重要。古城区除那些分散的文物保护单位外，还有几处占地范围很广、历史根基深、文化品位高、相对整体性强的历史文化保护区。例如：

一是中轴线上的紫禁城、皇城历史保护区，属皇家历史文化性质的建筑与环境风貌。紫禁城属联合国世界文化遗产，皇城也已经由市政协委员及专家呼吁申报世界文化遗产。

二是内城北部的什刹海自然与历史文化保护区，属于王府文化与民间文化并存。

三是外城东南的天坛，也属皇家历史文化一类，属世界文化遗产。

四是位于外城西部的琉璃厂“文化园区”，遗存着过去文人与民间文化兼具的传统性质。

目前为“人文奥运”争辉，这一文化园区正在进行策划。《关于琉璃厂文化园区一期工程文化旅游产业框架构想策划案》（初稿）提出了要体现“文化高品位”的正确指导思想。这里的“文化高品位”的实现，关键在于不能割断历史和今后如何进一步落实。以下谈几点意见。

## 一、琉璃厂街蕴含着一条不断的文脉

这条几百年的老街主要是“九市精华萃一衢”，以文化为立街之本。老街事实上是整个“文化园区”的中心主轴线或主动脉（东西向），包括向东贯通大栅栏商业老街。大栅栏反映商气，琉璃厂体现文气。一商一文，性格、面貌截然不同。除春节北京有逛厂甸的民俗外，平常光顾琉璃厂的主要是浏览、选购书籍、古玩、字画等为主的活动。

清末民国以后，新的印刷机器和技术首先引入上海出版行业，出现了如商务印书馆、中华书局、世界书局等新式的书业。它们的分店遍布全国许多大城市。北京的商务印书馆、中华书局的分店就在西琉璃厂，世界书局在杨梅竹斜街。至今琉璃厂西街路南的一栋欧式风格楼面就是原来商务印书馆的旧楼。商务印书馆还附设有印刷厂——京华印书馆，仍保存在虎坊桥街口的西北角。作为琉璃厂老街的文脉，不仅仅反映历史悠久的老字号某堂、某斋等老书画古玩店，同时还反映在民国初年以后建的商务印书馆等新书店建筑方面。这批新书店当时选址在琉璃厂而不选别处，正是因为这条街的文脉传承，早已形成了文化优势的缘故。建议《策划案》补充这些书局书店的旧建筑或遗址，因为它们是琉璃厂街史的重要组成内容，并应给以标志，勿使其默默无闻，有的连影子也找不到。新制的学校教育及报刊等的出现与蓬勃发展，教科书、课本等的编写、印刷、发行等，当初全靠商务印书馆为首的新书店。它们对近现代教育与文化的发展，贡献巨大。

## 二、“画龙点睛”之笔不可无

偌大的琉璃厂文化园区需要规划一块位置适中，空间比较开阔的街头开敞式的绿化小广场。小广场的主旨在于为古色古香的琉璃厂历史文化“画龙点睛”。小广场的最佳选择是依托原海王村公园，如有可能，再向东向北略加扩展一些用地，并公开招标征求规划设计最佳方案。这是一项保护遗址、整治与改造相结合的规划设计。

（一）如何利用海王村这块空间，以高度概括的虚实结合的内容与表现手法，突出琉璃厂以图书、京剧、春节民俗为三大历史文化内涵。我认为应以“写意”为主，追求“意境”为主的构思去做好小广场的规划设计。

譬如可不可以从琉璃厂历史上书肆文化的一般意义，升华至清代编纂《四库全书》的成功及其深远影响，包括纪晓岚和众多编纂的文人与琉璃厂这处被后人称做“民间大图书馆”的因缘。没有乾隆时的琉璃厂“民间大图书馆”为后盾，《四库全书》的编纂要难上加难。

又如从京剧在北京前门外、琉璃厂、虎坊桥一带的遗事、遗迹、名伶大师故居、富连成科班班舍、梨园公会的院落、会馆戏台等的保护，升华到对当今世界三大戏剧体系之一的“梅兰芳戏剧体系”，实际代表对中华民族特有的传统戏曲、特有的表演体系的纪念。

以上题材的高度升华表现犹如画龙点睛，就是意境，就是文化高品位需要追求的。越是升华，越是高度集中概括，越能体现更为深远博大的纪念性意义。因此，文化高品位的小广场环境形象宜简洁、典雅、含蓄、亲切。规划设计中需要园林、古建及美术家、戏曲家等参与评议把关。

（二）海王村公园既非北京名园，后来又有无序添建，但“海王村”名字要保留，因为名字表达了原址，为辽代村落的历史信息。

## 三、琉璃厂的沿街店面

琉璃厂沿街店面现在绝大部分均非原址、原物，也皆不是修旧如旧。但新建筑的基本格调还是追求传统中式特色。问题是好比把青衣戏改成了花旦戏（当年评琉璃厂街设计方案时我这样说过）。这个问题今后如能有所整治，改浓妆艳抹为淡妆素裹，那就好多了。

京剧的继承与改革的道理和经验可供借鉴。琉璃厂文化园区好比京剧既有传统优秀的保留剧目，还有新编历史剧及现代京剧。它们虽有不同，但都姓“京”。京剧的新编历史剧，我的理解就是相当于梁思成先生说过的“中而新”的建筑创作。北海的北京图书馆、南河沿（东华门外）的翠明庄（现中组部招待所）、复兴门内的民族文化宫，以及五四大街的中国美术馆、东单的北京站，还有拓宽至40米的北海大石桥等，都是北京古城区的“新编历史剧”的杰作及佳作。

## 四、文化古街背后的胡同四合院

作为文化园区中心轴线的琉璃厂东西街的南北两侧，其间的胡同四合院街区宜成片、连片地给以保护、保留、整治。这一经验在什刹海区已经用为老北京特色的旅游项目。世界文化遗产的平遥古城南大街等处也利用一些窑洞式有炕的四合院，开设中低档的别有情趣的家庭旅馆，主要接待外国游客，我也去住过。我还在世界文化遗产的加拿大魁北克古城，住过利用古民居办的家庭旅馆。琉璃厂街侧的四合院，当然有危房要拆改，但不同于远处，这里应当是通过整治，保持四合院街区的整片原貌。除其中属于文物保护单位外，多数应当列为保留。所谓“保留”是指保留建筑的传统外貌，同时允许室内现代化改造。旧宅保留外貌，改造内部，在欧美是常有的。北京的传统胡同四合院正在大片大片地加速消失。琉璃厂街的历史风貌，不仅是“一层皮”，而是应当连带把两侧传统风格的街区组织在内。物以稀为贵，北京需要为剩下的胡同四合院做保护传统风貌的整体考虑。愈往后，传统的胡同四合院将愈有历史文化的价值，愈有旅游观光等方面的价值。

2001年9月5日

# 古都保护，路在何方？

自1982年11月《中华人民共和国文物保护法》颁布实施以来，北京的文物保护工作取得了不少成绩。

“文化大革命”结束后，拨乱反正，很多问题亟待调查。中央提出让全国政协了解各地古建筑和风景园林的破坏情况。于是，从1978年开始，全国政协连年组织文物调查，并写出调查报告上报党中央、国务院或一些地方的政府部门。第一次调查选在承德，后来又去了河南、山西、陕西等地，除了西藏之外，所有省份都有涉及。北京作为首都，文物保护的调查工作一直没有间断，如卢沟桥、大钟寺、十三陵、八达岭长城、颐和园、先农坛和天坛等文物古迹的保护，就与当时的调查工作分不开。在调查组中，单士元、罗哲文和我被称为文物保护的“三驾马车”。三人来自不同的单位，单士元来自故宫博物院，罗哲文来自国家文物局，我来自国家建委城市规划局，当时我们都是全国政协委员。非常巧合的是，我们的年龄均相差8岁，单老比我大8岁，我比罗老大8岁，三人形影不离，为文物保护尽心尽力。后来，我们都离开了全国政协，不过政协的调查工作并没有停下来，我们有时也还会受邀一道参与。

20多年来，北京的文物保护之路走得并不平坦，历经坎坷和曲折，遭遇了不少难题。

一是旧城改造问题。改革开放以来，特别是在房地产开发的过程中，这个问题变得非常尖锐。北京的旧城要不要改造？当然需要改造，完全不动是不可能的，旧城中毕竟存在很多落后的东西，道路、交通、市政管线、居住环境都有待改善，这也是城市正常新陈代谢的需要。但是，我们对旧城只提改造不提保护，就有失偏颇，太过片面。

旧城改建决不是无条件的，更不能大刀阔斧，而是要在合理改建的过程中，有意识地去保护或保留那些反映历史、连接历史的有价值的文物古迹、风景名胜及相连的环境——保护范围和建设控制地带，乃至历史文化名城的历史保护区等。作为旧城古城，总会有值得保护或保留的文物古迹和风景名胜。极少数的旧城，即使没有很多遗存，也不能盲目屈从外资，任其乱拆乱建。在旧城改建的过程中，首先要考虑的是塑造出一个好的城市空间环境布局的整体和谐关系，防止出现杂乱无章的乱拆乱建现象，防止出现破坏性建设，保护旧城改建中城市规划的“龙头”作用。早在1993年1月4日，我就写信给建设部副部长周干峙、总规划师储传亨及城市规划司的负责同志，建议研究改进“旧城改建”（或“旧城改造”）的提法，引起了领导同志的重视。

作为现代化国际大都市，北京旧城的“保护和改造”问题尤显重要。北京的核心区是62平方公里的古城区，不管如何现代化，前提都是要保护古都风貌。但是后来，房地产业发展过快，加上规划权下放到区县后过于分散，曾经出现了北京旧城改造简单化的情况——大刀阔斧地“推平头”，很多王府、名人故居被无情拆毁。据统计，“旧城改造”最厉害的时候，北京每年要消失掉600条胡同，这就是破坏性建设了。幸好，在各方呼吁下，后来市政府认识到问题的严峻性，提出了 “保护区”的概念。

北京旧城中有两处世界遗产——故宫和天坛。我国的文物保护法中明确规定，文物保护单位不仅要保护其本身，还要保护它的保护范围和建设控制地带，任何单位和个人都不得在其间进行违反规划的建设。在1984年确定的北京首批60项文物保护单位中，故宫的保护范围只包括东、西、北至筒子河外沿墙，南至筒子河北沿墙及端门南墙，包括午门东、西朝房。这种划分是很不妥当的。天坛的保护范围当时也不甚明确。后来在联合国教科文组织的要求下，划出了缓冲区。故宫的缓冲区包括整个皇城在内，一直延伸到北二环以南，包括什刹海、鼓楼东这一大片，保护范围较先前远远扩大了。故宫的缓冲区加上天坛的缓冲区差不多占到北京古城一半的面积，作为联合国世界遗产委员会《世界文化和自然遗产保护公约》的缔约国，我们一定要把保护工作做好。

二是历史文化保护问题。过去我们提到综合国力，主要是强调经济实力，文化实力虽有所提及，但重视程度不够。其实历史是根，文化是魂，民族精神、民族的凝聚力是任何物质也代替不了的。鉴于此，国务院去年发出了《关于加强文化遗产保护的通知》，并规定每年6月的第二个星期六为“文化遗产日”。这个决定很振奋人心。另外，北京2008年奥运会提出“人文奥运”的理念，无形中也促进了对自然和文化遗产的保护。北京这些年来对文物保护的投入很大，很多文物空前地得到修缮。

三是旧城的交通问题。我认为解决交通应尽早加大投资在地铁上，只有着眼于建立完善的地铁系统，才能真正彻底解决好北京的交通堵塞难题。如莫斯科的地铁，在1998年，每天平均能解决700万人次的交通出行，高峰时每天可达到900万人次。地面上的交通投资相应地要适当。公共汽车车身太长，停靠或拐弯都可能造成一大片拥堵。另外在出行方面，机场的作用也很重要，偌大的北京只有一个机场是不够的，至少国内、国际出行应由不同的机场来分担。国内国际机场合一，越发展越大，对于进出机场的城市交通集中的压力也不可不想到。

四是古都建筑风貌的问题。以紫禁城和皇城为中心的北京旧城，反映的主要是明清古城历史文化传统的规划布局和建筑形式、建筑格调。皇家园林、胡同、四合院是这一时期北京建筑文化的特色。城市风貌讲究风貌分区，建筑风貌我们也应该进行分区。在古城区的建筑突出历史风貌，而那些具有现代风格的建筑如奥运中心、商务区可以分散出去，放在新的风貌区中，这样会比较协调些，我称之为文态环境的协调。以历史传统为基调的古都建筑风貌区和以现代风格为基调的新城建筑风貌区，互为区别，各得其所。

（原载于《北京规划建设》2006年第5期）

# 保护文物古迹与城市规划

在我国辽阔的土地上，遗留有丰富的古代建筑和历史遗址。其中，不少已经成了全国的或地方的重点文物保护单位，有的还被认为是人类文化的珍品。

保护文物古迹（包括革命历史文物）本来是党的优良传统，是社会主义制度的政策，而且是有法可依的。早在第二次国内革命战争时期、抗日战争时期和解放战争时期，党就注意到了收集和保护革命历史文物和古代文物的重要性。当时有的解放区专门建立了这方面的机构。1948年华北人民政府就曾经发布过保护文物的法令。中华人民共和国成立前夕，根据周总理的指示特地编印了《全国古建筑文物简目》发给解放军各部，要求他们在进军所到之处坚决执行保护文物的政策。北京的明清故宫、山西应县佛宫寺的辽代木塔、河北正定的宋代隆兴寺、天津蓟县辽代独乐寺的观音阁等全国重点文物保护单位，都是当时在战争中完好无恙地被保护下来的。中华人民共和国成立以后，文物保护工作就更加完善了。国务院曾于1961年3月颁发了《文物保护管理暂行条例》、《关于进一步加强文物保护和管理工作的指示》以及全国重点文物保护单位名单的重要决定。其中《暂行条例》第六条规定："各级人民委员会在制定生产建设规划和城市建设规划的时候，应当将所辖地区内的各级文物保护单位纳入规划加以保护。"

十分清楚，离开城市规划的全面安排，孤立地保护文物古迹，或者城市规划工作不把保护文物古迹当作一回事，对有文物古迹的地方不作出应有的保护规划，结果都会导致文物古迹本身和附近环境空间比例的失调和风格面貌的杂乱。破坏文物古迹，不仅仅是指把它们拆毁砸烂，在文物古迹附近乱摆乱建也是一种破坏——既破坏了文物的环境保护，又破坏了城市面貌。在文物古迹近旁乱摆乱建，这些年几乎成风，造成了难以挽救的恶果。在这方面，北京元朝的白塔寺是一个突出的典型。1959年在它的附近西北角建了一栋高层公寓，“文化大革命”期间拆除山门，建了一栋两层的副食商店，十年动乱之后又紧挨着副食商店建了一栋五层的中药店，结果把这一全国重点文物保护单位的环境搞得杂乱无章。尼泊尔友人来参拜，为了宗教礼节有时候要到白塔寺绕塔转三圈，现在却连正门也找不到了，影响很不好。这个教训的根本原因在于没有搞好这一带街区的详细规划，在于城市规划没有贯彻文物古迹的保护政策。除古建筑外，我们还有很多革命历史建筑分布在城市里，主要是分布在居住区里。例如上海兴业路中国共产党第一次代表大会会址、广州农民运动讲习所（既是古建筑，又是革命历史建筑）、南昌“八一”起义指挥部、西安八路军办事处、南京梅园新村、重庆曾家岩八路军办事处、广州维新路广州公社、天津黄纬路觉悟社，北京、上海和绍兴等地的鲁迅故居等，就都是分布在城市居住区的。因此，如何在城市总体规划和居住区详细规划中把加强保护其中的文物古迹作为规划中的一个组成部分是非常重要的，是城市规划中切实要解决的一个问题。

为了强调在城市规划中把保护文物古迹作为规划上的一个重要内容，这里着重提出以下几个问题，共同探讨。

## 一、要打破禁区，在思想认识上拨乱反正

保护现有的或恢复被破坏了的文物古迹，决不是搞“封、资、修”，更不是搞“复古主义”，而是对在社会主义制度下弘扬我国文化传统的具有积极意义的事情。1961年7月在上海，周总理对上海博物馆的同志说：“要把这些东西（文物）保护好，使它发挥应有的作用。”当时，这虽然是指博物馆内的文物说的，但作为重要的指导思想也包括革命历史建筑、古建筑等在内。今天我们的许多具有历史、艺术、科学价值的重要文物古迹已经成为教育人民的工具和欣赏的对象，而且正在成为发展旅游事业的无烟工业资源，对国家的经济发展起着重要的作用。此外，1960年国务院讨论《文物保护管理暂行条例》时，陈毅副总理曾经强调指出：“修古建一定要保持原状，不要对文物本身进行社会主义改造。”这又是一条保护文物古迹非常重要的原则。否则如果把文物古迹改造得面目全非，不伦不类，那就等于是对文物古迹的破坏。

## 二、强调“四度空间”的概念，将保护文物古迹与城市规划有机地结合起来

由于城市的发展及存在是个漫长的新陈代谢的历史过程，因而总会有些历史上的规划布局的痕迹和建筑遗物、遗址等传递下来。这就是为什么今天很多城市的风光面貌常常表现为有古有今、有新有旧的状况。历史悠久的北京、西安、苏州等如此，历史不算很长的天津、青岛、大连、哈尔滨、石家庄等也不同程度地反映了这一特征。不能割断历史看问题，因此我们要把古今结合起来，来看待城市和建筑的美观问题。

城市总体规划、居住区详细规划都是“三度空间”的环境规划，应当把时间的尺度同时包括在内，构成“四度空间”的科学概念，才能有助于加深对美观问题的认识。例如我们都知道不同城市具有不同的地方风格，北京、天津、苏州、广州、延安、拉萨等就是各有各的风貌。其所以如此，重要原因之一就在于：它们所处的地区环境、条件及历史经历、地位是各不相同的。而这里所说的地区因素及历史因素也就是上面讲的“四度空间”。如果我们强调“四度空间”的指导思想，那么就比较容易地把保护文物古迹同城市规划有机地结合起来，使之成为反映城市面貌和地方风格特征不可缺少的重要因素了。当然保护文物古迹并不仅仅限于取得形式上的效果而已，同时还在于从中受到教育、增长知识、文化休憩等不同效果。

除重点保护的革命历史文物、大型古建筑群及古园林外，如北京红楼、天安门广场、故宫、三海、天坛、中山公园、劳动人民文化宫等外，对于分布在居住区内部或居住区之间的中小型文物古迹也应该适当保留一些。其中区别情况，有的可以同绿地结合。有的可以自成景点，有的可以在无损于保护的原则下给以合理的利用（绝不是乱占乱用乱改），等等。这对于居住区的活动内容及环境整体形象来说是一个锦上添花。例如北京明朝的德胜门箭楼，它的景观效果影响面很广，从四周的居住环境和二环路上及河边上都能够突出地映入人们的眼帘。尤其在西北城这一带大片的新住宅群中，德胜门箭楼成了北京古城独一无二的鲜明标志。古建筑专家单士元提出利用德胜门箭楼举办古代兵器陈列馆，为文化事业服务，为旅游服务。这样，使它更添加了古为今用的积极

意义。总之，规划上注意美观与风格不能光是针对新的建筑，也应当包括文物古迹在内。

## 三、严格规定文物古迹的保护区

保护文物古迹必须同时把与它相连的一定空间范围严格控制好，禁止在保护区内乱摆乱建。国务院《暂行条例》对此是有明文规定的。例如“对已经公布的文物保护单位，应……划出必要的保护范围”（第五条），“必须严格遵守恢复原状或者保持原状的原则，在保护范围内不得进行其他的建设工程”（第十一条）。根据《暂行条例》，1963年4月又公布了《文化部颁发文物保护单位管理暂行办法》，规定“文物保护单位保护范围的划定，应根据文物保护单位的具体情况而定。在文物保护单位周围一定距离的范围内划为安全保护区。有些文物保护单位，需要保持周围环境的原状，或为欣赏参观保留条件，在安全保护区外的一定范围内，其他建设工程的规划、设计应注意与保护单位的环境气氛相协调”（第四条）。1979年6月国家城建总局发出的《关于加强城市园林绿化工作的意见》也着重指出：“特别是著名风景点、文物古迹、古树名木以及有保存价值的古建筑更要精心地维护，不得随意拆迁、侵占破坏”，“在风景点和公共游览区内，不准建设旅游大楼。风景区的建筑物应该与周围景物互相协调”。以上这些条文，对于文物古迹要有保护区（即保护范围）以及保护区应该如何控制是规定得很清楚的。

文物保护应该纳入城市规划。根据这一原则，文物古迹保护区首先要达到以下两个基本要求，即确保保护区内部及邻近的环境：一是空间比例的协调，二是建筑风格的协调。有些人喜欢用演奏交响乐来比喻建筑的艺术性，这不是没有道理的。因为这个比喻道出了艺术上的美感是整体的、有机联系的，不是孤立的、支离破碎的。城市规划凡是涉及美观的部分，包括把保护文物古迹纳入进来，也是同样的道理。否则脱离整体，不顾空间与时间环境，乱摆乱建，格格不入，岂不就像失去指挥的交响乐一样，哪还谈得上什么美的效果和艺术价值呢！

为了达到以上两个“协调”的基本要求，不但必须划定保护区，而且这个保护区有时还不只是单级的（即单圈）而是多级的。这要根据文物古迹的历史、艺术或科学价值的重要程度和城市规划的整体美观要求而定。例如苏州对重点风景文物主张规定三级保护区。第一级是核心，叫“绝对保护区”，要求对主体文物、风景及附属的山树石刻及室内陈设等必须绝对地保护。第二级为“一般保护区”，是保护好与绝对保护区有历史关系或发展联系的一圈。第三级即最外的一圈叫“影响范围”，对这一圈也要保证取得建筑风格的协调和环境不受污染。多级保护区，从“绝对”到“一般”再到“影响”，这样由内向外，划成几层防线似的控制，就好像波浪从核心向外过渡，愈内愈严，愈外愈缓和一样，早已经是许多国家如法国、日本等严格实行、卓有成效的经验了。巴黎旧城区甚至划有五级保护区。另外，单级保护区虽然不分层次，但是有关协调的过渡和手法，基本上仍是必须注意的，只不过是范围小而已。

总而言之，所谓文物古迹的保护区实际上是“禁建区”或者“严格限制建设的地区或范围”，用以保护文物古迹整体环境艺术形象的协调。其中最关键的问题就在于严格控制保护区边缘及外围邻近那些建筑物的距离、高度、体量和风格基调。对于这些关键性的问题，必须事先作出严格规定。在规划设计上还应当把关于建筑群体规划中带有规律性的属于美观手法的因素，例如讲究主次、基调、韵律、层次、对比、呼应、变化统一以及“景法”中的借景、分景、遮景等，在规划文物古迹保护区的时候，精心地加以研究运用。

至于目前不属于重点保护的文物古迹，在进行城市规划设计时也可以对它们做些调查研究，慎重考虑，暂时刀下留情为好。为什么呢？因为：一是这些古旧东西暂时还可以利用；二是为今后发现、鉴定、保留文物古迹留有余地，如果全拆光了，那么后面的保护对象也就没有了；三是往往我们看不上眼的这些古迹，对发展中的旅游事业还常常可能是个“宝”。

再有，现在保护文物古迹愈来愈趋向于成片成街地保护了，华盛顿城国会就把大片的前一个世纪的旧的居住区列为成片保护对象。北京正在调查研究把南锣鼓巷一带成片的四合院式的居住区重点保护起来，并且决定了把琉璃厂文化街的风格保护下来等等，这都是城市规划工作开始重视和切实纳入保护文物古迹的好事情。

（原载于《建筑学报》1980年第4期）

# 加强对古建筑的保护，制止在西安小雁塔旁建高层建筑

举世闻名的我国古都西安有不少珍贵的文物古迹，包括革命历史建筑、古代建筑和一些遗址。全国重点文物保护单位小雁塔就是其中的一个。这座塔建于唐朝景龙年间（公元707—709年），距今已有1270多年；是一座密檐式的方形砖塔，原为十五级，后因地震只剩十三级。在它前面的塔寺，原是唐朝文明元年（公元684年）建的，叫荐福寺。后来塔寺屡毁屡建，现在只剩下小雁塔还是唐朝遗物，塔形美观庄重，“雁塔晨钟”就是长安著名的一景。据调查，目前正在小雁塔偏东400米处兴建一栋十三层宾馆，建成后有500床位、19000平方米建筑面积；因为距小雁塔太近，势必破坏这一全国重点文物的环境空间比例和风格面貌的协调，所以引起了广泛的关注。例如国家城建总局在《城市建设简报》第6期（1979年9月）就指出“现在准备在小雁塔文物保护区内兴建十三层旅游宾馆，比小雁塔高七米，一旦建成，将严重破坏这里的原有风貌”。在全国政协文化组1979年12月13日召开的文物保护座谈会上，大家对此也很有意见。鉴于这些情况，为了加强对古建筑的保护，特此紧急呼吁：应即刻采取措施，修改设计，降低十三层宾馆为不超过五层，以改变宾馆与小雁塔唱对台戏的局面。

同西安对口的日本友好城市古都奈良，旧城的规划和一些古建筑都是一千多年前的杰作，并且同当时我国唐朝首都长安的城市规划、建筑艺术和技术，在手法上、风格上有着一脉相连的关系。日本把这些重要文物古迹视为“国宝”，制定法律，划有多级保护区，严加保护，绝对不许乱摆乱建。法国、英国、意大利、荷兰、西德等国，从19世纪中叶前后即制定了保护古建筑

的法律，到20世纪70年代还在不断地修订，使之愈来愈完善和严格。其中法国对19世纪的巴黎城区还单独立法保护，也是绝对不许乱摆乱建的。我国虽然历史悠久，文物古迹颇多，但是经历了自然的、特别是人为的不断破坏，其中，唐朝建筑保存下来的已经寥寥无几，都是稀世之物了。如何把它们保护好，并传之子孙后代，这是当前特别值得引起重视的一个问题。

建议请国家建委和各省、市、自治区今后要严格把关，不使这类乱摆乱建，破坏文物古迹、风景名胜的事情继续发生。

1979年12月8日

# 加强文物保护，制止“建设性破坏”

## ——在全国文物工作会议上的发言

这几年的实践表明，全国文物保护工作取得的成绩是很大的，同城市规划的配合协作也比较密切了。但是由于认识、宣传、体制上的种种原因，所谓“建设性破坏”目前几乎仍然到处可见。这种“建设性破坏”构成了对历史名城保护、文物与风景保护的最大威胁，需要各方面坚持努力，进一步依法改变这种状况。

例如，北京北海琼岛的漪澜堂、道宁斋、远帆阁、碧照楼等办成了仿膳餐厅，并且任意乱改、严重污染；从宋代汴京迁移来的艮岳假山也遭到毁损；还打算引入煤气管道，使本来就有火灾隐患的这一片珍贵古建筑群更加危险。天坛内坛中轴线的旁边成了废土的堆弃场，又高又大的土山就是人防废土堆起来的。这一废土堆严重破坏了天坛的特有面貌和意境。天坛外坛现在也被一些单位瓜分侵占乱建，被搞得面目全非。西直门外大钟寺的一部分变成了果脯厂，听说现在要迫使这座有几百年历史，早就建在这里的寺庙古建筑和古钟展览迁建到十三陵去，喧宾夺主，根本不把国家文物保护政策、法令和北京总体规划放在眼里。占用文物古迹不还，本已于情、于理、于法说不过去，还要倒算账。西长安街南长街皇城红墙里独一无二的高层方盒子大楼，违背了北京总体规划的要求，对天安门广场、长安街的面貌都是一种“建设性破坏”。本来属于故宫的大高玄殿，长期被占用，由于高墙大院，外面不显眼，现在东南角露出了两根铁烟囱，对这座明清皇家私庙的风貌造成了破坏。

广州的第一次国共合作历史见证的文物古迹——国民党第一次代表大会

会址是省级重点文物保护单位，必须依法保护。但是不久前竟拆毁了西堂，说是为了利用这块拆后的土地建图书馆，而且事先并没有经广州市城市规划管理机关的批准。著名史学家商承祚教授一再呼吁不要轻举妄动拆毁西堂。其他人士也有很多反映，官司一直未停。当前拆毁这样的文物古迹，在政治上造成的负面影响不能不顾。全国重点文物保护单位虎门炮台，是鸦片战争可歌可泣的第一个珍贵的历史见证，是近代爱国主义的第一座历史大课堂。现在驻在虎门炮台的单位已经并要继续在山上修建多层招待所大楼，他们对于保护全国重点文物，贯彻文物保护法几乎很不了解。

古今中外著名的历史文化名城苏州，过去建了那么多的化工、钢铁等重工业工厂，污染严重，布局杂乱，对这座东方威尼斯的水乡城市历史文化传统、特点、风貌的冲击不小。现在又正在省级文物保护单位宝带桥头兴建一座庞大的六层化纤工厂。即使从区域经济建设布局来说，一个城市的工业也不应搞“大而全”、“小而全”，何况苏州并不是这些重工、化工原料的产地。公元1229年南宋《平江图》碑上的苏州城，河道总长约84公里。现在城内只剩35公里河道了，有不少是解放后填掉的。江南水乡名城苏州，素有东方威尼斯之称，如果只填河，不治河，不保护河，岂不要把苏州变成北方旱城，怎能说不是建设性的破坏？苏州古典园林和庭院，1959年尚存181处，1982年6月减少到69处，现在开放的园林只有8处。竟有112处园林和庭院遭受破坏。其中很多就是为工厂等占用、改建或部分拆除，甚至彻底毁坏了的。苏州有不少新建的民用建筑，贪高、求大、崇洋，而且分布杂乱无章，表现不出苏州城市建筑艺术的特色，国内外很多人都有意见。苏州市政协章导委员（章太炎之子）说：国外老朋友来苏州，不要走人民路，愿走平江路、盘门等处，说有亲切感。有的朋友说，下火车后不知到了什么地方，苏州？常州？无锡？人民路正在修建文物商店大楼，比北京王府井百货大楼还高还宽，据说原来还要高，后来减至六层。观前街有二百多年历史的著名饭馆松鹤楼，门口挂着“乾隆首创，誉满全国”八个大字，但改建的门面却是洋气十足的“舶来品”建筑风格，简直等于自我讽刺。苏州城址从春秋吴国迄今，位置未变，这在全国是极少有的。明年将是苏州建城2500年的纪念。现在城墙已拆了，不久前又拆除了阊门，把那里改成公共汽车场了。

“建设性破坏”长期不能根治，在经济、文化上造成的损失往往是很难挽回的。我认为主要原因在于：

1.城市规划无用论，也就是“规划不如计划，计划不如领导一句话”。

2.城市规划和设计本身不重视文物保护，不贯彻文物保护政策法令，有的甚至对此毫无所知。

3.各自为政，只顾眼前利益，违章乱选、乱占、乱建，不顾整体及长远利益。

为改变以上种种混乱被动的局面，特此建议：

**一、建议各级领导要带头知法、护法、守法，坚持原则，改进作风，把好历史文化名城保护、文物保护的至关重要的关**

对于某些有争议或有待论证的问题，只能以调查研究为基础，以法律、法令为准绳，以专家、群众提供的咨询或建议为参考。希望并相信以往领导轻易点头、批条子的做法能够改进。同时除了深入法制宣传教育外，建议还要广泛宣传城市的历史文化知识；提倡能有越来越多的人，尤其包括领导、专家在内，加强学习，并深入研究城市的历史文化。北京开展的宣传首都总体规划的群众活动，在这方面是个很好的开端。城市的昨天、今天、明天是不可分割的，热爱城市的历史文化同热爱祖国、热爱今天是不可分割的。

**二、建议国务院早日公布第二批全国历史文化名城**

保护历史文化名城是文物保护政策的新发展，也是城市规划的新任务，这对于确定一个城市的性质至关重要。我认为，国家公布历史文化名城等于给有重要历史价值、艺术价值、科学价值的城市以“身份证”和“责任制”，从而有利于历史文化名城的保护。不要担心城市因此会伸手向国家要钱。给钱就保护，不给钱或暂不给钱就破坏，当然不允许。英国1944年和1947年通过的《城乡规划法》强调保护全国有重要建筑价值和历史价值的建筑的标准。1953年又通过了《历史建筑和纪念建筑保护法》。1965年英国考古委员会公布了324个历史文化名城名镇的名单，其中51个属于重点保护的重点。欧美许多其他国家也对历史文化名城采取保护政策和立法。他山之石，可供我们参考。建议各省、市、自治区同时可以决定并公布保护一批省、市、自治区级的历史文化名城、名镇，把它们作为社会主义精神文明建设的一个重要组成部分。

三、建议进一步改革完善现行的保护体制

为了加强城市（包括郊区和县镇）文物古迹的保护，建议把现行单一保护的体制按文物古迹的历史、艺术、科学价值的不同、环境的不同，改进充实为三级保护的体制，即在城市总体规划上分为：1.保护级；2.保留级；3.重整级。

保护级的文物古迹——相当于现在定为国家级、省市自治区级、县级的重点文物保护单位。对古建筑、古建筑群，或地上地下遗址等要保护历史原状，修旧如旧，对其周围的保护范围必须严加控制，保证协调，不许乱占乱建。

保留级的环境史迹——指具有某种历史文化意义，需要保留其环境完整风貌特色，但不属于重点保护单位的建筑、建筑群及环境。允许在保持原有风貌、特色的前提下，进行适当修改、重建使之现代化，特别是室内或市政设施等方面的现代化。

重整级的传统环境——指对某一重要传统环境的综合改善，其中包括有的要保护，有的要保留和有的要进行改建。重整是代替旧城、旧区全部推倒重建和全面改建的一个重要方法，目的在于保护城市的历史文化风貌、特色不被破坏。

四、建议城市规划在执行中要加强城市环境艺术和建筑艺术的审查

城市是实用与审美的统一体，其中建筑艺术的表现力是特别强烈的。有的历史文化名城如北京，它本身在很大程度上就等于一个中国建筑艺术历史的大展览馆。根据城市环境布局的历史痕迹、文物古迹的分布和价值，规划上应采取不同的建筑艺术要求，而不是“一刀切”的政策。其中最最重要的就是严格控制新建筑高度的分布。建筑高度失控，随意在古城区或重点文物古迹附近插建高楼大厦造成环境风貌的巨大破坏，已经被世界公认为历史性教训。再就是文物古迹的保护范围必须确保空间轮廓比例的协调和建筑风格的协调，禁止空间杂乱无章和建筑风格上格格不入。昨天、今天既然不可分割，因此，它们就要有联系、有对话。因此，加强城市环境艺术和建筑艺术的审查，这也是进一步保护文物所必需的。

五、建议在国家有关法律、法令的基础上，抓紧制定文物保护的规章制度细则

比如：保护文物古迹的国家所有权，占用古建筑（包括环境）的限期与租金法，古建筑损坏、拆改、烧毁等赔偿修复法，禁止占用、乱挖古遗址、古

墓葬法，重要古建筑、古遗址、古墓葬区已占单位的迁退、赔偿法等。这些细则立法，有的可由地方制定，有的可由部委制定。还有历史文化名城保护法也要赶快编出。

鉴于多数“建设性破坏”产生的根源来自选址定点不当或错误，因此十分需要请国家定出一套“工厂、铁路、机场、公路、仓库、码头、民用建筑等选址的立法”。这既属于现有“国家基本建设法”的补充，同时又是“中华人民共和国文物保护法”附属的一个细则；应当既有经济法的作用，又兼有文化法的性质。选址定点的毛病，并非全部责在地方。五届政协时，我们有过“选址法”的提案，这里再次呼吁重视这个问题。

**六、建议在制订规划时参照党中央、国务院的批复精神**

党中央、国务院去年对《北京市建设总体规划方案》的批复，阐述了关于保护北京这座历史文化名城及保护文物、风景，关于传统的继承发扬与创新，关于城市现代化建设等一系列重要的理论、方针、原则的精神，我认为对其他城市在制订规划时，考虑文物古迹的保护，特别是对历史名城的保护，均有重要参考意义。

总之，文物保护不能离开它所处的环境，独善其身，同时城市环境也不能丢掉过去，只讲现在和将来。一个有历史的城市如果不要文物，或轻视文物保护，就等于一个成人不要记忆，或者摧残自己的记忆力一样。

保护文物古迹不但要首先保存其外形，而且更要贵其内神，形存神在，使人“见景生情”，从中受到启迪教育和精神感染。文物的这种内涵是一条很深的“根”。城市的历史文化，其内容是很广泛的，远远不止以上我说的这些。像民族传统的戏曲、音乐、舞蹈、书画、雕塑、出版、手工艺、民俗，乃至中医中药、名菜等等，像革命传统的文学艺术及技艺等等都是，都有如何继承与发扬和如何保护的问题。最近我在苏州听说日本学者要来考察昆曲文化，要求专门听地道的苏昆，不要听上海的，说上海昆曲有京昆味。还有的日本人要来苏州研究章太炎，等等。外国人是点题指名在研究我们的历史文化的。我们自己更应该奋发自尊、自强才是。

1984年5月3日

# 要协调好文物保护与城市建设的关系

在以经济建设为中心，深化改革开放的巨潮中，我国的文物工作，包括历史文化名城的保护，十多年来取得了令人鼓舞的突出成就。改革开放给文物工作带来了空前的生机，这对两个文明建设必将作出越来越大的贡献。

参加全国文物工作的这次盛会，愿提以下几点参考意见。

一、希望我国的全国重点文物保护单位和全国历史文化名城，在数量上应有更大的增加，当然必须合乎历史、艺术、科学价值的标准。全国文物保护单位数量的增多，本身就是非常重要的抢救。这种抢救，主要在于给被抢救的文物以“身份证”，受文物法保护的这个身份证，并不是给钱的问题。并不等于给钱就保护，不给钱就不保护，就破坏有理。我们要首先使这些文物取得法律保护，不许拆毁破坏。

增加全国文物保护单位和全国历史文化名城要有适当的侧重。一是进一步增加少数民族地区及边疆省份和偏僻地方的比重，例如云南的建水、巍山，又如晋东南地区等现已发现或有待调查的有重要价值的文物与历史文化城镇。二是属于近现代的重要文物与历史文化城镇应有所增加。

二、近现代有重要价值的文物建筑曾经由于没有保护的“身份证”，或者有而不被重视，以致发生过被乱拆乱毁的事件。上海有300多座表现原租界地时期的外来各国风格的建设，都是最能反映旧中国半殖民地半封建社会的历史缩影的建筑。其中于1848年建的，位于外滩金陵路口的原法国领事馆建筑，前几年竟因看中了这块地皮，忘了历史价值，而把它拆毁用以建成一座新办公大楼。19世纪末，德国侵略中国，强占青岛，并修建胶济铁路。胶济车站是这段历史的重要见证遗物，而且具有很高的建筑艺术价值。前不久，铁道部新建青岛车站，一下子也把它拆了。相反，沈阳铁路北站，是我国建筑大师杨廷宝教授在30年代设计的，是在“刀下留人”的情况下被抢救下来的。1903年建的京汉铁路汉口大智门车站，由于武汉市政府的决定把它保留下来，作为武汉市博物馆用。我认为，不但城市要重视历史、重视文物，中国近代兴建的铁路，如津浦、京汉、北宁、京张、广九等，也都各有各的历史，是能反映路史的文物建筑。铁路系统有本身的重点文物，反映的是铁路在中国发展的历史，对全国是不可缺少的。外国人把蒸汽机车、车站，经过选留，均作为文物保留下来。

三、对于被列入全国重点文物保护的单位，不经上级主管部门审定，擅自乱建，先斩后奏或先斩不奏而造成破坏性建设的事件，应予调查并严肃处理，维护法纪，不能不了了之。

四、文物古迹保护与抢救，应加强同城市规划的密切结合，讲究环境关系，讲究整体结合。文物工作需要加强环境观念，不可满足于“独善其身”的保护。城市规划工作需要加强历史观念、文物意识，而不可只着重空间上的横向联系，不顾时间上的纵向联系。要做好文物环境或历史保护区的周围环境整体风貌的协调，进行风貌分区规划，进行文物保护范围及建设控制地带的规划。要确定风貌的基调是什么，要强调环境整体协调，强调文物保护与城市规划的有机结合。

五、文物与历史文化名城是发展旅游的重要文化资源。建议国家有关部门考虑从旅游收入的总额中，拨出一部分提成作为文物保护管理费，贴补省级、县级文物保护。

六、各地方的文物机构，建议各省、市列入研究日程之内，使之进一步完善。

1992年5月9日

# 建议研究改进“旧城改建”的提法

近来旧城房地产开发热中引进外资，这种急功近利，盲目迁就外资，吃亏上当的教训，迫切需要我们多些思考。建设部发布了《城市国有土地使用权出让转让规划管理办法》，今年1月1日起施行，这必将很快地产生有法可依的积极作用。同时，仍有许多工作，期待抓紧研究跟上。拙见以为“旧城改建”的提法，虽然沿用已久，但毕竟不够完善，有很大的片面性；建议改为“旧城改建与保护”，特别对于历史文化名城而言，这个提法尤为重要。

一、任何“旧城改建”都不等于白纸画画，可以大刀阔斧。旧城改建决不是无条件的。最重要的条件就是既合理改建，又不割断历史，亦即不去破坏反映历史、连接历史的有价值的文物古迹、风景名胜及相连的环境——保护范围和建设控制地带，乃至历史文化名城的历史保护区等。作为旧城，一般总有这种那种文物古迹和风景名胜。极少数的旧城，即使没有值得保护或保留的文物古迹和风景名胜，但也不能盲目屈从外资，放任自流，任其乱选乱建。这是因为，这样的旧城，总还应当塑造出一个好的城市空间布局的环境整体关系，体现在环境保护上，环境风貌艺术上，环境功能上的统一规划。说到底，这种保护，就在于防止出现杂乱无章，防止出现破坏性建设，保护旧城改建中城市规划的“龙头”作用。

二、根据《城市规划法》、《文物保护法》和国务院审批的全国重要城市的总体规划，特别是历史文化名城的总体规划，建议抓一抓它们在旧城改建中的“改建与保护（包括保留）”的正反经验。对于擅自否定国务院审批要求的，很有必要搞清是非，以为今后工作借鉴。这类矛盾，人大、政协及社会各界舆论有作用，但它们只能是支持、监督，而真正“守土有责”、“当仁不让”的终归在于国务院的职能部门。城市规划的权要集中，不能下放，不但对于一个大城市是必要的，对于建设部，是不是也属必要？我认为是，当然集中什么，不集中什么，要明确，各司其责。

三、许多城市在规划方案上，对“旧城改建”是包含了保护与保留的内容的。我认为，提法等于布置任务，所以还是应当一律改为“旧城改建与保护”（包括保留）为妥。

1993年1月4日

# 纪念文物保护法公布十周年

1982年《中华人民共和国文物保护法》公布，到今天整整十年了。这部文物保护法是在1961年国务院的《全国文物保护管理暂行条例》的基础上发展制定的，是我国文物保护工作走上加强法治正轨的标志，是有法必依，执法必严，违法必究的准绳，也是文物立法体系中的母法。国家文物保护法是全国人大常委会颁布的属于全民性的重要立法之一。它必须由全民来共同遵守执行，而绝不是仅仅针对文物部门系统自己知法、守法、护法而已。十年来，这部全国文物保护的母法，加上派生出来的若干文物子法及地方上的文物立法，已基本上形成了一套初步完整的文物保护法律体系。这套体系越是完善，文物保护工作就越有依据，就越能取得更为深入的成效。同时文物保护工作越有成效，又越能检验和促进文物法律体系进一步的完备完善。例如：去年全国人大常委会通过的《文物保护法》的修改和《刑法》的相应条款修改，及国家文物局制定的《实施细则》等，都是进一步完善了文物保护的法律体系。

我想回忆一下文物保护法制定前后的一些情形，希望温故有益于知新。70年代末至80年代初，在“十年浩劫”结束的大好形势下，一方面要抓紧拨乱反正，另一方面要尽快恢复生产，恢复建设。因此，有些地方主要是由于求成急切，出现了乱选址、乱建设、乱占用、乱拆毁文物的现象。这时全国人大、全国政协虽然恢复不久（1978年恢复的），很多代表、委员却非常关心文物保护问题的拨乱反正和防止进一步破坏，纷纷建议早日立法。例如，1979年12月13日全国政协第二次文物保护座谈会的报道说：“政协委员们反映‘文化大革命’以来我国文物古迹遭到了严重破坏，有些地方现在仍然继续遭受破坏，情况十分严重。”他们大声疾呼：赶快采取紧急措施，加强文物保护工作。并建议："尽快由国家文物局起草文物保护法，并向法制委员会提出来。在文物保护法制定之前，国务院应发一紧急通知，申明严禁破坏文物古迹；城市建设、工程施工影响到文物古迹时，要征得文物管理部门同意，擅自施工破坏文物古迹者，应受到国家的惩罚。"1980年7月全国政协常委会第十次会议决议，建议全国人民代表大会常务委员会尽快审核公布《文物保护法》以加强法制，严格文物管理制度。1982年7月全国政协副主席会议专门听取了以萨空了副秘书长为首的八人调查组关于历史文化名城保护问题的调查报告，指出"抓好城市建设总体规划，注意保护文物古迹、风景区的环境"，"同损害、破坏这些遗产的不良现象和不法分子作坚决斗争"。

今天，我们正处在深入改革开放的新的大好形势下。文物保护工作，有目共睹，这些年也打开了新的局面，取得了很大的成就。与此同时，也开始面临若干新问题的冲击，特别是关于引进外资，土地使用转让，或城市建设涉及的地上、地下、古代、近代文物古迹及历史保护区等问题。其中有的问题本来就是违反我国的《文物保护法》和《城市规划法》的有关规定的。例如：历史文化名城福州市的"三坊七巷"是一片富有代表性的传统街区，这里有不少重要历史人物与名人的故居，有很多保存完好的具有历史、艺术、科学价值的明清民居，荟萃了福州古建筑文化的精华。但是一些部门看中了这一黄金地段，争相要拆除低层传统建筑，擅建高层建筑，根本不把保护历史文化名城放在眼里。

不少地方盲目出让土地形成的开发热和圈地热已经引起城市建设、文物保护主管部门的深切注意。

此外，杭州市在不经城市规划管理部门参与的情况下，把钱塘江边一块4平方公里的黄金宝地出让。海南省陵水县把10多公里长的海岸线约14平方公里土地出让给几十家开发公司。对于出让的大片土地，根本不经考古查明或钻探取证。甚至连北京圆明园、颐和园之间连接的土地，也要出让，伸入到全国重点文物保护单位的保护范围内来了。当前出现的土地转让中的种种问题，有的是有考古价值的土地；有的是未经查明地下有无考古价值的土地；有的是文物保护单位的保护范围或建设控制地带的土地或者是历史保护区的某一块地段。

在纪念《中华人民共和国文物保护法》公布十周年之际，回顾过去，非常庆幸地看到了文物保护法发挥法律作用，给文物保护带来的巨大成绩；同时也更加关注目前在深化改革开放的大潮中出现的一系列问题。建议请国家主管城市建设的部门牵头，会同文物保护管理部门等，共同协商研究拟定关于土地开发涉及到保护文物考古等问题的紧急通知稿，请国务院及中央有关部门研究对策。我想，这也是“保护为主，抢救第一”当务之急的一件大事。

1992年11月19日

# 关于抢救天梯山石窟北凉大佛造像的建议

1992年6月上旬，应甘肃省建委的邀请，我同省里的同志一起考察了河西丝绸之路的武威、张掖、酒泉和敦煌等市的风景名胜区、文物古迹和历史文化名城的保护、利用情况。其中特地去看了具有重要文物价值的武威天梯山石窟及急待抢救保护的北凉大佛石刻。

武威是国家历史文化名城，现为武威地区的县级市。古城内外有文物保护单位约500处，包括全国重点文物保护单位1处，省级文物保护单位19处。保存比较完整、周围建筑环境比较协调的古建筑群有文庙、古钟楼、雷台、海藏寺、古长城等。这些古建筑群大都是依托某一重点文物古迹为基础，采取统一规划，把若干别处不能保存的古建筑移建过来，共同形成完美协调的文物古迹的再组合。这种再组合仍然具有文物古迹的性质和风貌，同样必须依法“划定保护范围和建设控制地带”。这可以说是武威历史文化名城保护的一项重要经验。另外，武威还有稀世国宝“西夏碑”（即公元1094年西夏《重修护国寺感应塔碑》）及前秦和唐代的墓志及石刻等均保护较好。

关于天梯山石窟的问题：

天梯山石窟是早于云冈石窟的我国著名石窟，位于武威（即姑臧或凉州）城南45公里的祁连山谷黄羊河侧，始凿于东晋十六国时代的北凉国。公元412年北凉迁都武威，大兴佛教。天梯山石窟就是迁都后北凉国王沮渠蒙逊（汉化匈奴人）开凿的。北凉于公元439年灭于北魏，此后天梯山石窟续有增凿。大同云冈石窟则是迟至公元453年（北魏兴安二年）开凿的。北凉亡后，北魏曾把凉州的三万户士家大族和凿石窟的大批能工巧匠迁至京城平城（即大同）。最早主持开凿云冈石窟的昙曜，就是从武威去的高僧。中国佛教传自天竺，经丝绸之路由西而东，因而中国石窟同样是自西而东逐渐蔓延。

天梯山石窟后因多次地震大部分陷落。1987年文物普查时，尚残存窟室上下三层，计大小佛龛十七窟。1960年筑黄羊河水库，石窟大部分被淹，其中不少雕塑、壁画已移至甘肃省历史博物馆珍藏。唯独这次我们去看到的一处依山凿刻的高大窟室及其佛像，包括：释迦大佛约高30米，宽19米，深6米，及侍立的六尊造像（二菩萨：文殊、普贤，二天王：广目、多闻，二弟子：迦叶、阿难）却无法迁走。水库最高水位曾达13米，以致佛像腹部以下全遭水浸破坏。大佛的前半个脸也已不见，现在余留的上身及头部轮廓、衣褶比较清晰。石窟所在的天梯山属于红沙岩地质，容易风化，特别是由于水库水位升迁的浸蚀，风化就更加厉害。因此大佛急需抢救，刻不容缓。今年武威地、市开始筹款抢救保护这处石窟。我们所看到的是：在大佛石窟下部正修筑一道半圆形钢筋混凝土围堰，拒库水于窟外。原则不错，但围堰半径太小太近，看上去等于把大佛藏在缸里，只露出个头，视觉效果显然不行。围堰半径太小太近，原因是无钱。建议：

一、要进一步认识天梯山石窟的重要历史与艺术价值。武威从北凉起是河西佛教中心。“凉州石窟连崖绵亘，东西不测……或石或塑，千变万化。”（《集神州三室感通录》）可见当年石窟规模之大，佛学之盛。从天梯山石窟总体而言，比云冈石窟开凿为早，不过，现在高约30米的大佛窟可能未必就是最早的一窟。即便如此，它的文物价值也是很高的。建议作进一步调查与研究，更科学地论证它的年代及历史、艺术价值，并请甘肃省或国家重审这一文物保护单位的级别。

二、大佛失去的前半个头可以按原貌补凿恢复。如太原天龙山石窟佛像的恢复那样。

三、改进工程设计，扩大钢筋混凝土围堰半径，保证足够的视觉距离。正施工中的小围堰作为内堰，不宜再高。另筑一道扩大半径的围堰，作为外堰，其高度必须挡住最高水位。两堰之间可做成看台式斜梯。建议国家文物、水利部门在财力、技术上赶快给以支持，争取今年汛期到来前完成抢救工程。

四、“随着对外开放，旅游事业的发展，要求到天梯山石窟考察的学者和旅游观光者逐年增多。一些中外专家学者为探寻中国石窟艺术的渊源，研究凉州石窟艺术，来到武威做实地考察，面对现存石窟的残破景象，无不大失所望”（1992年5月5日武威市油印《天梯山石窟》）。这些有关中外学术研究与文化交流，以及发展旅游等情况与影响，也是值得注意和改善的。

五、做好有利于保护天梯山石窟文物环境的规划，包括改善道路交通，布置休息与服务场所，特别是要防止各种破坏性建设的出现。

1992年6月23日

# 对福州“三坊七巷”改造与保护规划的意见

我们最近应福州市委、市政府的邀请赴榕就该市旧城“三坊七巷”改造与保护进行调查，提供咨询意见。总的来说，我们认为，利用外资进行旧城改造与保护的成片统一规划、统一开发，对重要文物古迹和历史保护地区必须坚决遵守“保护为主，抢救第一”的方针，按照保护与开发相结合的原则进行规划和建设。主要意见有以下方面：

一、“三坊七巷”改造与保护规划应严格按照已批准的福州市城市总体规划和名城保护规划确定的原则与方案进行。

二、在建筑布局上应基本保持原有坊巷的结构。保护和保留的古建筑要相对集中，不宜过于分割零碎，应按点线面结合的原则，采取步行街方式建立比较完整的体系。设计的新建筑不要把完整的成片古建筑体系割裂过多。新建筑可以适当开发地下空间，在地下建立联系，以免造成地面建筑部分的体量、尺度过大。

三、由于该地区属总体规划确定的保护区，因此容积率不宜过高，其中部分高层居住建筑应降低层数，其不足之数可另择用地给以补偿。总之，必须以总体规划确定的高层建筑分布为依据。

四、“三坊七巷”的建筑风格（特别是古建筑和仿古建筑）应以福州的建筑风格为主。

五、保护区用地内尚存有唐代护城河（包括附近的古树名木）是福州城市发展历史的见证，应加强保护和改善环境卫生条件。

六、建设过程中要充分注意文物的保护，在施工过程中如发现地下文物或遗址，应按照我国有关立法，由中方文物部门处理，对此要正式写入双方的“协议书”。对于文物建筑的资料要认真收集整理。

七、施工全过程应请中方进行建设及文物保护的监督，以保证建设和文物保护的质量。

八、为了帮助港方投资和设计工作做得更好，“三坊七巷”的规划，文物维修及搬迁要由中方提出方案或至少要参与方案的制订工作。

对于上述意见，市里表示加以整理后进行认真研究。

通过此次咨询活动，我们深感建设部和国家文物局很有必要建立“历史文化名城保护专家组”。为此建议如下：

自从1982年国务院公布第一批国家历史文化名城以来，在保护名城、研究名城方面已经取得了显著的成绩。但是，名城的数量还将有很大发展，工作还要进一步深入，具体的工作是大量的，为了继续推进名城保护工作，参照国家文物局建立古建筑专家组的成功经验，我们设想：

专家组的任务主要是：组织研究总结名城保护的经验，为名城提供咨询意见，协助审查名城保护规划和建设方案，以及解决保护和建设名城中的某些具体问题。

专家组成员主要是具有较高的名城意识和文物意识，并有理论素养，熟悉与热心名城保护事业，而且能抽出相当时间的专家。人数暂定20人左右。

为了能使专家组更好地开展工作，建议由建设部和国家文物局每年拨出专款，专款专用。

我们相信专家组的成立一定可以为领导部门提供咨询意见，从多学科、跨部门的角度，协助研究和解决一些行政管理部门不便出面的问题，从而在处理历史文化名城保护与发展的关系上发挥更大的作用。

郑孝燮　罗哲文　鲍世行

1992年2月12日

注：福州市的“三坊七巷”是该市旧城区有代表性的传统街区，它东起817路，西到通湖路，南至吉庇路，北达杨桥路，总面积40.2公顷。这里有许多重要历史人物与名人的故居及大量保存完好的有历史价值、艺术价值、科学价值的明清民居，荟萃了福州传统古建筑之精华，是福州传统街巷、传统民居特色所在。

# 关于紧急抢救定海古城的书面意见

1995年著名导演谢晋特地选中了定海古城为摄制《鸦片战争》影片的重要外景地，并说“像定海这样至今保存着这么多历史街区的城市非常少有。”“非常少有”这四个字，实质上意味着稀有的历史文化价值。

最近定海粗暴地、强迫性地拆毁有上述价值的历史街区。这是一起破坏历史文化名城的严重违法事件。据悉北京和浙江省的多位专家为此将赴现场调查，以下是我的几点意见和看法。

一、历史文化名城的保护首先应立足于古城区整体的历史文化价值，完整或整体才是第一位的。其中反映的是重大历史事件和重要历史人物事迹在当地的全部与全过程，反映的是完整或基本完整的古城历史文化风貌，即稀有的、珍贵的历史文化价值。

整体主要是由大量个体建筑有机结合而成的。个体建筑的历史、艺术、科学价值当然重要，但切切不可孤立地、独善其身地去剖析它的价值。这个问题犹如一出戏，主角固然重要，但离开与配角乃至龙套、乐队等的默契配合是不行的。又比如一篇文章，佳句、关键词、点睛之笔也均非可以孤立成文，一定要同时包括其他字句、段落，才能使之气韵连贯成章。历史文化名城的古城风貌也好比凝固的交响乐，关键就在于变化统一的整体和谐。

二、古城区的整体保护应是广义的，即包括：保护、保留、整治等多层次的有机结合。其间不应是无序的或支离破碎的，而是应当明确体现出浙江民居的传统风格基调。

三、历史文化建筑与环境的遗存不能伪造，也不宜搬家，要原地原汁原味，防止出现所谓“易地保护”文物建筑和假冒伪劣的“历史”建筑。

四、定海古城介于宁波与普陀山之间，已经形成了一条海上历史文化带。这一地理优势很可能带动定海旅游的发展。定海古城独具历史与地方特色的成片的历史街区，蕴含着很大的观光价值。试看兰溪的诸葛村，苏州的周庄、同里等正是依靠古民居的魅力发展旅游，振兴了地方经济，惠及了百姓。假如它们的古民居被拆掉了，旅游者也就不去了。可见毁了具有历史文化价值的古城，就等于砸了旅游经济，等于砸了自己的脚。

国家历史文化名城平遥和丽江都是比定海县大不了多少的小县城，原来比较贫困。由于当地政府和民众有意识地爱护名城，保护名城（从整体到个体，原地原貌的保护），成绩卓著，依靠具有珍贵的历史文化价值的成片历史街区，大量明清民居和街市等古建筑，从而获得了联合国给予的“世界文化遗产”桂冠。在现代化建设中，不要忽视历史文化古城的保护工作，正是这样的“老古董”为国家赢得了殊荣，为某些地方政府和人民迎来了发展地方建设的特殊机遇。

1999年8月20日于北京

# 难忘定海古城

前不久，浙江省级历史文化名城舟山定海古城的历史街区和历史建筑遭到强制拆毁，有关专家一致认为这是一起非情、非理、非法破坏名城的严重事件。

首先，遭到破坏的是鸦片战争中抗英的英雄城市，是中国近代史开篇的重大历史见证，是爱国主义教育的历史大课堂。

1841年6月至1842年8月，鸦片战争期间，定海是仅次于虎门的最激烈的抗英战场，先后经过两次战争。定海是英雄的古城，保护这座古城正是为了牢记那段沉痛的历史，激发爱国之情。现在把它拆毁了，将何以面对为国流血牺牲、抗击外敌的先烈？抹掉这段历史的见证，换来的是一些瓷砖外装修的或玻璃面的所谓"旧城改造的新貌"，这样的新貌能够折射出上述的历史记忆和英雄城镇的精神吗？

其次，这里是宁波商帮的发祥地之一。现在宁波商人多达300万人，分布在世界64个国家和地区。

宁波商帮兴起于清末民初，后来居上。尤其在上海这座远东大都会的金融商贸等领域独领风骚。而他们的组织便是上海总商会。上海总商会是控制上海金融贸易和影响全国商业的商人团体组织。20世纪前半期的上海总商会（在西藏北路）主要是由宁波商人组成和主持的。

第三，破坏了作为新的经济增长点的旅游资源，砸了自己的"金饭碗"。

浙东海上的黄金旅游带由来已久。现在，随着我国旅游发展政策的逐步完善，旅游带必将更加兴旺。普陀山—沈家门—定海—镇海—宁波—上海，这是一串旅游的明珠。把定海古城拆了，也就砸碎了一颗明珠。试看周庄、平遥、丽江，乃至山西大院的保护及其带来的丰硕经济、文化效益。

“珍贵的历史文化遗产将在现代文明的庇护下永享千年。”这是今年7月上旬在北京举办的“中国文化遗产保护与城市发展：机遇与挑战国际会议”上达成的共识。这一共识意义重大，因为它回答了城市现代化建设中，文化遗产有无现代生命力的问题，肯定了其历史、艺术、科学价值。全世界许多发达国家和发展中国家，早已认识到这些，并付诸行动。定海古城被毁，是一个无可挽回的事件。呼吁救救定海古城，是为了不再出现第二个、第三个像定海古城那样被破坏的历史文化古城。为了保护、抢救、利用全国各项历史文化名城、名镇，根据“依法治国”的要求，应加大历史文化名城法治建设的力度。

（原载于《人民日报》2000年11月18日）

# 清河坊保护、保留、整治

清河坊的抢救工作做得很及时，非常好，因为清河坊是杭州这个历史文化名城目前仅存的一个标志性历史街区，抢救清河坊意义十分重大。

对杭州，我并不陌生，我曾多次到过杭州。1981年，我作为全国政协委员参与了对胡庆余堂的考察。当时，胡庆余堂被改成了杭州国营第六制药厂，这处宝贵的历史文物被弄得一塌糊涂，很不像样。我们提出要进行保护，这个意见引起当地政府的重视，经过精心恢复，将它列入市级文物保护单位。在我们的呼吁和有关部门的努力下，后来又一跃为国家级文物保护单位，成为杭州乃至全国的一大优秀文物景点。

在中药界，长期以来有“北有同仁堂，南有胡庆余堂”的说法，胡庆余堂的历史建筑的保护甚至还好过北京的同仁堂，它的文物价值不言而喻。它位于清河坊的中央，在去年的城市改造中，如果河坊街被全部拓宽成30米、两侧高楼林立的现代街区，那么，胡庆余堂在今天就变成一个孤岛了，杭州这座历史文化名城主要的传统风貌街区也就彻底消失了，那将是不可弥补的重大损失。

从报上，我看到了清河坊由拆到保的过程，是浙江市场导报的记者在紧急关头呼吁“刀下留人”，引起新任代市长等领导的重视，市委市政府果断决策，才将清河坊抢救下来的。对仇保兴市长，我是认识的，在金华任市长时，他积极组织金华申报全国历史文化名城，为了这事，我和费孝通先生还先后专程去过金华。浙江市场导报和现任杭州市领导有这份强烈的文保意识，是令人高兴的。

清河坊抢救下来了，后面就涉及如何保护的问题。对这个历史街区的保护首先得定个基调。清河坊的基调是传统的历史风格，以两层楼的中国传统建筑为主，辅以四五层的近代欧式建筑，前店后厂和楼上居住、楼下门店，是典型的江南传统商业街。然后，再进一步进行规划设计，这项工作主要包括以下三个方面内容：

一是保护。河坊街原有胡庆余堂等文物保护单位，听说最近又增添了好几处。这些文物保护单位有的可能是大杂院，较破旧了，但对这些文物保护单位都要按照《文物法》的规定，依法予以严格保护，并按照“修旧如旧”的原则进行修缮。清河坊保护区有60%是老建筑，在今天的大城市中是很难得的，尤其在杭州。通过保护性修复，使之整体上古色古香，体现传统的建筑文化、街区文化和商贸文化。

二是保留。就是要保护好那些尚无文物“身份证”的传统建筑的风貌，主要是外观，街与建筑、店铺一起形成一个整体，体现历史风貌。对这些建筑的内部设施可以进行适当的更改，使之符合现代功能需要。这方面的工作也很重要，有一个事例能说明这个问题。在50年代，英国伦敦有条著名的古老街道，我国驻英国大使馆就设在这条街上。当时因为工作需要，中国大使馆打算拆了扩建。尽管大使馆的产权属于我国，但扩建计划遭到伦敦市政府当局的反对，理由就是中国大使馆所在建筑是这条古老街区的组成部分，大使馆的一部分曾是孙中山先生蒙难时在伦敦的住处，已被列为文物保护单位，必须作为整体来考虑这条古街的保护，必须履行英国的规定。如确需改造，一定要由中英两国的外交部协商。再如，我国安徽的屯溪老街也做得比较好，是由清华大学朱自煊教授于80年代设计的，外貌是一色明清风格，一些建筑内部是现代的，值得借鉴。

三是整治。历史文化街区的整治主要涉及两方面：一个是街区原本没有的一些东西如水、电设施要加进去，消防设施要具备；另一个是街区中原有的一些建筑不甚协调，需要通过整治，让它协调起来。如一些新建的房子，要进行仿古改造；有些很破烂，又没有历史价值的旧房子，可以拆除改绿地、停车场，适当补一些传统风格，文化品位要高一点。传统风格的新建筑不是说不能搞，现在文物再多也还是少的，总要新建一些，继承发展传统文脉，就像既要有《红楼梦》、《三国演义》等传统名著，也要有新编历史剧一样。这里，关键是新编历史剧一定要是精品，做得好，与周围环境协调，有传统风味，又有新创造。50年代建的北京民族文化宫、中国美术馆、北京站等建筑，近来由清华大学吴良镛教授设计的山东曲阜孔子研究院，以及杭州孤山的浙江博物馆等一大批新建传统风格建筑，就十分出色。

这里，对这样一条街的保护还涉及对周围环境的控制问题。按照《文物法》的有关规定，在清河坊13.6公顷范围内是要绝对控制的，这一保护区之外也要划出一定的“保护范围”和“建设控制地带”。地方政府对这些外围地段上的建筑物和城市设施要进行严格的控制，统一中求变化，变化中求统一，使历史文化街区与现代化城市自然衔接，不至于突兀。如果不注意这点，任由保护区周围高楼林立，那么将会对保护区的风貌造成破坏。

听说最近浙江正在建设“文化大省”，强调对历史文化遗产的保护，这是好现象，大好事。世纪之交，越来越多的地方认识并重视保护历史文化遗产，在现代化、城市化中发挥重大作用。可以说，杭州清河坊由“拆”到“保”正是一个生动的体现。在这一过程中，市民、新闻媒体、专家、政府的通力合作，显示出了新的精神境界，形成了新的保护经验，对浙江乃至全国都有重要的借鉴、指导作用。

（原载于《浙江市场导报》2000年11月10日）

# 建议平遥和丽江同时申报为世界文化遗产项目

1995年6月15日，国家文物局开会“审议推荐的世界文化遗产预备项目”。项目为：1. 苏州园林；2. 辽宁牛河梁遗址；3. 丽江古城；4. 其他推荐项目建议及总结。我对前三项均无异议，但对平遥古城未列入书面申报材料，只由主持人口头上提出，感到奇怪。相形之下，一不请山西省及平遥县人来，二无平遥准备的文件，三无平遥录像可看。“缺席裁判”，我认为很不公正。主持人虽安排了同济大学阮仪三教授口头上简介平遥古城，但他不代表地方政府。中国联合国教科文组织全国委员会三处的负责人到会并着重讲了申报项目注意的原则等项。听后对到会的苏州、辽宁、丽江的领导及专家回去做好下一步工作很有帮助，可惜未请平遥来人听。

向联合国申报世界遗产项目是对人类文明尽责，也是为国争光的大事。我国是《保护世界文化与自然遗产公约》的参加国，对此更当义不容辞。为了审慎地做好申报的下一步工作，建议：建设部和国家文物局组织“历史文化名城保护专家委员会”会内会外的部分专家参与两座古城的调查与评议。联合国教科文组织办理申报项目的审定，就是先经专家调查，然后作决定。

几个值得注意的问题：

一、关于历史遗产的“原汁原味”，即历史纯度的问题——我国已列入《世界遗产名册》项目的历史纯度，并非均为百分之百。例如北京故宫西华门城墙上建有设计低劣的仿古灰楼（现为档案馆），还有八达岭长城之“北门锁钥”关外建成了一片闹市。此外，古城的历史纯度，对于丽江而言也不是百分之百，鸟瞰照片可看到几处新建筑。至于平遥古城，我认为则接近百分之九十。虽然如此，但平遥、丽江的古城风貌在全国仍是古色古香之最。

二、关于古城形制的基本历史价值——平遥古城体现的是儒家思想体系的汉族文化，贯穿封建礼制的规范，形成了讲求方正、对称、中轴、主次及等级关系等的城市布局形制，并特别突出了晋中的地方民居建筑特色。丽江古城则体现为以纳西族为主的少数民族文化，贯穿着元、明、清土司统治体制的关系以及因地制宜，不拘规矩的城市自由布局的形态。代表汉族文化与代表少数民族文化的平遥与丽江应同时并重。

三、关于多少的问题——历史名城已列入《世界遗产名册》的如墨西哥有五个，意大利有四个，泰国、巴西、波兰各有两个……。我们现在从零开始，这次申报平遥、丽江两项不能说多。

四、关于重点文物的文化品位——平遥虽是县城，却拥有四处全国重点文物和多处省级重点文物，它们的文化品位都很高，而且绝大多数保护很好。仅我所见的平遥古建筑，五代、宋、金、元时期的就有八处（注1），明清时期的就更多。摘举如下：

| 文物名称 | 建筑年代 | 文化品位 | 备注 |
|---|---|---|---|
| 城墙 | 1370年，明洪武年 | 全国保存最完整的明初县治砖城 | |
| 镇国寺大殿 | 963年，五代北汉 | 全国最古木构建筑之三（一为南禅寺，二为佛光寺） | |
| 文庙大成殿 | 1163年，金代 | 宋金时代的大成殿，现在全国已属罕见 | |
| 双林寺 | 571年，北齐始建，现为明建 | 为宋、元、明时期彩塑的艺术宝库 | |
| 古城中心的市楼 | 清 | 古色古香的城区中心焦点，体现“点睛”的艺术魅力 | |
| 清虚观龙虎殿 | 元 | “悬梁吊柱”结构奇特 | 元代彩塑龙虎二将杰作 |
| 日升昌票号 | 清 | 中国金融发展史上的活化石，开创“汇通天下”存放汇兑统一经营之鼻祖 | 创建于鸦片战争前 |

平遥的日升昌票号创建于1824年（清道光四年）。“直到本世纪初……北

京、上海、广州、武汉等城市里的那些比较像样的金融机构，最高总部大抵都在山西平遥县和太谷县。……大名鼎鼎的日升昌……是金融发展史上一个里程碑。”（注2）“清末山西票号在国内85个城镇和日本大阪、神户、东京及朝鲜仁川设立分号共400多个……其中日升昌票号分号之多，业务之大，居山西票号之首，清末年汇兑款额达3000多万两。”（注3）平遥日升昌票号保存至今的前店后院式三进四合院的建筑，貌虽不惊人，却是原汁原味的近代建筑群。尤其是它蕴藏着如此非凡的历史内涵，应该加以调查研究。平遥古城在清朝之所以特别繁荣，基本原因正在于票号的兴盛。

丽江重点文物的文化品位也很高，丽江历史上是土司统治的边远地方，标志这种体制的土司衙门、土司府第等少数民族文物建筑，应当进一步重视并加强保护。丽江的另一优势为玉龙山国家级风景名胜区，带给古城的自然“借景”。玉龙山不仅是丽江古城的天然屏障，也是衬托古城神韵风采的天赐借景。

五、主持申报审议工作的建设部、国家文物局的司、处单位，我相信会像政府“扶贫”工作那样。如果有的历史名城存在困难或问题，就更需要扶持、促进，而不是听之任之。申报世界遗产项目是向国家负责之事，除有关领导的调查外，依靠专家调查咨询是必要的。

1981年秋，同济大学陈从周教授为《保持古城特色的平遥县城规划》一文题言：“妥保斯城，务使旧城新貌，两不干扰。”现在不仅平遥，而且丽江的规划都采取了古城区与新建区分开的方针，既保护古城区风貌，又另建新区新颜，两不干扰。

现建议：平遥古城（汉族文化）和丽江古城（纳西族文化）应同时向联合国教科文组织申报为世界文化遗产项目，并为此及早组织专家调查。

1995年6月19日

注1：所见平遥的八处元朝及以前的重点古建筑为：

五代的：镇国寺大殿（即万佛殿）

金代的：文庙大成殿

麓台塔（九级八面）

慈相寺大殿（残破，有残存壁画）

元代的：镇国寺山门天王殿

清虚观龙虎殿

武庙戏台

金庄文庙大成殿（保存着全国仅存的元代塑孔子像，有人认为是明塑）

注2：陈进：“票号——银行”，《北京广播电视报》1994.10.18载

注3：《山西商人的生财之道》，山西省文史资料研究会第64页

# 云南丽江专题考察研究报告

为向联合国教科文组织申报我国历史文化名城平遥和丽江列入《世界文化遗产名录》一事，由郑孝燮（全国历史文化名城保护专家委员会副主任委员、国家文物委员会委员）、阮仪三（全国历史文化名城保护专家委员会委员、同济大学教授）、高春茂（建设部城市规划司副处长）和鲍世行（中国城市科学研究会副秘书长、研究员）组成小组，一行四人，于1995年9月26日至10月3日先行考察了云南丽江的古城和新区及周围若干重点文物风景点，并与县政府、城建局、文化局等单位的领导和专家进行了座谈。（阮仪三与高春茂因故提前于10月1日离开丽江）。10月4日在昆明，郑孝燮和鲍世行与云南省建设厅和文化厅领导及专家交换意见时，明确表示：1.丽江古城标志着边远地区少数民族优秀的历史文化，具有重要的历史、艺术、科学价值。2.古城保护的状况和措施比较完善，应该继续贯彻“保护为主、抢救第一”的方针。3.完全支持丽江申报为“世界文化遗产”。同时说明了不存在丽江与平遥报谁不报谁的竞争，因为丽江标志的是我国边远少数民族的历史文化，平遥反映的是汉族内地的历史文化，二者既不能互代，也不能顾此失彼，而且从保护与保存状况评价，二者均属于全国之最。

## 一、丽江古城历史文化的一些背景

云南纳西族的先民，原是来自西北的氐羌族的一支。后来丽江县成了这支纳西族的主要聚居地。现在全县总人口30多万人中，纳西族占57.9%。

以纳西族为主体的丽江，地理位置处在滇、川、藏三角地界的金沙江畔。历史上是兵家必争的滇西北门户要地，也是云南各族同西藏及川西经济文化交流以及宗教活动的中枢纽带。丽江地区多半属于山区与林区，仅有5%的土地约200平方公里是平坝，称丽江坝，海拔2400余米，气候温和，雨量充足。金沙江流经云南省有600公里长度，其中的447公里就在丽江地区。此外丽江城北还有一座玉龙雪山，除风景美丽外，又等于是个天然的固体大水库。丽江古城之所以被誉为高原水乡城市，正是凭借这座雪山化成的清流清泉，明里暗里注入古城区而得名的。丽江古城坐落在丽江坝的中部，四周青山环抱，层峦叠翠，蜿蜒起伏，尤其玉龙山冰川雪岭屹立北方，出类拔萃，更给古城增添了魅力无穷的借景。丽江处在如此灵秀的山水之间，受着自然环境如此奥妙的熏陶，这对于哺育它的历史文化，千百年来，显然有着重大的影响。

历史上铁马金戈，有些关系到中华民族团结统一命运的重大事件，就曾在丽江发生过。13世纪中叶元朝忽必烈统率大军远征云南，就是从这里渡金沙江，一举攻灭了大理国，并驻军于大研镇（今丽江古城）。大研镇至今尚留有“阿营畅”（元军驻村）、“阿营闹当”（元军校场）等地名为证。1935年春，红军长征由贺龙将军率领的红二方面军，也是从这里渡金沙江北上抗日的。

明朝洪武十五年（公元1382年），朱元璋命30万大军征伐云南，以扫除盘踞昆明拒不投降的元朝蒙古梁王和统治大理地区的段氏势力。在这次统一西南的战争中，丽江纳西族土司配合有功，因而被朱元璋赐姓“木氏”，并封为世袭统治丽江地区的土司。土司制度主要是在西南边远地区，是对少数民族首领在他们臣服朝廷以后封为土司，就地实行“以土官治土民”的一种特殊的民族政策。从元朝开始，经明朝到清朝雍正元年（公元1723年），共470年之间丽江都是由木氏土司世袭统治的。雍正元年以后，清朝改变土司制度为“改土归流”的政策。也就是说废除土司的直接统治，改由中央王朝派来的流官进行统治（有一定任期的汉官或满族官员）。其中以流官为正、以土司为佐。改土归流的地方，因此一般都建有流官衙署为正、土司衙署为辅这样两套班子和两套衙署。

## 二、对丽江古城历史文态环境保护的述评

丽江古城大研镇始建于宋末元初，至今已有800余年历史。现在是丽江纳西族自治县的政治中心，面积3平方公里，是历史文化名城丽江保护的主体部

分。古城北依象山、金虹山，西靠狮子山，挡住了冬季的寒风，因而丽江冬暖夏凉，得天独厚。特别是狮子山作为天然隔离带，一边是大研镇古城区，另一边是城市新建区。这种各得其所的规划，既有利于古城的有效保护与合理利用，又使新区建设有广阔的天地。例如现在已有3500户古城区的居民疏散迁建到新区，并采用两层的传统民居风格的建筑组成新型居住小区，从而收到了两全其美的效果。以下着重谈古城的若干情况。

1.水系、街巷与市场

丽江古城区的水系和街巷系统，相辅相成，呈现为主街傍河，小巷临渠，河多桥多自由分布的格局，是一种自由式布局的“小桥、流水、人家”风貌。其中曲巷斜街并不少见。这同苏、杭、绍兴等江南水乡“小桥、流水、人家”的城市布局有很大的不同。

凡是城市必有交换贸易的中心，亦即市场。丽江古城的四方街就是街道辐辏、商贾云集的中心市场，从古至今一直不衰。明清时的四方街，曾是西南边地的一处盐、茶、马交易的互市。丽江出产良马，《东巴经》上早有养马的记述。丽江马不但上市供民用，也供军需。直到解放后，每年三月丽江马还在黑龙潭龙王庙前广场的“丽江三月骡马物资交流会”推销省内外。四方街是一块占地平均长宽为70米×22米的梯形广场，四周全是两层楼的店铺，中间则是摊贩列肆的地方。古城中的四条主要街道即新华街、五一街、七一街、黄山巷都汇集到这里。广场西侧有西河通过，上架石桥两座（豌豆桥和鸭蛋桥）。广场中间的一面还建有一幢名叫科贡楼的高阁，鹤立鸡群给平缓的广场建筑群插入了一个拔高的音符，使广场环境风貌既有变化又协调统一。整个广场熙熙攘攘，生活气息浓厚。其他街道小巷也都结合地形灵活布置。街巷的宽度大的3至5米，窄的1至2米，两旁建筑皆为一二层。街巷路面用五花石铺砌，显得古朴。

2.一城二府——土司府衙和流官知府衙门

清初“改土归流”政策实施以后，丽江古城区内形成了二府一市为中心的特殊城市形制。一市即四方街商业中心，二府是两套政府中心，一是先有的木氏土司府为辅，木氏降为土通判；二是新增的流官知府为正。前者和四方街都在古城的西半部，后者则位于东半部。中国古代帝王的宫殿必须体现“非壮丽无以重威”，唯我独尊的气势。府、州、县衙及少数民族的土司府衙建筑，也无不力求反映各自等级的威风，使老百姓望而生畏。明万历年间到过丽江的徐霞客在他的《滇游日记》里记述：木氏土司府的“宫室之丽，拟于王者”。据说这个土司府的建筑极度豪华壮丽，以致木土司不敢请他进去看。

丽江木氏土司与明朝的关系一直很好，一方面是明朝扶持他借以抗衡吐蕃西藏，另一方面木氏也必须竭力依附明朝以保存和稳定自身。万历年间木氏土司还向王朝中央进贡白银万两，并派精兵参加平叛，于是皇帝题赐“忠义”二字，为此木氏在土司府前特地建了感恩牌坊——“忠义石坊”。

木氏土司并非一般领主，而是丽江地区的边疆土司，他的府衙建筑规模宏大，布局严整，重点突出。沿500米长的中轴线，布置重重院落，依次建有金水桥、忠义石坊、万卷楼、护法楼、光碧楼、玉音楼、三清殿等一系列高大建筑，最后把西面的狮子山划入作为后花园。另外在土司府的东南北三面只挖护城河保卫，而不做城墙，原因是“木”字加城墙围绕等于“困”字，这是土司最忌讳的。到了明朝后期，木氏土司达于极盛，统治范围远及川康边境。当时局势稳定，经济文化繁荣，于是进一步大兴土木，扩建宫室、寺庙。不但在丽江古城内，甚至在城外白沙镇、东河镇、漾西镇等地也修建不少离宫、署府、寺庙，乃至山水胜地的避暑行乐的建筑。

清咸丰年间，丽江木氏土司衙门在战乱中被毁，土通判已无力复建，改在土通判署南侧建木家院。今木家院尚存，为三进四合院式建筑，总面积536平方米，沿中轴线布置府门、花厅、居室、大殿。木家院只是木府侧轴线上的一处建筑。中路的土司衙门主体建筑群被毁后，东侧的金水河、金水桥以及石牌坊尚存。这座省级文物保护单位的石牌坊“忠义坊”，跨9米，高12米，为四柱六楼、三层三间式的汉白玉雕琢的石坊，最大的石件重万斤。经历了400多年的风雨和多次6级以上地震，它均安然无恙，可是竟毁于“文化大革命”期间。还有原在“万卷楼”前的一座精美的木牌坊，也在“文化大革命”之中被毁。现在只有劫后余生的一对石狮，已移在黑龙潭公园大门牌楼之前。

土司府中路遗址上现在是丽江县党校的三层红砖方盒子新建筑。丽江名城保护规划方案，拟把它拆掉，改建为包括电影院在内的文化中心。我们的看法是：这类性质的文化中心不适宜放在古城保护区。土司府这块地方的恢复与保护，应该着重于反映有关的历史文化为主题。同时建筑形象也应该反映土司府的本来面目。

古城区东半部的流官知府衙署，基本上和内地府治衙门的建筑形制大同小异。讲求中轴对称，分大堂、二堂、三堂几进院落，以及相应的建筑与空间。以流官府衙为中心，外围筑有周长四里的方形土城，墙高一丈，勒脚石砌，墙顶覆瓦。土城辟东、南、北各城门一座，西墙则辟城门二座，城门上皆筑有城楼。城内还按照内地的城制及军事需要建有文庙、武庙、城隍庙、魁星楼和兵营、仓库、监狱、档案馆（案牍）等建筑。文庙、武庙建于乾隆年间，现由粮食局改为仓库，外表残破，但内部结构尚好。现在城墙虽已荡然无存，但南门桥、东门官道（通四川）等许多地名尚在。丽江古城有无城墙的问题在这次考察中基本上搞清楚了。

3.民居建筑

纳西族早期的民居建筑，是木楞式土掌房，不是现在的四合院式。现在所看到的丽江四合院民居主要有三坊一照壁、四合五天井及前后院，一进两院等几种形式，都是明清以来逐渐成型的。例如：

（1）纳西民居屋顶多为悬山形式，且山墙头屋顶悬出较多，阴影深沉，显得比较饱满、舒展，而白族的民居则多采取硬山形式。

（2）纳西族民居善于处理屋面，主次分明，高低错落，变化有致，特别是山墙面形象生动，博风板、悬鱼、麻雀台（腰檐）和山墙尖端暴露的木构架，造型比较丰富，由此可以看出深受传统木楞墙做法的影响。

（3）善于利用室外空间和半室外空间。一般厦子（廊檐）较深，可以放下一席桌凳，正房及两厢可放下九桌，加上院子六桌，共可放下十五桌酒席。院子中花木茂盛，生机盎然。

（4）建筑善于结合地形，高低错落，空间布置统一中富有变化。

（5）建筑与水系结合紧密，或门前即渠，清新幽雅，或房后水巷，别具景色，或跨河筑楼，平添情趣，或引水入院，独具匠心。水系兼有生活和防火功能，是日常物质生活不可缺少的部分。

（6）注重防震要求。丽江为地震区，建筑有设防的要求，传统民居均为木构架的土木（或砖木）结构，能做到房倒屋不塌的要求。一些比较考究的民居，砖（土坯）墙内还有木板的顺墙板，除了起防盗作用外，主要也是为了防震。

总之，丽江传统民居的组合、造型及尺度充分吸收了我国四合院体系的优点，环境虚实结合，内外一体；色彩淡雅，青砖、灰石、白粉墙、土坯砖、木结构，均为当地材料，质感朴实，加上花草树木以及盆景的配合，更加增添生活情趣。

4.黑龙潭园林与文物建筑

丽江城北从玉龙雪山流下来的清泉涌流，积水为潭，一片澄碧，湖面达30亩，名为黑龙潭。黑龙潭是古城身边的一湖近水。它以屏立于城北的起伏连绵的远山为借景，特别是那座海拔5596米的玉龙雪山的借景及其在湖上的倒影，最能给这座园林生辉，引人如入诗画。这座园林虽然是凭借远山近水、苍郁林木而成的自然园林，但也能够因景制宜，疏落而恰当地穿插一些文物建筑，如锁翠桥、龙神祠、戏楼、石拱桥、得月楼及迁建保护的五凤楼（即法云阁）等。它们好像几颗形态、光泽不同的宝石，镶嵌在黑龙潭园林的整个景色之中。善于借景和巧于把历史文化融于自然，这本来就是中国园林独具匠心的优秀传统。郭沫若先生没有到过这座园林，可是他却留下了一副对联，寄托情思，挂在得月楼上。联云：

龙潭倒映十三峰，潜龙在天，飞龙在地；
玉水纵横半里许，墨玉为体，苍玉为神。

明朝万历二十九年（公元1601年）木氏土司在丽江城西北白沙镇的芝山上修建别墅，名“解脱林”。别墅很大，“广袤数里”，其间遍布亭台楼阁，岑岩泉瀑，还有一座佛寺，即福国寺。徐霞客到丽江，在这里住过，并且以文会友，给当时的土司木增所著的《云过淡墨》作序。他论述别墅胜地及福国寺说：“乔松连幄，颇饶烟霞之气”，福国寺“乃丽江之首刹”，“中殿不宏，佛像亦不高巨，然崇饰庄严，壁宇清洁，皆他处所无。正殿之后，层台高拱，上建有法云阁，八角层甍，极其宏丽”，“阁前有两庑，余寓南庑中”[①]。后来寺毁，光绪年间按明制重建。1977年县政府又把法云寺一组文物建筑迁建于黑龙潭畔。这是一栋平面正方、高约六丈、飞檐八角的三层木构，内外32根柱。阁的外观像五只展翅欲飞的凤凰，凝重而飘洒，所以俗称五凤楼。。同时这也是一栋汉、藏、纳西文化交流的文物建筑，现为云南省级文物保护单位。

丽江县博物馆也建在黑龙潭北边的空地上，是一处以纳西族历史文化遗存和文献精华为主的历史课堂。这里还规划了一片以丽江民居发展为主题的展览区，已经有几栋早期所居的木楞式土掌房实物迁建过来，今后将陆续有各式的民居文物建筑出现在这里，包括模拟穴居野处时代的居处。

5.纳西族东巴文化梗概

纳西族是历史文化悠久的民族。由纳西族先民创造的东巴文字，被认为是人类象形文字的活化石，而且至今仍在使用。用这种文字写成的《东巴经》，可以称为纳西族的百科全书。据说现存2万余册，分存在17个国家，其中国内尚存5000余册。《东巴经》中有关于舞蹈的专书，生动形象地记载着纳西族传统的古典舞蹈。《东巴经》中还有不少东巴画，最有代表性的是《神路图》。纳西族不仅创造了自己的东巴音乐，而且还保存了唐宋以来的道教洞经音乐和儒教宫廷音乐。这些音乐在其他地区多已失传或变调，但丽江因地处僻远，受外来影响较少，加之纳西族对神的信仰虔诚，认为不能改变这些音乐，否则神就听不懂了，因而奇迹般地、比较完整地把这份珍贵的音乐遗产保留了下来。。我们来丽江前不久，英国皇家音乐学会正式邀请丽江东巴古乐演奏队前去伦敦交流演出。能够受到英国皇家音乐学会的邀请是极其不容易的。这正说明了东巴古乐所蕴含着的阳春白雪般的文化价值开始得到了国外的尊重。由此可见，纳西族是一个非常重视保存自身文化的民族，这在建筑、音乐、绘画等很多方面都有体现。此外宗教、哲学思想、民风、习俗等方面在丽江纳西族文化的体系中，也显示着独特的光彩。

---

① 《徐霞客游记》卷七下。

## 三、存在的问题

1.丽江大研镇民居绝大多数是木构建筑，存在着火灾的隐患，历年来已有数次较大的火灾发生。如下表：

| 年份 | 地点 | 烧毁面积 | 户数 |
| --- | --- | --- | --- |
| 1982年5月 | 关门口 | 1574m$^2$ | 20户 |
| 1984年2月 | 七一街八一街下段 | 752m$^2$ | 9户 |
| 1995年2月 | 四方街 | 500m$^2$ | 6户 |

火灾后重建，一般建筑风格随意变化，方盒子渗透进来，建筑高度也多有所提高，与古城风貌保护不和谐，群众不满意。

2.在制定了历史文化名城保护规划后，在古城保护区内，仍有一些格格不入、严重影响景观的建筑出现，计有：

| 建筑名称 | 修建年份 | 分布 |
| --- | --- | --- |
| 丽江地区医院、门诊部、住院部 | 1988年 | 三级保护区 |
| 大研镇人民政府办公楼 | 1987年 | 二级保护区 |
| 县委党校、教师进修学校 | 1986年 | 一级保护区 |

最近正在新旧区交界处修建一幢18层的地区电力大厦，对于古城区保护来说，这是一处具有“建设性破坏”性质的，距离很近的“借景”。

3.玉河水系的水质和水量正在日益受到严重的威胁。目前玉河的水流量已经明显减少，如排污问题再不及时解决，水体污染将愈来愈严重。

4.名城保护规划深度还不够，可操作性较差。个别规划内容不合理，比如将木氏土司衙门恢复后作为商业性的文化中心，布置影剧院、电视、录像、青少年活动站、老年活动站、科技活动中心、小吃、球场等群众活动中心，这个问题我们认为不妥。另外新区建筑高度控制必须非常明确，严格要求，不能模糊。因为建筑高度的控制是关系到历史文化名城保护的政策性问题。

## 四、一些建议

1.在古城研究的基础上，提高名城保护规划的深度，旧城宜及时进行1/500测量（目前仅1/2000测量图），以便为规划做好准备。加强城市规划的统一管理，注意防止房地产业发展后的负面影响，充分发挥专家小组的作用，严格控制旧城区不符合规划的建设，防止再出现建设性的破坏。

2.加强防灾、抗灾规划，根据防火规范要求在木结构比较集中的地区增加一部分防火墙，以防止火灾时火势的蔓延。据悉现在每隔100米才设防火墙，这个距离太大了。增设消防栓和消防设施，制订群众性防火公约，让群众参与防灾活动，有的地方也需要打通防火巷和疏散通道。

3.查清水文地质情况，搞清玉河水系水量减少的根本原因。加强水系的管理，尽快建设排污系统，避免水体继续污染。

4.加强历史文化名城的有效管理，制订一系列保护民居的政策，充分调动群众保护名城的积极性，做到国家补一点，自己出一点，集资凑一点。

5.丽江是县和地区所在的中心城市。鉴于电力公司18层建筑的出现，今后无论是哪一级政府所属的建设，均应一律符合古城保护规划的原则。规划的龙头作用，对谁都不能例外。

6.成立专门小组，进一步开展名城的研究和规划，提前做好报批世界遗产的准备工作。专门小组应包括多方面的专家。

云南省成立名城保护专家小组的经验，值得有关省（市）借鉴，建议调查核实后向全国推广。

郑孝燮　鲍世行

1995年10月20日

# 山西平遥专题考察研究报告

为向联合国教科文组织申报我国历史文化名城平遥和丽江列入《世界文化遗产名录》事宜，由郑孝燮（全国历史文化名城保护专家委员会副主任委员、国家文物委员会委员）、阮仪三（全国历史文化名城保护专家委员会委员、同济大学教授）、赵士修（原建设部规划司司长）和任致远（建设部城市规划司总工程师）组成小组，一行四人，与山西省建设厅副厅长曹昌智等同志一起，于1995年12月4日至8日考察了山西平遥。

在平遥期间，专家小组考察了平遥古城、新区和周围若干重点文物风景点，并与县政府、城建局、文化局等单位的领导和专家进行了座谈。12月10日在太原郑孝燮、阮仪三、任致远与山西省副省长刘泽民、省建设厅和文物局领导及专家交换了意见，明确表示：1.平遥古城标志着中华人民共和国汉民族优秀的历史文化，具有重要的历史、艺术、科学价值；2.平遥古城保护完整，措施比较完善，应当继续贯彻“保护为主，抢救第一”的方针；3.完全支持平遥申报为“世界人类文化遗产”。现将此行的考察与研究汇报如下，提请历史文化名城保护专家委员会研核，并转请建设部、国家文物局咨询参考。

## 一、中国古建筑“宝库”中的文物大县

山西省素有“中国古建筑宝库”之称，保存的古建筑，达9000余座，包括稀世珍品宋代以前的木建筑106座，占全国保存的同期木构古建筑物约70%以上。在这座“宝库”中，平遥古城的历史文态环境不但整体保存完好，而且古建筑及其他文物保存之多也为全国所罕见，堪称一个文物大县。近年来不少访问平遥的国内外专家学者对它评价很高。如1990年10月和1992年6月“联合国

人居中心”专家组的木伊·穆尔（组长）和斯托潘诺夫（组员）等两次考察时说：平遥是“世界上为数不多的人类文明的瑰宝”。又如“日中建筑技术交流会”与山西省专家组成的联合考察团，认为“平遥古城不仅是中国的文化遗产，而且也是全人类的文化财富，应当全面保护”。

平遥现有文物保护单位：国家级的3处及待批的1处，省批的2处待批数处，县级的71处，另外尚有未公布的文物211处。作为文物大县的平遥，除文物单位较多外，其中重点文物的文化品位是很高的。摘举如下：

| 文物名称 | 建筑年代 | 文化品位 | 其他 |
| --- | --- | --- | --- |
| 城墙 | 1370年，明洪武三年 | 全国保存最完整的明初县治砖城 | |
| 镇国寺大殿 | 963年，五代北汉 | 全国最珍贵的古木构建筑之一 | |
| 文庙大成殿 | 1163年，金代 | 宋金时代的大成殿，现在全国已属罕见 | |
| 双林寺 | 571年，北齐始建现为明建 | 为宋、元、明彩塑的艺术宝库 | |
| 古城中心的市楼 | 清 | 古色古香的城区中心焦点，体现“点睛”的艺术魅力 | |
| 清虚观龙虎殿 | 元 | “悬梁吊柱”结构奇特 | 元代彩塑龙虎二将杰作 |
| 日升昌票号 | 清 | 中国金融发展史上的活化石，开创“汇通天下”存放汇兑统一经营的鼻祖 | 创建于鸦片战争前 |
| 麓台塔 | 金代 | 高42.8米，九级八角，砖石塔，每层有斗拱，有平座 | |

其次，大量的四合院民居是平遥古城的又一特色。这些传统四合院民居基本上保存完好并在合理使用，居住面积有85万平方米。总计现存四合院3797处（包括小部分属于非民居），其中保存价值较高的民居400多处。明清时平遥繁盛，清朝中后期更是到了顶峰。当时有“填不满、拉不完的平遥城”和“小北京”之说，原因是平遥商帮的实力雄厚，从而有力量讲究城市和住宅的标准与气派，客观上维护了文态环境的整体风貌。

平遥古城始建于西周。《平遥县志》载：“旧城狭小，东西两面俱低，周宣王时尹吉甫（大将）北伐猃狁驻兵于此。”城垣原为夯土筑，抵御能力不高，后来，金兵入侵，杀戮平遥百姓5000多人。鉴于这一历史教训，明洪武三年（公元1370年）将夯土城垣扩建改筑为砖石城墙，周长12里8分4厘（6.4公里），高3.2丈，护城河深、宽各1丈。建城门六座，东西各二，南北各一，后又建堞台窝铺40座，基本上为现存平遥古城格局奠定了基础。

抗日战争时期，平遥古城谱下了可歌可泣的历史一页。1938年2月13日，日寇中将川岸温三郎率领大队骑兵由祁县向平遥进犯。驻防平遥的国民党十七军五〇一团骑兵营，由营长史殿杰率领出城抗敌，因寡不敌众退入城内固守，与人民武装自卫队一起，在东南隅城墙上同日寇浴血奋战。最后，史殿杰在城墙上手持机枪扫射群敌，一臂被炸掉仍坚持战斗，直至弹尽，后自尽以身殉国。日寇以死伤惨重的代价攻破平遥城后，疯狂地屠杀负伤官兵和无辜百姓千余人，仅后街有名有姓的蒙难者就有94人，至今城墙东南角仍留有日寇炮击的弹痕，作为国耻的见证。

1948年在解放战争中，徐向前率领华北野战兵团主力临汾旅，在解放临汾后向太原进发。6月发起晋中战役，当进军平遥时，解放军为了保护古城和文物古迹，采用围而不打的战术，从霍县霍山绕过平遥攻打祁县。1948年8月13日解放军顺利解放平遥城，完整地保护了平遥古城和文物古迹。

1977年8月5日，平遥遭受百年不遇的暴雨，降雨量323毫米，形成特大洪水，由于平遥古城的城墙挡住了滔滔洪水，使古城内4万居民和工商企业安全无恙，使古城内的文物和建筑与环境得到了保护。

目前，“保护古城，建设新区”的总体规划正在平遥实施。古城区很多单位及人口将迁至新区。国内外经验证明，“保护古城，建设新区”的规划是古城文物及历史文态环境整体保护的最好方案。

## 二、古城的形制恪守以“礼”为本，反映出汉族历史文化特色

平遥古城是依据汉族传统“礼制”规划建设起来的，反映出以明清时期为主的汉族历史文化特色。这种“礼制”模式的县城，原来是很多的。但是如今已所剩极少。就全国而言，古城历史文化遗存整体上保存最多最好、古色古香风貌特色、原汁原味最浓的，迄今只发现两处。一是反映汉族历史文化，规划建设突出以“礼”为本，严格讲求方正端庄，泾渭分明，中轴对称的平遥古城；二是反映西南边远地区少数民族历史文化，突出以“土司”制度为原型的规划建设，讲求利用自然、自由灵活的布局，不追求“中准绳”、“中规矩”，以体现云南纳西族历史文化为主的丽江古城。

平遥明清古城以“礼制”为本的历史特征，主要反映在以下方面：

一是古城方三里。中国古代城市的等级与规模大小均有国家典章制度的“礼”序标准，不能逾越。最高等级的城市为国都，城方九里。诸侯都城或后来的州郡府城，大的为城方七里，次的为五里。县城则一般为城方三里。平遥古城正是合乎这一“礼”序等级的。

二是古城布局体现了“辨方正位”。所谓“辨方正位”原是《周礼》这部儒家经典规定的关于都城规划、建设、管理的总纲。原文说：“惟王建国（国是都城），辨方正位，体国经野（规划都城城区和郊区），设官分职，（设立官职，分职管理），以为民极（使都城成为治民中心）。”中国古代的“礼制”内容完备，形成系统。所以《周记》的这一总纲，虽是指都城而言，但其中的“礼”制秩序却又不仅仅限于首都，而是可以延伸及其余各级城市甚至一直贯穿到一组建筑群的。

其次，辨方正位在布局上，大至整个古城区，小至四合院落无不追求“人、天地、建筑”之间的和谐，亦即“天人合一”思想的支配。这种关系主要体现在：五方四象、突出中心、强化中轴、面南为尊等一系列汉族文化传统的“礼”序与习俗的布局程序。五方即东南西北中。四象指古代标志四方及四色的四种灵兽符号，即左青龙（东方、青色）、右白虎（西方、白色）、前朱

雀（南方、红色）、后玄武（北方、黑色）。用这四种灵兽象征四方和四色，并应用于建筑与城市，大约始于周代。最先是用于列阵与行军时作为分队标志，“行前朱雀，而后玄武，左青龙而右白虎，招摇在上”（《礼记·曲礼上》），招摇指旗帜，也指天上的北斗星，意思是说即使行军在夜间，还有北斗星作为方向盘。四方之内，就是中。中是统治的象征。“古之王者，择国（都城）之中而立宫”（《吕氏春秋·慎势》），象征帝王一统天下。州府县城的长官，也都懂得遵守“礼制”等级秩序在城区之内“择中”而立衙署，象征受命治理辖区的四方百姓。中轴线是城市的脊梁骨，是汉族传统城市布局决定“礼”序的准绳。中国古城着重南向，是由于面南背北为尊的原因，同时还由于一日之中，正午的南方，太阳走到了最高点，阳气达到最盛。喜欢朝南，当然和“象天法地”是分不开的。

三是关于传统建筑群的分布秩序和风貌特色。平遥古城区由四大街、八小街、七十二巷构成的街巷格局，经纬交织，井井有条，动静分明，主次有别。在这个基础上县府衙门（现只存二堂、后堂及部分西院）作为重大建筑群虽然没有布置在城区的几何中央，但按照封建“礼制”布局秩序和县衙的建筑性质等级，其环境地位仍然成为全城的政治中心。平遥县衙建筑群面南背北，分左中右三路，院落重重，中轴强烈，气势庄重，而且中轴线一直向南延伸到衙外较远的南横街上。这种以衙署为中心。延伸中轴线，用以烘托“礼制”等级气势的规划程序，以前在汉族文化地区，甚至推行汉制的少数民族地区的县城是常见的。此外，平遥古城区还有一条商铺鳞次栉比，包括几家票号组成的属于商业中心性质和南北中轴线地位的南大街。在这条中轴线上又突出地建有一座高达18.5米的矗立于城池中心的市楼，俯瞰全城，把所有的古街巷从空间上联结起来。该市楼起源于汉朝长安城，当时是为了“俯察百燧”，管理市场而建的一种高阁。平遥的市楼宛如画龙点睛，“纵目可揽山秀于东南，挹清流于西北；仰观烟云之变幻，俯临城市之繁荣”（市楼文摘）。多少年来，城墙和市楼已经成为平遥古城的象征。同时南大街的北口，还交汇着一条东西商业大街，即我国第一家票号日升昌和清虚观古建筑及元代龙虎将军巨型雕塑的所在地。此外，依据“礼制”，古城还体现了“左文右武”的布局程序。上自北京的紫禁城，左有文华殿，右有武英殿；内城左有崇文门，右有宣武门；天安门前方，左为六部除刑部外的文官衙门，右为五军都督的武官衙门（这里主要指明朝）。下至州府县城的布局，也均把文庙建在城内的左方，把武庙建在右方，并且忌讳贴近衙门而建。平遥古城保存的左以文庙及魁星楼为首的文系建筑（左即东半城），右以武庙为首的武系建筑（右即西半城），是恪守这种礼制的。

总之，能够成为中国汉民族平原地区古县城的典型代表者，现在唯平遥古城而已。平遥古城连同近郊，还积聚了五代、宋、金、元、明、清众多珍贵古建筑。中华人民共和国成立后经过数十年的严格保护，如今平遥古街上一色的老式铺面、古色木招牌，古巷中明清民宅比比皆是。而且民风民俗古朴醇厚，古城风情和风貌呈现出很多“礼”的痕迹。

**三、票号崛起的背景与古城繁盛的支柱**

平遥为晋帮商人的重要发源地之一。明清时期晋帮和徽帮是全国最著名的两大商帮，尤以晋帮的实力为厚。明朝万历时“富室之称雄者江南则推新安（徽帮），江北则推山右（晋帮）。新安大贾，盐为业……山右或盐，或丝，或转贩，或窖粟，其富甚于新安。新安奢，而山右俭也”（明《五杂俎》谢肇淛著）。清代康熙时，晋商势力不仅继续称雄江北，而且伸展到了江南。康熙皇帝就说“今朕行历吴越州郡，察其市肆贸迁，多系晋省之人，而土著盖寡”（《东华录》康熙二十三年上谕）。清代晋商因为多了一层与清政府的特殊关系，后台很硬，所以在商业大舞台上是红而又红的。一是明朝末年山西商人以张家口为基地，经过塞北，同东北的满族政权沟通物资，甚至提供情报，传递文书。二是清朝建都北京后，鉴于“山东是粮运之道，山西是商贾之途，急宜招抚。若控制二者，财赋有用，国用无匮”（《清世祖实录》顺治六年五月乙亥），因此采用了招抚利用山西商人的政策。三是整个清朝较大的军事行动，大多在财政上得到过晋帮商人的巨额支持，如平叛准噶尔的战争等。此外在经营体制上，由于清朝康乾盛世的商品货币经济空前繁荣，晋商的一些大商号已经形成了在山西设总号、在外地设分号、联网式跨地区的经营组织系统。在这种情况下，总号与分号，分号与分号，以及与客户之间，大宗的批发、运销及巨额的现银解运业务，越来越多。现银的解运，虽然可以依靠镖局武装押送，可是这样做很费时间，保镖费用也大，而且途中有时并不安全。于是一种新的解款方式——“票号汇兑”便应运而生了。道光四年（公元1824年）就在平遥西大街路南西裕成颜料铺的基础上，产生了我国第一家创办“汇兑”的日升昌票号，经理雷履泰，业务上同时兼营存银和放银。这是中国金融发展史上汇兑开始的里程碑，具有划时代的重大历史意义。

日升昌票号占地1400平方米，拥有建筑21座，建筑总面积1240平方米，建筑空间形式采用三进式穿堂楼院，临街铺面、过厅、客厅都位于南北中轴线上，庭院和厢房沿中轴线对称布局，临街铺面建筑长15.45米，高7.8米，面广五间，分上下两层，门厅居中。前院前半部的厢房为对外营业的柜房，其室内地下挖筑成为金库。后半部的厢房为内部管理用的信房和账房。前院的正房三间，明间为过厅，次间为经理办公、起居的地方。后院是客房、厨房、厕所，主要是为各地分号来人住的。另外，东侧还有一条贯通西大街到后街的马车夹道，前夹道还有书房，后夹道则有厕所、马厩。整个建筑群的四周除临街的铺面外，东西南三面均筑砌了高大的砖墙。作为我国首创“汇兑”的历史见证的这组四合院建筑群体现了山西晋中民居的传统特色，也吸收了晋中商业店铺的风格，使用功能、空间利用和建筑艺术达到和谐统一。以日升昌为代表的票号建筑，不仅对于研究中国金融史具有特殊的意义，而且在中国传统建筑研究方面也具有重要的价值。

日升昌票号成立三年后（公元1827年），分号已经发展到山东、河南、奉天、江苏等省，从而使北方五省（直隶、山东、河南、山西、奉天）商人去往苏州贩货每年需保镖运银数百万两的状况，改成“俱系会票（汇票）往来”（清档江苏巡抚陶澍，道光八年四月初八日奏折，见《中国十大商帮》第43页）。

1840年鸦片战争前后，山西票号已由平遥帮扩展为祁县、太谷在内的三大帮，共11家。到清末，山西票号又增加到33家，在国内85个城市和日本东京、大阪、神户、朝鲜仁川、南洋新加坡，以及俄罗斯的莫斯科等地，共有分号400多个（《山西商人生财之道》第64页）。中国的汇兑业务基本上由山西票号垄断了。而分号最多，业务最大，号称“汇通天下”者唯平遥日升昌一家。据说，光绪三十二年（公元1906年）日升昌所属的35个分号，仅其中14个分号的统计，全年汇出汇入款项就达到3222万两。清朝官僚、豪绅、地主、商人以至鸦片贩子等，为了保证现银运送的安全，大都改用票号汇兑，这就更加促进了票号的兴隆。尤其在1860年太平天国革命以后，山西票号进而发展到代户部解缴税款，为各省借垫京协饷、为政府筹借和汇兑抵还外债、承借、承汇商款，还本付息等，甚至于卖官鬻爵、行贿赃款也都由票号过局。例如日升昌开封分号的经理，结交开封抚台为把兄弟，居然能把河南全省的财政收入都吸引从日升昌过局。有人说山西票号实际上是清政府的财政部。当然晋商也凭借与清政府的特别关系享有经济特权，从中获取巨利。

日升昌是中国票号的种子，这颗种子不但在山西省内繁殖，而且清朝同治光绪年间还影响了云南、安徽、浙江等的商家，纷纷跻身票号。平遥县城本身，最盛时期的票号也增加到了20余家，包括著名的十大票号在内。一个县城拥有这么多家的票号，在全国是罕见的，足以表明平遥城特有的金融性质和强大的财富。这些票号分布在古城最繁华的西大街和南大街，它们的建筑迄今犹存，建筑布局与风格和日升昌大同小异。

平遥在票号发展兴衰的100多年历史过程中，集中了全国最大的票号富商，简直是一座票号城。古城大街上铺面林立，票号明显突出，街巷内遍布票号经理和富商大贾住的深宅大院，建筑标准高，工艺精良，讲求风水，讲求气派。所有这些正是我国明清时期汉族地区北方城市市容街景的景象特征。前面说的“填不满、拉不完的平遥城”，显然指的就是票号的银库。正是由于有了这个基础，票号才成为平遥古城强大的支柱，一来带动了平遥古城经济、社会和文化的大发展；二来带动了整个城市建设与城市生活中的街市、商业店铺、民居等建筑的大发展，同时也带动了著名的推光漆器、泥塑艺术、戏曲等的发展。

## 四、古城的传统民居

平遥古城内传统民居建筑很多，如前所说，具有保护价值的传统四合院有3797户（包括一小部分非民居院落），其中400余户保存非常完整。平遥传统民居是历史文化的载体，众多的民居建筑既有历史文化价值、民俗研究价值、建筑艺术价值，又有实用价值，至今还居住着城市居民。由于平遥票号兴盛，居民富庶，因而民居建造精良。再加上多年来的严格保护，较少翻建、改建，因此基本上保持了明清时期的晋中民居风貌。平遥以如此众多的传统民居为基础，再加上保存完好的古城墙和古街、古巷、古建筑及其他文物古迹，从而使古城历史文态环境的整体保护达到了很高的水平。这在中国汉族地区堪称极为珍贵的孤例。

根据400余户保存最完整的传统民居建筑来看，晋中地区传统民居的风貌特色主要表现在：

（一）源于中国北方汉民族严谨的四合院形式

平遥民居有明显的中轴线，左右对称，主次分明，多为二进院以上的大宅。中间多以矮墙、垂花门分隔，二进院的平面呈“日”字形，三进院则呈“目”字形。规模再大的宅院，还包括左中右三路纵院并列（有的在左侧还包括车马院）。这些高门深宅，房舍内向，外观封闭，四周均筑成高出屋脊很多的、高直挺拔的石脚砖体围墙。巨商大贾，富比王侯之家的大院围墙，俨然城墙一般。这种强烈的封闭安全感，也正是中国传统的封建思想和观念的一个体现。

（二）院落多为南北长、东西窄的长方四合院

平遥四合院的厢房之间的距离小于正房的面宽，正房的两端被厢房挡住一部分。正房一般为三间或五间，个别为“七间七檩”。这种窄长的院落在北京一般是不用的。全国只有在山西、陕西、甘肃、河南一带如此。据说南北长的窄院空间紧凑，有利于减少风沙侵袭，也有说象征“聚财”。

（三）房屋多具有鲜明的地方建筑特色

平遥的四合院房屋大体有几种基本建筑形式。一种是木构砖瓦房；再就是砖窑洞加木廊外檐；还有一种是下层砖窑洞、上层木屋合成的二层楼。所有这些，其中正房、厢房、前房，清一色筑成窑洞式的或是通通采用木构砖瓦式的房屋均很少，而以两种建筑形式并存在一个院子里的例子为多。窑洞，源于中华民族先民在黄河中游黄土地区“凿土为窑”、“穴居野处”的历史。古老的窑洞标志着中华文明的源头，随着文明的发展，后世才渐渐出现砌砖为“拱”，或垒石为“拱”的窑洞建筑形式。窑洞建筑形象古朴，内涵淳厚，冬暖夏凉。这既象征黄河的历史文明，而且是乡土文化的一个符号。此外在城市

里大量修建砖窑洞建筑也是这个城市致富的反映。平遥的窑洞民居全是砖的，而且有不少是磨砖对缝的。当时为了争比富贵，往往不惜锦上添花，砖砌窑洞外面还要加筑一道木廊瓦檐，饰以精美的木雕、砖雕、石雕（柱础等）及彩画等。窑洞民居的门窗一如“拱”的形状和大小。门窗通常做成木棂花格，窗户纸上常见有剪纸窗花，窗花虽微不足道，却具有美化环境，渲染气氛的作用。豪华之家的窗户，在清末民初还用上了山水花鸟画和书法的玻璃，这可能是由广州带过来的。黄河中游人民过去习惯了住火炕，平遥窑洞民居因此多在靠窗户的一边砌炕，白天炕上日照采光最好。

至于平遥四合院的木构砖瓦式房屋，与汉族文化地区，尤其北方的同式房屋大同小异，基本上同属一个体系，仅仅在屋面坡度较大、屋脊处理喜欢五脊六兽及屋内屋外讲究木饰装修、雕刻、彩绘等部分具有一定的地方特色。

（四）独特的风水墙、风水楼、风水影壁

风水墙、风水楼或风水影壁是平遥传统四合院，尤其是高档、中档民居几乎家家都有的建筑附加物，多建在屋顶上。目的是为了风水好，祈求发家致富，子孙兴旺。因此这种建筑附加物的位置必须取中和高高在上。其形式又可分为多种，如，一种是加高正房正脊，做成高高的砖格。其次是沿窑洞的后墙，高筑女儿墙，再取中拔高做成更高的砖影壁式风水墙，做成一座独立的或三座分列的。另外也有在窑洞的明间屋顶上做成小庙式风水楼的。风水墙、风水楼，为了它的目的，所以都要超过邻居正房的高度，否则就属于风水不吉。不少宅院另外还建有门神龛、土地龛和门前的影壁（即照壁），以及上马石、拴马桩、石狮等。

（五）平遥古城内的堡子式街坊

平遥传统四合院民居建筑除形成大院落和街巷的群体布局外，还在城内东北角留有三座堡子式的街坊。原名北京堡，现为壁景堡，由并列的东、中、西三座“堡子”组成。东堡称安乐街、中堡称德清堡，西堡称新盛街。各堡外筑砖围墙，内有一条南北巷子，巷子左右排列两串四合院民居，标准不高，总用地面积约为200×100多米，共有60多个院落。这种“堡子”式的街坊何时形成，何以形成，其前身是否曾是古代驻军营堡？还是什么别的用途？我们这次尚未及深入研究。

平遥的传统四合院民居和汉族文化其他地区一样都是以“礼”为本的建筑。这是中国封建社会宗法制度、伦理观念根深蒂固的原因决定的。清代提倡嘉奖大家庭，所以达官富商几代同院，妻妾多室，子孙满堂，婢仆众多的大家庭、大宅院更多。平遥的清代传统四合院大宅，正是基于当时这种提倡和经济与社会的历史背景，特别是以票号后盾而产生的。它们在今天都成了这座历史文化名城保护与利用的建筑文化遗产。

## 五、问题和建议

（一）古城区尚有一部分街巷缺乏完善的路面和排水工程系统，致使这些地方的环境卫生不好。建议把这项市政工程列为重点，抓紧限期完成，以利民生和保护环境。

（二）在开辟南郊新建区，保护古城区的进程中，凡属迁出的单位，均应干净、彻底地外迁，不应再在古城区留尾巴。这些单位原在古城区的用地应退交县里，房屋凡与古城保护抵触的，该拆的拆，该改的改。平遥古城整体保护的高度历史文化价值，已经引起世界性的注意，希望这些外迁单位，以顾全大局为重。

（三）有些古建筑的恢复问题，例如重建城门楼的工程，我们认为可以从缓。县政府迁至新建区后（现正在新区施工），古城区的县衙遗址可以逐步恢复为明清风格的县衙建筑，作为古城历史博物馆或其他有关用途。此外，文庙的前部，也需逐步恢复其整体的历史原貌。

（四）加强保护古城风貌，坚决取缔破坏性建设。某煤炭机构占用民居并改建为磁砖大门的例子，省监狱占用的房屋并改建前院大门的例子，均属与古城风貌极不协调的破坏性建设，必须坚决制止，并还其历史本来风貌。

（五）南大街和东西大街的重点保护与改善问题：1.尽早实现将严重破坏中轴线景观的沿街水泥电杆，改为地下电缆的计划。2.两条大街尚存的几处明代民居和店铺建筑，已属珍贵的文化遗存。不论是否列为文物保护单位，均应挂牌（小牌子）标志它们的历史年代。

（六）古城区特别是两条大街包括市楼在内的重点环境，亟需尽快作出防火规划，加强防火措施。

（七）严加控制新建区的建筑高度，作出不建高层建筑的规定。否则，势必造成古城区被外围“夺景”的恶果。

（八）增辟绿地，美化环境。一是古城区新辟的进城大道，应重点搞好绿化带。二是古城区迁出单位的原址，拆改后应争取多搞绿化。三是新建区更应加强开辟城市公园及各种公共绿地。

郑孝燮　任致远

1996年2月29日

# 独一无二的永定客家土楼

我们曾对永定、南靖等地的客家土楼进行了多次实地考察，经认真研究、论证，提出评估意见如下。

一、永定、南靖等地的客家土楼具有很高的历史、科学和艺术价值。永定县为纯客家县份，现存23000多座土楼，遍布全县境内每个乡村，被誉为“世界独一无二的神话般的山区建筑模式”。其主要特点：

一是历史悠久。它的产生可追溯到唐末宋初以前，现存的土楼相当一部分为清末以前所建。从西晋起一直到明清，原居中原的一部分汉人经多次迁徙落脚福建，在闽西、闽西南形成汉民族的一个重要分支——客家民系。由于特殊的历史、社会和自然环境以及传统观念的支配，融合了当地的文化，发明、创造了以生土夯筑而成的土楼，并在此后近1000年间不断发展、创新，延续至今，充分说明客家文化有着强烈的凝聚力、向心力，也充分说明客家土楼具有强大的生命力。

二是千姿百态。现存永定、南靖等地的客家土楼种类繁多，有五凤楼、府第式方楼、宫殿式方楼、圆楼、半月形圆楼、椭圆楼、殿堂式围楼、日字形楼、目字形楼、六角楼、八角楼、吊脚楼等30多种，一个离海洋不远的山区有如此众多种类的土楼，实属罕见。

三是规模宏大，蔚为壮观。占地500平方米、高三层以上的土楼占60%以上，其中有高六层的方楼、四圈的圆楼，规模较大的土楼可住数百人至上千人。此外，每个较大的村庄均为众多千姿百态的土楼组成的土楼群。

四是结构奇巧。其结构和布局处处体现建筑与社会管理、科学和艺术的巧妙结合，是公共建筑、庙堂建筑和民居建筑的综合体，深刻地反映了客家人的社会观、道德观、文化观和家族意识、民系意识。

五是功能齐全。不仅具有聚族而居、安全防卫、防风抗震、防火防涝、通风采光、冬暖夏凉的功能，而且生活设施、祭祀场所、议事场地一应俱全，每座土楼如同一个小社会。

六是内涵丰富，博大精深。它处处体现了客家人团结互助的精神风尚，反映出客家人秉承原住地中原的文化，反映了客家人的民间艺术、伦理道德、宗法民风以及崇文重教的思想；它集地质地理学、生态学、军事学、社会学、民族学、风水学、景观学、民俗学、美学、建筑学等十多门学科之大成，在中国建筑艺术中独树一帜。

七是高超的工程技术和突出的艺术特色。它在选址上充分考虑了地质、水文、气候等自然条件；在用材上，就地取材，便利实惠，以土木为用材；在建筑技法上，承重墙体全部使用生土，内部以木构架为主，讲究建筑的牢固性和居住的舒适性。它有一种乡土美感，无论是单体还是群体，其艺术价值体现出独特的画境美、意境美、雄浑美、气势美，外形粗砺天然，内部装饰的雕刻艺术及楹联、石刻书法则精致多样，极大地丰富了中国传统审美思想及建筑艺术的宝库。在“氏族建筑”的概念下，又开辟出“民系建筑”的独特领域。

总之，永定客家土楼年代之久、规模之大、结构之巧、内涵之丰、品位之高、保存之好，堪称伟大的艺术杰作、世界一绝，它代表了一种独特的建筑艺术成就和一种创造性的天才杰作。同时，作为客家文化的载体，它突出地体现了客家文化与中华民族传统文化的渊源关系，体现了千百年来中华民族包括客家民系具有强大的凝聚力；它全面展示了客家文化的丰富内涵，使客家文化的各种特征得到充分体现，这在全国范围内是独一无二的。就现状而言，它是各种客家建筑中最古老、保存最完整、最具代表性的。

二、永定客家土楼特别是初溪土楼群、洪坑土楼群、高北土楼群、实佳土楼群、南中土楼群、南江土楼群、新南土楼群、彭坑土楼群和承启楼、奎聚楼、福裕楼、振成楼、如升楼、侨福楼、振福楼、衍香楼、环极楼、永康楼、集庆楼、绳庆楼、裕隆楼、永隆昌楼、馥馨楼、遗经楼、富紫楼、五实楼、善庆楼以及以生土夯筑的西陂天后宫等，依山就势，沿溪落成，错落有致，与大自然融为一体，气势磅礴，多姿多彩，具有浓郁的山区客家建筑特色，构成了神奇、古朴、雄浑、美丽的景观，是中国古代建筑类型中突出的实例，极具历史价值、科学价值、艺术价值和鉴赏价值。

三、永定客家土楼已具备定为全国重点文物保护单位的条件并符合申报世界文化遗产的全部标准，即：（1）代表一种独特的艺术成就，一种创造性的天才杰作；（2）能在一定时期内或世界某一文化区域内，对建筑艺术、纪念物艺术、城镇规划和景观设计方面的发展产生重大影响；（3）能为一种消逝的文明或文化传统提供一种独特的至少是特殊的见证；（4）可作为一种建筑或建筑群或景观的杰出范例，展示出人类历史上一个（或几个）重要阶段；（5）可作为传统的人类居住地或使用地的杰出范例，代表一种（或几种）文化，尤其在不可逆转之变化的影响下变得易于损坏；（6）与具有特殊普遍意义的事件或现行传统或思想或信仰或文学艺术作品有直接和实际的联系。主要依据：一是永定客家土楼是世界独一无二的、神话般的山区建筑，其杰出的建筑艺术堪称世界一绝；二是永定客家土楼的文化内涵丰富，它是客家人创造文明的历史见证，是客家文化的载体、象征，充分体现了中华民族文化的多样性；三是永定、南靖等地客家土楼是消逝几千年的中国中原古文明和古文化传统的独特的实物见证，必须得到特别的保护。

四、建议以“福建客家土楼”申报世界文化遗产。因为：（1）土楼是客家文化的产物，其核心是围绕一个“客”字，才产生如此鲜明的特点，它是客家人在辗转南迁过程中为适应和开拓新的生活环境所创造的文化因素，才形成了有别于其他建筑的独特风格。（2）申报世界文化遗产强调的是纯正的文化内涵，客家文化有其质的规定性，冠以“客家土楼”的名称，可以涵盖客家文化的多方面内容，包括历史、民风、民俗、语言、伦理道德等等。（3）客家民系成熟诞生在福建。客家土楼覆盖永定全县，并辐射到其他地方。永定、南靖客家土楼完全可以作为福建客家土楼的代表。（4）申报世界文化遗产命名至关重要。在“土楼”前面冠以“客家”二字，才能准确地揭示土楼的历史文化内涵，紧扣六条申报标准。（5）以“客家土楼”申报，有利于弘扬客家文化和中华民族传统文化，必将受到中国内地数千万、中国港澳台数百万、海外70余个国家数千万客家人的衷心拥护，凝聚全球华人的感情，吸引海外数千万客家后裔到客家祖居地观光、旅游、祭祖、投资、置业，促进祖国统一大业。

仅添“客家”二字，善莫大焉。

综合上述意见，建议先把永定、南靖客家土楼列入国家级文物保护单位，并进一步将“福建客家土楼”申报世界文化遗产。

郑孝燮　罗哲文

2000年7月22日

【随笔】

# 进一步加强风景名胜区的保护与管理

当前风景名胜区的保护与建设工作，问题不少，屡见报端。原因是多方面的，但基本上是好心肠没有把事办好。为此，首先要呼吁进一步加强风景名胜区保护建设、管理的立法。这里指的是细节性的立法，不能线条太粗，解释不清，免得遇到问题不好办。

第二是建议现行体制要加快改革。很多风景名胜与文物古迹是你中有我，我中有你，很难分开。现在风景与文物工作，政出多门，自然麻烦就多。能不能选择几处重点风景名胜区或历史文化名城，试行一下“国家公园”体制？把现在分兵把口的风景、文物等的主管工作拧在一起，试试看。经验成熟，行之有效后，再逐步推广。现在的体制很不适应形势的发展，一方面把原来主管全国风景和园林的园林局并到主管市政工程、给水排水、道路桥梁等的城市建设局里；另一方面又把全国有关历史建筑、纪念建筑等文物古迹归属于文物局管，同馆藏器物书画等文物的管理归在一个口。因此，往往造成风景、文物之间工作不顺的困难。许多国家行之有效的“国家公园”制，是把风景、文物工作合并在一起的管理体制，这是值得我们在改革中借鉴的。如果对“国家公园”这个名词不习惯，那么改之为“风景文物”或“文物风景”管理也未尝不可。

第三是切实加强对风景名胜区的规划。此项工作，综合性很强，必须多学科合作。好比是交响乐队，而不是独奏或二重奏、几重奏。各学科的关键主要在于提高人的素质。此外，有时还得请有关史学家、地方史学家、山水画家、美学家、文物工作者、考古工作者以及文学家参加评论。交响乐队就是要多种乐器的演奏家、指挥家的配合默契，才能奏出高水平的乐曲。

风景名胜区保护与建设的规划，应该是来于自然，而又高于自然，正如文学艺术创作应该源于生活而又高于生活一样。风景名胜工作，总的说是一种文化性强、文化意义重大的工作。风景名胜区的规划设计，可以认为是在保护自然的基础上，给自然以必要的、恰当的点缀，求得主从分明、协调统一的美的发掘与深化的工作。风景名胜区不能完全没有任何点缀，例如必需的道路、桥梁、建筑、通信、给水、排污等的基础设施，否则岂不等于喜马拉雅山那样的原始的自然状态？喜马拉雅山是特殊的自然风景，只有特殊的旅游者、探险者去得了的。但是任何点缀都不能有损于自然风景之美的基调。

（原载于《风景名胜》1998年第1期）

# 依法保护维修，依法管理工程

《文物保护工程管理办法》是为贯彻和配合《文物保护法》这部国家大法而制定的，它的实施对不可移动文物的保护非常关键。《办法》主要依据《建筑法》的相关内容，对文物保护工程从立项到勘察设计，到施工、监督管理、验收管理等环节和程序，作出了明确的规定。《办法》实际上是对文物实行“医疗保健”的法定制度。著名古建筑专家梁思成先生曾经说过，修缮文物不是让文物返老还童，而是要让文物延年益寿。不可移动文物大多历史悠久，本身比较脆弱，需要经常维护。《办法》的实施为不可移动文物的保护和修缮提供了法律依据。值得一提的是，《办法》在原有相关法规的基础上进一步完善，如文物保护不仅要做到文物建筑自身的保护，还要注重文物周边环境的保护，这一点在《办法》中就得到了较好的体现。

当前，文物保护工作中还存在一些问题，主要体现在基本建设和旅游开发建设方面，如曲阜孔庙的“水洗”事件，造成古建筑彩画的严重破坏；长城维修中，未按历史原状进行修缮，曾用水泥砌墙，遭到联合国官员的批评等，诸如此类的破坏性保护时有发生。但从总体来看，由文物部门亲自经手修缮的不可移动文物保护工程，绝大多数是严整的、成功的。我曾参与验收的苏州虎丘塔纠偏工程、国家专项拨款的西藏布达拉宫修缮工程、配合三门峡水库修建的山西永乐宫异地重建工程，都是国家文物局经手的复杂而重大的文物保护工程，都非常成功。希望国家文物局能发扬成绩，总结经验，在今后的文物保护工程中大有作为。

《办法》颁布后，各地应该更自觉地将文物保护修缮工程做得更好。现在我国已经加入《世界遗产公约》，文物保护工程中不仅要贯彻《办法》的规定，还应义不容辞地遵循《世界遗产保护公约》相关的法规。迄至目前为止，我国有世界遗产28处，其中有很多自然遗产，我国的自然遗产往往与古建筑紧密结合，有些世界遗产本身就是历史建筑或建筑群，所以应该更自觉地按照《世界遗产保护公约》的一系列法规来规范文物保护修缮工程。

（原载于《中国文物报》2003年5月23日）

# 对日本奈良中国文化村含元殿建设方案评议的意见

世界著名的日本古都奈良是中日友好与文化交流源远流长的历史见证。今天在奈良筹建以中国唐朝大明宫含元殿为主体的中国文化村，我非常赞同。对这个规划设计方案，我原则上同意。这是在历史悠久的名城奈良，再现一处具有重要历史文化意义的中国建筑。正因为意义如此重大，所以中国文化村的建筑格调，包括环境布局要高水平，反映的历史文化风貌特色要鲜明。所谓格调与风貌特色,我认为应同时包括外在表现的“形”和内蕴的、动人以情的“神”;既有建筑的个体群体可看可用,又有环境整体气氛的虚实结合及风貌精神可寻。也就是说，要形神兼备，才能谈得上格调高和特色突出。谈几点意见。

一、必须强化以含元殿为主的中轴线布局，这是非常关键的问题。这种非同一般的南北中轴线，是中国古都、日本古都的宫城以金銮宝殿为主宰的布局形制的中枢神髓。它是用宏伟壮丽的皇宫建筑和环境布局的整体形象，托物寄意，以神夺人，显示皇权至高无上的精神气势。为了集中反映这些，当然就离不开强化中轴线布局的引申和烘托作用。

原来唐朝长安，从大明宫的正门丹凤门（相当于北京故宫午门）至龙尾道，进而攀登含元殿（相当于北京故宫太和殿），再宣政殿，再紫宸殿的南北中轴线，不仅深长，而且由于含元殿突出地建在高出地面的“龙首原”山岗的顶上，所以就更有九重宫阙、居高临下的磅礴气势。这是中国历代别的宫城的中轴线所不及的。奈良中国文化村的用地范围和地形是有限制的，如果善于因地制宜，而又巧于运用形似、神似的原理，那么即使含元殿的开间、总长度和比例略有缩减，丹凤门至含元殿之间的中轴线略有缩减，也无大碍。正如古平城京（今奈良）的都城规划和唐长安都城规划的关系一样，前者虽然具体而微，但是两者毕竟有其形似、神似的渊源和形制相近的历史文化共性表现。

奈良中国文化村含元殿前中轴线的历史文化建筑，不可能一一都建。然而最基本的少数几处，却不可不有。例如：1.丹凤门及其城楼丹凤楼。2.左右“今吾”仗院，位于含元殿栖凤、翔鸾二阁的前方，遥遥相对，对称布置（“今吾”为皇家禁卫军士）。3.殿前广场中轴线御道旁的夹墙或朝廊式的廊墙、廊屋，这对于引申、烘托、塑造中轴线布局的气势非常必要。

二、把唐长安城的“市”纳入中国文化村是可以的。不过在环境布局上要特别注意总体格局的章法秩序，使它的位置同它的“身份”相称。比如说，把它分布在中轴线以外的东西两侧；切忌首当其冲，把它摆在正面中轴线上。这如同棋局一样，均应有一定的章法秩序，均应按棋子的“身份地位”，而有位置、步法等的不同，绝不能随意摆布。

“市”的建筑要低，形成市井，市廛列肆，不要做成现代的建筑平面、立面形式。有些甚至不必搞成永久性建筑，如果适当地把唐朝的“草市”（草草收场，临时之市）、“墟市”（有人则满，无人则虚，所以叫墟市）的意思融会贯通进来，却也未尝不可。“市”摆在中轴线两旁，仅仅是烘托、陪衬的作用，要不要完全拘泥于长安东市、西市的原状考证？我认为不可能也不必要，只要风貌基调能够在总体环境上有所协调、呼应就可以了。

三、关于探索大明宫含元殿及中轴线的气氛问题，唐诗中有些可供参考的描绘。如：

贾至的《早朝大明宫》诗句：“银烛熏天紫陌（御道）长，禁城春色晓苍苍”；“剑佩声随玉墀步，衣冠身惹御炉香”。

王维的《和贾舍人早朝》诗句：“绛帻鸡人（戴红头巾的报晓的卫士）报晓筹，尚衣（管宫中衣冠的官）方进翠云裘。九天阊阖开宫殿，万国衣冠（指各国使节）拜冕旒（帝王上朝戴的帽子，此处意指帝王）”；“日色才临仙掌（扇形的仪仗，用为帝王挡风遮日）动，香烟欲傍衮龙（帝王穿的龙袍）浮”。

岑参的《和贾舍人早朝》诗句：“鸡鸣紫陌曙光寒，莺啭皇州春色阑。金阙晓钟开万户，玉阶仙仗拥千官”。“花迎剑佩星初落，柳拂旌旗露未干”。

杜甫的《和贾舍人早朝》诗句："五夜漏声催晓箭，九重春色醉仙桃（类似华表状的立柱的柱顶）。旌旗日暖龙蛇动，宫殿风微燕雀高"。

王维的《奉和圣制从蓬莱（即大明宫）向兴庆（兴庆宫）阁道中留春雨中春望之作应制》的诗句："銮舆迥出千门柳，阁道回看上苑花。云里帝城双凤阙（含元殿前栖凤、翔鸾二阁），雨中春树万人家"。（注释1）

从以上的诗句可以想见，含元殿早朝文武百官进入丹凤门，沿着中轴线步入含元殿前的御道或玉阶，两旁站着长长的皇家仪仗队，旌旗飘动如龙如蛇，金阙晓钟齐鸣，香烟缭绕，燕雀高飞等庄严、宏伟的场面气氛。

四、为了丰富历史文化知识，引人入胜，提高观赏价值，建议把含元殿的"建筑、环境与历史人物"作为活的内容，加以展现。这比蜡像展现更能动人，当然也要讲求格调高。

世界历史文化名城美国威廉斯堡，是18世纪英国殖民总督的府城。以后毁于独立战争，1928年重建，古色古香，历史风貌如故。总督府内秘书、侍者、工匠等历史人物，全由真人扮演，同时每周规定半天在古城大草坪上，化妆再现当年民兵大队人马挥古刀，持古枪，用古炮攻击、防守演习的活的历史场面。这是人们喜闻乐见的一种活的历史，活的文学，似比舞台、影视更富于真实感的情趣。

中国历史文化名城曲阜，是孔子故里，有孔庙、孔府、孔林三大全国重点文物保护单位。近几年在孔庙庭内，沿着深长的由南而北的中轴线，直到大成殿，每年总举行几次隆重的祭孔典礼。这是独具特色的大规模的乐舞仪式活动，目前在中国是唯一的礼乐历史文化的再现，也是去曲阜的中外人士所乐见的。

奈良中国文化村含元殿及其中轴线上，可否也定期举行一些历史文化活动的再现呢？比如含元殿大朝的壮丽场面，又如日本遣唐使藤原清河等在含元殿会见唐玄宗的友好情景等等。（注释2）

五、含元殿建筑本身，限于用地，尽管比例略缩，但全部轮廓及细部关键，都要"有板有眼"、"字正腔圆"，做到够味；"举手投足"、"一招一式"必须到家。如：含元殿庑殿大屋顶的正脊曲线必须明显，立柱必须是梭柱，柱顶必须有卷煞等，所有这些"节骨眼"都要严格表现唐风。柱头斗拱、补间铺作的人字拱和蜀柱以及螭吻、螭首及石刻纹样等也宜详绘大样审评，精益求精，够格够味。

1988年1月15日于北京大都饭店

注1：贾至（公元718—772年）是唐肃宗时大明宫内中书省的舍人。唐大明宫内设有中书省、门下省、尚书省，分别为协助皇帝决策、审议和执行国家政务的最高政务机构。贾至是中书省的舍人，舍人是专为皇帝起草重要文件的官。中书省就设在大明宫内的“凤池”。

注2：唐朝天宝十一年（公元752年）正月初一，日本第十次遣唐使藤原清河大使在含元殿会见唐玄宗。唐玄宗特令“秘书监”、“卫尉少卿”朝衡（即阿信仲麻吕，原为日本留唐学生，学成后留任唐朝官吏）陪伴藤原清河等游览大明宫等处。）（见：《遣唐使》姚嶂剑著第38—39页，及《鉴真》王金林著第34页）

# 关于曲阜故城恢复开发及孔子广场规划设计方案的书面意见

《曲阜故城恢复开发项目规划设计方案》及《曲阜孔子广场规划设计方案》（以下简称《方案》）强调国家历史文化名城曲阜为“东方圣城”的圣洁品位。提出了明城墙“遗址复原”和新建孔子广场、古泮池乾隆行宫复原设计等方案，并采取分期实施的设想。

曲阜历史文化名城根据总体规划，采取了“保护古城、开辟新区”的方针和布局。古城新区分开，这是世界许多历史名城积累的好经验。世界文化遗产的平遥古城、丽江古城皆是如此。

保护古城、开辟新区，首先要明确不同的建筑基调。古城区的建筑基调，重在历史传统文脉古色古香；新区建筑基调，在于现代风貌今色今香，但新区的建筑高度应有所限制，不能压制古城的环境空间气势和意境。古城区因为是圣城，各项规划设计均应体现文化的高品位和不割断历史。在传统基础上创新的“中而新”建筑，不论古城区和新区皆可以用。

《方案》关于恢复明城门楼和修缮东北角、西北角两处明城墙，关于古泮池的行宫恢复，修旧如旧和环境的整治，关于颜庙前保护范围内旧影剧院的拆迁，关于孔子广场由新区改至古城区的设想，基本上都是可行的。以下几个问题，需要另作考虑。

一、明城墙绝大部分已经拆掉，保护古城墙遗址有必要参考其他城市经验。北京元大都尚存的北城墙和西城墙的遗址，明清皇城东城根遗址，均采取沿城墙遗址建公园绿带的保护方式；只有内城墙东南角楼以西一段明代尚存的城墙即将修缮保护。城门楼修复的例子，有苏州盘门城楼，襄樊东门城楼，平遥北门城楼可供参考。

建议曲阜可以参考这些名城的先例，对明城墙遗址做环城绿带公园，重点突出几个恢复的城门楼，同时恢复整治护城河。否则用钢筋混凝土构架，搭起仿古城墙，而且用为车库，那会成为布景式的假古董。既投资不少，又品位低劣，与圣城名誉不符合。作为环城绿带，可以以虚代实，托物（遗址绿地）寄史、托物寄情，引人联想失去了的真的城墙。在环城遗址绿带，选划若干地段辟为停车场地，或建些少量的建筑，如小博物馆会好得多。

二、孔子广场是圣城一项意义十分重大，影响国内外的新建设，必须特别慎重。因此需要作为专题专项，多方公开征求方案，并报请名城和文物的国家主管部门备案或审定，同时还应征请孔子研究会，中国科学院、中国工程院院士及某些有关专家参与评议或审查把关。

对孔子广场的附图的几点意见如下。

（一）反映曲阜古城区的建筑历史文脉、传统风貌基调不能割断，在这方面考虑不够。

（二）具象与抽象问题不够深切。如经“井”广场的十三经与“井”字或建筑布局的内在联系，是否有理性逻辑可言？还是牵强附会？如“大中广场”之中庸之道之“中”，用四合之“中”，四边方形的几何之“中”的布局，能不能体现不偏不倚之“中”？孔子思想的中庸究竟指哪一个？如“祭祀广场”布局与建筑宜纯朴、简洁、庄重，还是烦琐、复杂？尤其如夜景所示，好像春节电视大联欢的热闹大场面，是否妥当？这些问题都有待进一步探讨。

（三）横轴线入口后突出“千古儒商”的三间大牌楼，也值得探讨。儒商是不是从徽商而来？而皖南徽商始于南宋，儒商盛于明清。尊儒的影响其实除个别地方商界外，更广泛及于各界、各地，直到日本、朝鲜、韩国、越南等。孔子弟子更非皆是子贡。儒商之名主要来自明清的一些商帮。这座“千古儒商”牌楼在历史上、理论上应请教孔子研究专家指点应不应该立，要搞清楚。

（四）孔子广场太大，是否因空间尺度不易处理而筑高台立孔子像？按孔子庙宇和国外立的雕像均不追求高高在上。“三孔”都是低平的。古城本来是平地，加高筑成“覆斗式”大台子，上立孔子雕像比较勉强，整个形象像

“覆斗式”坟墓。

（五）整个广场大小问题，既然孔子像的高度有限，就不如不占用那么大的广场用地。换言之，缩小广场面积，简化广场建筑，而且不与文脉断裂，多用绿化手段。天安门广场东西500米，南北800米，人民英雄纪念碑高37.94米也在平地上。把缩下来的用地做绿地及其他文化建设，同时必须与古城传统文脉协调。总之“中而新”的风格体现了不割断古城的历史文脉，这是在建设中保护古城风貌所必须解决的关键性问题。

2001年10月20日

# 天下孔庙，托物寄人、寄史，保护是第一位的

## ——为《世界孔庙博览》作

《世界孔庙博览》即将出版。据悉这本书将涉及“在现代经济社会空前发展的情况下，怎样才能保护好、利用好孔庙这样的珍贵的历史文化遗产”的问题。这个问题其实在别的地方的有些文物保护单位也存在。我国“保护为主、抢救第一、合理利用、加强管理”的文物方针和《国家文物保护法》的规定应该说很明确，而有关承诺联合国《世界遗产保护公约》的保护责任更是重大。面对孔庙的保护与利用，除依据文物保护法外，当前尤其关键的是切实加深对孔子思想的认识和加强地方对依法行政的自觉意识。

托物寄人，托物寄史，曲阜孔庙及各地文庙的历史文化价值在于它们是孔子思想文化的象征和寄托。孔子思想不仅是中国的也是属于人类的文化遗产。日本、朝鲜、韩国、越南、新加坡等国很早就建有纪念孔子的孔庙。20世纪70年代，美国纽约建起了孔子这位世界哲人的高大雕像。德国柏林的孔子花岗石雕像和石刻的“己所不欲，勿施于人”的基座，今年7月30日正式揭幕[①]。世界四大历史哲人的释迦牟尼、基督耶稣、穆罕默德都是宣扬崇拜上帝，或信奉真主，修行来世，向往天国；唯独孔子的思想主张面向人世，面向现实社会。

孔子是我国历史上伟大的思想家和教育家，同时还是一位宣扬“修身、齐家”，“仁治德政”，“治国、平天下”的政治家。从汉朝“罢黜百家、独

① 见《光明日报》2004年7月31日。

尊儒术”，到清朝的2000多年封建社会，孔子的思想和以后从中发展起来的儒家思想，始终不渝地成为了历朝历代统治国家和融入人民生活的精神支柱。无论改朝换代，或者是少数民族统治的王朝，这一精神支柱一直传承不绝。孔子从而被尊为夫子、圣人，直至封为“至圣先师”、“文宣王”，并在全国都、府、州、县广建庙宇祭祀纪念。这在我国历史上，是任何思想家都比不了的。

孔子思想的核心是“仁”，“仁者人也”。意思是“仁是一切人的本性”。与此同时，孔子思想体系中推崇的“礼”，则是仅次于“仁”的重要理念。据孔子研究的权威学者匡亚明先生的阐述：“礼是人们的行为准则，体现了社会对人的外在约束。”仁是“人的本质，是修己爱人的内在自觉性”，“以礼为准则行仁（修己爱人），以仁的自觉复礼（贵贱亲疏有等）”。由此可见：礼与仁是形式与内容的统一，二者是不可分离的。中华文明古国，素称礼乐之邦，礼在作为人的“行为准则”的同时，还被制定成为“以礼治国”的种种“典章制度”。例如《周礼》（包括《考工记》）就包括城市与建筑的等级与形制的礼制规范。封建社会为祭祀孔子而在全国广建文庙，都必须依照国家礼制的有关规定。

礼制最高等级的文庙是建在孔子故里曲阜的孔庙。历代曾有不少位皇帝亲临那里祭孔。朱元璋虽不在其中，却是非常尊孔的一位明朝开国皇帝。他说：孔子“为帝者师，为常人教，传至万世，其道不可废也”。“尊师重道”不但属于中国古代的礼治道德，更是产生礼的三大根源之重要部分，亦即“礼有三本”的一部分。礼的三本是“天地者生之本也（大自然），先祖者类之本也（血缘直属），君师者治之本也（统治与教化）”[①]。曲阜孔庙的建筑整体布局与营造形制，因此必须体现或象征先师孔子的德高望重，体现“德侔天地，道冠古今”的思想道德与教化贡献。现在全国重点文物保护单位的曲阜孔庙的建筑已经以它的庄严神圣、严整有序、形神兼备的历史、艺术、科学价值被列为“世界文化遗产”，属于《世界文化和自然遗产保护公约》共同监督保护的人类遗产。

至于全国各地府、州、县城的文庙，也都是按照礼制等级建的。又因所

---

① 《礼记》。

在地区自然条件等的差异，建筑风格上往往带有一定的地方特色。但是全国所有文庙建筑的基本格局是统一的：均有一条南北中轴线为主导，左右对称，多进院落，重点突出大成殿。这种气势庄重、严整有序的礼制格局对于全国各级文庙是必须体现的共同准则。

全国各省现存的文庙，基本上均被列为文物保护单位。但总体来看，毕竟已经越来越少。以湖南为例，原有80多座文庙，现在仅存20座，而且几乎没有一座是保护完整的建筑群。甚至有的文庙曾因某领导的一句话，就被拆光。有的因为某单位领导心血来潮，竟在文庙大成殿前不足8米的地方建起了六层办公大楼。[①]

历史是中华民族的根，文化是中华文明的魂。国家保护文物的方针和法律，归根结底，就是留住历史的根，留住文明的魂。如前所说，“保护为主，抢救第一，合理利用，加强管理”的方针，已经把保护与利用的关系，明确地定了下来。而且同联合国《世界文化遗产和自然遗产保护公约》的主旨基本上是一致的。文物或文化遗产之所以必须把保护放在第一位，就是因为文物或文化遗产是永远不能再生的，也不能“独善其身”地孤立存在。

《世界孔庙博览》这部新书，视野深广，立足中国，放眼世界，为孔子思想的研究和孔庙建筑文化的展示，作出贡献。对于弘扬中华民族优秀传统文化和“保护为主，合理利用”文化遗产，以及加深认识的探索也具有重大意义。

2004年8月15日

① 《中国文物报》2004年8月13日《谈湖南20处孔庙的保护》。

# 北京戏曲历史悠久，应有戏曲博物馆

## ——兼谈会馆古建筑的保护利用

唐诗、宋词、元曲是我国文学遗产的三绝。其中元曲的摇篮就在大都，即今天的北京。通常说的元曲主要是指杂剧。元杂剧已达到了把歌唱、说白、音乐、舞蹈、化妆和完整的故事情节融为一体的艺术成熟程度，它的成就在我国戏曲史上、在北京戏曲史上都是空前的。当时的杂剧多达500多本，迄今传世的尚有136本。元曲四大家的关汉卿、马致远、王实甫、白朴都长期在大都生活和创作。众所周知的《窦娥冤》早已有人认为是悲剧创作的世界名著，而《西厢记》、《赵氏孤儿》、《陈州粜米》（包公戏）等剧，直到今天也仍然有着重大影响。

明朝中后期到清朝康熙、乾隆年间，代杂剧而起的主要是弋阳腔（高腔）和昆曲。明朝先是弋阳腔在“两京（南京、北京）、湖南、闽广皆用之”（徐文长：《南词叙录》）。后来以苏州为中心的昆曲传入了南京、北京，借着两京的影响优势，持续到清朝的中叶一直盛而不衰。那时在北京，上自宫廷、府第，下至许多寺庙、会馆、饭庄、茶楼以及戏园，都有戏台。北京前门外肉市，在30年代“七七事变”以前还保存着的广和楼，就是当时仅存的明代民间戏园。明朝昆曲大作家汤显祖的《牡丹亭》及清初洪升的《长生殿》都是当年广和楼上演的脍炙人口的名剧，近代著名的富连成科班长期保护利用广和楼作为实验舞台。

康熙、雍正、乾隆时（公元1662—1795年）昆曲在北京十分盛行，此刻有些地方戏曲也传入了北京。京剧诞生于北京，但实质上它是集地方戏曲之大成而发展起来的雅俗共赏、博大精深的戏曲艺术体系。乾隆、嘉庆年间（公元1736—1820年），北京成了以“南昆、北弋、东柳、西梆”——即苏州昆曲、河北高腔、山东柳子戏、山陕梆子戏——四大声腔为主的地方戏曲荟萃中心。地方戏曲进京，对京剧的形成与发展至为重要，其中最有直接关系的是乾隆五十五年（公元1790年）从安徽征调四大徽班进京。徽班是以二黄为主要唱腔的剧团。徽班入京后逐渐吸收了在京的梆子、昆曲、罗罗腔等的优点，同时在身段作派、念白、武功等方面也博采众长，加以发展，于是造成了唱、念、做、打全面发展的京剧雏形。道光年间（公元1821—1850年），汉调自湖北入京，这就把西皮唱腔也带给了京剧，使这一雏形的新剧种更加丰富完美。可以说从1790年起到19世纪中期前后（咸丰年间），经历了半个多世纪的发育成长，才真正地形成了京剧这个剧种。京剧发展起来的这个过程，正如元曲之于大都一样，也是以北京为摇篮的。

京剧一方面继承或改编了来自宋金元明清积累的大量剧本，另一方面又常有新剧本问世。仅以唐宋故事为题材的京剧剧本就有“唐三千，宋八百”之说，真可谓浩如烟海了。一百多年来从北京造就了一代一代的京剧演员、乐师、教师、杰出的艺术家。像梅兰芳就是最早为京剧赢得国际荣誉的艺术大师。以北京为祖根的京剧，是一定会随着社会主义建设而日益振兴的。

因此，我建议保护利用有戏台的会馆古建筑，开办戏曲博物馆。我想应辟有两处：一处是北京戏曲博物馆，主要是元曲和京、昆；另一处是中国戏曲博物馆，面对全国其他主要剧种。这是推动北京历史文化名城的精神文明建设的一个重要方面。

1987年1月19日

# 考察随笔

我孤陋寡闻，以前只知三苏祠在四川眉州苏氏故里，误以为苏轼、苏辙兄弟和乃父苏洵之墓全在那里。在抗日战争时期和中华人民共和国成立后，我曾两次去过，都不曾搞清楚。今夏随罗哲文、吕济民二先生去河南郏县，这才看到还另有一座三苏祠坐落在该县城外广庆寺内。寺的东北隅，还有依山面水，柏树森森的三苏坟园。其实郏县的这座苏氏坟园，原先是宋朝起筑的二苏兄弟之墓。到了元朝郏县，有一位崇儒尊贤的县令，他认为“苏轼、苏辙两公之学，实出其父老泉先生教也。”于是就在二苏的坟墓之间，增筑了苏洵的衣冠墓，这才成为郏县三苏坟。同时在广庆寺内辟设了三苏祠，塑三苏像供奉。所以元朝以后“寺因坟而大显，坟赖寺而永祀矣”（清顺治寺碑）。寺里的和尚，长年守护苏坟。

罗先生同我说，他对郏县三苏祠墓也知之甚晚。此行我们觉得很高兴的是市和县的领导是“有识之官”，重视历史文化，重视保护文物。尤其在我们之后，接着又有专家范贻光先生前去深入考察、撰文、摄影，促进扩大宣传。

祝愿四川眉州和河南郏县两地的三苏祠依法“加强保护，合理利用”，并坚持文化的高品位，共同为弘扬中华文明做出不懈的贡献。

2002年12月3日

# 北京颐和园、天坛的记忆

北京西郊多山，自然风景优美。清朝大兴土木在那里修建了多处皇家园林。其中颐和园至今保存完好。这座皇家园林山高水阔，与富丽堂皇的建筑融为一体，叙述着历史，展示着园林艺术。

中国古典园林和诗、画一样，美的深处在于追寻意境，或者是超越时空的弦外之音。比如“借景”，在颐和园就体现了这方面的美好效果。当我们立足在空间开朗、景色醉人的园内，遥望园外，西山重重叠叠如画，虽属外景借入，却是不分彼此，内外和谐，正是颐和园这部凝固交响乐余音的延伸。

还有，在满园显示皇家之尊的殿堂楼阁、廊桥亭台、奇花名木之间，穿插着的几处江南风格民间等级的景物，算得是锦上添花的一笔。乾隆皇帝六下江南，对苏杭山水人文是偏爱的。颐和园少而精地移植了水乡苏杭景色，把它们恰当地分布在园区不显眼的地位，给整个园林带来了又一种对比的境界情趣。显然其中深受乾隆的影响。

1998年12月颐和园列入了世界遗产名录。同它一起，天坛也戴上了世界遗产的桂冠。

还记得20世纪30年代初和50年代初的天坛，留给我的印象很深。那些时候，我去天坛总感到我是走进了一片古老的柏树森林的怀抱。当时天坛的古树比现在多。其实民国以后天坛的古树就在减少，甚至一度在园区堆上了大土山。现在山平了，树也增植多了，是新树，但并不都是柏树。

天坛当时还存在一个十分奇特的景象。那就是在广阔的园区，明清王朝年间用庄严肃穆、四季长青的柏树，长成林海，遮隔外界繁华，进而塑造出神秘的“天”的意境。天坛的建筑稀少，当我登上祈年殿的平台，举目环望，顿觉沧桑古老的柏树林海全在脚下，再远看竟是自然空间的天际——市屋院落全被遮在茫茫的林海下，看不到了。感受到的是环境空间超脱，气氛虚无，如梦如幻，恍如出世，升入天界。天坛是古代建筑中以“天”为主旋律和神秘色彩浓厚的完美杰作之一。同是古树成林的北京十三陵，曲阜孔林的林海，为什么都体现不出 “天”的境界？天坛从象征“天”的宏观整体出发，成功地运用了视觉空间和林海遮景结合的规划大手法，这是中华民族高度智慧的结晶。建筑艺术无与伦比的天坛大杰作，对“天”的意境的塑造已成了人间永恒的记忆。

2003年5月16日

# 颂联合国世界遗产之苏州园林

“人间天堂”的苏州，古称姑苏，山清水秀，文化根深，是世界著名的历史文化名城。在苏州这块江南水乡中心的土地上，一方水土一方人，自然与文化融合，哺育了一代接一代的文化艺术。历代有大批的文人（本土的和外来的）荟萃于斯，受熏陶于斯，创作于斯，为苏州的文化艺术做出了长期的重大贡献。正是基于这样一种人文基础与历史地理的背景，才使苏州形成为独领风骚、长盛不衰的吴文化基地。闻名全国，载誉世界的苏州古典园林，就是吴文化最有代表性的一门艺术杰作。历史上的苏州曾经是盛世繁华的东南一大都会。那时城内的园林极盛，仅在明清两代的540多年期间，明代园林达200多座，清代更是增至300多座。不仅城区，城外有些村镇也不乏文化品位高雅的园林保存至今。

苏州园林基本上属于伴随私宅的宅园或称园居。它们无论大小，也无论在城内或在乡下，都要追求园林所贯穿的一股文气，文气是园林的灵魂。那些属于或经过文人名人、艺术大师或造园家之手的宅园，其中注入的文品与自然意趣的烙印当然就更深更高。私家园林的设计与营造因此有“七分主人，三分工匠”之说。苏州的园林规模以中小居多。园虽不大，甚至很小，却匠心独运，巧于构思，特别着意于“小中见大”、“人造天开”的艺术创意和手法，从中进一步寻求某种深入物外的境界。

所谓“人造天开”可以理解为园林的设计要源于自然而又高于自然。中国传统的古典园林其实也称山水园。那是因为造园一定要有山有水，虽然主要是人工山水。苏州园林尤其讲求叠山理水，讲求山水的风格及其品位和意趣，就像一幅幅重在写意的山水画一样。如果问谁是中国园林之母？不是别人，正是中国传统的文人山水写意画。山水画的画理造就了造园的园理，山水画的文化品格及物外意境，也就转化成了园林设计的自觉追求。这种追求可以从中反映人与自然的和谐统一，即“天人合一”的一种审美宇宙观。总之，山水画和山水园是一脉相通的。有的大文人、大画家如元代倪文林、明代文徵明等皆是苏州名园规划设计亲自参与的大票友。明代造园大师，编著《园冶》造园专著的计成也是深谙山水画论和笔墨深浅的。

苏州园林的主人从前主要是士大夫阶级的文人雅士，他们向来是高雅艺术的追求者与塑造者。源于山水画理，向往自然，讲求意境的苏州园林与吴门山水画，还有昆曲这三门吴文化艺术，直至今天还是“曲高和寡”的高雅艺术。其中苏州园林与昆曲，甚至荣登了“世界遗产”这座最高殿堂。另一方面，历史沧桑，官宦豪门之家回乡或移居苏州园林者也不乏其人。他们成为“居城市而有山林之趣”的苏州园林的又一类主人。然而他们的精神寄托，毕竟和文人雅士的“风雅”不能不有差异。

苏州园林向来采取不对称的自由式布局形式。自由式的园林空间可以充分地为造园四大物质要素——山、水、花木、建筑——提供挥洒自如的艺术创造空间。恰如山水画面的自由布局道理一样，虽然外无定形，却是内有定理。可见，山水画面和园林布局表现的自由形式是艺术的自由，是和谐统一中创造变化的自由，看似无序，实质上则体现了更高层次的有序——引人入胜，感悟一种形神兼备、回归自然的艺术境界。清代人谈论造园有这样一段话：“造园如作文，必使曲折有法，前后呼应。最忌堆砌，最忌错杂，方称佳构。”（钱泳《履园丛话》）一座座苏州园林不仅自身美如诗画，它们合起来又宛如天上的朵朵仙花，洒落在粉墙黛瓦、前街后河、小桥流水人家，一张张民居街区的画面上。苏州园林和水乡古城风貌如此有机融合的此情此景，恐怕是人类世界上仅有的。1993年联合国教科文组织的专家哈尔姆先生（巴基斯坦考古专家）来苏州考察访问后就曾赞赏道：“苏州园林是我在世界上所见到的最美丽的园林——我好像在梦境中一样。”（《苏州园林与名人》第2页）

现在保存下来的苏州园林均已成了文物，但它们仍然活着，健康长寿地活着；甚至走出了国门，模仿或繁衍在美、欧、亚、澳各大洲的城市，受到喜爱。不仅如此，更为庆幸的是，苏州古城和同里古镇的园林精华之极品，已经由联合国教科文组织选定并庄严地戴上了“世界文化遗产”的桂冠。戴上了联合国给的这顶桂冠的苏州园林，深刻地意味着：我们对它们的保护就不只是对国家负责，而是立足更高，开始向联合国教科文组织的《世界遗产公约》承担作为参加国我们应尽的义务。同时，对我国现有的包括非物质的口头的昆曲等世界遗产项目和未来的我国世界遗产项目，我们都应严格遵守联合国的这个公约。

江南初夏，苏州山水更是清秀，对古城风貌保护、保存、整治的工作正在增强，尤其是保护世界文化遗产苏州园林的成绩斐然。此时此刻，苏州迎来了联合国教科文组织的第28届世界遗产大会的举行，为这座历史悠久的历史文化名城和为中国的文化与自然遗产的保护事业留下了难忘的一页。

2003年3月25日

# 忆水乡古城苏州

“上有天堂，下有苏杭”，苏州、杭州自古就是秀甲天下的胜地。苏州在远山近水的怀抱中，尤其以它的江南水乡的风韵和古典园林的魅力，享誉中外。自然与人文的长期融合，赋予了苏州古城一种特有的柔美个性和秀丽风格。

2500多年以来，苏州古城的长方形城址没有变，水乡的文脉没有断。对照南宋石刻《平江图》，苏州城的街道布局，那时是水陆交通并行，河道与街道结合，纵横交织成为方格网式的城市骨架。这种方格网式的河道系统也正是这座古城的水的脉络。“小桥、流水、人家”，诗情画意的古典园林分布其间，还有寺观、佛塔、市街、石桥等的穿插和城墙、城门的围护，真是美不胜收。

苏州传统的一、两层的四合天井式民居，或面河，或临河，或跨河修建。城内离不开水的这些民居建筑，讲求粉墙黛瓦、梁柱无华和少而精的雕刻，能够鲜明地体现出淡雅、柔和、自然的水乡风格与气韵。古城此情此景的水乡文态环境，简直就像一幅幅清新潇洒的水墨画。

苏州古典园林是源于文学、绘画、建筑、园林等多种文化艺术的理论与创作的结晶。园林虽属人造景观，却是依靠“师法自然”，才能够塑造出“宛如天开”的效果。例如运用叠山理水、托情寄意，甚至比赋天下名山大川或世外桃源的某种境界。苏州古典园林的魅力，有的更体现在虚实结合的象征性的或无形的意境之中。苏州园林是国宝，更是世界文化遗产，并且被移植到了很多国家的公园、绿地或博物馆。

历史依靠文化而传承。总的来说，苏州的传统文化，亦即历史悠久，积淀深厚的吴文化。吴文化是中国历史文化大系中非常重要的支系文化。历史告诉我们，包括文学、绘画、戏曲、织造、建筑与造园等多门类在内的吴文化，发展到了明清时期产生的影响几乎是全国性的。今天看到的苏州古城风貌，大部是来自明清和民国的传统建筑。除此而外，还可以将一些设计不错的、整体和谐与文脉有联系的、确够“苏味”的“中而新”的建筑创作结合在内。

2004年3月16日

# 保护才是第一位的

## ——参加第 28 届世界遗产大会代表感言

中国加入《保护世界文化和自然遗产公约》，不能不提及侯仁之先生。

1972年，联合国教科文组织在巴黎通过了《保护世界文化和自然遗产公约》，其宗旨在于促进世界各国之间的合作，为合理保护和恢复全人类共同的遗产作出积极的贡献。1984年，侯仁之先生到美国康奈尔大学讲学，知道了联合国教科文组织的这个保护公约。想到我们国家作为四大文明古国，具有悠久、灿烂的文化，且是历史唯一没有间断的国家，当然应该参加该公约。1985年回国后，他找到阳含熙、罗哲文和我，起草了一份提案提交给1985年3月召开的全国政协第六次会议，提案编号为第663号，执笔人是侯仁之先生，内容即关于中国应加入《保护世界文化和自然遗产公约》事宜。1985年11月22日，中国政府决定加入该公约。

有关北京皇城申报世界文化遗产的问题，我觉得皇城和紫禁城的关系本来就是不可分割的，皇城是紫禁城的外院。紫禁城是世界文化遗产，皇城也应该是。问题在于，现在我们的皇城保护不够理想。作为世界遗产，要求保护它的真实性和整体性，但皇城拆掉了很多建筑，且周围高楼很多，因而必须对皇城进行整治。

本次在苏州举办的第28次世界遗产大会上，有几处世界遗产被列为濒危项目，如德国的科隆大教堂，它是13世纪的建筑，本身保护得很好，但它的旁边现在盖了一栋高楼，破坏了环境的整体性。吴哥窟也曾被列为濒危项目，但后来周围那些破坏性的建筑都被拆掉了，现在依然是世界文化遗产。目前，我们国家濒危的项目还没有，但张家界和北京的紫禁城都已得到世界遗产大会的警示，希望这件事情能给我们提个醒儿。

（原载于《北京规划建设》2004年第5期）

# 世界遗产不是“摇钱树”

我国加入联合国教科文组织的世界文化遗产公约的步伐始于1985年。1991年，我国成为《保护世界文化和自然遗产公约》的缔约国和世界遗产委员会成员。迄今为止，我国被列入世界文化和自然遗产名录的项目由当初的7项增加至29项。

首先应该肯定，加入世界文化遗产公约是个非常重要的好事；同时，联合国教科文组织对中国的世界遗产的价值评价也非常高。世界遗产中心主任伯尔德·冯·德罗斯特先生（Mr. Brend Von Droste）1997年为《中国的世界遗产》写的序言说：“中国的文化在文化史上的杰出作品中，在变幻多端的自然面貌和雄伟壮丽的风景区域中有着深厚的根基。丰富的名胜古迹是中华民族流传不朽的珍宝。”

但现在我国有些地方出现了一些始料不及的问题——即围绕着世界遗产出现了大量的新兴旅游产业，致使目前有些世界遗产受到一定程度的破坏，个别的甚至被联合国教科文官员看后亮了“黄牌”。发展旅游产业，的确能够为国家带来巨大的经济利益。然而不能忘却历史是根，文化是灵魂，在中华大地上的世界遗产蕴藏的和生发出来的物质和精神文明的文化价值才真正是永恒的和无法衡量的。寓教于游的文化效益，更是旅游发展的第一位的目的。

本来“旅游资源”这个概念，如果不被扭曲为“商品”、“产品”，推出“品牌”之类的话，原是无可非议的。然而一旦抛弃“旅游资源”本质属性的文化价值和品位高低，而把世界遗产当作“摇钱树”，那就不可避免地带来这样那样的破坏。

文化和自然遗产的最大价值在于它们本身的存在，它们是一种不可再生的资源，只有保护才可能使之延年益寿。

建议请有关部门研究考虑，除重点完成上述那些保护、保存、整治的世界遗产外，是否也有必要研究确定一种保护、检查、整治的普遍性工作方式，好像定期检查身体一样，从而预防出现“濒危”的可能。例如，2000年去定海检查，制止破坏名城的经验，采取多种专业配合，新闻记者、法律专家、名城和文物建筑专家等多方面协同进行诊断和抢救。

看似很多，但实际寥寥的世界文化遗产是人类文明延续和进步的历史见证，是人类文化与自然的共同财富。有五千年文明史和处在蓬勃发展中的中国，相信必定能够进一步为保护世界遗产作出更多贡献。

2004年5月12日

# 提高品位，信守诺言

旅游这种文化活动，从来就带有大众化的特征。中国历史上很多人喜欢旅游，追求“读万卷书，行万里路”。皇帝旅游，亲去五岳之首的泰山举行封禅祭天大典。老百姓也会旅游，如逛庙会、朝山进香等大众化的旅游。北京西郊妙峰山、山西五台山、浙江普陀山、四川峨眉山、安徽九华山，还有湖北武当山等都是以自然风景和宗教活动著名的旅游胜地，也是普通老百姓去得最多的地方。据史料载，明清时，泰山每年游人达170万至200万。民间的习俗，民间的文化，往往是在群众性的旅游活动中表现得非常丰富多彩，并且为名山大川的自然之美注入了丰厚的人文内涵。千百年来，在众多自然遗产和文化遗产的物质环境中，一代一代积累起了浓厚的文化内涵。这样的环境能使人悦目赏心，我称之为“三境”：物境、情境、意境。

这“三境”也可以说是三重境界，一重比一重显得深入。首先是物境，即直接用眼睛看到的物象、景象，非常直观。接着是情境，是入目的景物引起主观上的感受，也就是常说的见景生情，情景交融。再就是有些人能够通过外在的景物，进一步感受到更深层次的意境，达到所谓“入乎其内，出乎其外”的感悟，引发某种遐想。要获得这样的感受，需要有更高些的文化修养和灵感。

旅游不是现在才有的。我们需要从旅游当中认识和欣赏自然遗产和文化遗产，并感受其中的文化内涵，进一步认识我们的文化传统。如何看待和把握风景名胜的品位，十分重要。如果我们只把自然遗产和文化遗产的旅游资源看成“摇钱树”，比如把城市化搬到名山上去，搞得不伦不类，还以此作为政绩，作为贡献，后果往往会是适得其反。

我想谈两个例子。武陵源被批准成为世界遗产之后，第二年，旅游人数达到200万人次，旅游收入6.6亿元。这一下不得了，吸引了很多开发商都往那里去。你盖一座楼，我建一个星级宾馆，还一再扩大招商引资。这一段过程表明了武陵源的旅游发展渐渐地不把联合国保护遗产的公约放在心上，以至于愈演愈烈。结果违反了联合国公约，受到了“黄牌”警告。要不是联合国的警告，恐怕武陵源就会成为“濒危遗产”。“破坏性建设”的严重危害，足以引起我们的觉悟并改进工作。旅游一旦被当成了摇钱树，就只想越摇越多，没完没了。最后，湖南省花了10个亿整治，要不人家就来摘牌子。那就不只是湖南省的事了，连我们的国家形象都会受到影响。

现在中国已有28个世界遗产项目。联合国教科文组织规定每6年要对世界遗产检查一次。我想人家到来之前，我们自己要先看看各自保护得如何。西安的秦陵兵马俑、湖北的武当山、安徽的黄山、山东的泰山、四川的峨眉山等，现在搞得怎么样？在保护与利用上，是有序还是无序？哪些是守法、守约或相悖？

再一个例子是山西平遥。总体来看，平遥保护得比较好，也整治得好。它的周围凡是污染环境冒烟的工厂都关停，同时古城区原有的工厂，即使无污染但是因破坏历史文态环境的也都一一外迁或关停。再就是向新区疏解古城区的人口，缓解古城区的人口压力，改善居住条件。老城区四周城墙内占地2.25平方公里，住有4.5万人，要搬出去2.5万人。商业中心、医院、学校等也相应地分迁至新区，腾出地方有的改为绿地。

平遥的规划“保护古城区，开发新城区”，很合理，很有成效，这个思路对现在的整治很有利。平遥当然也走过弯路，也受过某些不适当的旅游开发设想的干扰。比如旅游规划中设想利用沿街的古建筑搞所谓“明清夜总会”，还有设想利用平遥老监狱搞所谓的“参与”旅游项目，让游客过一天监狱生活，坐一天牢。这些荒诞的东西，理所当然，县里并没有接受，有关的一些专家对这种规划也不赞成。

这些年，平遥还完成了一些新建设，这些新建设是保护性的。例如古城内的旧县府衙门，原来只剩下后院几栋清代老房子，前些年县里决定按清代的建筑形制，修旧如旧，把平遥的老县衙门完整地恢复重建起来，成为重要景点开放、展览。另在城南的新区，新建了现代化的多层办公大楼，把现在的县政府机构搬到了新区。又如“文化大革命”中古城内被拆掉的城隍庙大戏台，现在也已在原址重建恢复。一如以前，它仍旧是群众文化生活，老百姓喜欢的唱戏看戏的庙会大戏台。古城内几条商业大街，晋中地方建筑特色浓郁，原来沿街的电杆和架空电线，均已改成地下电缆，使大街古色古香的文态环境空间，显得清爽干净。其余小巷的路面及排水等基本上均逐步地得到整治改善。以上这些新的建设显然不可缺少，而且是属于保护性的。平遥列为世界文化遗产，为国争光，县政府比较谨慎，很明白不能背离世界遗产保护公约，必须尽到世界遗产证书上规定的义务，信守自己的承诺。这些并不是他们自己说的，而是从实地考察眼见目睹所反映出来的。

旅游给国家创收、创汇的成绩巨大，应该肯定。可是不能因此而把旅游过分地渲染得商业化、商业味。我们的旅游事业不光是为了赚钱，还要体现寓教于游，弘扬中华民族文化，在提高人的精神方面发挥有益作用。饱览大好河山，了解历史文化，增进爱国情感，这方面的作用就必然显得特别重要。因此，旅游的社会文化功能非但不应漠视，甚至更应居于旅游事业的第一位，而旅游赚钱居第二位。究竟什么是旅游事业的本质目的，是应当探索和进一步明确的。

2005年8月

# 中国保护世界遗产走过的二十年

20年前的1985年3月，在第六届全国政协会议上，由侯仁之教授牵头的四位委员提出了一项第663号提案：建议我国参加联合国教科文组织的《世界文化和自然遗产保护公约》和世界遗产委员会。

这项提案于1985年11月第六届全国人大常委会上由国务院提请审议并得到通过。随后我国政府即向联合国教科文组织申请并得到了批准。

我国被列入《世界遗产名录》的项目至今已达31项，居世界第三位。国务院九个部委曾发布《关于加强和改善世界遗产保护管理工作的意见》特别指出：必须把遗产的保护和保存放在第一位作为前提，作为根本。

20多年来我国的世界遗产从无到有，从少到多，对于保护的认识和实施确实在不断提高。然而其间并非一帆风顺，而是一个“知难行亦难”和没有少交“学费”的过程。这里不妨做些回顾。

**张家界**——据它的“十年旅游规划”，在景区内大搞了城市化、商业化、现代化，从而被联合国教科文组织的专家亮了“黄牌”。搞“三化”，是违背世界遗产保护的基本原则的，即保护的“真实性”与“整体性”。张家界的十年旅游规划发展除要年接待中外游客120万，旅游床位达1.7万张外，还要“抓紧兴建”天际大观园、湘西大观园、台湾山庄、台北城、民族贸易中心、食品城、夜总会、高档球场、白虎堂天然狩猎场，以及山上索道、升降电梯等旅游设施。更打算再引进外资，完成50个建设项目（《中国旅游报》1993年1月19日）。现在重新整治的张家界，基本上拆除了“三化”的破坏性建设，夺回了景区的本来面貌。可是付出的“学费”损失是巨大的。

**秦始皇陵及兵马俑坑**——曾几何时，2.13平方公里的秦始皇陵区被3个村落和24个企事业单位所占用，包括“文化大革命”中从上海迁建的名牌缝纫机厂（改名陕西缝纫机厂）。陵区若不彻底整治，不仅破坏这一世界遗产保护的整体性，同时还将造成地下珍贵文物的毁灭性破坏。为此国家立项，彻底“保护陵区，另辟新区，移民建镇”，并由陕西一位副省长现场坐镇。

今年10月我们去西安再看秦始皇陵时，偌大的陵区范围内再也不见以往的破坏性建筑，举目四望，尽是新栽的林木形成的自然和肃穆的气氛。

张家界和秦陵如若不花巨额“学费”，恐怕就保不住“世界遗产”的桂冠了。坏事变好事，关键在于要吸取教训。

**北京故宫保护的外围缓冲区**——北京的皇城过去是直接围护、烘托和供奉紫禁城的外院。现在是世界遗产北京故宫整体性保护范围最贴近的组成部分。今年第29届世界遗产委员会同意报送的故宫外围缓冲保护区就是皇城加内城北城墙（即北二环路）以南的整片地带。故宫的缓冲区当前存在的与整体性保护有矛盾的建筑形象与环境空间，尤其是有些突出的现代化高层的不和谐，迟早总是要交“学费”花代价去整治的。

此外，还有人或有的行业把世界遗产的某些风景名胜区，居然打进股市去“上市”。也出现过在某名山世界遗产的莲花洞景区违法砍伐森林盖起了60栋私人别墅。

我感到同20年前相比，近些年来举国上下对于文化与历史传统，特别是文物保护正在越来越多地给予重视，工作也在不断地加强。今天回顾我们保护世界遗产走过的路，我认为其中经历过的不是顺顺当当，而是一段很艰苦、很复杂的过程。

保护文化遗产、自然遗产并一代一代传承下去，应当是我们肩负的责任，特别是保护世界遗产，更是我们应为人类所做的贡献。全国政协从“文化大革命”后的五届以来，先是在“拨乱反正”的号召下，组织委员到各地调查文物破坏状况，接下去成为每届几乎年年都抓文物保护的调查，都有这类的提案。可以说这已经自然地成了委员参政议政的一项传统和贡献，世界遗产是人类共同的财富，愿我们为世界遗产保护作出更大贡献。

2005年12月

# 我国的第一个“文化遗产日”

是什么力量在背后支持着中华民族五千年来生生不息，屹立于世界民族之林，进而发展至今，成为举世瞩目的多民族统一的社会主义新中国？这个问题是同奔流不息的中华历史长河沉淀的文化营养分不开。也就是说，历史的根，文化的灵魂一直在背后给予了支持。否则的话，如果割断了历史的根与文化的灵魂的支持，就如同失去了生命传统的基因，等于一切都要从零开始，或者等于丧失了自己，沦为别人的附庸。一个国家如果不重视文化支柱，而只是强化物质经济基础，就不能独立自主和立于不败之地。

2006年6月10日，就在这有悠久历史的端午节后，全国人民迎来了第一个“文化遗产日”。文化遗产是中华民族历史文化的结晶，“文化遗产日”的到来，标志着我们在文化认识上的升华，标志着中华文化，特别是优秀的传统文化，越来越成为综合国力的强大精神支柱。须知，没有传统就没有文化，就没有历史。传统蕴含着不可替代的民族文化基因。

历史是不断向前发展的，文化遗产中的物质文化遗产（不可移动的）托物寄史，均已成为承载历史的无字史书，同时又是托物寄情和托物寄意的珍贵历史遗存，从中产生的精神境界的感悟作用是无可估量的。非物质文化遗产中，虽然有些属于“曲高和寡”的稀世珍品，但是因为只要它们“存在”，其本身就是价值，例如昆曲和古琴等甚至走向了世界，成为我国非物质的世界文化遗产。另外还有些原先植根于民间的属于通俗的或少数民族的传统精品，由于时过境迁濒于失传的文化遗产，也是急需抢救保护的。

博大精深的中国传统文化，根深蒂固，经受了几千年漫长的历史考验。即便是20世纪的那场史无前例的“文化大革命”，也无法摧毁中国的传统文化，它是永远不会消失的。中国传统文化当然有落后、腐朽的一面。但是它更有生命不息，新陈代谢，继续发展的一面。我国的文化遗产保护单位，是定期或不定期经过评审筛选出来的。毫无疑问，它们都是中华民族家园的文化精品。随着我国第一个“文化遗产日”的到来，希望能够不断地，而且普遍地提高保护的自觉性，从而更多地、更好地保护真正体现民族性格、特色、魅力的我国各民族、各地区的文化遗产。

最后有以下两点建议。

一、对由于失职、违法而严重破坏文化遗产的恶性案件要依法查办。如金山岭长城被所在县出卖给企业经营牟利；山西临汾拆古城建住宅楼；福州在乌塔保护范围内搞破坏性建设；西安在汉长安城址搞大量违法建筑等。事实证明，保护文化遗产必须要加强法制，有法必依，重在行动，重在监督。

二、文化遗产未来的保护将掌握在今天的年轻人手里。如何把保护的历史接力棒传给他们，使他们早早地了解、珍爱进而提高保护的自觉性是极其重要的。因此，非常需要从多方面给青少年以相应的教育，这种教育最好是从娃娃抓起。现在的娃娃接触的是洋多中少，玩具尽是洋娃娃、米老鼠、唐老鸭、大力金刚等洋式的，几乎看不到孙悟空、哪吒或熊猫等中国式的。保护文化遗产是中华儿女一代接一代的历史重任，潜移默化、提高青少年对文物保护的意识刻不容缓。

2006年6月

# 媒体报道

【访谈】

# 让泉城重展风采

## ——访国家城建总局规划局总工程师郑孝燮

高俊岐

日前，就如何搞好济南市的规划和建设问题，记者访问了参加市总体规划评议会的国家城建总局规划局总工程师郑孝燮同志。

见到郑总说明来意后，他沉思了一会儿，便胸有成竹地着重谈了关于保护和开发风景文物资源的问题。他说：济南是黄河下游的历史名城，有山水文物之胜。如果把它作为宝贵的旅游资源，用它独特的魅力来引人游览，从中为国家的四化建设作出经济上、文化上的贡献，是十分理想的。“四人帮”对风景文物的破坏极其严重，很多损失是无法弥补的。现在，由于我们对这一工作重视不够，破坏风景文物的现象还时有发生。如有的不顾观瞻，任意在著名的古建筑和文物古迹附近兴建新建筑物。大明湖、趵突泉等风景名胜的周围或附近，已经或正在兴建的高大楼房，就与风景文物很不协调。尤其是大明湖附近那座造纸厂，是对大明湖乃至泉城造成污染的一大原因。

郑总认为，风景文物的保护和开发规划，要考虑的主要问题大致是：第一，要定重点保护单位的等级和性质。济南有这么多的名胜，有的没有定级或定级偏低，要进一步鉴定和评定，比如说是重点文物保护性质，就要按原样保护、维修，不要乱加改造。第二，要划保护区。根据风景文物的重要程度和所处的地位划保护区，可以多达三级，即三道防线。像大明湖、千佛山、趵突泉、五龙潭、珍珠泉、四门塔、灵岩寺都应划保护区，甚至可以考虑济南旧城墙或外围子以内，为限制高层建筑地区。大明湖周围景观杂乱，可以结合挖淤疏浚在东西两岸堆些土山土丘，在上面种树遮丑，但一定要讲究艺术。第三，要限定环境容量。任何风景文物区点接纳游人都不能是无限的。超过合理限度，就会影响游览效果，甚至发生人身事故，造成旅游公害等。这是有计划地组织旅游，保护风景文物的一个依据，是科学管理风景文物的重要方法和措施。第四，要规划、建设几条风景道路。第五，风格问题。总的来说，要有中国味、山东味，不要搞西洋景。即使有的设施搞点创新，也要有中国传统的创新，不要照搬现代化的洋货。至于历史文物，就要老老实实地按照国家文物保护的政策法令办，保持旧观。

访问郑总归来的路上，我默默沉思：济南，作为一座历史名城，要在四化征途中，把它的建设规划搞好是不容易的，而要实施规划，使它重振“家家泉水，户户垂杨”的泉城风貌，那就更要付出艰苦的努力。广大人民群众热切期望把济南建设得更加美好！

（原载于济南《大众日报》1980年9月19日）

# 保护文物古迹需纳入规划，懂得昨天才能更爱今天

全国政协委员、城乡建设与环境保护部规划局高级建筑师郑孝燮说：《上海市城市总体规划纲要》明确了“上海是我国的经济中心之一，是重要的国际港口城市”，非常简明、正确。我认为还应加上一条，即上海也是具有重要历史文化意义的城市。历史和文化在建设社会主义精神文明中的作用是十分重要的。城市规划作为城市建设的综合性蓝图，要使人们懂得昨天的上海，更好地热爱今天的上海。它有过宋、元以前开发的漫长岁月，有过宋、元以后发展成为港口贸易重镇的时期，有过鸦片战争后五口通商、开辟租界的苦难深重的历史，也有抗击外来侵略、扬眉吐气的历史，更有着中国共产党在这里诞生而成为革命摇篮的光荣历史。上海曾经是党中央的所在地，工人武装起义的所在地，是许许多多革命烈士牺牲的所在地；上海还是“一·二八”、“八一三”抗日战争的重要战场。现在全国文物，古代的和近代革命的，毁坏十分严重。上海有些遗址，现在也已看不出原貌，我认为都要加以修复。不论是正面的还是反面的，都要树立标志或立像。这不需花多少钱，却能够用来教育后代。

上海也是中国的橱窗。诸如反映古老城镇历史的以金山神庙（今城隍庙）为中心的方浜路老街，反映鸦片战争的吴淞炮台，反映洋务运动的江南造船厂，反映太平天国时期小刀会起义的文物古迹，反映日本侵略的四川北路日本海军司令部以及金山的万人坑等，以及许多名胜和名人故居，都应保存下来。建议规划部门会同文化部门，对这方面做调查研究，纳入城市建设规划的内容。

他建议，尽快恢复苏嘉铁路，把有些过境客货运引导出去，以缓和上海铁路运力严重不足的矛盾。

（原载于《世界经济导报》1982年12月27日）

# 突出近代文物，重视挖掘整理

张礼性　饶尚豪

国家文物委员会委员、中国建筑学会城市规划学术委员会主任委员郑孝燮，在考察福州市大量文物古迹后，说："福州是一个名副其实的历史文化名城。"

郑孝燮曾于1961年冬来过福建，最近二度入闽看到福州面貌大变，由衷高兴。他结合福州考察观感，就"城市规划建设与文物保护的关系"这个问题，同记者作了一次谈话。他认为，必须注意到，福州是清朝政府屈服殖民主义者炮舰政策而开放的五个通商口岸之一，在中国的近代史上，有几个重要的事件发生在这里，一些在全国有重大影响的历史人物，有的是福州人，有的曾在福州生活、工作过。这方面的文物古迹是福州的一大特色，要重视挖掘、整理和保护。

郑孝燮说，清朝搞"洋务运动"，在马尾建设我国第一家造船厂，造了不少兵舰，以后又创立船政学堂，培养我国最早的海军将帅人才和航海技术力量，可以说马尾是我国旧海军成长的"摇篮"，马尾还是清代中法马江海战的战场，当地老百姓修建了昭忠祠纪念这次海战牺牲的战士。我参观了马尾的文物古迹，印象很深。马限山上保留一个外国监狱，附近还有"万人坑"，不能小看几间破房子和坟墓，那是帝国主义侵略中国的罪证。中国的近代和现代，福州出现了民族英雄林则徐、我国近代启蒙思想家严复、海军名宿萨镇冰、清末"戊戌变法"六君子之一的林旭、黄花岗七十二烈士之一的林觉民等等。

郑老说：文物具有历史、艺术、科学三大价值。我们挖掘、整理、保护近代、现代史文物古迹，其目的不仅仅是继承中华民族光辉灿烂的文化传统，更重要的是在于起教育和启迪作用。让这一辈人和我们的后一代牢牢记住中国衰弱挨打的历史，懂得只有社会主义才能救中国，从而激发出更大的热情献身四化。

最近，出席省六届人代会的福州市代表团发出一项提案，建议省府报请国务院将福州列为历史文化名城。郑孝燮认为议案材料写得较好，不过要突出近代史文物这个特色。鉴于福州市的文物古迹过去受人为和自然一定程度的破坏，他希望在今后的城市规划和建设中注意严加保护。同时建议新闻界同人在文物古迹的保护方面多造些舆论，以引起社会上的重视。

（原载于《福建日报》1983年5月24日）

# 他关注历史名城洛阳

## ——郑孝燮谈洛阳的城市建设和文物保护

常文征

郑孝燮是全国政协提案委员会副主任，国家文物委员会委员，也是我国著名的建筑规划专家，曾为保护祖国的历史文化遗产和古都洛阳的文物古迹做出过突出贡献。前不久他来洛阳视察工作时，我请他就洛阳的城市建设和文物古迹的保护工作谈谈自己的看法，郑老话如泉涌。

他说，洛阳的规划做得不错，五个都城的思路抓住了洛阳的特征。郑老对陪同的有关负责同志说："在我国所有的历史文化名城的规划工作方面，洛阳的城市规划工作给我的印象最深。把研究工作同规划工作结合起来，避开老城建新城的经验对其他历史文化名城有借鉴作用。"

在谈到古都洛阳的地位时，郑老说："作为历史文化名城，洛阳为全国甚至全世界所注目。龙门石窟是我国也是整个人类的文化遗产，联合国教科文组织正在考虑把它列入世界文物保护范围，在偃师商城遗址发现后，洛阳作为十三朝古都被越来越多的人所承认。"

我曾听说郑老为保护洛阳汉魏故城遗址和发现偃师商城遗址立了大功。在我的询问下郑老讲述了这件事。那是1981年10月，他随全国政协组织的河南、陕西、山西三省文物保护调查团在视察过程中，了解到洛阳电话设备厂在规划建设过程中对文物保护措施不力，有近千座古墓遭到破坏。在调查中，他又发现了新规划的首阳山发电厂的厂址距汉魏故城东城墙仅500米远，而且在汉魏故城遗址内还设计有一个电厂的铁路编组站。当时，国家有关部门和河南省已经批准电厂的建设，地面钻探工作已结束，情况十分危急。郑老回到北京立即会同一些知名人士向上级反映情况，经过一番努力，国家有关部门听取了他们的意见，决定把电厂厂址迁至偃师县境内，而在新厂址的钻探过程中又意外地发现了商城遗址。

谈到洛阳的文物古迹保护工作，郑老动情地说：“龙门石窟有世界意义，应特别注意保护。龙门的风景区都应该很好加以保护，应避免北京八达岭长城地区建筑过乱的现象发生，附近的建筑要加以控制，真正体现出龙门的风貌和时代精神。关林庙周围的建筑也要根据文物法加以控制，不能搞违章建筑。关林的文物保护区、商业区和居民区都应有自己的主体和格调，但建筑一般不能超过两层，以免影响关林庙的景观视线。中国画讲究平远、高远和意远，风景区内不能建太高大的建筑，杭州的高层建筑已影响了景观。”进而又谈到洛阳新的建筑和风格，郑老说：“历史名城的建筑应各有自己的风格，重要的建筑应有民族特色，不能完全是西方风格的。怎样体现洛阳与古都的特色，主要是民族化和现代化的结合，作为历史名城的洛阳，洛阳的建筑应该既是民族的又是现代的中国式建筑。历史文化名城的建筑应是在借鉴古典和传统风格基础上有创新的建筑，白园和古墓博物馆就是根据环境建造的古代风格的建筑，是与环境相适宜的。故城遗址保护区建筑的色彩不要太艳，但新区可以有自己的各种色彩。”

历史名城的风貌分区问题也很重要。郑老对洛阳市各区的建筑格调提出了建议，他说：“洛阳老城要注意保持老城的原有风格，涧西区是新区，已形成了目前和深圳、珠海不同的新区格调，还可以发展一些新的现代化建筑。而新的洛阳经济开发区，则可以建造完全现代化的建筑。各风景区都应建一些与环境适宜的古典式建筑。要使全城多种风格和流派的建筑各得其所，统一协调之中又有变化，建筑、植树都应与周围的环境相协调，注意景观美学。”

郑老说：“重要历史文物是城市的内涵，是我国深层文化内涵的体现。例如周公庙，是洛阳历史文化的一个重要组成部分，意义涉及全国，有些意义超出中国。周公制礼作乐就是在洛阳，这在中国历史上影响达 2000 多年，周公的学说是中国封建社会统治制度的基础学说，孔子的学说是以周公制礼为基础的。世界历史上的几大名人，如释迦牟尼、穆罕默德、耶稣等都是讲神，只有孔子是讲人，追根溯源他的学说来于周公，因此洛阳不是一般的历史文化名城。”

在访问中，我陪同郑老到周公庙进行了实地参观。郑老兴致勃勃地说："周公庙的建筑很有特色，它不像洛阳同志一般认为的那样是明清时的建筑，根据其建筑特点可能是辽金时代的建筑。"在场的其他同志都说，郑老的这一发现将对周公庙的保护起到重要作用。郑老最后强调说："洛阳市对周公庙要加以很好保护，对庙周围的环境要加以控制，要按文物保护法的规定进行保护。"

访问即将结束时，陪同采访的洛阳市的同志对郑老不顾高龄前来洛阳指导工作表示感谢。郑老则希望洛阳市的领导提高名城意识，处理好历史文化与建设的关系，做好历史名城的保护工作，弘扬历史文化，为社会主义建设服务，并对洛阳的城市规划和文物古迹保护工作提出了四点建议：第一，邙山不能再乱搞建筑，要接受邮电五三七厂建设中严重破坏古墓的教训；第二，关林庙周围的环境太乱，建筑要注意控制；第三，龙门风景区的保护要加强，焦枝线复线的建设要慎重，位置一定要离开龙门风景区，焦枝线现行的线路适当时候也应迁移；第四，城市规划权不能下放到区里。

（原载于《洛阳日报》1989年1月29日）

# 既要有历史意识，又要有环境意识

## ——郑孝燮谈历史名城的建设与保护

何　洪

北京天宁寺塔旁耸立的高大烟囱，沈阳故宫十王亭之东的高层建筑，上海嘉定文庙大成殿后的粉红色墙的七层大楼，河北正定隆兴寺院外的钢筋水泥水塔……这一系列不和谐的画面是城建专家郑孝燮先生在向本报谈到城市建设与文物保护的关系时列举的。他说，这些新建筑虽然没有直接破坏文物，却严重地破坏了古建的背景及视觉空间，削弱和冲淡了古建原有的气氛及内涵。接着他又举出了一系列更严重的例子：秦始皇陵保护区内建陕西缝纫机厂；洛阳北邙山东周、东汉、北魏陵区建邮票厂，外语学校，用爆破桩打基础，1000余座古墓遭到破坏；大同北魏都城平城遗址上建筑物遍布。这些都直接地对文物造成了破坏。城市建设中缺少规划，缺乏历史观，造成的文物破坏和损失无可估量。

郑孝燮说，进入80年代，城市建设取得了突飞猛进的发展，但是文物保护与城市建设的矛盾越来越受到人们的重视，如何保持城市的特色，特别是历史文化名城的面貌，是城市规划和文物工作者面前的一个重大课题。

郑孝燮说，城市建设是高度集中的一代文化的反映，它反映的是一个时期内的经济、建设、文化成就，甚至是一个国家发展的缩影。各个国家的城市都有自己的特色，一个国家的不同城市又各有特色。这就要求在城市建设中应有整体规划，新旧建筑要和谐，相互间避免冲突。这不仅是保持城市历史风貌的问题，而且是保护传统文化，弘扬民族文化的大问题。我们从一件单一的文物保护扩大到整个历史名城的保护是文物保护事业的一个发展，多少年城市建设的教训太多了。再举一个杭州的例子吧。杭州不仅是一座历史名城，而且是风景名城，城市临湖依山而建，景色十分迷人，沿湖众多的文物古迹，更使杭州锦上添花。而近几年湖滨相继盖起了一座座高层建筑，完全破坏了整个城市的格局，更毁掉了它特有的优美环境。苏堤春晓隐蔽到高大建筑的阴影之中，柳浪闻莺也不复存在。对此，很多专家提出了不同的意见。然而，在以高层建筑为现代化代表的偏见指导下，个别领导盲目地学国外，不顾自己的特色，造成了不可挽回的损失，不仅失去了西湖的特色，更损害了中国风格。

现代城市建设要求城市规划部门与文物保护部门结合起来，不仅对文物本身进行保护，而且要划定保护范围，把保护意识引申到文物周围的环境。这方面好的例子也不少。1983年扩建堰师电厂，设计的铁路线要穿过洛阳汉魏故城遗址。当时一些政协委员提出意见，要求修改方案，国家计委的同志经过多方调查，终于接受了意见，修改了铁路线路，使汉魏故城遗址这一国宝免遭破坏。北京在这方面也做了很多工作，如八达岭的保护范围是200米，即这个范围内为建设控制地带。北京正是吸取了多年建设的教训后，开始认识了城市风貌保护的重要性。过去由于盲目建设，外国人批评说：从天安门往东看是纽约，往西看是雾伦敦。这个意见很中肯，从天安门往东看，高楼林立，天安门像是处于峰谷之中，难以体现其雄姿；往西看，由于工厂集中，致使烟雾迷蒙，过去能很清楚地看见的西山，现在已被烟雾笼罩。目前，北京已作出规定，对城区的建筑高度进行了控制。当前正在建设的亚运村，在选址上就很合理，既体现了城市发展的新面貌，也照顾了北京旧城的格局。

郑孝燮说，当前，在城市建设上，一些人认为中国传统已经过时了，落后了，否定中国特色。他们认为，上海、深圳、珠海等城市正是今日中国城市面貌的体现，也是未来中国城市的方向。北京作为首都，变成香港、纽约有什么不好？要想在世界城市中占一席位置，就要有纽约的气派。我们说，上海是中国在半封建半殖民地的历史时期发展起来的城市，是帝国主义侵略中国的见证，是半封建半殖民地国家的缩影。在这个城市中保留的过去租界中的洋房，是上海发展史的最宝贵的实物资料，保护它对认识上海近代史有极重要的意义。深圳、珠海是改革开放后，四个现代化建设中崛起的新兴城市，是我国经济飞速发展的象征。而北京则不同，作为城市，已有3000年的历史，作为首都也已800年了。在它身上体现了许多我们民族的优秀传统，更是我国封建社会后半期的缩影。保留它的原貌，就是保留历史真实。郑孝燮强调，北京就是北京，绝不能变成香港和纽约。历史文化名城本身就是一件文物，改变了就再也无法恢复原貌了。因此，对历史名城的保护，就要像保护一件文物一样精心。50年代我们很多建筑模仿苏联，现在又模仿西方，这样下去，我们的城市还有什么自己的特色？

郑孝燮指出，我们今天的城市建设的成果，多少年后就是一笔文化遗产，我们要留给后代一笔什么样的遗产呢？他希望，建筑师应提高自身的文化素质，不要只知抄袭，拾人牙慧，那样我们的城市建设只能跟着别人走。应在传统和创新上下功夫，在传统的基础上有所创新。这才是我们的建筑师应该做的。我们的城市规划者和建筑设计师们应为一代文化做贡献。城市规划者和文物保护工作者应把眼界放宽，城市建设应有历史意识，文物保护要有环境意识，两者配合起来，历史名城的保护工作便容易进行了。

（原载于《中国文物报》1990年4月25日）

# 郑孝燮谈人大常委的两个决定

何　洪

人大常委会通过的关于修改文物保护法的决定和刑法补充规定公布后，记者采访了著名的城市规划专家、国家文物委员会委员郑孝燮先生，请他谈了修正案公布的意义。

郑孝燮首先谈了1982年公布的《文物保护法》的作用。他说，1982年公布的《文物保护法》在文物保护方面起了很大的作用，它比国务院发布的文物保护管理暂行条例更进了一大步，多少年来已成为文物工作者手中的有力武器。但这毕竟是文物保护纳入法制轨道的起步，近几年来的实施中，暴露出一些问题，还需要有一个完善的过程。突出的问题是对文物犯罪没有一个明确的量刑标准，致使法院对文物犯罪不好衡量。近年来，文物盗掘、走私活动异常猖獗，很多都是内外勾结，形成了一个国际性的盗掘、走私网络。而文物法由于自身的不完善，难以有效地制止这股狂潮，广大文物工作者强烈呼吁加强法律威力。这次30条、31条作内容补充，刑法也做了相应的补充，对量刑作了明确的规定，使法律进一步完善，更具威慑力。郑孝燮说，这个补充非常重要，特别是刑法的补充，根据情节量刑，有了依据。前几年敦煌大案破获后，犯罪分子就被处以极刑，不这样果断严惩就无法制止猖獗的盗掘活动，文物法就是管文物，就要硬，不能软。

郑孝燮从保护历史文化名城的角度着重谈了破坏性的建设。他说，原法11条、12条对文物保护单位保护范围内违章建筑没有明确的处分，修改补充后的条款就有了明确规定。补充的这几条是总结了这几年的经验进行修改的。过去这类违章事件很多，文物部门往往难以制止。现在由公安、城建部门与文物部门共同管理，解决破坏性建设问题，这就使问题比较容易解决。

凡违章事件发生，城建、公安部门可根据文物部门意见给予制止、拆除，其依据就是文物法。

郑孝燮说，修改后的文物法尚有不完善处，各地方应根据本地的情况制定条例来解决这个问题。历史文化名城的保护问题就是一例。历史文化名城的保护实际上是扩大范围的文物保护，这方面实际上没有法。文物法虽然有一条涉及此内容，但这还远远不够，还应有许多细节要订。我认为应首先由国家文物局和建设部共同制定一个条例。还有，很多古建长期被占用，没有代价地占用，我认为，这种状况应有所改变，应变为有偿，有限期地占用。虽然这种现象有些有历史原因，但文物的所有权是国家的，占用单位只有使用权，没有所有权，占用古建应纳入有法可依的轨道上来。再有，基本建设施工发现文物怎么办？这方面也无法可依。有些施工单位，只顾效益，不管文物，结果使文物造成很大的损失。基建选址与文物保护的问题怎样理顺关系，这也很重要。

郑孝燮最后说，虽然如此，修改后的法比过去更完备，使文物部门同有关部门加强了配合，表明文物事业又进了一大步，使文物保护工作向着更好的方向发展。

（原载于《中国文物报》1991年11月24日）

# 研究“有机疏散论”，建设现代新北京

## ——访国家历史文化名城保护专家委员会副主任委员郑孝燮

赵 璋

国庆前夕，记者带着“2008：我们将给世界一个什么样的北京”这个讨论话题来到郑孝燮老先生的家，请他谈谈对北京未来这几年的发展建设有什么好的建议与想法。郑老首先关心的是解决“拥挤”的问题。他说：现在世界上的一些大城市已经超负荷了，这是与商品经济的发展密切相关的，资本主义国家受经济规律的影响，人口急遽地向大城市聚集，交通也不断地向市中心发展，越发加剧了市中心人口的密度，随之而来的是地价暴涨，房地产商为了追求利润的最大化，在市中心寸土寸金的地面上不断地增加房屋建筑的容积率，楼越建越高，甚至达到几十层，而且越建越密，由此带来了一系列的“大城市病”，如环境恶化、交通阻塞、居住拥挤、城市管理难度增大等。为了解决这些矛盾，只得继续拓宽道路建高楼，这样的做法，不但没有使城市的压力得到缓解，反而吸引了更多的人向市区中心涌进，造成城市体积恶性膨胀，越滚规模越大，越移人口越多，“大城市病”不但没有得到缓解，反倒更加严重，形成了恶性循环。这是一种不断膨胀的中心集中的城市发展模式，我国的上海老城区和香港、美国的纽约、墨西哥的墨西哥城等都曾经历过这样的发展阶段，其弊端显而易见。

第二次世界大战的前后，战争使一些有识之士认识到了超密度、超大型城市的一系列弊病，从而提出了一种新的现代化城市发展理念——“有机疏散”。所谓有机疏散，就是控制大城市中心旧城区的膨胀和拥挤，同时在外围分布新区或小城镇。中间用田野或绿色地带分隔，并以现代道路交通联系。

郑老回忆起1945年抗战胜利后，他到汉口，在鲍鼎老师主持的武汉区域规划委员会工作，开始学习到这方面的知识的情况。当时主要是以《大伦敦规划方案》为范例，如建立卫星城镇等。中华人民共和国成立后，梁思成、陈占祥两先生建议保护北京古城，开辟新区的方案，也是运用有机疏散论来规划北京的构想。这样既可以有效地缓解城市中心的压力，带动人口、交通从大城市中疏散出去，解决“三高”（即楼高、人口密度高、交通拥堵率高）的矛盾，还可以改变人们的生存环境，减少高密度人群地区难以避免的对人们生活和身体健康造成的种种危害。

谈及将来，郑老认为：北京是世界著名的“文化古都”，又是“现代大都市”。2008年，作为奥林匹克运动会主办城市，应该向世界展示出一个历史文化与现代文明相结合，秩序井然、交通顺畅、环境优美，又具有中国特色的现代化城市形象。但北京目前的状况与这样的要求似还有一定的差距。就拿交通来说，三环路以内堵车的现象并没有得到根本的缓解。为了解决交通问题，北京一再拓宽道路，并且增加穿越中心城区的干道。平安大街拓宽就是如此，但是交通依然不顺畅，因为交叉路口太多。治理城市交通犹如治理水患，得有“引”有“疏”。忽视外疏，一个劲儿向中心引，要改变目前交通的困境恐怕很难。所以，不能再把北京市中心的朝阜路也作为横穿京城，引入大量过境交通的干线来改造。朝阜路是北京城里最美的一条路，途经“三海”、故宫、历代帝王庙、广济寺、妙应寺（白塔寺）等文物景点，周围还保留着一些完整的传统民居，应该让它成为北京市中心一条有文物古迹，有山水园林的旅游路线。

有些人主张，解决北京的交通问题应该限制私有轿车的发展，重点发展公交车。对此，郑老有不同的看法：公交车体积大，占路幅面宽，行驶不灵活，停站又多，本身就妨碍交通，所以还是加大力度和速度发展地铁。现代大城市没有地铁是不行的，而且线路还要多一些，形成完整的系统。私人轿车也是必然要发展的，它是带动科技和相关产业发展的支柱产业。随着人们收入的提高和轿车价格的降低，拥有私人轿车是社会发展的必然趋势。问题的关键就在于要把人群疏散到城市的周边地区去居住，这样私人轿车就成了人们不可缺少的代步工具。可以像国外有些大城市那样，在城市外围多建一些停车场，与地铁站相衔接。人们到城里上班或办事，把自己的车存放在城外的停车场里，改乘地铁或公交车进城。这样既可以大大缓解市中心交通拥挤的状况，同时也减少了汽车尾气对城内空气的污染。

郑老认为，将大城市进行“有机疏散”，无论在理论上还是在实践上，都是整治大城市“现代病”的有效办法。现在北京市开始按照规划在东郊划定新的中央商务区（CBD），就是这方面的一个体现。从许多国家的经验中都证明，城市的发展建设，不能以开发商的意志为导向，因为他们出于追求利润最大化的目的，往往只把投资目标瞄准市中心的地区。而作为政府就该通过制定和严格执行城市总体规划、采用一些有效的措施把投资方向往城外引，特别是要对周边一些相对落后的地区给予一定的政策倾斜。

（原载于《中国建设报》2001年10月19日）

# 不能只保护“馅”，不保护“皮”

## ——郑孝燮谈北京皇城的保护

宫苏艺

北京明清古城共有四重城，中心是紫禁城，再往外是皇城，然后是内城、外城，目前保护最完整的是紫禁城，环绕紫禁城的皇城位于北京古城中央，东至东皇城根、西至西皇城根，南至天安门红墙一线，北至今平安大街、明清皇城东西大约2500米，南北2750米，占地6.8平方公里，呈不规则的方形，像正放的乒乓球拍，但西南缺一小角，现存的天安门红墙即为皇城南墙，皇城内除紫禁城外，还包括一些著名的皇家园林和寺庙，如中南海、北海、太庙、社稷坛、景山、大高玄殿等。

2001年，北京市政协委员，城市规划专家和学者向政府呼吁，整体保护北京皇城，迅速制定相关法规，并将这一地区向联合国申报“世界文化遗产”。他们一致认为：“皇城保护区”的绝大部分应划为永久保护地段和暂不开发地段；对新批建筑的用途、高度、形式、色调等要严加限制；对已兴建的有损于保护区历史风貌的建筑物，要下决心有计划地予以拆除；现仍占用文物保护单位用房的，应在规定时间内尽早腾退。

2002年首都规划建设委员会提出，将皇城整体设为历史文化保护区，明确皇城是以皇家宫殿建筑群、皇家园林为特征，以平房四合院居住形态为衬托的传统文化、旅游、居住街区；结合旧城外的土地开发，降低保护区中的居住人口密度；停止审批建设楼房和与传统皇城风貌不协调的建筑，皇城内尚有部分文物利用不合理，应加以调整和改善；皇城保护区内的道路改造要慎重研究，以保护为前提；遵循“渐进式”的保护与更新方法，逐步整治、更新皇城保护区环境，尽快制定保护管理条例，着手准备将其申报世界文化遗产。

最近，记者就北京皇城的保护问题，专程采访了国家历史文化名城保护专家委员会副主任、中国紫禁城学会名誉会长、高级建筑规划师郑孝燮。

## 不能只保护包子馅，不保护包子皮

郑孝燮说，《北京历史文化名城保护规划》确定的25片历史文化保护区，其中有11片在皇城。与其这样分散保护，不如把皇城作为相对的整体来保护。好在皇城现在还基本保持原貌。里面的整个格局，整个的性质，没有大的改变，没有变成商业区，变成闹市，马路也没有拓宽成交通干道，街巷也还基本上存在，四合院也相对保存得比较好，当然有些也拆了。有一些新的多层建筑在边边上，特别是靠东北角。很多市政协委员还有专家提出保护皇城的建议，我也参加了。尤其是紫禁城已经是联合国世界文化遗产了，把皇城列为世界文化遗产，是有道理的。紫禁城与皇城本来是不可分割的，就像一个包子，紫禁城是包子馅，皇城是包子皮。而现在是只把包子馅申报了世界文化遗产，保护了馅，却没有把包子皮申报文化遗产，没有保护皮。当然，申报紫禁城为世界文化遗产，牵扯到管理体制的问题。紫禁城由国家文物局管理，比较简单。出了紫禁城，皇城内条块分割，各管一块，比较复杂。其实，在明清时期，紫禁城和皇城都归内务府管理。

郑孝燮说，罗哲文在文章中曾经提到，1998年2月，联合国教科文组织派国际古迹遗址理事会（ICOMOS）主席席尔瓦先生就天坛和颐和园列入世界文化遗产名录前来考察时，曾深情地说："我很早就仰慕古都北京，今天终于来了。北京太伟大了，无论如何都是应该列入世界遗产名录的。北京虽然未像巴黎、罗马那样保存完整，但是我看中心部位的皇城区域尚基本保存。这是北京古都的核心部位，还是够条件的。"席尔瓦先生还说："在其他一些国家，也有把古城的一部分列入世界文化遗产目录的。"他建议我国将北京皇城申报世界文化遗产，并说在他任期内，希望能为北京城列入世界文化遗产做出最大努力。

## 皇城一出现就和宫城分不开

在历史上，皇城跟紫禁城是分不开的。明清皇城四周筑高大的"红墙黄瓦”砖砌的萧墙，又叫红门拦马墙。红色的墙，黄色的琉璃瓦，本身就是皇家建筑等级的标志。明清时期紫禁城内外，凡皇家所有的生活、供应和服务，都是由太监掌管的内务府管理的。皇城是皇家生活服务乃至保卫的外院，与紫禁城密不可分。

郑孝燮介绍，我国封建王朝“筑城以卫君，造郭以守民”，“内之为城，外之为郭”的都城制度和规划建设，愈往后而愈加完善。西汉长安宫城分布在“民炎所居”的郭城。宫城内殿阙建筑非常“壮丽”、“足以重威”（天子之威），可是在城市总体文态环境上，远不及隋唐长安和明清北京那样完善和气势宏伟。隋唐长安、明清北京的城市总体选址与布局，首先以“象天法地”、“君临天下，天子居中”为主旨，进而全面贯彻“礼制”秩序。无论内城、外郭所有的规划与建设，无不体现以尊卑贵贱、等级有差、长幼有序、男女有别为纲。而且依靠环境与建筑的规划设计，塑造成为中心与中轴重点突出、主次分明、经纬交织、方正端庄、坊市各得其所，有条不紊；使用功能与美观一致：托物寄情、托物寄史的都城空间文态环境风貌。宫城之外出现“皇城”是秦汉时期的都城没有过的。“筑城以卫君”的城，对隋唐长安是指南北连接在一起的，从一开始就分不开的皇城与宫城。对明清北京这主要指的是皇城，因为北京的皇城与宫城呈“回”字形布局，犹如内院与外院，谁也离不开谁。

明清北京城原是建在元大都三重城的基础上的。《马可·波罗游记》赞述元大都为当时“无能与比”的世界最杰出的城市。明朝时把原来元大都的北墙与南墙作了南移，因而拓展了皇城南西面的空间用地形成承天门（天安门）前T字形的皇城广场。中轴线上的这座皇城广场宏伟壮丽、威严震慑、气势无比。这就是今日天安门广场的前身。

北京的皇城同宫城，在封建都城的总体布局上必须如此有机联系为一体。而作为保卫、侍奉、供应等皇家御用的外院基地，那就更是一点也分不开了。

郑孝燮说，明清两朝是帝王独尊，内阁参政。朝臣辅佐，即皇帝、内阁、六部、五府的专制政体制度。作为国家机器的中央政府的部府衙门依照“左文右武”的礼序，分别布置在承天门（天安门）中轴线上的“天街”的皇城红墙外，左边布置六部——吏、户、礼、兵、刑、工等中央部级机关（刑部后来移出），右边布置五府中央军事部门——前、后、左、中、右五军都督府。六部五府不设在皇城红墙内，这同隋唐长安皇城的布置是有区别的。

## 皇城是皇家坛庙、宫苑和内府基地

郑孝燮介绍，明清皇城的用地有一半多为皇家的别宫、坛庙、寺观等的所在，包括左祖（太庙）右社（社稷坛）、西苑（三海）和万岁山（景山），包括大高玄殿、大光明殿等御用宗教建筑，紫禁城西的西苑，占地比紫禁城大得多。三海从皇城的北墙直抵南墙。明清历史舞台上常是外朝、内廷、西苑并重，所以西苑也称西内。在营建上有过多次增改扩充。清朝在北京西郊大建皇家园林，然而皇城内的西苑三海亦无逊色，也以其湖光山色、殿阁楼台的相互辉映，奇卉名木、叠石理水、天工人巧的结合，成为游赏兼问政的御园。西苑与不少重大历史事件的发生、演变都有关系，如戊戌政变等。清朝在西苑与紫禁城之间的南长街设有聚珍局，那是一处专为皇家印制文件、书籍的活字版印刷厂。清朝的巨著《古今图书集成》及武英殿本的御版书册均在这里印制。还有专管皇家建筑规划、设计、施工、管理等的营造司，及专管皇家园林奉宸苑署等内务府系统的衙门也都设在这一带。

明清王朝除中央政府统治机器外，尚另有一套设在皇城的直属皇家内府体系的统治机器，并且由钦命太监内官掌管。明朝的内府分设十二监、八局、四司，共二十四个衙门。清承明引，内府也设有三院七司、这套内府系统所属，分门别类，非常庞大。举凡皇家宫殿、园林、坛庙、寺观建筑的营造、材料的制作或征运、储藏皇家车辇船轿及御马圈的管理；再如皇家档案的保管与珍藏，皇家文件、御制诗文及图书的排印，乃至内廷供奉戏曲的演出，剧本创作，“梨园子弟”培训等，就是说皇家所需的一切方面如衣食住行、婚丧嫁娶、生老病死、消遣娱乐、宗教崇信等有关的礼仪规制、物品制作、存储、供应，无一不归由太监总管的内府设官分职，自成系统，操作运行。内府系统如此庞大，官员、匠师、工役等人员之多是可以想象的。所属的众多衙门、居处、仓库、作坊、堂所等的用地和建筑，大部分设在皇城之内，特别是西安门内的西北角和景山以东的东北角两处为最多。此外，还有教场多处分布在皇城之内。

皇城内的西北角和东北角，位置偏僻，地位次要，所以主要是皇家御用的物资储藏、供庄及诸多服务方面的建筑地区。其中街道旁或胡同里的四合院，有的为皇帝的赐宅，有的是太监私宅，还有中小官员、艺师或工匠等的住宅，也有的是作为非住宅用的四合院。此外，还有某些教场及营房，以及虎房、豹房、象房等的用地分布其间。

皇城完全等于紫禁城的外院，所以明朝把它列为“禁区”，“民人不得出入”。到了清朝，也只许八旗军民的一部分人在皇城的东安门、西安门、地安门三门以内居住。并且把废除的明朝官府、仓库、厂局改建为王府或居民区。虽然皇城对一部分八旗军民开放，可是另一方面则扩大到把原住内城的汉民、回民，强制迁到外城去住，而把内城划为满人住的城区。

由于皇城明朝是“禁区”，清朝是“半禁区”，所以一直没有宽阔的通衢大街，没有喧嚣的闹市。南北长街、南北池子只是幽静的小街，同紫禁城不过咫尺之隔。但是明清两代这两条小街往南是“死胡同”，均不与长安街通连。西安门内大街，宽度并不很大，而且曾是大树夹持的林荫街道。同时由于北海团城的金鳌玉蝀桥较窄和桥西文津街上建有红墙绿琉璃瓦的三座门以及紫禁城神武门与景山南门之间的空间限制，还有左侧大高玄殿前面的牌坊当街等的限制，特别是那一带是宫城北门的禁地，所以明清时绝不允许开辟街道，横穿交通。

### 20世纪早期对整治北京皇城的保护性改造

郑孝燮说，1911年辛亥革命后，从大清帝国变为中华民国，北京的皇城再也不能继续属于“禁区”了。历史的巨变给皇城及全城的市政建设带来了新的转机。新的市政工程技术引入进来。如公共游憩的公园、柏油马路、有轨电车，还有自来水厂、上下水管道系统以及市政工所和警察制度的建立等。这些新的城市建设的内容全是前所未有的。

北洋政府定首都为北京后，北京旧城面临改朝换代之后如何适应民国社会的需要与改革的若干问题。北洋政府请时任内务部总长的朱启钤主办这件事，正是在他从政的期间，推动了北京皇城的保护性改造，时间是从民国三年（公元1914年）到民国十四年（公元1925年）。当年的这种保护性的改造旧城，斐绩犹存，今天有目共睹。

郑孝燮以当年解决皇城交通为例。他说，当时除首先开通沿长安街皇城城墙的街口外，接着就是拆通皇城东墙和北墙各一个街口。东墙的是东安门之北的，通往京师大学堂等处的街口，北墙的是地安门以西的厂桥街口，通往德胜门等地。以上这些整治皇城之事，虽属北京城的中心部位，但是却与它的外围，城市的全局脉络分不开。朱桂老（朱启钤字桂莘）以北洋政府高官之身，例如在整治皇城交通的时候，是全局在胸的，并非就皇城论皇城，他主持的还有一项规划设计即正阳门瓮城的拆除改建和贯穿内外城的有轨电车系统。在20世纪初的中国，有轨电车交通系统，在当时够得上是“先进的市政建设”了。但是并不把它引入皇城，而是让它在皇城的外面走过（指东西长安街的皇城南墙和北海后门的皇城北墙以外）。即便是解除东四、西四之间的交通阻隔，而采取的打通故宫、北海中海之间的金鳌玉蝀桥、文津街、三座门这段路线也是慎之又慎的。中华人民共和国成立后北京旧城打通东西交通，十分迫切，然而一直也没有像别的街道那样大刀阔斧，大拆大拓，大引车流。因为这是皇城的核心之地，紫禁城北门和景山紧密连接之地，是不可以作为交通要道引入大量过境交通的。

### 文化遗产的真实性和完整性

北京紫禁城故宫，不单是全国重点文物保护单位，尤其还是属于全人类的联合国公布的“世界文化遗产”。然而今天倘若还能够把北京古城核心的紫禁城与皇城结合在一起，作为有机的历史文化风貌整体加以保护、抢救，那么仍是十分重要和非常迫切而且也是可行的。否则，孤立地、独善其身地保护紫禁城，而把本来就是它的外院，或者“保护范围”抛掉，那岂不等于对世界文化遗产的一种轻率。

郑孝燮谈到，联合国对世界文化遗产有两个要求：一是真实性，不能是假的；二是完整性，允许有一部分更新，更新占一定比重，当然最好是完整。更新就是更新，不是作假。尤其是一片街区，里面有文物保护单位，有保留单位，还允许一部分更新。更新不是绝对不允许的。对于争取申报世界文化遗产的北京皇城来说，里面真实的东西要多，更新的东西要少，而且更新要受高度、风格的限制。

郑孝燮特别指出，目前皇城内的南池子地区的改造就出现了问题。2000年，北京市有关部门划定25片历史文化保护区，南池子是其中的修缮与改建试点。修缮与改建的思路经过三次专家评审会后终于敲定为规划方案：不搞大拆大建，尽量保持原有街巷格局，遵循按院落和基本风貌修缮。居住建筑基本遵照原有的宅基地，其走向形式大致不变，最大限度保持街区肌理，保证建筑外部空间环境的持续发展，也使得原来的胡同得以保留。对居民的安置，实行就地留住、外迁、房屋置换相结合，鼓励外迁。今年5月14日，两张没有落款单位的“北京市东城区南池子历史文化保护区（试点）修缮房屋和改建实施细则”（下称细则）贴在了南池子大街的墙上。细则上表示，将拆除南池子240个院落中的231个，拆除后的核心地带计划修建两层的单元式小楼，美其名曰“四合楼”，用于居民回迁，其余的拟建一批高档商品房。南池子地区是大量的拆光四合院，盖二层楼房，还是少量拆一部分四合院。这个争论正在进行，但工程已经停了下来。郑孝燮动情地说，老的四合院是很脆弱的，不保护它，一句话就把它弄没了。现在北京旧城改造的速度太快了，每年有几百条胡同在消失。

郑孝燮强调，保护紫禁城和保护皇城是绝对分不开的。保护世界文化遗产，保护古都风貌，对于北京来说应该是现代化发展总体的一个重要组成部分。

（原载于《中国地产市场》2002年第7期）

# 疏散老城要和建设新城结合起来

## ——访国家历史文化名城保护专家委员会副主任委员郑孝燮

刘 扬

“《北京城市总体规划（2004—2020年）》修编成果我看了，这次修编和以往一个很大的不同，就是把疏散老城区和建设新城结合起来了，11个新城，尤其是3个先期发展的新城，将分担大量城市功能，分散大量旧城人口，这样很好。”谈起北京城的规划和未来建设。自称“88.8岁”的国家历史文化名城保护专家委员会副主任郑孝燮精神头儿十足。

上周六上午，在建设部宿舍大院郑老简朴的家中，郑老和记者聊起了北京城的故事。

郑老告诉记者，由于是单中心，北京的旧城功能过于集中，人口拥挤，交通堵塞，环境质量也不好。“这样一个古老的城市，长期承载着超过城市容量的负荷，如果不控制的话，这种循环还要持续恶化。”郑老说，“你去北京旧城的胡同看过吗？那里市政设施差，群众居住条件恶劣，甚至是危险啊。群众生活条件必须改善，旧城就要在保护的基础上进行整治。”

郑老说，北京古代的都城整体规划是世界著名的，我们的规划工作者和城市建设者要对此有确切的认识，要处理好历史文化名城保护与改造的关系。“我看了清华大学做的大栅栏地区危改方案，方案的原则是‘保护、整治、复兴’，我主张在‘保护’和‘整治’之间加一个‘保留’。‘保护’是从里到外都保持原来的样子，‘保留’是外面保持原有风貌，里面可以进行现代化改造。‘保留’这一层不仅要加进来，而且还应该占据相当大的比例。”

危改绝不仅仅是房子的问题，像前门地区，既要恢复这里传统商业、传统的文娱项目，也要解决疏散人口往哪里去的问题。郑老说：“前门地区历史上不仅有很多商业店铺，至少还有六七个戏院，有京剧演出等，这些传统文娱项目也是前门商业区的组成部分。此外，危改必然要疏散人口，我看新的城市总体规划中安排了11个新城，是不是可以考虑把危改区的居民集体搬迁到某个新城，比如前门地区的居民可以一块儿搬到距离不远的亦庄，这样虽然环境是新的，但邻居是老的，一起居住了几十年的老街坊不会因为危改分开。”

转眼间一个上午过去了，在记者就要起身告辞的时候，郑老特别叮嘱记者写上：危改一定要抓两头，整治是一头，另一头是新城建设，旧城人口要疏散，但一定要解决人到哪里去和怎么去的问题，新城和城市中心区之间必须有快速交通，像地铁、高速路等，同时新城还要有学校等配套设施，让群众进得来，出得去，住得好。

（原载于《北京日报》2004年11月15日）

# 郑孝燮：北京风貌，越原汁原味儿，越有价值

王小珊

北京作为古都，从公元1153年金朝迁都燕京并改称中都起，已经有850多年的历史了。围绕着在建设新北京的进程中如何保护古都风貌以及许多胡同该不该拆等问题，人们一直众说纷纭。在6月9日中国第二个“文化遗产日”到来前夕，本报独家采访了郑孝燮。

## 当所有的人对文化遗产有一种觉醒，它才有可能真正地得到保护

**问：**北京作为历史文化名城，您认为它的魅力体现在哪里？

**郑孝燮：**在中国几大古都里面，唯独北京的古建筑、古园林保存得最多最好。老北京“多重方城中轴”的规划在当时世界上是很先进的，元朝的时候马可·波罗来中国，他看到元大都这个城市的宏伟气派非常赞赏，认为是“世界诸城无与伦比”。20世纪30年代，法国的世界著名现代派建筑大师勒·柯布西耶写过一本书叫《明日之城市》，也对明清的北京大加赞赏，他说北京这座城市有完整的计划性，宫室建筑和城市建设的这种几何形的布局，表达了人类的伟大、光荣和胜利的精神。特别是紫禁城这个皇家建筑群，它依据“天人合一”的思想，体现了“方位在天，礼序从人”的关系，被世界公认是非常完美的。另外，北京拥有世界文化遗产五处：故宫、天坛、颐和园、长城、周口店猿人遗址，这也是全世界各国都城罕见的。1981年，法国城市规划设计师和哲学家洛纳丹来清华大学讲学，在谈到文物保护时他曾说过：“北京的命运关系到我们每一个人，因为它的文化和伟大是属于全人类的。”

**问：**关于古都保护，我们的教训还是挺多的吧？

**郑孝燮：**中华人民共和国成立初期北京城原来有王府和官邸古建筑160

处，1964年减为50多处，“十年浩劫”后只剩下38处。“十年浩劫”对北京的破坏是触目惊心的，北京的城墙除了个别城门、角楼残段外，基本都拆光了。北京市境内有108公里的长城也被拆了，有44处文物单位被占用，许多古寺名刹遭到毁坏，白塔寺山门被拆后建了副食商店。那时候故宫也是被冲击的对象，在红卫兵即将冲进故宫的前夕，周总理请来了解放军封锁了紫禁城的四门。文物遭到破坏的例子是很多的，比如20世纪30年代发现北京猿人遗址时是震惊了世界的，但是那里曾经被一个公社占了建了水泥厂。建于金代的卢沟桥，由于长期被滥用，曾经每天有3000辆到6300辆重载的卡车、拖拉机、汽车、马车通过，使古桥负重过度，桥体多处震裂，有些石栏、石柱、石狮震裂或震掉了，破坏得百孔千疮。现在虽然修复了，但工艺上比较粗糙。好在这几年我们国家对文物的保护越来越重视了，我们现在把6月9日定为中国文化遗产日，这是非常有意义的。因为当所有的人对文化有一种觉醒，对文化的复兴有一种愿望和要求时，文物才有可能真正地得到保护。“文物比金子还贵”这是今天世界上公认的。

### 胡同是北京的精髓，历史的记忆熔铸在每一块砖瓦中

**问：**四合院和胡同是北京特色，可如今很多胡同被拆了，您的观点是怎样的？

**郑孝燮：**元大都的棋盘式街道系统体现了很高的科学性。那时候根据不同的功能、宽度、位置及景观等因素，综合规划大街、小街、胡同，统一构成了全城的街道系统。为适应四合院“面南而居”的最佳朝向的需要，胡同基本上都是东西走向。四合院的布局通天达地，采光充足，院内种花种树，既美化又遮阴，一家人住或一院人合住，都能有分有合，生活很方便。现在北京的四合院大多数建于明、清和民国，西四、东四以及南锣鼓巷一带有许多四合院基本上还保持了元朝的建筑格局。我们北京的历史文化品位，首先在于紫禁城的无比壮丽辉煌，其次是琼岛仙境似的山水园林的陪衬，特别是胡同四合院的灰色烘托。一片金碧辉煌，又由灰色烘托，这是多么美的一幅画卷啊！它也是中国特色的交响乐！但20世纪90年代开始，北京旧城区大规模成片改造，曾经有2000多家开发商来改造旧城，有过一年拆掉600条胡同的纪录，整片地方被推

土机推平，太可惜了。历史文化名城的品位十分重要，越是保护完整的，越是原汁原味的，它才越有价值。所以我认为，这样“推平头”式的大兴土木，国力吃不消，老百姓受损失；新陈代谢是“微循环”作用，必然有留、有改、少拆；旧城是有机体，胡同是北京的精髓，历史的记忆熔铸在每一块砖瓦中，因此北京需要重点保留成片的胡同和四合院。现在东四八条的拆迁已被叫停，这是个好消息。我认为，对历史文物我们不仅要保护它，还要给它新的生命。拿北京的紫禁城、故宫来说，它过去是皇帝的宫殿，是人民的禁区，但现在成了故宫博物院，它们在对人民开放，这就是新生命啊！

**一个城市如果连自己的根和魂都不要了，它也就没有生命力了**

**问：**您对北京的文物保护工作倾注了大量心血，有些经历一定很难忘吧？

**郑孝燮：**我是从1978年开始担任第五届全国政协委员的，连任了三届。从这个时候开始，我几乎把所有的精力都投入到了文物保护、历史文化名城保护和世界遗产保护的工作当中。1979年初，北京为了修建立交桥，准备拆除德胜门箭楼。当时，德胜门箭楼还没有被列为文物保护单位。我知道这个情况之后，立即给陈云同志写了一封信，提出自己的观点：德胜门箭楼，是除前门箭楼外，在京城“北线”现存的唯一的明代古建筑了，得把它保留；它不仅对“南线”和中轴线有个“呼应”作用，又正好是来自十三陵方向的终结，成了一个最好不过的标志；在新建的住宅丛中夹入这个明朝的古建筑，能为整个北京城锦上添花；巴黎的凯旋门并没有因为交通的原因而拆除，这很值得我们参考。陈云同志当时是中共中央副主席，他读信后立即转给了当时任国务院副总理的谷牧。几天之后我的这封信就批转回来，让我牵头召集专家进行考察论证。考察中我们看到箭楼墙体有很多“伤口”，又打报告给谷牧，建议由国家批拨30万元给北京市文物局来负责维修好。这样德胜门箭楼就保住了。还有承德的避暑山庄和外八庙等古建筑以及卢沟桥、大钟寺、十三陵、八达岭长城、颐和园和天坛等文物古迹的保护，也都是经过了比较艰苦的过程。当时如果没有人据理力争，北京这些珍贵的文物会是什么样的命运呢？我真不敢设想！

**问：**有相当一段时间，北京城的现代建筑受国际建筑风格影响很大，有人认为，高楼大厦才是现代化，这些致使北京特色的日渐消失？

**郑孝燮：**我们可以看看华盛顿、伦敦、巴黎、莫斯科等国际名城，它们并没有因为现代化的发展而摒弃其传统基础及风貌。历史是民族的根，文化是民族的魂。我们是要向西方学习，但创新与传统不可分割，如果北京这个城市连自己的根和魂都不要了，它也就没有生命力了。希望更多的人认识到这一点，不要在古城内再添败笔，我们在处理文化遗产问题上“一失足成千古恨”的教训已经很多了。不要以为一段破城墙微不足道，因为文物的价值不在于大小，而在于它的历史、艺术和科学价值，不然的话，为什么猿人化石的一颗小小的牙齿竟是无价之宝呢？！

（原载于《北京晚报》2007年6月5日）

# 严防中国的世界遗产沦入“濒危”名单

## ——访国家历史文化名城保护专家委员会副主任郑孝燮先生

李　让

北京竟然比江浙一带还热！刚刚出差回京的记者对此深有感触。38.9℃，北京6月11日的气温达到今年入夏以来的最高值。据《北京晚报》报道，烈日下京城一些地方甚至出现“喜鹊落地、司机热晕”的情况。就是在这样的日子里，年近九旬的国家历史文化名城保护专家委员会副主任郑孝燮先生，还亲自前往崇文区开会，与当地领导共商文物保护大计。

这样记者的采访只好利用星期日，郑老告诉记者，他也只有这一天才有点时间，周六全天开会，周一又要去承德出差。

举世瞩目的第28届世界遗产大会将在苏州召开，记者从建设部、国家文物局、中国联合国教科文组织全国委员会和中国艺术研究院了解到，现在，不论是自然遗产、文化遗产、双重遗产，还是无形遗产，申报工作都已经形成“热潮”，几乎所有有可能的地方都在不惜一切代价“申遗”，可是，另一方面，我们也从各种渠道了解到，几乎所有拥有世界遗产的地方、单位，都出现了这样那样的问题。

谈到在一些地方由于片面追求发展旅游和城市建设，已经给承载着中华民族五千年文脉的文物古迹尤其是世界遗产带来巨大威胁，郑老一针见血地指出，现在我国的世界遗产保护总的状况是：多数好、少数差、个别很差，出现这种情况的原因，归根结底是认识问题，有些地方、有些单位、有些领导片面地看待世界遗产的价值。个别遗产地“重申报轻保护”，杀鸡取卵式地开发，使这些宝贵的人类遗产受到来自人类自身的极大威胁。前些年，包括长城、北京故宫、敦煌莫高窟、秦始皇陵、黄山、九寨沟等在内的多处1994年前被列入世界遗产名录的项目，开始受到联合国教科文组织的监测。有的遗产地甚至被亮了“黄牌”予以警告，这都是认识错位的必然结果。

郑老认为，保护世界遗产当前最重要的是一些地方、一些单位、一些领导必须提高认识，严防对遗产地的破坏性开发，严防世界遗产沦入“濒危”名单。如何正确处理好保护与利用的关系，是世界性课题，每年世界遗产年会都要探讨相关话题。全世界迄今已有35处世界遗产地被列入“濒危”名单。值得庆幸的是，中国的遗产地没有一处列入。但是，这并不等于我们在实际工作中可以放松警惕。

经常听到有人谈论申报世界遗产可以带来的好处，他们指的大概就是经济方面的直接利益。其实，联合国教科文组织并不是一个到处散钱的富裕组织，那么，经济方面的直接利益可能就是拿世界遗产事业当盈利产业来开发。申报世界遗产的动机不端正，认识上出现偏差，日后保护世界遗产一定会出问题。

郑老介绍，保护抢救世界文化和自然遗产，是人类文明和国际社会可持续发展战略的一个重要组成部分，是每个国家的重要职责，也是全人类的共同义务。为此，1972年11月联合国教科文组织巴黎第17届大会通过的《保护世界文化和自然遗产公约》“文化和自然遗产的国家保护和国际保护”部分，对世界遗产保护作出了明确规定，缔约国均承认，“本国领土内的文化和自然遗产的确定、保护、保存、展出和遗传后代，主要是有关国家的责任。该国将为此竭尽全力，最大限度地利用本国资源，必要时利用所能获得的国际援助和合作，特别是财政、艺术、科学及技术方面的援助和合作。”为保证保护、保存和展出本国领土内文化和自然遗产采取积极有效的措施，公约要求缔约国“通过一项旨在使文化和自然遗产在社会生活中起一定作用并把遗产保护工作纳入全面规划计划的总政策”。这是一个国际承诺。

在这以前，联合国教科文组织还曾出台《武装冲突情况下保护文化财产公约》、《关于保护受到公共或私人工程危害的文化财产的建议》等国际性法制性文件，还陆续通过《关于在国家一级保护文化和自然财产的建议》、《关于历史地区的保护及当代作用的建议》等有关加强保护遗产的重要文件。此外，还有“历史古迹建筑师及技师国际会议”、“国际古迹遗址理事会”等的“宪章”和《国际古迹保护与修复宪章》、《保护历史城镇与城区宪章》等。

1985年11月全国人大常委会批准我国加入《保护世界文化自然遗产公约》。加强保护我国的世界遗产，必须严格遵守公约和体现宪章的原则。这直接关系到中国政府如何履行国际公约的大事。否则，一旦出现“濒危”性的破坏，必将严重地影响国家的声誉和国家的形象。

令人遗憾的是，1987年我国开始正式申报世界遗产，而在1988年世界遗产遭到破坏的情况就出现了。一些地方只考虑地方利益，有的连地方利益都不考虑，只考虑个人利益、集团利益、决策人的政绩。按说世界遗产是全人类的永久财富，是国家“重宝”，保护世界遗产是公益事业，保护才是政绩，可现在，一些地方和单位片面地看待世界遗产的价值，根本不把它们当作全人类的永久财富，不考虑“保护遗产的真实性和完整性”的要求，只是把它们当成经济开发区或单纯当作旅游资源，当成“摇钱树”，热衷于追求单一的经济目的和短期经济利益，结果使一些世界遗产地遭到严重的人为破坏。更有甚者，有的世界遗产竟然搞出股票上市，或者转包、出售经营权等非常错误的做法。

发展旅游业，可以带来巨大经济效益。但是将世界遗产当成单纯旅游资源，把利用世界遗产赚钱作为首要目标就是错误的。郑老着重强调，对世界遗产，首先是保护，这是一个文化问题，不是一个经济问题。千万不能忘记历史是根，文化是魂。在世界遗产中蕴藏的和生发出来的物质和精神文明的文化价值才真正是永恒的和无法衡量的，寓教于游的文化效益才是旅游发展的第一位目的。

不久前，国务院9个部委局联合发布了《关于加强和改善世界遗产保护管理工作的意见》，指出：一切开发、利用和管理工作，首先必须把遗产的保护和保存放在第一位，都应以遗产的保护和保存为前提，都要以有利于遗产的保护和保存为根本。对照《意见》的要求，我们可以看出，那些出现问题的世界遗产地，之所以出现这样或那样的问题，最根本的原因在于没有把遗产的保护和保存放在第一位，没有以遗产的保护和保存为前提，没有做到以有利于遗产的保护和保存为根本。

文化和自然遗产的最大价值在于它们本身的存在。托物寄史、托物寄美、托物寄意等等，必须是遗产的真实物体、物境的存在才能够依托。重点遗产必须具有的历史价值、艺术价值、科学价值，无一不是通过保护文化的或自然的遗存实体而体现的。不论文化的或是自然的遗产都是不可能再生或再造的，只有保护才可以使它们延年益寿。

人类只有一个地球，地球上只有为数很少的世界文化和自然遗产。这些世界遗产是人类文明延续和进步的历史见证，是全人类的共同财富。一定要站在对人类文明、对历史负责的高度上，认清世界遗产的本质。当前迫切需要提高我们对这个问题的认识。郑老呼吁，我们不仅需要有识之士，尤其需要“有识之官”，树立正确的世界遗产观，正确对待世界遗产，按照“保护为主，抢救第一，合理利用，加强管理”的要求，严格遵守国际公约和国际宪章原则，同时严格执行国家制定的有关法律法规，主要指《中华人民共和国文物保护法》、《中华人民共和国城市规划法》、《中华人民共和国环境保护法》、《国务院风景名胜管理暂行条例》，紧紧依靠这个法网，对存在问题进行整治，严防有世界遗产沦入“濒危”名单，这是一个非常严肃的事情，是关乎国家在国际社会声誉的大事。

最后，郑老还具体提了两个建议。一是建议在中国联合国教科文组织全国委员会下面设立专家咨询委员会；二是建议有关部门研究确定一种对世界遗产进行经常性、普遍性保护、检查、整治的工作方式，好像定期检查身体一样，从而预防可能出现的“濒危”情况。

（原载于《中国文物报》2004年6月25日）

# 文化的认同是巩固的国防

## ——文物专家郑孝燮谈京杭大运河申遗

文爱平

**记　者：**京杭大运河申报世界文化遗产最早是由谁倡导的？

**郑孝燮：**主要是由罗哲文牵头倡导的。2005年12月15日，文物古建筑专家罗哲文、浙江省工艺美术家及全国著名的铜雕塑家朱炳仁和我三人一起联名，通过电子邮件、信件，还有亲自呈送等方式向北京、天津、河北、山东、江苏、浙江等6个省市18个城市的市长致信，建议京杭大运河“申遗”。

接到信件后，运河两岸的通州、扬州、杭州给我们回了信。北京通州区文化委员就来信说：“目前，我区已做好了准备，积极响应运河沿线18城市共同申遗的宣言行动。”

**记　者：**现在申遗工作具体由哪个部门在负责呢？

**郑孝燮：**给京杭大运河申报世界遗产找牵头人并不是一件容易的事情。我和罗老最先想到的是杭州。因为，历史上的杭州本来只是一个小县城，京杭大运河开通之后，杭县变成了杭州。正是看到杭州与大运河的渊源，我们把牵头申报的希望放在了杭州。然而他们反应并不积极，只答应做好“分内之事”。接着我们想到了扬州，因为这里是大运河最早动工的地方，而且像扬州这样把自己定位成运河城市的并不多见，原来南水北调工程的东线工程将从扬州开始，利用京杭大运河的古河道，将长江水北送。扬州正把这个当成经济振兴的机遇。可是扬州文物局也不答应牵头，因为南北协调太困难。

其实他们的顾虑可以理解，因为京杭大运河是一个整体，无论整治、规划还是申报，都必须要有一个完整规划，统一执行，而这项任务不是一个城市可以完成的。说服城市牵头的法子行不通了，罗老想来想去，又想出了一个新招，他决定联合全国政协委员以提案方式来找牵头人。

在我们的倡导下，一份58位全国政协委员签名的提案在今年两会期间提交了上去。这份提案名叫《应高度重视京杭大运河的保护和启动“申遗”工作的提案》，提案里写道“如果不注意启动有如‘申遗’这样重大的、为各地重视的保护工作，大运河的历史文化、遗迹、生态、自然的风光，将不可避免地退化并迅速消亡，这将是中华民族不可挽回的巨大损失”。

就这样，大运河申遗的工作现在具体由全国政协来负责推动。2006年5月份，全国政协组织“大运河保护与申遗”考察团从北京到杭州进行了一次沿途考察，并在杭州集中讨论大运河申报世界遗产的问题。本来我也要随同，不巧在出发前一天生病没去成。

**记　者：**京杭大运河申遗的最终目的是什么？

**郑孝燮：**在给运河沿岸市长们的信中，我们就明确提出，站在历史的高度来看，京杭大运河的价值和风貌传承千万不能在我们这一代人手中“断流”。而更重要的是与以往的文物景观不同，京杭大运河是一个流动的、还活着的遗产，所以既要保护也要考虑发展，发展中要涵括保护。这才是我们申遗的目的。我们有理由相信，通过“申遗”，京杭大运河完全可形成一条有中国特色的新的文化与自然景观带；在保护和弘扬了中华千年文化的同时，还能够使京杭大运河沿岸人民的生活变得更美好。

运河申遗是一个漫长的过程，可能需要很长时间才能成功，但申遗仅仅是手段，我们的最终目的是运河的保护与发展，哪怕申遗暂时不成功，只要保护发展的目的逐步达到，这就是我们的成就。

**记　者：**您能给我们细说一下京杭大运河的历史吗？

**郑孝燮：**京杭大运河是世界上开凿最早、规模最大、里程最长的人工运河，和万里长城、埃及金字塔、印度佛加大佛塔并称为世界古代最宏伟的四大工程。

大运河的历史最早可追溯到春秋时期吴王夫差开凿的邗沟，当时吴国修它的目的是想攻打远在北方的齐国，另外还有一段江南运河也是这时候修建的，从镇江的京口经过常州、无锡、苏州、嘉兴到杭州，现在这两段都还在通航。至隋炀帝时，花了6年时间，完成了以洛阳为中心的大运河，唐宋时最为繁盛，元代水利专家郭守敬截弯取直，修成了贯通南北的京杭大运河。明朝和清朝前、中期，京杭大运河成为漕运通道，屡加疏通。大运河连通了海河、黄河、淮河、长江、钱塘江五大水系，纵贯华北平原、淮海平原和江南杭嘉湖平原，是国家一条搏动不息的经济大动脉，沟通着我国南北方的经济文化。同时，在沿线与支线附近崛起的一大批如扬州这样的繁华城镇，极大地促进了中国东部和中部地区的发展。

清嘉庆以后，海运渐兴，大运河失修，黄河北岸段梗塞，大运河昔日辉煌成为过去。然而各个时代的大运河贯穿之地，都留下了丰富的文物古迹，有着深厚的历史文化内涵，仅山东段已知的文物点就有100多处。不仅如此，大运河还创下了多项傲视寰宇的纪录：论长度，它比巴拿马运河长21倍，比苏伊士运河长10倍，比有“运河之王”之称的土库曼运河长400多公里；论年代，我国最早的古运河开凿年代比巴拿马运河早2245年，比苏伊士运河早2364年，比“运河之王”早2443年；论文化，大运河保存了具有内河特色的文化，沿岸几十座城市有着很多的文物，有着独特的人文景观和民俗风韵，是意境别具的高品位文化，其文化的深层价值是难以用简单的经济标准来衡量的。

同样是古代水利工程，罗马城内的13条古罗马时代的水道，最长不过90余公里，均为意大利国家重点文物保护单位。西班牙塞戈维亚至今仍在使用的“罗马大渡槽”，建于公元前1世纪，长仅813米，早在1985年即被列入世界文化遗产名录，而我们的大运河却始终未被界定在文物保护的领域内。

**记　者：**运河申报世界文化遗产有先例可循吗？

**郑孝燮：**有的，法国的米迪运河于1996年12月7日被列入《世界遗产名录》。该运河是在1667年到1694年间挖掘出来的，由皮埃尔·保罗·德里凯设计创作，全长蜿蜒流淌360公里，到现在还在通航，而且两岸绿化特别好。可是我们的运河现在沿岸很多城市都衰落了，如山东段，因为黄河改道，济宁以北，运河根本不通航，有些河段水流稀少垃圾堆积，有些河段出现了断流。不过运河沿岸的古墩、古庙、古塔、会馆、古桥、老街、老店、老厂、老窑还在，保护得不错。作为人类的遗产，运河两岸有许多重要的历史遗迹，比如说20世纪80年代，在地安门桥的清淤工程中就发掘出一只石刻的老鼠。地安门桥，也就是元朝时的万宁桥，是元大都中轴线的一个重点。中轴线也叫子午线，按中国的传统，子对应的生肖是老鼠，午对应的生肖是马，所以后来就在地安门外桥下刻了一石老鼠作为标志，在子午线的南段正阳门桥下埋有一石马。

**记　者：**大运河孕育了丰富的非物质文化遗产，它们有些与运河的关系非常紧密，在申遗时是否可将大运河与非物质文化遗产结合起来共同申请？

**郑孝燮：**我个人认为，物质文化遗产与非物质文化遗产捆绑申遗还不现实，因为目前国际上还不能做两项申请为同一类的申请。

虽然天津杨柳青年画、河北沧州杂技和武术及剪纸等民间文艺都与大运河有着千丝万缕的联系，但我们在申遗时成果要分清楚，这些非物质文化遗产都是说明大运河历史价值和作用的，但并不是运河本身。所以，目前的关键是把大运河作为物质文化遗产来申报。等条件成熟了再做非物质文化遗产的申请。

**记　者：**干涸的北段运河是否影响申遗？

**郑孝燮：**运河的河道，历史上是不断在变迁的，每个时代都在为运河增添新的意义。其实，这种干涸的古道也可以看出我们民族的历史，看出我们的变迁。我们申遗并不要求都有水灌入运河来，哪怕干涸的河道同样也是有历史价值的。当然，我们希望今后运河有水，能够全线贯通，不过这和地方经济、治理力度有关。南水北调中的东线工程，从扬州经过山东调水入北京，和大运河结合就比较多。

大运河的历史文化价值主要在于它是条经济河，以前是北京的经济“生命线”。老辈人有句俗话：“北京城是漂来的。”且不说当年那大运河上从南漂来的稻米、丝绸、茶叶、水果如何丰富了京城百姓的生活，就是建设紫禁城的金砖、楠木也都是从大运河运到京城的。

联合国教科文组织有一规定：遗存运河也可以作为世界遗产种类进行申报。意大利一条长850米的运河就因此获得了世界遗产称号，而这条运河远不如京杭运河长，也不如它古老。

**记　者：**千百年来，京杭大运河在国家统一、民族融合、经济发展、文化繁荣和科技进步等方面作出了巨大的贡献，地位如此重要，可是却不能得到很好地保护，是因为我们国家的文物太多了吗？

**郑孝燮：**这种观念是不对的。我们国家的文物并不是很多，尤其在“文革”中破坏很严重，“破四旧”毁了很多有价值的文物。

文物得不到妥善保护，主要还是个认识问题，大家没有充分认识到文化的重要性。有人说过：文化的认同等于巩固的国防。文化是治心之具，一个国家凝聚力的形成，海内外中华儿女的同根同心，光靠物质是不行的。

**记　者：**大运河申遗需要具备什么样的条件？

**郑孝燮：**我的理解，按联合国的要求，申遗必须具备真实性和完整性。真实性就要求我们做整个运河的详细的现场调查，然后做鉴定、评估。遗产绝不能靠弄虚作假。完整性要求我们了解有了运河以后产生的城市、商业，以及由此产生的其他的有密切关系的内容，特别是文物、风景区的保护范围或缓冲地带等。只有依靠大量调研，才能提出具有真实性、完整性的文本。

**记　者：**作为大运河申遗的倡导者，作为著名的文物专家，您觉得京杭大运河申遗成功的可能性大吗？

**郑孝燮：**京杭大运河应该争取成为世界文化遗产。因为这个项目符合新的国际理念和世界遗产申报日益增强的民族觉悟。

现在，国际上很重视文化廊道、文化线路的申报，京杭大运河恰恰是这样一种文化廊道。同时，京杭大运河又包括工业遗产，这类遗产作为新兴的文化遗产类别已经受到世界遗产委员会的特别重视。

另外一个原因，当然就是运河本身保存的突出的历史、文化价值，而且这是最根本的。

（原载于《北京规划建设》2006年第6期）

【人物专访】

# 城市规划前辈，古城保护先驱

王朝晖

郑孝燮先生是我国著名的城市规划专家，是设置中国历史文化名城的主要倡议人之一。他长期致力于城市规划及建筑设计的理论研究和实践、教育，在探讨中国城市规划的历史和理论方面，尤其在保护城市历史风貌和文化古迹等方面有很高的造诣，对于中国历史文化名城的倡建及其规划和建设做出了突出的贡献。

郑先生原籍山东诸城，1916年2月生于辽宁省沈阳市。1935年上海中学毕业后考入交通大学唐山工程学院，后在重庆考入由南京内迁的中央大学建筑系，1942年毕业。学习期间成绩优异，曾荣获中国营造学社由梁思成先生命题和评审的“桂萃奖学金”首奖和“基本工程司”奖学金。大学毕业以后，郑孝燮先生在重庆、兰州、武汉从事建筑师的职业，抗战胜利后在武汉兼职于武汉区域规划委员会，开始接触战后城市规划问题。

1949年郑先生到清华大学建筑系任教，深受同学们的好评。郑先生协助梁思成先生办理系务，担负若干校外重任，如中南海怀仁堂改建设计的工地监督，协助为保护北京古城区而另辟西郊新城区的总体规划设想进行实地调查，为保护西直门瓮城及城楼古建筑并改善交通而在两侧城墙开凿门洞的规划设计和施工监督等。

1952年郑孝燮先生调离清华，先后在重工业部基本建设局设计处任副处长和建筑师，从事厂区内外的民用建筑和工人居住区的规划设计，后到城市建设部城市规划局任建筑师，专门从事城市规划工作。1965年郑先生曾任《建筑学报》主编，为学报建设做了大量的工作。“文革”中郑孝燮先生受到不公正对待，下放河南焦作“五七”干校，但艰苦的环境并没有动摇郑先生的爱国主义信念。

1976年郑先生回到城市规划工作岗位，先后在中国建筑科学研究院城市建设研究所、国家城市建设总局城市规划局、城乡建设环境保护部城市规划局和建设部城市规划司任技术顾问，在中国城市规划设计研究院任高级技术顾问。

郑孝燮先生先后担任第三届全国人大委员会委员，第五、六、七届全国政协委员、国家文物委员会委员、北京市人民政府顾问团建筑艺术顾问、北京市文物古迹保护委员会顾问、北京市文物保护协会顾问、中国建筑学会常务理事、城市规划学术委员会主任委员、建筑历史与理论学术委员会委员、中国文物学会常务理事、中国城市科学研究会常务理事、中国长城学会顾问、历史文化名城研究会顾问、中国风景园林学会顾问等职务。

## 一、丰富的城市规划工作实践经验

郑孝燮先生有着丰富的城市规划工作实践经验。抗战胜利后国民政府开始组织战后恢复规划。郑孝燮先生到武汉区域规划委员会任职，从事“大武汉”规划的资料调查和城市布局研究，规划中参考英国关于战后大伦敦规划的指导思想和卫星城镇等理论而提出的关于开辟青山等卫星城镇和在龟山、蛇山间架设长江大桥等设想，以后的实践证明是很有价值的。

中华人民共和国成立后“一五”计划期间，郑孝燮先生参与调查研究和审查了多项城市规划方案，并于1953年参加了太原市河西区的居住区详细规划设计。

1959年，郑孝燮先生作为主要成员参加了建筑工程部上海城市规划组赴上海进行城市规划工作。面对上海规划的巨大困难，郑孝燮先生与规划组其他成员，经过一年的艰苦工作，脚踏实地进行了大量研究和现场勘察，和上海市的同行一起圆满完成了上海城市总体规划方案。郑孝燮先生参与了这次规划的全部过程和整个工作，并侧重从建筑角度研究房屋改造、规划用地、居住区规划等方面问题。该方案提出的逐步改造旧市区、严格控制近郊工业区的规模、有计划地建设卫星城镇等建议，对控制旧市区的盲目发展和有计划地建设郊区城镇产生了积极的作用。

## 二、积极投身城市历史和文物保护的调查与研究

1976年以后，郑孝燮先生将主要精力投入到城市历史和文物保护的调查与研究中。从那时起全国政协多次组织文物调查，郑孝燮先生不顾年事已高，一直是这项专题调查的骨干，并几次带队组织调查工作，撰写了大量调查研究报告和专题论文，其中有些调查及相关建议已产生了实效，成为党中央、国务院和一些地方政府部门进行城市规划建设决策的依据或重要参考。

比如1979年初，北京市有关部门为修建立交桥，准备拆除德胜门箭楼。当时德胜门箭楼还未列入文物保护单位的名单，但郑孝燮先生深知其文物价值，由于时间紧迫，他立刻给中共中央副主席陈云同志写信，提出迅速制止拆除德胜门箭楼的“紧急建议”：德胜门箭楼是世界名都北京除前门外仅存明朝箭楼；是北城四面八方的重要“对景”或“借景”，应迅速组织领导、专家慎重评议，综合研究保留。该建议得到党中央、国务院及有关部门的重视，并很快被采纳落实，使德胜门这个北京重要的古建筑得以保留下来。

此外，北京卢沟桥、大钟寺、十三陵、八达岭长城、天坛和承德避暑山庄等文物古迹的保护和建设，都渗透着郑孝燮先生的辛勤汗水和真知灼见。

1981年5月，郑孝燮先生作为主要成员参加了全国政协派团赴河南、陕西、山西调查文物保护，调查的“建议”上报党中央总书记和国务院总理，后由国家建委组织数次专家讨论，根据全国政协的实地调查研究及其重视城市历史全局的指导思想，作出了需要着眼于城市全局，加强综合保护文物的意见——即作为“历史文化名城”的保护。1982年2月，国务院正式批准了关于确定历史文化名城的文件，公布了我国第一批24个历史文化名城的名单，标志着文物保护和城市建设事业进入了一个新的发展阶段。

1986年，在第二批历史文化名城的审批工作中，有些同志不主张上海等近现代史上著名的城市纳入历史文化名城的行列。郑孝燮先生认为历史文化名城

要有重点地反映不同历史阶段的城市社会性质和环境风貌，并首先提出历史文化名城也要包括近代和现代史上有过重要影响的城市。该观点得到了许多专家的赞同和响应。由于第二批历史文化名城的名单当时已上报国务院，郑孝燮先生同单士元、罗哲文于1986年5月20日联名给国务院副总理万里同志写信，提出：1.上海是中国半封建半殖民地社会的缩影，上海既是帝国主义侵略者依靠炮舰从政治、军事和经济文化等各方面入侵我国的最大缺口和基地，又是近百年来中国人民抗击外国侵略的英雄城市；2.上海是中国新文化运动的重要基地和当时全国的经济文化中心；3.上海更是中国共产党的诞生地和党中央一度的所在地及统一战线的重要基地；4.上海既保存有重要的古代建筑等文物遗存，更有大量具有特殊历史、艺术和科学价值、反映中国近现代历史文化风貌的市区环境与建筑。上海在中国近现代史上占有重要的地位，理应定为历史文化名城。他们的建议最终被国务院采纳，并且还使天津、武汉等同类性质和具有相同价值的城市纳入了历史文化名城的行列。

在评议向联合国教科文组织推荐世界文化遗产项目的专家会议上，郑孝燮先生提出代表汉族文化的平遥与代表少数民族文化的丽江两座古城应该同时并重的建议。他认为：平遥古城体现的是儒家思想体系的汉族文化，贯穿着封建礼制的规范，形成了讲求方正、对称、中轴、主次及等级关系等的城市布局形制，并特别突出了晋中的地方民居建筑特色。丽江古城则体现为以纳西族为主的少数民族文化，贯穿着元、明、清土司统治体制的关系以及因地制宜、不拘规矩的城市自由布局的形态。平遥、丽江的古城风貌在全国是古色古香之最，应同时申报。

### 三、致力于城市规划、古城保护等方面的理论研究

郑孝燮先生一直致力于城市规划、古城保护等方面的理论研究。

他积极探讨中国城市规划的历史发展。他在《中国古都规划的“红线”——从隋唐长安和明清北京说起》一文中指出：以周朝制定的《周礼》为“红线”，逐渐发展成中国式都城的棋盘式布局，严格分区、中轴对称、重点突出的一整套城市规划理论与形制。这条“红线”贯穿中国古代都城规划建设，影响后世2000年之久。

郑孝燮先生指出中国古代中小城市布局的“形制”具有很大的共同性，即“方正端庄”。这种共同性的“形制”表现为一种根深蒂固的长期继承而演变的，有中国传统特色的历史文化风格。他又把这种风格归纳为“方形根基”（或称“方根”）。并对这种“方根”基因作了进一步的剖析。

郑孝燮先生通过长期的城市规划和文物保护工作，深刻地认识到城市是一个综合体，体现着一个地方，甚至一个国家的历史文化，要想建设有中国特色的城市，必须将城市规划和文物古迹的保护有机地联系起来。在《保护文物古迹与城市规划》一文中，郑孝燮先生指出，离开城市规划的安排，孤立地保护文物古迹，或者城市规划工作不把保护文物当作一回事，对有文物古迹的地方不作出应有的保护规划，结果都会导致文物古迹本身及其附近环境和空间比例的失调与城市风貌的杂乱。他还一直强调文物保护不能脱离周围环境而“独善其身”，否则在文物周围乱选址、乱建设，杂乱无章，必定造成“破坏性建设”的恶果，认为文物保护不是单纯的文物本身的保护，也不仅是要保护周围的环境，更重要的是要将文物纳入城市规划之中，作为城市规划的一个组成部分来全面考虑。

郑孝燮先生在调查研究的基础上，提出了历史名城个性、特色的三要素，即性格、品格和风格。性格指自然环境造成的历史文化名城的个性特色，品格是在古代“礼制”和“习俗”等影响下的历史文化名城的社会属性，风格是形式和内容相结合的艺术现象。历史文化名城个性特色的这三个要素分别依靠自然地理、社会经济、艺术与技术为背景，同时又互相结合，形成中国历史文化名城的鲜明而完整的个性风貌特色。

1993年郑孝燮先生提出把沿用已久的“旧城改建”的提法，改为“旧城改建与保护”（包括保留）。他指出：任何“旧城改建，都不等于白纸画画，可以大刀阔斧，旧城改建决不是无条件的，最重要的条件就是合理改建，又不割断历史，亦即不去破坏反映历史、连接历史的有价值的文物古迹、风景名胜及相连的环境——保护范围和建设控制地带，乃至历史文化名城的历史保护区等。作为旧城，一般总有这种那种文物古迹和风景名胜，极少数的旧城，即使没有值得保护和保留的文物古迹和风景名胜，但也不能盲目屈从外资，或放任其乱选乱建。这是因为，这样的旧城，总还应当塑造成为一个好的城市空间布局的环境整体关系，体现在环境保护上、环境风貌艺术上、环境功能上的统一规划。说到底，这种保护，就在于防止出现杂乱无章，防止出现建设性破坏，保护旧城改建中城市规划的“龙头”作用。

最近，郑孝燮先生科学地提出了“文态环境”这个新的概念，他提出：“在我国，除生态环境保护外，我认为还存在另一种环境保护——即城市文态保护。这是一个引人注意比较迟缓的问题。其实，城市的文态环境至关重要，因为它是直接反映国家文明、国家形象的重要标志。”依郑孝燮先生的定义，城市的文态环境就是以建筑整体布局形象为主导而形成的贯穿着“美的秩序”的城市环境文明。文态环境保护的主旨，在于维护与发扬这种文明。这个问题具有很高的综合性，涉及到生态环境、国家经济、对外开放、城市环境风貌、文物与历史地区（段）保护以及自然风景保护等一系列问题。

郑孝燮先生今年已83岁高龄，仍精神矍铄、思维敏捷。多年来，为了祖国的文物保护、历史文化名城事业一直不辞劳苦，辛勤奔波。我们衷心祝愿郑先生健康长寿，为祖国的文物保护、历史文化名城事业再立新功。

（原载于《规划师》2000年第1期）

# 坐席未暖又征尘

鲍世行

在郑孝燮先生80华诞前夕，笔者造访了郑老。80高龄的郑老精神矍铄、思维敏捷。谈话是从“文革”后全国政协派出调查组到各地调查文物破坏情况开始的。郑老记忆很好，谈锋甚健。一桩桩保护文物、保护名城的往事如数家珍，一口气谈了下去，甚至中间都没有休息。

## 最早推动名城保护工作的专家

“文革”以后，郑孝燮先生先后担任过第五、六、七届全国政协委员。在这期间，全国政协曾多次组织文物调查。在这些调查组中，郑老一直作为骨干为调查研究制定计划，参与撰写报告和论文。由于郑老长期从事城市规划和城市历史的研究，因此对于城市的历史文化环境和城市规划特别重视。正是通过反复的实地调查，使大家建立起一个观念——需要从城市的全局出发，加强对文物的保护，并由此产生了保护历史文化名城的概念。郑老是最早推动历史文化名城保护工作的专家之一。

## 致函陈云同志，德胜门箭楼得以保存至今

1979年初，北京为了修建立交桥，有关部门准备拆除德胜门箭楼，情况十分紧急。郑孝燮先生了解此情况后即于2月14日致函给当时的中共中央副主席陈云同志，提出迅速制止拆除德胜门的“紧急建议”。当时，德胜门箭楼尚未被列入文物保护单位的名单，但郑老深知箭楼的价值。他在信中写道：“德胜门箭楼是世界名都北京除前门外仅存的明朝箭楼；是北城四面八方的重要‘对景’或‘借景’，应迅速组织领导、专家慎重评议，综合研究，妥善保留。”

郑老的建议受到陈云同志的重视，并很快被采纳落实。今天，每当我们由二环路经过德胜门见到庄严的箭楼时，不能不使我们想到这座文物建筑得以如此完好地保存下来，确实凝集了郑老的心血。

## 提出历史文化名城应有重点地反映不同历史阶段的城市社会性质和环境风貌，上海、天津、武汉等列入名城

1986年，在审批第二批历史文化名城时，有的同志不赞成上海列入国家级历史文化名城，郑孝燮先生为此提出历史文化名城也应该包括近现代史上有过重要影响的城市，因为历史文化名城要有重点地反映不同历史阶段的城市社会性质和环境风貌。这个崭新的观点是对历史文化名城概念的重要发展。当时第二批名城的名单已上报国务院，在紧急情况下，郑老和其他几位同志联名写信给当时的国务院副总理万里同志，信中提出：1.上海是中国半封建半殖民地社会的缩影，上海既是帝国主义侵略者依靠炮舰从政治、军事和经济文化等各方面入侵我国的最大缺口和基地，又是近百年来中国人民抗击外国侵略的英雄城市；2.上海是中国新文化运动的重要基地和当时全国的经济文化中心；3.上海更是中国共产党的诞生地和党中央一度的所在地及统一战线的重要基地；4.上海既保存有重要的古代建筑等文物遗存，更有大量具有特殊历史、艺术和科学价值，反映中国近现代历史文化风貌的市区环境与建筑。上海在中国近现代史上占有重要的地位，理应定为历史文化名城。由于郑老等人的据理力争，他们的建议终于被国务院采纳，并且还使天津、武汉等同类性质和具有相同价值的城市也纳入了历史文化名城的行列。

## 建议把沿用已久的“旧城改建”改为“旧城改建与保护”

近年来，房地产开发热火朝天，外资引进如潮。急功近利而破坏文物建筑及历史文化名城时有发生。对这些事件，郑老深深感到：“匹夫有责，当仁不让，虽蝼蚁之微，也当识途。”

1993年新年伊始，郑孝燮先生上书建设部领导，认为把沿用已久的“旧城改建”的提法，改为“旧城改建与保护（包括保留）”为妥。郑老在信中说：“任何‘旧城改建’都不等于白纸画画，可以大刀阔斧。旧城改建不是无条件

的，最重要的条件就是合理改建，又不割断历史，亦即不去破坏反映历史、连接历史的有价值的文物古迹、风景名胜及相连的环境——保护范围和建设控制地带，乃至历史文化名城的历史保护区等。作为旧城，一般总有这种那种文物古迹和风景名胜，极少数的旧城，即使没有值得保护和保留的文物古迹和风景名胜，但也不能盲目屈从外资，或放任其乱选乱建。这是因为，这样的旧城，总还应当塑造成为一个好的城市空间布局的环境整体关系，体现在环境保护上，环境风貌艺术上，环境功能上的统一规划。说到底，这种保护，就在于防止出现杂乱无章，防止出现建设性破坏，保护旧城改建中城市规划的“龙头”作用。

这个建议引起了建设部领导同志的重视，当时的周干峙副部长阅此信后指出：“郑老的建议好，在不少场合应提‘改建与保护’，就像讲文明，要讲物质和精神两文明一样。”当时的总规划师储传亨同志认为：“这个建议很有意义，应很好议一议，明确其概念、范围。”

**提出“保护文态环境”的崭新概念**

郑孝燮先生一直强调文物保护不能脱离周围的环境而“独善其身”，否则将造成环境的破坏。经过长期的潜心研究，郑老科学地提出了“文态环境”这个新的概念。

在一篇学术论文中，郑老提出：“在我国，除生态环境保护外，我认为还存在另一种环境保护——即城市文态保护。这是一个引人注意比较迟缓的问题。其实，城市的文态环境至关重要，因为它是直接反映国家文明、国家形象的重要标志。”

什么是城市的文态环境？郑老说，就是以建筑整体布局形象为主导而形成的贯穿着“美的秩序”的城市环境文明。文态环境保护的主旨，在于维护与发扬这种文明。这个问题具有很高的综合性，涉及到生态环境、国家经济、对外开放、城市环境风貌、文物与历史地区（段）保护以及自然风景保护等一系列问题。

**申报世界文化遗产项目，代表汉族文化与代表少数民族文化的城市应并重**

在评议向联合国教科文组织推荐世界文化遗产项目的专家会议上，郑老又提出代表汉族文化的平遥与代表少数民族文化的丽江两座古城应该同时并重的建议。郑老在建议中科学地分析了两座古城形制的基本历史价值。认为：平遥古城体现的是儒家思想体系的汉族文化，贯穿着封建礼制的规范，形成了讲求方正、对称、中轴、主次及等级关系等的城市布局形制，并特别突出了晋中的地方民居建筑特色。丽江古城则体现为以纳西族为主的少数民族文化，贯穿着元、明、清土司统治体制的关系以及因地制宜、不拘规矩的城市自由布局的形态。平遥、丽江的古城风貌在全国是古色古香之最。郑老认为，这次我国申报世界文化遗产是从零开始，对于我国这样历史悠久的大国申报平遥、丽江二项不能说多。

笔者曾多次与郑老一起出差，考察历史文化名城。每到一处，为了收集资料，他都要摄取大量的照片，用他的话说，这是一种“形象的笔记”。为了选取理想的角度，更详细的观察，郑老总要比别人多走许多路。甚至不顾高龄，在一些难于行走的地方爬上爬下，令同行者赞叹不已。

郑孝燮先生多年来，为了祖国的历史文化名城事业不辞辛苦，辛勤奔波，他的一首《偶感》诗，正是这种生活的真实写照：“坐席未暖又征尘，乐而忘忧不忘勤。地阔天长人自老，高山流水仰行云。”

（原载于《文物天地》1996年第2期）

# 古建筑保护专家郑孝燮

## ——中央电视台《大家》栏目

薛继军　主编

郑孝燮，古建筑保护专家、城市规划专家。

1916年出生于奉天省（今辽宁省）沈阳市。1942年毕业于中央大学建筑系，获工学学士学位。1949年至1952年任清华大学建筑系讲师，副教授。1952年至1957年任重工业部基本建设局设计处副处长、建筑师。1957年至1965年任城市建设部城市规划局、建筑工程部城市规划局、国家建委城市规划局、国家计委城市规划局建筑师。1971年至1980年任中国建筑科学研究院建筑师，城市建设研究所顾问。1980年起任国家城市建设总局城市规划司、城乡建设环境保护部城市规划局、建设部城市规划司顾问、高级城市规划师。

1978年以来，历任国家文物委员会委员、北京市人民政府顾问团建筑艺术顾问，北京市文物古迹保护委员会顾问、中国建筑学会常务理事、城市规划学术委员会主任委员、建筑历史与理论学术委员会委员，中国文物学会常务理事，中国城市科学研究会常务理事、中国长城学会顾问、历史文化名城研究会顾问，中国紫禁城学会名誉会长，国家历史文化名城保护专家委员会副主任委员等职。曾任第三届全国人大代表、第五、六、七届全国政协委员。

郑孝燮长期致力于城市规划、古建筑和文物保护，以及建筑设计的实践、教育和科学研究。在研究探讨中国城市规划的历史和理论、保护城市历史风貌和文化古迹等方面有很高的造诣。他是中国申报世界遗产文本的提案人之一，是设置中国历史文化名城主要倡议人之一。对于中国历史文化名城的倡议及其规划建设与保护作出了突出的贡献。

**中国应该参加《世界遗产公约》**

2004年7月，第二十八届世界遗产大会在苏州召开，这是世界遗产大会第一次在中国举办。作为一个拥有悠久历史的文明古国，目前中国已有31处自然和文化遗产被列入了世界遗产名录，居世界第三位，而这一切都源于20年前四位专家的努力。1985年，为推动中国的文物保护工作，郑孝燮与侯仁之、阳含熙、罗哲文四人在全国政协会议上联名上交提案，建议中国参加《世界遗产公约》，提案经过全国人大批准通过，中国向联合国申请并顺利加入了《世界遗产公约》组织。这一提案，拉开了中国申报世界遗产的序幕。从此，中国的若干历史文化遗产和自然遗产的保护进入了世界水平。1987年，长城、兵马俑等文物首批被列入世界遗产名录。

**主持人：**你们当时是不是想要借助一些力量来保护我们的文物?

**郑孝燮：**这个提案主要是北京大学的侯仁之教授带头。1984年他到美国康奈尔大学讲学的时候，听到联合国教科文组织有个世界遗产委员会。《世界遗产公约》是1972年在巴黎签订的，他当时了解到了这个公约的任务和目的，回到北京之后，在六届全国政协大会期间就打电话给我们，叫我过去。我是同意他这个主张的，后来又找到罗哲文，还有阳含熙，我们觉得中国应该参加《世界遗产公约》。

**主持人：**加入《世界遗产公约》是保护我们国家遗产的一个很好的办法?

**郑孝燮：**参加《世界遗产公约》，对我们是有利的。我们的很多遗产就会成为全人类的遗产，它的意义就更大了。为什么到1972年联合国才签订《世界遗产公约》呢？这有一个过程，开始是鉴于战争的破坏，后来又看到不光是战争的破坏，还包括其他的种种破坏。《世界遗产公约》还有很多相应的宪章、条例等一系列东西，都是围绕世界遗产保护的。1985年我们四人开始报给国务院一个提案，国务院体改委还派了位官员跟我们谈过。后来人大常委会通过了这个提案，当然我们很高兴中国加入了《世界遗产公约》。

**说城墙阻碍交通，因此拆掉**

中国的古建筑保护工作并不是一帆风顺的。从20世纪50年代初开始，北京的古城墙和城楼经历了一场巨大的拆除劫难，马路要笔直，走路要无阻挡，北京城兴起了一场大拆大建运动。郑孝燮目睹古城墙和城楼一个又一个倒下，见证了那段辛酸和痛心的历史。

**主持人：**当时拆除城墙是不是主要考虑到旧城对北京交通有影响？

**郑孝燮：**对交通有影响，这是一种论点，说城墙阻碍交通，这个“废物”没用，因此拆掉。还有一种思想，是意识形态方面的，说城墙这个东西是封建社会留下来的，束缚我们的思想，应该像莫斯科一样——莫斯科拆城墙改为花园路——把它拆掉。有这种主张的人还是很有地位的人。

**主持人：**当时关于拆城墙是不是也发生过很激烈的争论？

**郑孝燮：**当时梁思成先生和他的夫人林徽因——林徽因也是清华大学的教授，都分析这个问题，主张不能拆除，而是要把城墙利用起来。怎么利用呢？他们做了方案，就是把城墙作为一个公园，希望能在城墙脚下栽种花草，城墙顶上安设公园座椅，使城墙成为环城绿带公园，供人游玩、休息，这样把城墙保留下来。

**主持人：**那么交通问题怎么解决呢？

**郑孝燮：**在城门两边，开两个门洞，一进一出，就能解决交通问题。西直门的交通当时就是这样解决的。

**主持人：**西直门这两个门洞是您组织设计的？

**郑孝燮：**我是参与了这件事情，那很简单就是开两个门洞就完了。既保留了城楼城墙，又解决了道路交通。

**主持人：**但是这些主张实际上并没有得到落实，城墙最终还是被拆掉了，城门楼也被拆掉了。

**郑孝燮：**最后还是被拆掉了。“大跃进”结束的时候，北京全长39.75公里的城墙，外城墙全没了，内城墙只剩下一半。

### 听说德胜门箭楼马上就要拆掉

在拆除与保护的斗争中，郑孝燮义无反顾地加入到古建筑保护的行列中。1979年初，北京市为了修建立交桥，准备拆除德胜门箭楼。郑孝燮深知其文物价值，他听说后立刻给当时的中共中央副主席陈云同志写信，提出迅速制止拆除德胜门箭楼的“紧急建议”。他的建议得到党中央、国务院及有关部门的重视，并很快被采纳落实，使德胜门这个北京重要的古建筑得以保留下来。

**主持人：**当时因为您写了一封信，德胜门箭楼才保留了下来？

**郑孝燮：**那是1979年初，那个时候“文化大革命”刚过去不久，当时我是第五届全国政协委员，听说德胜门箭楼马上就要拆掉，北京市房屋修建二公司已经进驻。拆的原因，就是因为交通，要建立交桥。当时的德胜门箭楼没有被保护的“身份证”，不是北京市的文物保护单位，什么也不是，只是后来才列入北京市的文物保护单位。

**主持人：**当时可以说是非常危险，马上就要拆了？

**郑孝燮：**我就把这个事情跟陈云副主席汇报了一下，是紧急报告，紧急报告就是“抢救的呼吁”了。

**主持人：**紧急到什么程度？您当时是怎么做的呢？

**郑孝燮：**当时这个报告，就是通过全国政协直接送给陈云同志。

**主持人：**因为您听说工程队已经进驻，德胜门箭楼马上要拆了，就加上“紧急”两个字？

**郑孝燮：**加“紧急”两字就快办了。我说不能拆，交通问题这个理由是不太令人信服的。你说是交通问题，那么巴黎的交通有很多路口，集中在凯旋门，可凯旋门并没有拆掉，它不也是一个道路交通的焦点吗？德胜门箭楼也可以采取这个办法，把它做一个环岛，而且它没有像凯旋门有那么多路，就是十字路口，南北两条路交叉，为什么非要拆呢？

**主持人：**最后怎么样？

**郑孝燮：**陈云同志同意了这个意见。当时交给国务院，我记得当时是谷牧副总理批示，由计委拨了30万块钱，来修缮德胜门箭楼。那么这样就算是刀下留“门”了。

明朝时，北京内城九门进出习俗各不相同，军队出征走德胜门，取旗开得胜之意；胜利归来走安定门，象征国家太平安定。

**那我当然要拍桌子**

山西平遥古城是在1997年被列入世界文化遗产名录的，平遥有许多古城墙、古街道，完整保存率达到90%以上，是至今发现保存最完整的明代古城。同时，它也是中国近现代金融史的发源地，但在审核平遥古城是否可以申报世界遗产的时候，专家组产生了分歧，平遥一度未被列入申报名单。郑孝燮在对平遥进行了全面考察后，他再次用工整的书法、真挚的情感和执着的态度写了一封信，打动了有关领导，平遥的遗产申报得以重新审定，最后山西平遥终于进入了联合国世界遗产名单，得到了很好的保护。

**主持人：**为这个事您得罪了很多人？

**郑孝燮：**那我当然要拍桌子。

**主持人：**为什么拍桌子？

**郑孝燮：**如果不拍桌子平遥肯定要被抹掉了。因为当时是这样一个情况，当时会上印的准备申报名单上面，没有平遥，而其他那几个地方的名字都是一清二楚的。

**主持人：**为什么没有平遥呢？

**郑孝燮：**我们事先商量的时候，是商量好要报平遥的，但是后来的名单上突然来这么一下子——没有了，所以我发火。不应该这样做的！

**主持人：**拿掉的原因是什么？

**郑孝燮：**他们也许觉得平遥不够资格。你觉得合格，别人觉得不合格，这也是很常有的事情，但是有一点，事先我们是谈好了的，你突然来这么一下子，拿掉了平遥，这个做法不好。因此我就很不礼貌地站了起来，拍了桌子。拍桌子就是不礼貌嘛。会后我赶紧给有关部门的领导写了份报告，就是写了那封信，后来遗产申报重新审定了，平遥最终列入了申报名单。

**很痛心，所以我们要呼吁**

1946年梁思成在北京清华大学创立建筑系。中华人民共和国成立前夕，他们邀请郑孝燮到清华任教，当年33岁的郑孝燮决定放弃在武汉的城市规划工作，携全家北上。在清华建筑系教书期间，梁思成先生非常重视建筑历史和建筑艺术理论的教学，这对郑孝燮产生了很深的影响。郑孝燮亲眼看到了梁思成夫妇为保护古建筑所做的许多工作和遭受的种种磨难，当时他没有想到，此后他也会走上这条道路。

**主持人：**您和梁思成先生是什么时候认识的？

**郑孝燮：**我跟梁思成先生是在1941年认识的。那时候在重庆，我在中央大学建筑系学习，当时还是学生，梁思成到我们建筑系来，那个时候认识了他。他和夫人林徽因教授一生都在为了保护中国古建筑而奋斗。抗战时期，大概是1943年，那时候他们在四川李庄的中国营造学社，经费没了，非常困难，那个地方又非常落后，他的夫人又患肺病很厉害，就在这个时候，他的美国好朋友费正清到重庆来，因为他们交情很深，费先生特地去李庄看望梁思成夫妇。

**主持人：**当时的情况怎么样？

**郑孝燮：**李庄在长江上游，这个地方号称“四无”，没有电灯、没有医院、没有医疗设备、没有营养品。去李庄得从重庆乘船去，费正清去看梁思成先生，看到他们那种情况。梁思成和林徽因的身体状况很坏，这位老朋友就劝说他们到美国去养病，同时在美国工作。梁思成先生讲，我感谢老朋友的关怀，我的祖国现在正在被日本轰炸，处在灾难之中，我不能离开这里。从这件事、这种气节来看，梁先生不但是一个大学者，而且是位了不起的爱国主义者。我一想到就很感动，很钦佩梁先生这种高尚的品德。

**主持人：**梁思成先生的后半生充满了遗憾，他亲眼看着一个又一个古建筑从他的眼前消失，他是很痛心的，梁思成先生曾经说过，拆城墙就像抽他的筋，剥他的皮一样。

**郑孝燮：**是这样。梁思成对中国传统文化的东西，特别是古建筑方面，像北京这样一个古城，轻易地把古建筑拆除掉，他是非常痛心的，我们都非常同情他。

**主持人：**面对原来非常熟悉、非常喜爱、非常优美的这些古建筑逐渐消失的时候，您心里是什么样的感受？是不是也像抽自己的筋，剥自己的皮一样痛苦的感觉？

**郑孝燮：**可能没有像梁思成先生那样感受深刻，因为他研究得更多、更深，他理解得也更深刻，那些古建筑就跟他的生命融合在一起。拿我自己来说，虽然比梁先生的研究要肤浅得多，但是面对古建筑的消失，我也感觉很痛心，很痛心，所以我要呼吁，有时候也会得罪人，就是因为这个道理。

**以前每次我都要去调查**

1976年以后，郑孝燮将全部精力投入到城市历史和文物保护的调查与研究中。从1978年开始，为弘扬民族优秀历史文化，加强爱国主义教育，全国政协多次组织文物调查。郑孝燮一直是这项专题调查的骨干，并几次带队组织调查工作。他认为这既属于政协委员参政议政的责任，又能结合自己的专业研究，为社会多作贡献。因此，郑孝燮不顾年事已高，积极投身文物保护和历史文化名城保护事业，撰写了大量调查研究报告和专题论文，成为著名的古建筑保护专家，有人称他为“古建卫士”。承德避暑山庄、北京的卢沟桥、大钟寺、十三陵、八达岭长城、先农坛和天坛等文物古迹的保护和利用，都渗透着郑孝燮的辛勤汗水和真知灼见。

**主持人：**您原来并不是学古建筑的吧？

**郑孝燮：**是的。最早的专业是学建筑，抗战胜利后到了武汉，开始搞城市规划，因为武汉当时主持城市规划的是我的老师。

**主持人：**从您大学毕业到您在清华大学工作，到您后来在建设部工作，您做的都是规划方面的事，可是现在人们却认为您是一个古建筑保护专家。怎么会发生这种变化呢？

**郑孝燮：**那应该是到全国政协的这么多年，我在政协15年一直致力于这个问题的调查研究和奔走呼吁。别的事情我就放淡，或者不去过问了。

**主持人：**为什么？是因为您对古建筑有一种特殊的感情吗？

**郑孝燮：**我想我确实有一种兴趣在里面吧，当然就包括感情了。我是喜欢这种文化，我喜欢古建筑。“文化大革命”结束，第五届全国政协以后，当时面临一个很重要的任务就是拨乱反正。我们政协委员的任务之一就是下去了解各地的文物破坏情况。有的地方的文物破坏得很厉害，“文化大革命”是很疯狂的，西藏有200多处古建筑都被毁掉了。

**主持人：**“文化大革命”期间对文物破坏很严重?

**郑孝燮：**简直就是一场灾难。中央非常重视这个问题，要调查了解情况，政协委员每年都下去调查，每次我都去。我记得第一次调查是在1980年，那次调查带队的是全国政协副主席王首道，可见政协对这次调查非常重视。

**主持人：**每次调查您都去吗?

**郑孝燮：**1980年我去了，而且以前和以后每次我都参加。文物调查，当时是政协要做的重要事情之一。

**主持人：**您去了以后有没有看到让您觉得触目惊心的很难忘的事情?

**郑孝燮：**那怎么没有啊，承德避暑山庄在“文化大革命”前我们就去过的，也是为了保护这批文物。当时承德被占得乱七八糟，破坏得很厉害。当时国务院让国家建委组织人去调查这件事情，国家建委派城市规划局一位局长去，带一位处长和几位专家。专家有搞建筑的，有搞园林的，有搞经济的，一起进行了一次调查，调查完后给国务院写出报告。我参加了这次调查。

**主持人：**当时承德是什么样子呢?

**郑孝燮：**避暑山庄里有很多单位，有军队的军部，还有军区的结核病医院，也就是北京军区的206医院。此外还包括老干部休养所，他们把承德的文津阁作为他们的休养所。为了冬天取暖烧暖气，就在文津阁边上盖了一个几十米高的烧锅炉的大烟囱。再有是烟雨楼，变成了苏联专家的招待所等。另外还有几十户老百姓住在里面，还有承德地区的一些机关在里面办公。把避暑山庄搞得如此四分五裂，一时很难把他们清理出去，要医院拆掉搬走，要军区搬走，要老百姓搬走，还有地区的一些机关要搬走，要把整个避暑山庄腾出来不是一件很容易的事。后来由国家建委的一位副主任去管这个事情，这个事情当时我参与了，多次去调查过。那是“文化大革命”前，那时已经破坏得很厉害了，最后总算还是解决了。

**主持人：**“文化大革命”前，应该说费了不少的劲才把承德避暑山庄保护下来，那么“文化大革命”后，您再去的时候，它变成什么样了？

**郑孝燮：**那个时候并不很好，1980年全国政协委员下去的时候还是一片混乱，军区还没有完全迁出去。

**上海终于列进了国家历史文化名城的名单**

长期的城市规划和文物保护工作，使郑孝燮深刻地认识到城市是一个综合体，体现着一个地方，甚至一个国家的历史文化。他一直强调文物保护不能脱离周围环境而“独善其身”，否则在文物周围乱选址、乱建设，杂乱无章，必定造成“破坏性建设”的恶果。1981年，包括郑孝燮在内的全国政协调查团经过调查后，提出了城市建设应着眼于全局、加强综合保护文物的意见，与一些政协委员提出了“历史文化名城”的保护。1982年2月，国务院正式批准了关于确定历史文化名城的文件。郑孝燮对上海、武汉等地申报历史文化名城做了很多深入了解工作。

**主持人：**后来您怎么就产生了要建立历史文化名城的想法呢？

**郑孝燮：**建立历史文化名城主要是因为过去的调查方式是一栋一栋的建筑，是单一的文物保护单位，但实际上它要牵涉到整体保护的问题，从局部的一项一项的保护要变成总体的保护，是这么一个概念，因此后来我们提出了历史文化名城的保护。

**主持人：**就是一个系统性的保护概念。

**郑孝燮：**当时国家建委综合处处长曹大澄也提出了这种主张，最后起了很好的作用。

**主持人：**我听说后来为了上海申报历史文化名城，还发生过争论？

**郑孝燮：**是的。上海申报历史文化名城是第二批，是1986年批的第二批。我是一直主张上海要列为历史文化名城的。我中学就在上海上的，了解上海的一些历史，比较熟悉，熟悉就有感情了，有这么一个原因。

**主持人：**您是因为纯粹有感情才去申报上海，还是因为有其他的理由？

**郑孝燮：**感情是一部分原因，因为你熟悉它。更重要的一个理由就是，我们的历史名城不能光是古代的，因为中国的历史，包括古代史、近代史、现代史，这才是我们整个的历史。我们怎么能够说拥有近代史的上海就不算历史文化名城？上海怎么能没资格呢？怎么能变成只有古代史的城市才算历史文化名城？！

**主持人：**当时是不是有很多人反对上海申报历史文化名城？

**郑孝燮：**最初讨论的时候没有人反对，都是赞成的。但是突然报纸报道说，第一批预报名单中不见上海。上报国务院的名单上海无名，这就不应该了。消息传来，当时我们正在安徽合肥出差，单士元、罗哲文和我三个人（注：均是全国政协委员）在安徽听说几天之内国务院就要正式批示。批出来没有上海那就麻烦了，因此我们赶紧找到省委，请他们把我们写的一封信给万里副总理，信中说明上海必须要列入历史文化名城。主要原因是，上海反映的是近代历史，是半封建半殖民地城市最典型的代表，它的历史意义就在这里。同时上海还是中国共产党的诞生地，更有很重要的历史意义。

**主持人：**这两点足以使上海成为历史文化名城。

**郑孝燮：**对。我们还有一些理由，就是孙中山先生开展的很多活动都是在上海，共产党很多活动、很多统战工作也是在上海开展的。有人说中国革命的摇篮是在延安，我们说不对，延安是革命圣地，摇篮恐怕还是上海，上海是中国共产党的诞生地。还有一个原因，就是南京国民党政府本来想把南京变为文化中心，但是始终改变不了，在国民党统治时期，全国的文化中心也不在南京，而是在上海。我们信上说了这些理由以后，认为不能把上海从历史文化名城的名单中抹掉，后来万里副总理同意了这个意见，上海终于列进了国家历史文化名城的名单。

**主持人：**你们又一次联名上书？

**郑孝燮：**这封信是我们三个人联名的，有单士元、罗哲文、我。我们紧急通过省委，晚上我们直接去找到他们，请他们用快件发送国务院，晚了怕来不及。这事就这么解决了。

**主持人：**这些联名上书一般都是紧急信件？

**郑孝燮：**对，紧急啊。

**主持人：**您不断地提到单士元和罗哲文，大家称您、单士元和罗哲文是古建筑保护的“三驾马车”，这个称呼在业内业外都非常有名。“三驾马车”这个称呼是怎么来的？

**郑孝燮：**我不清楚了。可能是指三个人并驾齐驱的意思吧。

**主持人：**虽然您不清楚怎么来的，但是您非常愿意用这个称呼。我看您多次提到这个称呼。

**郑孝燮：**是的，我觉得还是三个人互相配合的原因吧。

**主持人：**它给您带来一种什么样的感觉或者感情呢？

**郑孝燮：**就是单个人的努力是有限的，还需要很多志同道合的人在某些问题上一起来努力，尤其是他们两位在古建筑方面比我了解得更多，他们两位我是很愿意合作的，我们都是好朋友。（注：1998年，“三驾马车”中年龄最大的单士元先生与世长辞，郑孝燮和罗哲文失去了一位并肩作战的战友。）

**没有声音还是不行的，哪怕声音很小**

为了保护古建筑，郑孝燮已经记不清有多少次“联名上书”了，上书有成功的，也有失败的，更有很多让他无可奈何的事情，但是他却从没有想到过放弃，他说：没有声音还是不行的，声音哪怕很小，这个信念是不会变的。

**主持人：**在很多古建筑保护的过程当中，我发现一个出现频率很高的词，就是“联名上书”。

**郑孝燮：**很多我都参加过的。

**主持人：**可是我恰恰觉得这种联名上书的方式，是一种无可奈何的方式。

**郑孝燮：**对，常常是这样。

**主持人：**您用这种参加联名上书的行动来保护古建筑，在这样的行为当中，成功的多，还是失败的多？

**郑孝燮：**恐怕还是失败的不少。

**主持人：**失败的多？

**郑孝燮：**我想应该是这样。

**主持人：**您觉得让您最遗憾的失败是什么，是哪一次？

**郑孝燮：**这个“最”字就很难说了。你比如说西安的小雁塔问题，那一次就没有成功地保护下来。那时候小雁塔的边上要盖一栋11层的旅游宾馆，1980年的时候我就写过信给中央，但是这个宾馆照样盖了起来。

**主持人：**那您是不是经常会感觉到，随着生活的越来越现代化，保护古建筑的难度也越来越大？要保护这些祖宗留下来的东西，您自己的力量远远不够？

**郑孝燮：**现在我们面临的困难和问题在哪里呢？我想不好办的事就是在规划上。规划上有什么问题呢？缺乏集中，就是规划权不集中。你首都的规划要经过中央批准，也的确经过中央批准了，但是在日常的操作过程中，权力往往分散下放在区里。

**主持人：**您是不是指的北京四合院的建筑，它们被推掉、被拆掉，往往是区里的决定？

**郑孝燮：**我想是这样。

**主持人：**这些四合院对我们的价值也非常大吗？

**郑孝燮：**不是所有的都有价值。我想有些四合院是不应该拆的。不能整片地用推土机去推，有些是很有价值的四合院。前几年，北京旧城改造每年要拆掉600条胡同。600条胡同有多少四合院？这里边是不是把有些不属于危房的也拆掉了呢？有。美术馆后街22号楼就不是危房。（注：美术馆后街22号是明代民间四合院的经典代表，也是我国近现代著名学者赵紫宸的故居，2000年10月26日，这一著名文化遗产在众目睽睽之下被推土机强行推倒。）

**主持人：**当时我记得为这个事还打了两三年的官司。

**郑孝燮：**这个问题的主要原因，我想是因为旧城改造，因为房地产开发，房地产开发商在北京当时有两千多家。

**主持人：**您当时没有能够阻挡下来的还有很多，比如粤东会馆。

**郑孝燮：**当时我们“三驾马车”一起去的，我们去看的时候，工地的工人这样讲，他说“你只要叫我拆，太和殿我都敢拆。只要有人叫我拆我就敢拆，我不管应不应该”。

**主持人：**当时拆它的目的就是修个路？

**郑孝燮：**是的，那这条路为什么不能绕开一点呢？比如北京的西长安街在中华人民共和国成立初期还看到的，西长安街并不是直线，从中南海到西单这一段它是弯曲的。为什么弯曲呢？因为有座古建筑庆寿寺在这里，还有两座金元时期的双塔，要躲开它们。（注：双塔、庆寿寺，元朝时位于元大都西南，当时，元世祖忽必烈要修城墙，为保存这两座塔，他命令，“远三十步环而筑之”。）在明朝北京修筑西长安街都知道不拆，路也修了，寺塔也保存了下来。

**主持人：**结果到什么时候这双塔被拆掉了？

**郑孝燮：**就是拓宽长安街的时候。

**主持人：**长安街取直是吗？

**郑孝燮：**取直了。为什么宁可牺牲这么一组古建筑，来保持这段路绝对笔直呢？！元、明、清时不做这种事情，外国古城也不都做这种事情。美国有一个叫亚历山大的城，小镇有一条路就这么弯过来。为什么？有个小教堂在那儿，这个小教堂就因为华盛顿当年经常在那儿做礼拜。这个小教堂我去过。为保存一个重要建筑，而让道路稍弯一点又有什么呢？！

**主持人：**到今天为止，您是不是还要去联名上书，还是要去抗争？

**郑孝燮：**我想还是得这样做。

**主持人：**但是面对那么多不成功的时候，您会不会感到失望？会不会感到很多努力经常没有结果，所以就放弃了很多努力？

**郑孝燮：**要说我放弃，我还没有，我还没有那种念头，我总觉得还是匹夫有责的，这个责任我也不会放弃。

**主持人：**失败再多也不会放弃？

**郑孝燮：**不会放弃的。我现在还得呼吁，有时还得联名上书。没有声音还是不行的，哪怕声音很小。我就是这么一个人。

**主持人：**绝对不会因为声音小就不发出声音了？

**郑孝燮：**对，我们几个人的声音。我们就是很普通的知识分子，但是我觉得有这个声音，总比没有强。这个信念是不会变的。

**做这种文物保护工作，坐在家里是不行的**

怀着一个不变的信念，89岁的郑孝燮还在为保护古建筑奔走呼吁，郑孝燮写过一首题为《偶感》的小诗：“坐席未暖又征尘，乐而忘忧不忘勤。地阔天长人自老，高山流水仰行云。”这首诗也许是他无意而作，但却正是郑孝燮一生不辞劳苦、为中国古建筑保护和历史文化名城保护辛勤奔波的真实写照，同时更可以看出他“老骥伏枥，志在千里”的壮心和乐观豁达、高尚无私的胸怀。

**主持人：**我觉得在您的工作当中，很重要的一点就是要试图建立一种制度化、体制化的方式来保护这些文物。

**郑孝燮：**还要立法。

**主持人：**您现在做一些什么工作呢？

**郑孝燮：**现在我还是能出去就出去，我还是要出去实地考察，我觉得我们做这种文物保护工作，坐在家里是不行的，要下去了解，要身临其境才行。

**主持人：**最后我送您一个礼物，其实您刚才不断地谈到罗哲文先生，我觉得罗哲文先生更多的是您的战友。

**郑孝燮：**我们都是一块儿的，一直在一起，最初从清华大学我们就在一起。

**主持人：**昨天我们正好去采访罗哲文先生，他为了祝贺您89岁华诞，专门给您写了两幅字，第一幅是“国宝卫士”。

**郑孝燮：**我是不敢当。

**主持人：**第二幅是“护法金刚”。

**郑孝燮：**不敢当。

**主持人：**我觉得这两幅字凝结了你们两位老战友的情谊。

**郑孝燮：**谢谢。

**主持人：**非常感谢您接受我们的采访，也非常希望您能够继续为我们的古建筑保护、历史文化名城保护继续呼吁。

**郑孝燮：**我感谢你给我的鼓励，我想我在这方面不应该懈怠。虽然我年岁不算小了，有时候我也做不成功，但是我照样要做。

（原载于《大家》第5集，2007年商务印书馆出版）

# 保护古城风貌，避免建设性破坏

## ——访著名城市规划专家郑孝燮

杨中力

德胜门箭楼——中国的凯旋门，现已修葺一新。可是两年前却因建立交桥险些被拆掉。挺身而出保护这一珍贵古迹的，是全国政协城建组副组长，著名城市规划专家郑孝燮先生。

在我国首批24个历史文化名城公布后，我走访了郑老先生。当提及德胜门箭楼之事，他说："保护箭楼的报告交上去后，陈云同志很快就批下来了。这反映了我们党对保护文物古迹非常重视。其实箭楼保护下来并不难，只要把立交桥设计稍稍改动一下，安排几间民房搬迁，问题就解决了。因为建设而毁坏文物古迹，我们叫作'建设性破坏'，在当前城建中，是个带有普遍性的问题。"

郑老拿出很多有关材料给我看，他语重心长地说："我国是个历史悠久的文明古国，我国古代城市规划和建设，在世界上独树一帜，是非常科学的，充分考虑了社会、经济、文化、军事、气候、地理、景致等诸因素，运用中国的哲理，虚实结合，意境深邃，形成了独特的中国风格。"

"我们是马列主义者，是注重历史的。我们党非常重视文物保护工作。"

接着，郑老激动地讲了很多故事。

"抗日战争时期，在山西赵城县广胜寺里，藏有一部800多年前金代刻版的佛经，是海内外的孤本。日本侵略者要把它抢走，八路军得到消息后，立即派两个排的战士化装潜入敌占区，把这部珍贵的佛经抢救出来，8名战士为此献出了宝贵的生命……"

"解放北京前夕，为了保护好古建筑，我党秘密派人去清华大学找著名建筑学专家梁思成教授，请他在地图上把重要古建勾画出来。后来北京和平解放了，大军南下，周总理又把梁思成教授编写的《全国古建筑文物简目》小册子，发给解放军各部，执行好保护政策。那时候，解放军是用鲜血和生命保护古迹的……”

但是“十年动乱”时期，文物古迹遭受一场劫难，郑老心情沉重地说：“杭州灵隐寺，曲阜的孔庙、孔府、孔林等全国重点文物都是经过周总理坚决斗争，才幸免毁灭。

“北京的白塔寺建于元朝。当初曾有尼泊尔僧人参与了建设，凝聚着中尼两国人民的友好情谊。至今，每当尼泊尔友人来北京时，都要到白塔寺，合掌步行，绕塔三匝。本来进寺，应走山门，可是山门被拆除了，盖上了两层楼的副食店，副食店旁又建了一幢五层楼的药店。白塔寺的环境就完全破坏掉了。天坛是古建艺术的杰作。殿坛稀疏，古柏如海，蓝天、白云交织在一起，成功地塑造了‘天’的环境与气氛。可惜现在内坛画蛇添足地堆了高山，外坛也被蚕食，外围建了很多高楼。到天坛圜丘上极目远望，失去了原来‘对天讲话’的意境，好像陷在盆里……”

“怎样才能有效地防止建设性破坏呢？”我关切地问。

郑老说：“今后在城市现代化建设中，要注意保存和发扬历史文化名城固有的特点。在制定城建规划方案时，不但要做好重点文物古迹本身的保护工作，还要划出文物古迹的保护范围，控制环境和交通，保持固有景观效果。

“另外，在北京旧城改造时，要重点保留一些有民族风格、地方特色的旧民居和古老文化街巷。如琉璃厂文化街、四合院等，不要把这些标志历史文化的民间建筑群一律拆光。有的旧民居装上现代化设备，还可辟为旅游服务部。”

当谈到北京城改建的前景时，郑老满有信心地说：“中央书记处指出，要把北京建成世界上第一流的城市，这说明我们的文物保护工作是有保障的，可以大有作为。北京是世界著名的历史名城，国内外都十分关心。搞好文物保护工作，具有建设物质文明与精神文明的重要意义。我们有责任把首都的历史文化面貌保护好，为全国作出榜样。”

（原载于《北京科技报》1982年7月9日）

# 为保护历史文化名城奔走呼号

## ——访全国政协委员郑孝燮

赵义军

书房，充溢着主人对民族文化挚爱的深情：墙上悬挂着郑板桥的竹枝图；橱上是威风凛凛的兵马俑模型；案头大同华严寺辽塑仕女飘然而立；书架犄角上挂着一只精巧的苏绣小虎头……第七届全国政协委员、建设部城市规划局顾问郑孝燮先生在他的书房中对记者侃侃而谈："我们祖国幅员辽阔，山川秀丽，几千年的文明史又为我们留下了辉煌灿烂的文化。我国历史遗存之丰厚，文化之深浩，举世无双。自然景观与人文景观的珠联璧合，成为我国发展旅游业的一大优势。同时，民族文化又是炎黄子孙根脉相连的生命之源，所以保护好历史文化名城和文物古迹，对于激发爱国热情，促进祖国统一，教育子孙后代，缔造中华民族的新文明，意义十分深远。"

郑老早年毕业于中央大学建筑系，后执教于清华大学建筑系，1952年以来一直从事城市规划工作，是颇有造诣的高级建筑师。退居二线后，作为政协委员、国家文物委员会委员、中国建筑学会前常务理事、城市科学研究会现常务理事，他潜心研究文物建筑，满腔热忱地为保护历史文化名城和开发风景名胜而奔走呼号。

"世界各国都很重视民族文化的保护，可我们长期以来有些人对这个问题认识不足。"郑老语调沉重地对记者说，"对于文物古迹的建设性破坏，乱占乱用，乃至在政治运动中人为的破坏延续几十年。60年代的'文革'更使文化遗产遭受了空前的浩劫。不少稀世珍品或毁或炬，艺术价值很高的传统雕塑品被捣毁砸烂，名园古刹残破荒芜，就连峨眉山的自然风景林也在'以粮为纲’的口号下被砍掉改种玉米……”“从1979年开始，全国政协的文化组与城建组联合，连年对全国各地文物保护进行调查研究，每次均向中央反映并提出建议。正是在此基础上，国务院确定了第一批和第二批共62个历史文化名城。这是城市规划工作和文物保护工作的新发展。其间，建设部和国家文物局做了很多有效的工作。”郑老对此颇感欣慰。

谈到历史文化名城的保护和发展，郑老想法很多。他说：“第一，历史文化名城应重在保护特色，发挥优势。比如苏州以水乡城市和江南园林见长，西安以秦汉隋唐古迹著称，自贡以古代制盐钻井科学技术闻名于世，延安以革命圣地，上海以革命摇篮和近代半封建半殖民地为各自的特征。第二，搞好名城的规划至为关键，既适当保护历史文化名城原有的格局与风貌，又要搞好城市的现代化建设。历史文化名城本身就是城市的重要性质。一般说来，历史文化名城不宜发展有污染的、粗放型的企业。第三，要搞好文物古迹的合理利用。”似乎意犹未尽，郑老略略沉吟后又强调说：“要保护好历史文化，最重要的是提高思想认识。最近，我到闽南粤东考察了漳州、泉州、潮州三个历史文化名城。台胞中的绝大多数人都与这三个城市有非常深的祖籍渊源和社会联系。但我看到这里一座深为台胞珍视的寻根祖殿慈济东宫年久失修，残破不堪。我一定就此类问题作出提案，吁请有关部门和厦门市重视文物保护，并赶快修缮。”谈到文物保护的资金，郑老说：“实在太少了！我认为国家计划的综合平衡应考虑这个问题，在经济发展的基础上，应适当增加用于文物保护和历史文化名城保护的款项。要看到长城、故宫、兵马俑等历史文化遗存正越来越多地为国家创造收益。一个国家，如果在文化、教育方面长期欠账，其损失难以估量。”老人家的焦虑之情溢于言表。

郑老今年72岁，但他每年都有2/3的时间在外奔波。今年春节刚过，他即南下闽粤，归京未几，席不暇暖，又将赴山海关。全国的历史文化名城他已考察过半，还雄心勃勃地要去“世界屋脊”呢！老人家那不可遏止的工作热情，恰与书房中那幅悲鸿先生作的“奔马图”相映成辉。

（原载于《建设报》1988年3月25日）

# 不能用金饭碗吃饭

## ——访全国政协委员郑孝燮

惠 兰 金靖宇

望着卢沟桥头“禁止机动车辆通行”的牌子，他笑了，笑得很舒心。因为，他也为此努力过。那还是在任五届政协委员的时候，他就到这里来过，看着一辆辆马车、拖拉机、重型大卡车从桥上奔驰而过，他仿佛听到石板上深深车辙发出的叹息声，那滚滚的车轮就像在碾他的心!

搞了一辈子建筑的他，深知这座在13世纪就已闻名世界的马可·波罗桥（即卢沟桥）的价值，他多方奔走，到处呼号：“这桥不能再走车了！”可有人说：“桥，就是为走车才建的。”他有些激动了：“过去是，但现在不行!碗是用来吃饭的，但我们能用故宫里的金饭碗吃饭吗？！”

这，就是一心扑在保护文物古迹和历史文化名城事业上的全国政协委员郑孝燮。郑老早年毕业于中央大学建筑系，后执教于清华大学建筑系。从50年代初开始一直从事城市规划工作，如今全国的历史文化名城他已考察过半，积累了一大批具体、生动的有关文物、风景名胜的宝贵资料。

在他整洁的书房里，我们有幸观赏了他称之为“形象笔记”的幻灯片，从而领略到他对祖国民族文化的挚爱之情。郑老站在幻灯机旁，一张张放映他亲手拍摄的照片，并如数家珍地介绍所拍物体的地理位置、建筑特点、历史典故、艺术价值……其间，我们跟着郑老的足迹，踏遍祖国山南海北：新疆的火焰山、内蒙古的武当召、沈阳的故宫、甘肃的敦煌、山东的刘公岛炮台、广州的越秀山镇海楼、黄山的梦笔生花岩、福建的圆土楼、苏州的虎丘塔、四川的宜宾竹海……

郑老不是一个专职摄影家，但他自备的一架尼康相机从不离身。无论是应邀到外地作学术报告，制定历史名城或文物、风景保护规划方案，还是视察，他都是爬山过河地去拍附近一些有历史、艺术、科学价值的建筑物及名胜风光。今年七十有三的郑老十余年来已自费拍摄了3000张彩色反转片，并按专题或地区加以分类收藏，在这方面慷慨支持他的“贤内助”笑呵呵地告诉我们：“他没有抽烟喝酒的嗜好，他把钱都用在这些片子上了！”我们想，郑老的这些幻灯片不正是一笔宝贵的文化财富吗?

谈到目前我国文物保护的现状，健谈的郑老不禁神色黯然，他慨然说道：“美国、日本、苏联、捷克斯洛伐克等世界上的许多国家，都很重视对民族文化的保护，可我们有些人长期以来就是对这个问题认识不足。”他语调沉重地向我们讲述道，河南洛阳邙山自古以来“无卧牛之地”，全是历代古墓，这可以说是周代以后，一直埋藏在地下的文物宝库。但前几年破坏得相当厉害，有的设计单位竟用“爆破桩基础法”在邙山修建厂房、学校等，以致毁了1000余座古墓！山西五台山是全国四大佛教名山之首，“十年动乱”过后不久，仍有的单位花六七千元就能买到一座庙，然后拆毁用其木料盖房！郑老边谈边痛惜不已，他说，我国有着悠久的历史和丰富的文化遗产，仅凭1961年国务院制定的文物保护法是远远不够的；前几年国务院确定了第一批和第二批共62个历史文化名城也是远远不够的，还有一大批亟待国家加以保护。在此，郑老还提及一点：“文物保护不能只局限于古代，只要是具有历史、艺术、科学价值的，近代的、现代的也同样要加以保护！”在谈话中郑老满怀敬意地赞许了萨空了、魏传统等老同志对文物、风景名胜保护工作的远见卓识，以及为保护工作所立下的功绩，追忆了他们共同到外地视察时的一些动人情景。

郑老站着放了三个小时的幻灯片，也充满激情地给我们讲了三小时有关文物各方面的情况，我们向他道辛苦，他轻松地笑了笑说：“习惯了，到外面讲时每次都是边讲边放三个多小时！”

是的，作为一名建设部城市规划司的技术顾问、国家文物委员会委员，他多希望全国人民都懂得“不能用金饭碗吃饭”的道理啊！

（原载于《人民政协报》1988年12月20日）

# 耿耿情怀话名城

## ——访城市规划专家郑孝燮

赵 璋 明连生

经过多次电话联系，我们好不容易才从郑孝燮先生排得满满的活动日程中抓住半天时间进行了采访。

郑老先生已78岁高龄，但精神矍铄，思维敏捷，谈锋甚健。他是我国最早研究历史文化名城保护问题的专家之一，曾任第三届全国人大代表和五、六、七届全国政协委员。在任期间，他始终坚持参与文物和古城风貌保护的工作，进行实地调查，写提案，向中央打报告或写信提建议以及通过其他渠道为文物和名城保护大声疾呼，并先后发表过许多有关这方面的论著。如今他仍担任着国家文物委员会委员及历史文化名城研究会顾问等职务，长年在外奔波。去年和前年，他两进西藏，参加布达拉宫维修工程的验收，然后又对文物和名城作了考察。

谈话是从“历史文化名城”概念的形成开始的。鉴于“文革”中各地的文物古迹和风景名胜遭到破坏，中央领导根据1981年全国政协派团赴河南、陕西、山西等地调查文物的报告，指示原国家建委研究加强保护的办法，并召集专家征求意见，郑老是参加这次专家会的一员。会上正式提出了“历史文化名城”的概念，意在加强统一保护。此后，国务院又于1982年和1986年先后公布了两批历史文化名城，保护工作逐渐引起了人们的重视。

关于名城保护的意义，郑老讲得深入浅出。他说：“文物是民族的灵魂，文物和历史文化名城又是文化的象征。对一个民族来说，历史文化是最具凝聚力的。海外侨胞到祖国大陆来寻根，除了寻找自己家族的根，更主要的是寻找本民族传统文化的根。传统，可以继承，可以发展，可就是不能割断。历史文化名城的公布，对弘扬中华民族文化起了重要作用。比如西安，如今成了海内外华人和外国朋友向往的地方，不就是因为那里有稀世珍宝兵马俑，有一批具有重要历史价值的文物古迹吗？再比如雄伟的长城逶迤万里，是中华巨龙无比力量和伟大气魄的象征，更牵连着天下中华儿女的心。保护好历史文化名城，不光是旅游、观光的需要，更重要的是弘扬民族精神，增强凝聚力和进行爱国主义教育。”

郑老举了一个例子：“1984年，我参加全国政协文物考察团，听说有一个‘香港青年大陆观光团’来到广州观光。他们看了三元里抗英遗迹，又到东莞凭吊鸦片战争时林则徐销烟的池子和虎门炮台，听了民族英雄关天培、陈连生将军及士兵当年浴血抗击侵略军壮烈捐躯的史实介绍，这些来自香港的青年感动得直掉泪，立即把观光团的名字改成‘香港青年祖国观光团’。虎门炮台是多么重要的一个爱国主义大课堂，可惜其中的靖远炮台遗址如今却遭到严重的破坏！”

说到这里，郑老激动起来。他拉上窗帘，打开幻灯机，白墙上出现了郑老出外考察时亲自拍摄下的镜头。“这就是虎门炮台。”郑老一边放幻灯，一边给我们讲解，“1984年，我第一次去虎门，当时驻军的一位政委介绍说，虎门炮台有高、中、低三个层次和前后多道防线，江里还设有‘拦江铁索’，形成了十分完整的防御体系。即使用现在的眼光来看，虎门炮台在防御工程体系的构思上也是非常科学的。”

“你们再看……”郑老的语调异常激愤，“这就是被毁掉的靖远炮台，它在整个炮台的第二层，是当时的指挥炮台，多么触目惊心！”我们看到的是大片大片布满碎石瓦砾的平地。据了解，毁掉炮台是因为从深圳到广州的高速公路要由此通过。在如此重要的全国重点文物保护单位上面选线架桥，显然是不对的。

郑老接着又谈起杭州西湖边建高层的事情。前几年，西湖之滨至延安路一带建了很多高层建筑。对此，郑老认为：不同的城市应该有不同的个性特色，不能生搬别人的东西。杭州是个山水相依的城市；究竟是学香港城市高层风貌好呢？还是借鉴日内瓦好？关于杭州的建筑高度，建设部以及一些专家提出过不少意见，国务院批复的杭州城市总体规划也写得很清楚。应该看到，杭州不仅是杭州市和浙江省的，更是全中国的。

由此，话题又转到开发热和房地产热上来。前段时期，房地产开发热对名城保护造成很大威胁。郑老认为问题的关键首先在于领导。我们有些地方领导老是处于被动的位置，外商想要哪块地，就给那块地；人家想怎么建，就由他怎么建，生怕满足不了客商要求人家会跑了。要解决这个问题，还得靠立法和执法。一方面要做好规划，城市规划是龙头，对于任何人都应当是不可背离的；另一方面要按照法律法规严格执行，铁面无情，不管是什么人，违反了，就要负法律责任。商品经济发达的国家，都是这样做的。郑老又举了个例子：

郑老又举了个例子：50年代，我国驻伦敦大使馆打算拆改扩建，但是伦敦市政当局不同意，因为这座建筑是当年孙中山先生在伦敦蒙难的地方，有文物保留价值。虽然大使馆的产权归中国，但如果一定要拆建，就必须通过中国外交部和英国外交大臣交涉解决。

采访结束了，我们准备告辞。郑老这才端起茶杯喝了一口水。他讲了一上午话，这是喝的头一口水。

（原载于《中国建设报》1993年10月21日）

# 文物、历史文化名城和郑孝燮

柏 桦 建 超

保存一块鱼化石有什么用呢?

保存一个系列的兵马俑又有什么用呢?

保存一个系统的敦煌石窟又有什么用呢?

似乎没有用。因为它既不是一棵庄稼可以管吃，也不是一枚硬币到手就能用。

但是，它可以帮助人类认识自身，认识自身的过去和现在，然后，攀着过去和现在连通的射线，你便能顺利地到达遥远的未来。

我知道，当你在一棵麦苗旁边发现一块鱼化石的时候，你一定会移开那棵麦苗。

但现在，我们说的比鱼化石大，甚至不亚于兵马俑不亚于敦煌石窟。

因此也就想起了保护文物和历史文化名城的专家郑孝燮，想到了他的奔走呼号。

## 他一打盹，闪过去的也许比巡洋舰还大

郑孝燮，高高的鼻子。也许因此，他对事物的嗅觉特别灵敏；身材高大，谈话的时候，总把脖子向下佝偻一点，也就格外地显示了和善。但是，为了文物和历史文化名城的保护，他却会据理力争，寸土不让。

他像一个守土有责的卫士。假如他稍一打盹，闪过去的也许比巡洋舰还大。可能是一个有重要历史价值的县城，也可能是一个世界闻名的都市。

他正在合肥考察文物。台灯下，对照那写得密密麻麻的笔记整理他的思绪。突然，他得到一个消息：上海报第二批历史文化名城的事被拿掉了。

1986年，在酝酿第二批历史文化名城时，他在会议上曾力荐上海，有关方面本来没意见，怎么向国务院报名单时却有了变故?

上海，宋、元时代只是一个码头。明朝抗倭在上海金山卫打的仗。鸦片战争开始后，英军北侵，遭到吴淞口守军的抗击，70多岁的民族英雄陈化成将军为国捐躯。《南京条约》后五口通商，上海沦为半封建半殖民地，畸形发展。租界地形成“国中之国”，在近代史上是帝国主义入侵中国最有代表性的城市。

上海是孙中山辛亥革命的主要活动地之一，又是中国共产党的诞生地，是抗日战争的主要战场之一，发生过“一·二八”、“八一三”淞沪抗战，在国民党时期还是全国的经济文化中心。

上海不仅有古史可考，更是近现代史的重要舞台。从上海可以看见它自身历史进程的绵延不断，还可以看见它对全国的影响。

郑孝燮一下急了。他必须立即给万里副总理写信，要赶在国务院审批之前。

万里副总理：

作为历史文化名城，总的说既包括古代历史文化，同时也必须包括近现代历史文化和革命历史的重要内容。这是在《中华人民共和国文物保护法》中已经明确规定了的。

……据闻未将上海列入第二批历史文化名城，深表遗憾。

我们认为上海是应当列为历史文化名城的……

当时，单士元、罗哲文也在合肥，都是全国政协委员，信是作为三人联名写的。他们托安徽省委作十万火急件送交万里。

郑孝燮虽是学者，但不是书呆子。他又给全国政协委员、上海市委统战部部长、市政协主席张承宗写信，建议他联络上海人大代表和政协委员一起上书中央陈云同志。直到天将拂晓，东方泛起鱼肚白，他把信封封口，疲倦的脸上才露出笑容。

果然奏效，上海进入了名单。这对上海乃至全国来说有着重大的意义。而郑孝燮做的这些事也成了上海历史上重要的一笔，前不久，上海的史志部门还给他来信核实这段事。

**两盘菜各有特色，都是原汁原味**

不久前，又有个云南丽江和山西平遥申报联合国列为“世界文化遗产”的事。郑孝燮作为国家历史文化名城保护专家委员会副主任委员，他建议进一步考察这两处。

1995年9月底，他到了丽江。

丽江住的纳西族，许多国家在研究，认为纳西族的东巴文是人类象形文字的活化石。可称为纳西族百科全书的东巴经，现存约2万余册，分别由17个国家收藏，国内尚存5000余册。丽江的民族文化高，认字、读书、歌舞。东巴音乐保存了古风。1995年，英国皇家音乐学院还特请他们去英国演奏。

丽江远郊的石鼓镇，是元朝忽必烈为统一中国，攻克大理国，渡金沙江的地方；红军长征北上，贺龙也是从这里渡金沙江的。

丽江是水乡城市。家家临水，顺应河道，布局自然。民居颇有特色，三房一照壁，四合五天井，山墙保留木楞房风格。历史上的政治制度也反映在建筑上。明清时期，丽江实行“改土归流”，即改土司制度为流放官员管理。其实是土司与流官并存，两个政府，各有衙门，但流官掌实权。现在东城还有流官衙门城墙遗址可寻。

郑孝燮停车下榻，一路寻访。陪同的人看他偌大年纪，胸前竟挎着三个相机，再加上长镜头，多大分量！就抢着帮他背。他一轻松，走得更快了，年轻人跟着气喘吁吁。

这一趟，他对丽江掌握了更加系统的资料。

同年12月，他又到了平遥。

中国的第一家票号是在平遥，这是中国金融业的里程碑。过去商业往来的银子要请镖行押运，费事费时不安全。清朝道光四年（公元1824年），山西帮一个染料商，他让北京分号的人拿了信到平遥去兑现，这就是原始的汇兑。他们把这种方法发展到全国，并改行专做汇兑，建成日升昌。又在朝鲜、日本、蒙古、俄国、南洋开了分号。清朝晚期，就连户部的汇兑都托它办理。后来，平遥票号发展到十几家。平遥商人多，赚了钱都要在本乡本土盖房，以光宗耀祖。

平遥古城，明代砖城墙完整，城内街道、民居、庙宇，都保存着明清风格。南北街上建有市楼。郑孝燮站在市楼上，俯视全城，体验到平遥古城那纯粹的山西风格和典型的黄河中游文化特色。他叹道：像平遥这样保存完整的汉族文化特色的明清小城，中国还没有发现第二个！

跑这两处他累得不轻，考察可不是坐跑车兜风。就是兜风，南几千里，北几千里，也够要命，何况，开会、谈话、调查……不过，他很高兴：丽江是纳西族文化，平遥是汉族文化，一南一北，各有特色，都是原汁原味，他更加坚定了：义不容辞，坚持申报。

值得一提的是，丽江和平遥当地做得很好，都采取了保存旧城，另辟新区的总体规划。

**他对西藏情有独钟**

郑孝燮的脚踏在了世界屋脊上的江孜，这里海拔4040米。

江孜自古是西藏咽喉重镇。900年前成为贵族和大喇嘛法王朗钦帕巴的驻地，并在宗山上修筑了宫室。由于佛教徒、商人和游人来往很多，得到发展；地毯和“卡垫”以历史悠久、工艺精湛闻名于世。

吉普车在山路上颠簸。西藏自治区文化厅甲央副厅长陪着他们一行。江孜有重要价值的文物古迹较多。郑孝燮有些迫不及待，伸着脖子，把视力延伸到了最大限度。此时离江孜还有几十里路，他已望见了屹立在宗山上的抗英炮台遗址、15世纪修建的白居寺和白居寺塔……

1904年5月1日，当英军正沿我国边城亚东、帕里，由南而北向江孜深犯时，十三世达赖喇嘛发出动员令：“江孜地区……集中藏军、僧侣和民众3000名，每人配给一支枪，带供一个月用粮食弹药，抵抗英军的进犯。”军民同仇敌忾，不到一个月即夺回了被英军占领的宗山炮台，又连续同英国援军激战，不幸宗山火药库被炸，敌人乘机三面包围。壮士们坚守堡垒，弹尽水绝，仍用石头、木棍继续作战三天三夜，直至剩余500人全部跳崖殉国。

郑孝燮站在宗山遗址，心中连连感叹：宗山抗英，完全可以同广州三元里平英团相比，我们却缺乏宣传！

他又走向白居寺。白居寺规模巨大，历时十年建成，有16个经学院殿堂，主寺为三层。藏传佛教几个不同教派和平共处于一寺，白居寺还以建筑、雕塑、绘画的风格独特闻名。白居寺塔，9层，有108个门，佛殿、神龛、经堂计77间。有佛像10万，又叫“十万佛塔”，像一座佛像博物馆。6层以上为圆形，5层以下为四面八角。寺与塔的建筑、雕塑和绘画自成一格，被称为“江孜艺术风格”。

甲央说，他们想申报江孜为第三批历史文化名城，怕来不及了。

郑孝燮的心还在激动着，为白居寺的寺与塔，更为宗山抗英壮士的热血——那是在世界屋脊上我中华民族胞民的热血啊！回到招待所，他的头轻轻靠在墙边，眼睛微闭，大脑就像在过电影：是啊，少数民族地区的国家级历史文化名城太少了，尤其是西藏！

于是，他挥笔疾书，建议国务院：补报第三批全国历史文化名城，给江孜以考虑。

两年后的1994年9月，作为以李铁映为首的中央代表团团员，参加布达拉宫维修工程竣工庆典，是他的三度入藏。他为布达拉宫无与伦比的气势和独特的藏族建筑风格深深震撼，也为它成为联合国审定的世界文化遗产项目而无比高兴。望着蓝天白云下闪烁着万道金光的布达拉宫，他在内心深处发出一个声音：的确，越是民族的，才越是世界的！

### 历史对我们将不是惩罚就是回报

有些文物，来得及抢救的，奔波劳碌，郑孝燮在所不惜，来不及的，留下了终生遗憾。

洛阳北邙山陵区全是历代古墓，可以说是周代以后一直埋藏在地下的文物宝库。有的单位搞建筑，用爆破桩打基础，一大片古墓遭到破坏；山西五台山是全国四大佛教名山之首，“文革”后不久，有的单位花六七千元就能买到一座庙，然后拆毁盖房；大同北魏都城平城遗址上，不少稀世珍品被毁。

漳州、泉州、潮州，台胞中的绝大多数人都有祖籍渊源和社会联系。但原属漳州的一座为台胞珍视的寻根祖殿慈济东宫却残破不堪。郑孝燮作出提案，吁请厦门市有关部门重视保护，才使之得到修缮。谈到这里，他不禁神色黯然，他说，我国有着悠久的历史和丰富的文化遗产，由于它们的不可再生性，保护就尤其重要。

那还是在郑孝燮任第五届政协委员的时候，他和文化组与城建组的委员们来调查卢沟桥的保护问题。看着一辆辆汽车、拖拉机从桥上碾过，就像碾在他的心上。卢沟桥建于金代，元代重建。通过《马可·波罗行记》，它早已名扬国外。

随后，在魏传统主持的专门研究保护卢沟桥的会议上，郑孝燮说道："这桥不能再走车了！"

可有人说："桥，就是走车的。"

他有些愤怒了："过去是走车的，但现在不行！碗是用来吃饭的，但我们能用故宫里的金碗吃饭吗？"

现在，卢沟桥头已立上了"禁止机动车辆通行"的牌子。每当他来到卢沟桥上，都高兴地笑着说："这只大金碗只能是看的，而不是用来吃饭的。"他多希望全国人民都懂得"不能用金碗吃饭"的道理啊！

对于北京德胜门箭楼，他也是在存亡紧急关头起了作用。这一明朝建筑地处去十三陵风景区游览公路的起点，也是唯一重要对景，又是南面什刹海的借景，并与东北面的鼓楼、钟楼遥相呼应。

有人却要拆除它，理由是"解决交通"。郑孝燮知道后十分生气：照此说法，巴黎的凯旋门岂不早该拆掉了吗？他立即上书陈云同志。这是1979年12月4日。很快，陈云批给了谷牧副总理，得到解决。

郑孝燮说，"史书"工作做不好，社会会出现断层，历史会给我们惩罚，后代会骂我们忘记祖宗。做好了，历史会给我们回报。比如甘肃武威萨班塔遗址。13世纪的凉州（即今武威）会谈，西藏代表是萨班喇嘛，元朝代表是驻军凉州的成吉思汗之孙阔端。会谈上正式确定了西藏归属元朝中央，成为中国领土的一部分。萨班喇嘛圆寂后就安葬在这座塔里。郑孝燮去做过考察，在国家文物局专家会议上，他建议把萨班塔列为全国重点文物保护单位，并予以修复。这个塔作为历史见证，对于妄图分裂西藏的国内外反动势力是一个有力的打击。

他又讲起了80年代遇到的事：“香港青年大陆观光团”到了虎门炮台和历史遗址。讲解员讲解了鸦片战争如何引起，主战派如何浴血牺牲，关天培为国捐躯，遗体运到广州林则徐开棺看别，写了挽联哀掉：“六载固金汤，问何人忽坏长城，孤注空教躬尽瘁；双忠同坎壈，闻异类亦钦伟节，归魂相送面如生。”悲痛至极。陈连生将军战死，他的战马被俘到香港，英军喂它，它不吃，直至眼冲大陆饿死，清同治年间，给这匹战马绘形建碑，记了这段历史。马尚爱国，作为中国人又该如何？香港青年听了感动得流泪，即把团名改为“香港青年祖国观光团”。他们说，香港的英国教科书不讲这些，他们从来不知道。

想起这些情景，郑孝燮心中热浪翻滚。这证明了文物建筑与环境内在的精神力景，体现了历史对我们的回报。

**他提出了一个新的概念——名城的“文态环境”**

郑孝燮以前是搞建筑规划的，对于保护古建筑，自然处处想到整体问题，想到要处理好城市建设与文物保护的关系。

可是，承德外八庙的保护范围内却建了学校、招待所；西安秦始皇陵保护区内建了陕西缝纫机厂；上海嘉定文庙大成殿后建了粉红色的七层大楼；沈阳故宫十王亭之东修了高层建筑；河北正定隆兴寺院外高耸着钢筋水泥水塔；这都是所谓“破坏性建设”的极不和谐的画面。又如杭州，是历史名城、风景名城，近几年却相继盖起了一座座高层建筑，损坏了西湖特色的优美环境。北京古都是帝王统治中心，全城以紫禁城为核心展开，因为，非壮丽无以重威。

他研究了别的国家的建设规划。比如美国首都华盛顿城，为了保护象征美国独立历史纪念的首都的风貌，规定：任何建筑不许超过国会大厦的高度。法国政府则规定，巴黎市的历史中心区不允许建高层现代风格的建筑，新区规划在市郊。

进入80年代，我国城市建设取得了突飞猛进的发展。但是，现代化不能完全从零开始。现代与历史不是你死我活，应当有机地融于一城。

作为人类聚居中心的城市，是高层次的自然与人文的有机结合。历史文化名城则是历史积淀更多、更深的无字史书。它可以托物寄史、托物寄情。因此保护历史文化，等于保护有重要价值的历史。

郑孝燮越来越把他的理论系统化。他进一步提出了“文态”的概念。生态环境是文态环境的前提。保护历史名城古建要放大到文态环境保护。文态环境，就是以建筑规划布局为主导，以某种建筑风格为基调，进而体现“美的秩序”。

美的秩序有如凝固的交响乐，夹个噪声当然不行。比如故宫旁修个18层大厦就是噪声。美的秩序讲整体美，也包括传统与现代的关系。建筑杂乱无章，体现不出一种精神，就是文态有问题。因此，名城的规划，既要适当保护原有的格局与风貌，注重文物古迹的合理利用，又要搞好城市的现代化建设。

郑孝燮提出，历史文化名城的文态环境，要有明确的风貌分区。较大的风貌分区之内，还可以再划出风貌小分区。任何风貌分区之内，均需确定各自统一的建筑基调。基本上可分为历史基调和现代化基调两大类。

他还提出，要实现“建设控制地带”的有效控制。要善于借景，促使“视觉通廊”所见的自然景物、文物古迹及其他建筑的借入，显示美的整体效果。要改善交通，历史保护区的交通，应以疏散、外引为主，某些历史精华区应尽量采取步行区、步行街的交通方式。郑孝燮这些理论的产生，不仅依靠了孜孜不倦的阅读，也得益于实地调查搜集的丰富资料。

**为此，他把后半生算是交出来了**

郑孝燮80岁时，建设部部长侯捷题词道：“德高望重，为人师表”；建设部常务副部长叶如棠题词道：“育人华夏，松风鹤寿”；王景慧副司长代表城市规划司写了对联送他：“古城保护先驱，遍踏神州，杜鹃啼血，行程何止九万；城市规划前辈，华夏育人，春蚕吐丝，愿君续八旬。”

那一天，周干峙正召开中国城市研究会常务理事会，忽然向大家宣布，今天是郑老80岁生日！祝寿的时候，一番热心，不仅是对一个长者的崇敬，更是对保护历史文化古城的一片衷情。

郑孝燮祖籍山东，1916年2月2日出生在沈阳，祖父是清朝举人，喜爱研究古诗词，他受熏陶，从小就热爱着祖国的传统文化，他少小离家，在上海上中学，由重庆中央大学建筑系毕业后到了武汉。战后在恢复武汉的工作中，他参与城市规划。1943年到了兰州，从事建筑设计。1946年，在清华大学教授建筑设计，房屋建造学，同时协助梁思成办系务。1952年以后一直从事城市规划工作，是很有造诣的高级建筑师，又是国家文物委员会委员、中国建筑学会前常务理事、城市科学研究会现常务理事。

“文革”使文化遗产遭受了空前的浩劫。1979年拨乱反正，五届政协提出了调查古建文化破坏情况。他是政协城建组副组长，又是文化组委员，调查内蒙古、湖北、广东时由他带队。查古城查保护，一份份报告交到政协、交到中央。1982年的文物法也与他们的深入调查和一次又一次的提案密切有关。时至今日，想起他和同事们一起到外地调查，一起讨论、争议、查资料写报告……那些动人情景还历历在目。

保护古城的概念是梁思成提出的，而变为政策则是郑孝燮和许多政协委员的共同努力，参与确定第一批名单也是他们。“历史文化名城”一词则是对“古城”的延伸和丰富。

心系祖国历史文化的郑孝燮，有一位体贴入微的老伴始终在照护着他。老伴77岁了，是江苏人，抗日战争时期从苏州到成都到兰州。他们在兰州结婚，一同到了武汉，然后到北京。相依为命已半个世纪了。而今，大儿子都快50岁了，1950年在清华园出生的女儿，现在加拿大蒙特利尔也获得了硕士学位。刚到北京时他还年轻啊，才33岁，真是越忙越高兴。一瞬间几十年过去了。

但是，他总觉得还有太多的事要做，总还在不停地奔波。他现在三分之二的时间出差在外，国家级的历史文化名城，至今他已考察了87个，足迹未到的已为数不多了。他说，保护历史文化名城许多国家都很重视。英国有324个历史文化名城（镇），苏联有975个历史文化名城（镇），美国把200年以上历史的城市均列为历史名城。现在我国国家级的历史文化名城才有99个，所以，任重而道远。

我总是想到《老人与海》。郑孝燮不只是在大海里划桨，他是在古海里钩沉。古海里最深沉的是石油。他所钩起的油的火焰，将把历史和未来紧紧熔铸，把炎黄子孙的热血燃烧得沸腾。

（原载于《中华锦绣》1996年第8期）

# 郑孝燮：保护名城不遗余力

成大林

80年代初，北京为修立交桥准备拆德胜门箭楼，他即上书中央要求保护文物，得到高度重视；中央并通过了他和一批著名学者提出的“历史文化名城”保护的意见，并公布了首批24个名城名单；第二批名单审批时，他又据理力争，使上海、天津、武汉等城终能名列其中……

熟悉郑孝燮的人都熟悉他的夫人马毓荃，许多介绍郑老的文章总要写上“郑孝燮先生有个贤内助”这么一笔，就连郑老自己也常言：“我有今日，多亏了老伴。”

## 祖籍山东 出身书香门第

郑孝燮祖籍山东，1916年2月生于沈阳一书香门第，祖父是清朝举人，能诗善文，熟谙中国古典文学。受家庭熏陶，郑孝燮从小爱读书，对京剧和中国古典诗词兴趣浓厚。他在上海念中学，由重庆中央大学建筑系毕业，抗战后期，在武汉区域规划委员会参与城市规划。1946年他在清华任教，1952年离开清华从事城市规划工作，1976年后他将精力投入到城市和文物保护的调查与研究之中。

马毓荃1919年出生在苏州一个诗礼人家，外祖父是中医，她从小在苏州静海教会学校就读，抗战时期苏州沦陷，她随姐姐、姐夫逃难到四川重庆，后又到甘肃兰州，进西北师范大学读书。在兰州时，她与郑孝燮邂逅，并结为伉俪。几十年里，马毓荃随丈夫从南方到北方，为支持丈夫的事业，她放弃了自己的专业，在邮局做一名普通职员，用自己孱弱的双肩担负起全部家务。

## 防止“破坏性建设”

郑孝燮用丰硕的学术成果回报妻子。80年代初，北京为修建立交桥准备拆除德胜门箭楼，郑孝燮得知后，上书中央，提出：德胜门箭楼是北京除前门外仅存的明清箭楼，是北城四面八方的重要“对景”或“借景”，应综合研究保留，防止“破坏性建设”。此议受到重视。此外，北京卢沟桥、大钟寺、十三陵、八达岭长城、天坛与河北承德避暑山庄等文物古迹的保护和建设也都渗透着郑孝燮的辛勤汗水和真知灼见。

长期的城市规划和文物保护工作，使郑孝燮认识到城市是一个综合体，要想建设有中国特色的城市，必须将城市规划和文物古迹的保护有机地联系起来。

## 城建与文物保护相联系

1981年，郑孝燮随萨空了、程思远、王朝闻、单士元等赴河南、陕西、山西调查文物保护，做出着眼于城市全局，加强综合保护文物的意见——即作为“历史文化名城”的保护。1982年国务院正式批准了关于确定历史文化名城的文件，并公布了首批24个历史文化名城的名单。在第二批历史文化名城的审批工作中，有的人不同意将上海列入名城行列，郑孝燮据理力争，提出历史文化名城要有重点地反映不同历史阶段的城市性质和环境风貌，也要包括在近代和现代史上有过重要影响的城市。上海不仅有古可考，而且是中国近代历史的重要舞台，理应定为历史文化名城。与此同时，他与单士元、罗哲文写信给国务院。他们的建议终于得到采纳，并将天津、武汉等同类性质的城市纳入了历史文化名城的行列。

## 城市要体现“美的秩序”

在长期的潜心研究中，郑孝燮提出“保护文态环境”这个新概念。他说，在中国，除生态环境外，还存在另一种环境保护——即城市文态保护，城市的文态环境是直接反映国家文明、国家形象的重要标志。它是以建筑整体布局为主导，以某种建筑风格为基础，进而综合体现“美的秩序”的城市环境文明。文态环境保护的宗旨，在于维护与发扬这种文明。这个问题具有很高的综合性，涉及生态环境、国家经济、对外开放、城市环境风貌、文物与历史地区保护以及自然风景保护等一系列问题。他的远见卓识，成为中国文化名城保护史的重要理论。

已届83高龄的郑孝燮并未因事业有成而颐养天年，一年中他仍有三分之二的时间在外奔波，已退休在家的马毓荃除照顾郑老的生活外，还兼半个“秘书”，为郑老整理资料，抄写稿件，记录电话。他们的五个子女各有专长，有两个在国外取得了学位。1997年是郑老夫妇最愉快的一年，他们到加拿大女儿家住了一段时间，还到美国看望了亲朋好友。

（原载于《文汇报》1999年4月26日）

# 名城国粹守护神

## ——访著名古建筑保护专家郑孝燮

月　明

坐在我面前的是一位已届耄耋之年的慈祥老人，但他伟岸的身躯，洪亮的声音，敏捷的思路，谈话间不时发出的爽朗的笑声，分明让我感受着他的年轻。他就是被称为“名城国粹守护神”的郑孝燮先生，我国著名的古建筑保护专家，一位以毕生精力呵护着中华民族优秀历史文化遗产的卫士。

**托物寄史，在古文化中寻根**

郑孝燮祖籍山东，1916年出生在沈阳，祖父是清朝举人。或许是受其影响，郑孝燮自小就喜欢吟诗弄墨，无形中培养了他对传统文化艺术的审美情趣。他少小离家，在上海中学毕业后，报考了重庆中央大学建筑系，据郑老回忆，当初家里并不赞同他学建筑，但在郑孝燮眼里，建筑是一门凝固的艺术，更是民族精神的象征。在中国的历史发展长河中遗留下来的建筑艺术体现了华夏文明的博大精深，他已为此深深着迷。

从中央大学建筑系毕业后，郑孝燮一直从事建筑设计。1946年，受清华大学建筑系主任梁思成先生邀请，郑孝燮来到清华任教。与梁思成先生朝夕相处的这段时期，对郑孝燮的一生产生了重大影响，从设计改建中南海怀仁堂作为第一届全国政协大会会堂，到人民英雄纪念碑定址设计，从国徽的设计到国旗方案的初选；郑孝燮随梁先生经历了一系列具有重大历史意义的事件，可以说，梁思成先生的建筑思想与理论学说，深深根植于郑孝燮的脑海之中，至今谈起梁思成先生，谈起他讲授中国美术史、中国雕塑史的情景，谈起他对中国乃至世界建筑史所作的贡献，郑孝燮敬佩、景仰之情仍溢于言表。

在郑孝燮眼中，建筑不是单纯的工程技术，它更是文化艺术。中华民族的历史文化很多是通过建筑来反映的。托物寄史，中国的长城，北京的紫禁城、天坛、颐和园，都是建筑物和建筑群，但寄托了我国社会发展的历史。中国是一个统一的多民族国家，建筑艺术、建筑文化丰富多彩，体现了光辉灿烂的古代文明。基于这种情怀，郑孝燮一生与古建筑结缘。中华人民共和国成立后，他除长期在清华大学建筑系任教和建设部工作外，并先后出任第三届全国人大代表，第五、六、七届全国政协委员，国家文物委员会委员、中国建筑学会常务理事、中国长城学会顾问、历史文化名城研究会顾问、国家历史文化名城保护专家委员会副主任、中国城市规则设计研究院高级顾问、国家文物委员会委员、中国建筑史学会顾问、中国紫禁城学会名誉会长等职务，为保护我国历史文化遗产作出了卓越的贡献。

进入21世纪，人类经济社会和科学技术的发展日益趋同。但郑老坚信文化是不会一元化的，他非常赞同费孝通曾经说过的一个观点：世界文化的发展趋势是“和而不同”。郑老说，不同就在于民族特色。在经济、科技越来越全球化的今天，不同国家、民族、地区的文化是“和而不同”的多元文化。这是因为，民族的文化遗传基因是延续不断的，民族文化、民族传统是不会消失的。社会要发展，但它割不断历史文化长河。历史是民族的根基，文化是民族的灵魂，这两者是永不能丢掉的。

交谈过程中，郑老多次提到民族之情。他认为，中国的历史发展长河中始终寄托着民族之情。长城、黄河、长江都是中华民族的象征，它寄托的是爱国主义之情。正是这种情，使郑孝燮对祖国的大好河山无限热爱。多少年来，他走遍祖国大地，访古探幽。秦砖汉瓦自不待言，各类民居残留的雕梁画栋他也视若珍宝。一些极具历史文化的古代遗存，他更是重逾生命。郑老的两个女儿和一个外孙女都在海外定居，孙子也在国外读博士。每次他们回国，郑老都要带他们到各地走走，看看祖国的现代化建设，更要看看祖国的历史文化遗产，让他们在思想上加深对祖国的了解。郑老深情地说：“我们看到自己祖国的历史文化遗产与外国人看到的不一样。人们到卢沟桥，不仅仅为了欣赏桥梁本身的艺术魅力，更重要的是卢沟桥记录了抗日战争的历史，它是爱国主义的教育基地，是一部史书。我们的历史名城，古建筑，我们的大好河山，都是历史教科书。要教育我们的子孙后代，不能因为经济发展、生活富裕而忘记历史。”

## 为保护历史文化遗产奔走呼号

今年4月，在清华大学建筑学院隆重纪念梁思成教授百岁诞辰的大会上，郑孝燮专门撰文发言，称梁先生的足迹是一条建筑文脉，而贯通着这条文脉的脊髓就是民族精神。正是这种民族精神鼓舞着郑孝燮和众多的建筑后学始终站在保护祖国历史文化遗产的最前列。

1979年初，北京为了修建立交桥，有关部门准备拆除德胜门箭楼。郑孝燮得知后立即致函中央领导，提出迅速制止拆除德胜门箭楼的“紧急建议”。当时，德胜门箭楼尚未被列入文物保护单位的名单，但郑老深知箭楼的价值。他在信中说：“德胜门箭楼是世界名都北京除前门外仅存的明朝箭楼，是北京城四面八方的重要‘对景’或‘借景’，应迅速组织领导、专家慎重评议，综合研究，妥善保留。”郑老的建议受到陈云同志的重视，并很快被采纳落实。除德胜门外，卢沟桥、大钟寺、十三陵、八达岭长城、天坛以及承德避暑山庄等文物古迹的保护和建设，也都得益于郑老的积极参与和奔走呼号，渗透了郑老的辛勤汗水。

1981年，郑孝燮参加全国政协赴河南、陕西、山西考察团，调查文物保护，写出了着眼于城市全局，加强综合保护文物的意见。1982年，国务院正式批准了关于确定历史文化名城的文件，并公布了首批24个历史文化名城的名单。在第二批历史文化名城的审批工作中，上海是否列入名城之列引起了争议。郑老据理力争，提出历史文化名城要有重点地反映不同历史阶段的城市性质和环境风貌，也要包括在近代和现代史上有过重要影响的城市。上海不仅有古可考，而且是中国近代历史的重要舞台，理应定为历史文化名城。与此同时，他与单士元、罗哲文写信给国务院，他们的建议终于得到采纳，并将天津、武汉等同类性质的城市纳入了历史文化名城的行列。

山西平遥古城与云南丽江古城分别代表了汉族文化与少数民族文化。在评议向联合国教科文组织推荐世界文化遗产项目的专家会议上，原本已通过联合国专家考察的山西平遥古城，却莫名其妙地没有出现在申报名单当中。身为国家历史文化名城保护专家委员会副主任委员的郑孝燮拍案而起，对此提出质疑，他与罗哲文、阮仪三等人以个人名义给当时的建设部部长侯杰和国家文物局局长张德勤写信，提出了将山西平遥和云南丽江两座古城同时并重的建议，郑老在建议中科学地分析了两座古城形制的基本历史价值，认为平遥古城体现的是儒家思想体系的汉族文化，形成了讲求方正、对称、中轴、主次及等级关系的城市布局形制，并突出了晋中的地方民居建筑特色。丽江古城则体现为以纳西族为主的少数民族文化，贯穿着元、明、清土司统治体制的关系以及因地制宜、不拘规矩的城市自由布局的形态。可以说，平遥、丽江的古城风貌在全国是古色古香之最。在郑老等几位古建筑专家的极力举荐下，两座古城终于在世界文化遗产当中占据了应有的一席之地。

郑孝燮在任第五届政协委员时，曾与其他相关委员一起考察卢沟桥的保护工作。看到一辆辆汽车、拖拉机从这座古老的桥上碾过，他的心都碎了。在随后召开的专门会议上，郑老提出这桥不能再走车了。有人说："桥就是走车的。"郑老严肃地说："过去是走车的，但现在不行。碗是用来吃饭的，难道我们能用故宫里的金碗吃饭吗？"如今，卢沟桥头早已立上了"禁止机动车辆通行"的牌子。每当郑老来到卢沟桥上，都会想起当年的那一幕。他笑着对大家说："这只大金碗只能是看的，而不是用来吃饭的。"郑老多么希望全国人民都懂得"不能用金碗吃饭"的道理啊！

**保护历史文化遗产是现代化建设的组成部分**

近年来，随着城市建设速度加快，房地产开发热火朝天，外资引进如潮。急功近利破坏文物建筑和历史文化名城事件时有发生。郑老痛心疾首，深深感到："匹夫有责，当仁不让，虽蝼蚁之微，也当识途。"

郑孝燮认为，国家要现代化，城市要现代化这是毫无疑问的。历史上，城市也在不断地发展着。他回忆起20世纪早期北洋政府为适应民国社会的需要与改革，解决交通问题，请时任内务部总长的朱启钤主持对北京旧城进行了保护性的改造，打通了皇城和内城，这使我们看到了现存的南长街和南池子的门洞，这两条道路清朝时并没有。打通之后使得皇城与内城沟通，有轨电车线路也是在那个时期修建的，在当时算得上是“先进的市政建设”了。但是这条电车线路并没被引入皇城，而是让它在皇城的外围经过。前门的箭楼与正阳门楼层原由瓮城连接，为解决交通问题，瓮城被拆掉，并从建筑艺术角度对箭楼进行了“整容”。今天人们所熟悉的北京大前门箭楼，就是当年整容后的样子，它早已成为一座独立的有历史、艺术、科学价值的重点文物建筑，不仅为广大人民喜爱，也成为北京的标志性历史建筑之一。这其中所蕴含的古为今用、洋为中用，既保留了传统，又有创新，散发着浓浓的京味魅力。所以城市的现代化是必然的，问题是如何处理现代与历史遗存的关系。

长期的城市规划和文物保护工作，使郑老深刻地认识到城市是一个综合体，体现着一个地方甚至一个国家的历史文化，要想建设有中国特色的城市，必须将城市规划和文物古迹的保护有机地联系起来，郑老认为，离开城市规划的安排，孤立地保护文物古迹，或者城市规划工作不把保护文物工作纳入其中，都会导致文物古迹本身及附近环境和空间比例的失调与城市风貌的杂乱。在调查研究的基础上，郑老提出了历史名城个性、特色的三要素，即性格、品格和风格。性格指自然环境造成的历史文化名城的个性特色，品格是在古代“礼制”和“习俗”等影响下的历史文化名城的社会属性，风格则是形式和内容相结合的艺术现象，这三要素分别依靠自然地理、社会经济、艺术和技术为背景，同时又相互结合，从而形成中国历史文化名城的鲜明而完整的个性风貌特色。正是基于这种认识，1993年，郑老上书建设部领导，认为应把沿用已久的“旧城改建”的提法改为“旧城改建与保护”。郑老认为，“旧城改建”不是白纸画画，它是有条件的，这就是要合理改建，不能割断历史，破坏反映历史、连接历史的有价值的文物古迹、风景名胜以及相关的环境。这一建议得到了建设部领导的高度重视，也使在城市建设中加强文物保护的观念逐渐得到各方面的认同。

### “文态环境”新概念的诞生

多年的研究与工作实践，郑孝燮感到，文物保护不能脱离周围的环境而“独善其身”，否则将造成环境的破坏。经过长期的潜心研究，他郑重提出了“文态环境”这个新概念，他认为，在我国，除生态环境保护外，还存在另一种环境保护——即城市文态保护。城市的文态环境至关重要，因为它是直接反映国家文明、国家形象的重要标志。郑老解释说，城市的文态环境就是以建筑整体布局形象为主导而形成的贯穿着“美的秩序”的城市文明环境。文态环境保护的主旨，就是要维护和发扬这种文明。这涉及生态环境、国家经济、对外开放、城市环境风貌、文物与历史地区保护以及自然风景保护等一系列问题。在我们大力发展经济，加快城市建设步伐的今天，郑老这一新的城市建设理念应当引起城市规划部门的高度重视。

**盼望历史名城保护法出台**

尽管郑孝燮为保护祖国的历史文化遗产不遗余力，但个人的作用毕竟有限，这不仅需要提高全民族保护历史文化遗产的意识，更需要从法律上获得保证。郑老严肃地说，一直以来，破坏名胜古迹的事件总在发生，学校、招待所建在了承德外八庙保护范围内，陕西缝纫机厂落户在西安秦始皇陵保护区内；上海嘉定文庙大成殿后建起了粉红色墙的七层大楼；沈阳故宫十王亭之东修了高层建筑；河北正定隆兴寺院外矗立着钢筋水泥水塔；北京天宁寺塔被高耸的烟囱和楼宇包围……文态环境遭到的严重破坏，实在令人痛心疾首！

郑老说，中国是一个有着五千年灿烂文明的古国，祖先留下的文化遗产使我们在世界文明中占有重要地位。我们完全应该制定保护历史文化遗产的政策法规，北京作为世界古都，已出台了在老城区里划出25片保护区的保护方案，以使保护区里的古建筑能保持原有的历史风貌。但这还远远不够。整个北京城的建设，都应适应老城区的历史特点，对建筑高度、色彩、形象以及交通流量实行控制。

郑老特别强调，保护古城本身也有现代化的工作要做，如市政工程、消防等。古城的生态环境、文态环境要现代化，但它的风貌应以历史文化氛围为主。现在保护历史文化遗产的矛盾主要是房地产开发。靠行政命令去监督显然不行，必须制定法律法规来制约房地产商的无序开发，房地产业是我们现代化过程中不可缺少的重大事业，也是城市经济发展的支柱。但是房地产发展必须按照规划来进行，而规划首先要做到合理。不能仅仅因为经济利益而置规划于不顾，郑老举例说，福州的“三坊七巷”，是一个古老的居住区，白墙黑瓦，天井院落，不仅具有典型的福州民居建筑风格，还有许多名人故居。受利益驱动，现在那里却盖起了高楼大厦，结果“三坊七巷”遭到了严重毁坏。这个教训太深刻了。国家要有一个专门针对现代化过程城市改造与保护问题而制定的法规或条例。规划虽是龙头，但不是法律，执行起来就无法可依。要让各级领导及全体国民都能切实加强对历史文化遗产的保护意识，把保护历史文化遗产作为现代化建设的组成部分，而不是将其对立起来。郑老感慨地说，城市的过去与未来，不是有你没我，而应当有机地融为一体。今天的现代化，就是明天的历史。建筑不论新旧，都是一种艺术，同时，也是一部无字史书，它记载了社会发展的历史，我们在对城市进行改建时，必须要考虑它是否有留给我们子孙的价值，是否被注入了更为深邃的文化内涵。这不仅需要我们的自觉，更需要法律的保障。

### 关注北京的城市规划

谈到北京城市发展规划，郑老提出了他的独特见解。他认为，在大面积改造旧城古城时，疏解是一个重要的内容，要分散一些东西，不能只往里填，这牵扯到新开辟的道路，新建设的商业楼宇，建筑的高度。建筑越高，容纳人越多，密度就越大，交通也就更拥挤。北京只有160万辆机动车，比发达国家要少得多，但已拥挤到了极限。原因就是我们过于集中，现在已到了非疏解不可的时候了。疏解得好，北京的交通问题、人口密度问题、环境污染问题都会得到相应的解决。现在的城市建设都在强调绿色，强调生态环境，但汽车都往城里开，怎么绿得起来呢？郑老认为北京目前一圈一圈向外摊大饼的发展方式值得研究，应该发展卫星城，发展小城镇。而北京的道路也不一定都要东西打通，不能每条路都穿过市中心。发展地面交通应当有一个限度。倒是北京的地铁需要加快建设步伐。北京的人口如此集中，不解决地铁的问题是不行的。

今年已85岁高龄的郑老依然为保护祖国的历史文化遗产不辞辛苦，奔波于大江南北、长城内外。他已将自己融入了祖国的山河之中。他的一首诗真实地反映了他的胸怀与气魄：“坐席未暖又征尘，乐而忘忧不忘勤。地阔天长人自老，高山流水仰行云。”

（原载于《中国地产市场》2001年第7期）

# 历史是根，文化是魂

## ——记文物保护专家郑孝燮

文爱平

从河南、陕西、山西的文物调查到承德避暑山庄的景观恢复，从平遥古城申报世界遗产到对北京这座历史文化名城的保护，我们总会发现一个熟悉的身影，他就是我国著名的文物保护专家郑孝燮。

在郑老家中见到他时，他的健谈、他的睿智，他缜密的思维、他爽朗的笑声，让人很难将他与近90岁的高龄联系起来。俗话说：家有一老，如有一宝。文物界有这么一个坚定、执着、身体力行的老人，实乃国家与民族之幸事。

### 因缘际会　城市规划几度春秋

郑孝燮，1916年2月2日出生于奉天（今辽宁省沈阳市）。

1931年，“九一八”事变爆发，东三省沦陷。郑孝燮离开沈阳，辗转经北平到上海求学。1935年，郑孝燮以优异的成绩毕业于上海中学，并考取交通大学唐山工学院土木系。1937年，抗日战争全面爆发，郑孝燮南下武汉，在武汉大学借读；次年又西去重庆，考入中央大学建筑系。大学期间，他刻苦攻读，成绩优异，先后获得“中国营造学社桂莘奖学金”和“基泰工程司”奖学金。

1945年抗战胜利后，南京国民政府准备实施战后恢复规划。时任中央大学建筑系主任的鲍鼎在业界久负盛名，与梁思成共享“北梁南鲍”之美誉。原籍湖北的鲍鼎被湖北省政府请去协助主持武汉区域规划委员会，郑孝燮随鲍鼎到该委员会任职，参加“大武汉”规划的资料整理和城市布局研究。这是郑孝燮从事城市规划工作的开始。

万事开头难。如何进行武汉的城市规划？当时既无实践经验，也无理论积累。第二次世界大战后伦敦重建的规划方案吸引了这师生二人的目光。参考大伦敦规划的指导思想和卫星城镇等理论，他们在武汉的区域规划中，提出了开辟青山等卫星城镇及在龟山、蛇山间架设长江大桥和加固汉口外围防洪堤等规划设想。虽然这些设想和规划在当时只能是纸上谈兵，但后来的事实证明这些设想是有价值的。

中华人民共和国成立后的“一五”期间，许多重点城市和新城镇开始编制城市总体规划。这期间，郑孝燮参与编制和审查了多个城市的规划方案。1959年，他作为建筑工程部上海城市规划组的主要成员赴上海参加了为期一年的城市规划工作。当时上海的城市规划面临着巨大的困难：英、法租界所残留的地下管线各不相同；铁路线分隔了城区，南北交通只靠一座桥梁跨越铁路，交通拥挤；“马路工厂”、“马路仓库”与居民住宅混杂在一起；建筑密度高，并遗存了大量的棚户区，对环境保护、交通安全及城市风貌都十分不利。面对这些困难，郑孝燮与其他专家一道，进行了大量的调查研究。在总体规划方案的编制过程中，他从建筑角度出发，研究了房屋改造、规划用地、居住区规划等方面的问题。正是1959年的这个上海城市总体规划方案，提出了逐步改造旧市区、严格控制近郊工业区规模、有计划地建设远郊卫星城镇的想法，为上海的发展奠定了良好的规划基础。

郑老认为，历史是根，文化是魂。中国的城市规划已有4000年的历史，文献记载“夏有城郭”，从事城市规划研究，决不能忽视城市的历史与文化。1985年，他在《中国古都规划的“红线”——从隋唐长安和明清北京说起》一文中指出：商周时期，奴隶制国家所需的礼法典制已日趋完备，国都和侯都的城市规划与建筑的等级差别及布局形制，均被列为国家礼法典制，都城的建置规划是钦定的，神圣不可侵犯。所谓“体国经野，都鄙有章”，一直沿传了2000多年，被列为皇家的正典。它规定得很严，必须遵守：包括布局形制、用地区划、建筑选址、用途、高度、形式，以及用料、装修等，均有主次，有秩序。以《周礼》为“红线”，逐渐发展成中国式都城的棋盘式布局、严格分区、中轴对称、重点突出的一整套城市规划的理论与形制。这条“红线”贯穿中国古代都城的规划建设，影响后世达2000年之久。他还进一步论述了中国古代城市规划的风格和特点，指出中国古代中小城市的“形制”具有很大的共同性，那就是“方正端庄”。这种共同性的“形制”表现为一种根深蒂固的、有中国传统特色的历史文化风格。他又把这种风格归纳为“方形根基”（或称“方根”），指出：“从民居、商店、作坊、庙宇到衙署，或到王府、宫禁，从里坊到内城、外廓，不论北方南方，沿海内地，都喜欢环境方正……这种到处可见的‘方形根基’是千篇一律的，但是由于场合、用处、组织、用材的不同，或者由于地区、民族等的差异，塑造出的城市与建筑环境则是千变万化的，中国气味的。”

**任重道远　古建保护匹夫有责**

郑孝燮出身书香门第。童年丧母，父亲是律师。祖父在军阀混战时期做过奉天省议会参议员，能诗善文，尤爱中国历史与文化。受家庭环境的熏陶，小小年纪的郑孝燮就喜爱诗词，并对京剧很是着迷。

他回忆说，报考大学时，家里人主张他学工矿，搞实业救国，但他从小就喜欢盖房子，执意要搞建筑。在他眼里，建筑是我们民族精神的象征，是博大精深的华夏文明的具体体现。

1949年夏，中华人民共和国成立前夕，郑孝燮受梁思成先生之邀到清华大学建筑系任教，主要讲授“建筑设计”和“房屋建筑学”等课程，同时给梁思成当助手。梁思成是一位学术巨人，特别重视建筑历史和建筑艺术。这对热爱中国传统文化的郑孝燮产生了很大的影响。每当梁思成主讲中国建筑史和中国雕塑史的课，他就坐到后排去旁听。正是从那时起，他更加沉醉于中国的古建筑文化。半个多世纪以来，他走遍了神州大地，访古探幽，多次为捍卫文物挺身而出。特别是“文革”后，郑老先后任第五、第六、第七届全国政协委员，在15年政协委员的生涯中，他几乎把全部精力都投入到了历史名城和文物保护的调查研究之中。从1978年开始，全国政协连年组织文物调查，并写出调查报告上报党中央、国务院或一些地方的政府部门。郑孝燮一直是这项专题调查的骨干。他先是任城建组副组长，后来又相继担任经济组副主任和提案委员会副主任。学建筑出身的他认为这既属于政协委员参政议政的责任，又能结合自己的专业研究，为社会多做贡献。

1979年初，北京为了修建立交桥，准备拆除德胜门箭楼。当时德胜门箭楼还未被列为文物保护单位，但郑孝燮深知其价值，他立即给时任中央副主席的陈云写信，提出了迅速制止拆除德胜门箭楼的“紧急建议”。他在信中说：“北京是历史悠久的世界名城，风景名胜较多，特别是古建筑更是独具风格。目前除加强保护好城区和郊区的风景名胜外，还需要考虑在整个城区或郊区也能适当保留一些中小型的风景文物。这些中小景物应同北京的主体风格取得协调或有所呼应。德胜门箭楼是现在除前门箭楼外，沿新环路剩下的唯一的明朝建筑。如果不拆除它而是加以修整，那就会为新环路及北城一带增添风光景色。而且德胜门箭楼位于来自十三陵等风景区的公路的尽端，是这条浏览路上唯一的、重要的对景。同时它又是南面什刹海的借景，并且是与东南面的鼓楼和钟楼遥相呼应的重要景点。不论是在新环路或附近的其他路上，它都可以从不同的角度映入人们的眼帘。在新建的住宅丛中，加入这一明朝的古建筑，只要空间环境规划得好，就能够锦上添花。从整个北京城的风景效果来看，保留它与拆掉它大不一样。拆除这座箭楼，可能是出自交通建设上的需要，但巴黎的凯旋门并没有因为交通的原因而拆除，这很值得我们参考。风景文物是‘资源’，发展旅游事业又非常需要这种资源，因此是不宜轻易拆毁的。”

他的信言辞恳切，说理鲜明，很快得到党中央、国务院及国家建委和北京市的重视，并立即予以采纳。如今，德胜门箭楼巍然屹立的雄姿，成了首都一道美丽的风景。每每立于箭楼附近，遥望斜阳下箭楼那绰约的风姿，郑老的心情都会极为复杂。

“文革”结束后，拨乱反正，很多问题亟待调查。中央提出让全国政协了解各地古建筑和园林等的破坏情况。全国政协的第一次大调查选在了承德。那是1980年，由全国政协副主席王首道带队，缪云台、赵朴初、程思远、萨空了、魏传统、钱伟长、沈其震、单士元、郑孝燮等委员一道开始了对承德避暑山庄的调查工作。

承德是清朝“绥服远藩”、完成中华民族统一大业的第二政治中心。康熙及乾隆年间对少数民族实行过不少有特殊政治意义的影响深远的政策。如

“合内外之心，成巩固之业”的祖国统一强盛的大计，“因其教，不易其俗”的民族团结政策，以及坚决抗击沙俄入侵“修一庙，胜用十万兵”等政策，托物寄史，均记录在承德的避暑山庄和外八庙等古建筑之中。或者说，承德的山水、园林和寺庙，正是这些重大历史事件的实物见证。在建筑艺术上，避暑山庄融合了塞北风光和江南景色，集南北古典园林的精华于一体：因山就水，尽其自然，意在得其野趣，故名山庄。它继承和发展了中国古典园林“以人为之美融入自然，又超越自然”的传统思想。

避暑山庄和外八庙的内外环境本来是很协调的，但因为有些地方不断遭到“建设性破坏”，文物古迹的内外环境失控，出现了乱占、乱拆、乱堆、乱砍的现象。郑老回忆道，“文革”结束后，承德避暑山庄的古建筑仍被军队和地方占用着。藏《四库全书》的文津阁被用作老干部疗养所，为保证冬季供暖，居然在假山前修了又高又粗的砖砌大烟囱；乾隆宴请蒙古王公的万树园被北京军区266传染病医院占用。这些地方，“文革”前即由国家建委调查和交涉，直到“文革”后全国政协介入调查，才逐步腾退出来。经过多位文物专家的努力，1994年12月，承德避暑山庄与周围的庙宇一起被列入《世界遗产名录》。

此外，北京卢沟桥、大钟寺、十三陵、八达岭长城、颐和园和天坛等文物古迹的保护，也都有郑老的功劳。

卢沟桥位于北京西南郊的永定河上，始建于金代大定二十九年（公元1189年），成于明昌三年（公元1192年），初名广利桥，在国外也有人称之为马可·波罗桥，它是北京地区现存最古老的一座联拱石桥。但在相当一段时期内，卢沟桥是北京往南去的唯一交通桥，古桥不堪重负。政协委员们在经过翔实的调查后，提出要将它保护起来。可是管道路交通的人又拒绝修新桥，并一再强调桥就是用来过往交通，走人走车的。郑孝燮听了这种论调，很是愤慨，反诘道：“饭碗本来是吃饭用的，但是故宫里展览的那些古代瓷器，如宋代玛瑙轮花碗、珐琅彩雉鸡牡丹纹碗等，就不是用来吃饭的，是供人欣赏的。卢沟桥这座古桥，距今有800多年的历史了，为什么还让它走车呢？现在它就是用来参观的。为了节约资金，少修一座桥，这不是保护的概念。”功夫不负苦心人，卢沟桥现在已被列为国家重点文物保护单位。

在中国，文物保护之路从来都不是平坦的，文物保护专家很多时候并不为人们所理解。北京的大钟寺，“文革”后政协去调查时，它已被改作工厂。工人对文物专家的工作很是反感。当时郑老已是花甲之年，其他专家的年岁也已不小，面对这群老者，工人们很不客气：“你们都快进棺材的人了，还来多管闲事干吗？”但是，面对嘲讽和谩骂，专家们没有退缩、没有气馁，他们抱定心思，要将文物保护工作进行到底。

郑孝燮不仅积极投身文物古迹的保护工作，而且还对我国的文物保护体制提出了自己的创见。针对我国文物体制的单一级别，郑孝燮指出，随着历史文化名城的保护与发展，应当研究改进这一体制，即按照文物古迹的历史、艺术和科学价值的不同，及所处城市分区环境的特点，使之改革充实为三级（保护级、保留级和重整级）保护的体制。郑老认为，文物保护不是单纯对文物本身的保护，也不仅是保护文物周围的环境，更重要的是要将文物及其周围的保护纳入城市规划加以全面考虑。他倡导“城市文态环境”保护和“城市文化风貌”保护的概念，认为城市整体属于四度空间形象，最能反映历史文化风貌的因素就是建筑艺术的表现力。北京现存的传统街道格局，如果没有中国传统风格的建筑和文物古迹，恐怕也就失去了中国味儿、北京味儿。北京、华盛顿、纽约，同为棋盘街系格局，但是城市风貌迥异，根本原因在于建筑艺术风格不同，情调不同。北京的古都风貌保护有如京剧中的传统保留剧、新编历史剧以及现代京剧，虽然形式不同，但都是京剧，而不是话剧加演唱。

### 文物荟萃　名城风貌形神兼备

长期城市规划和文物保护工作的实践，使郑孝燮深刻地认识到：城市作为一个综合体，一定要同时体现一个地方，乃至一个国家的历史文化。建设有中国特色的城市，一定要同时将城市规划与文物保护有机地联系起来。在《保护文物古迹与城市规划》一文中，郑老指出：离开城市规划的安排，孤立地保护文物古迹，或者在城市规划工作中不把保护文物当作一回事，对有文物古迹的地方不做出应有的保护规划，结果都会导致文物古迹本身及其附近环境和空间比例的失调与城市风貌的杂乱。

1981年5月，郑老参加了全国政协赴河南、陕西、山西进行的文物保护调查。根据全国政协对中原三省进行文物调查后的“建议”，经专家论证，国家建委提出了需着眼于城市全局，加强文物的综合保护的意见，即作为“历史文化名城”进行保护。1982年2月，国务院正式批准了关于确定历史文化名城的文件，公布了我国第一批24个历史文化名城的名单。这标志着我国文物保护和城市建设事业进入了一个新的发展阶段。

1986年，在酝酿第二批历史文化名城的名单时，郑老在会议上首荐上海。当时有些同志不主张把上海等近现代著名城市纳入历史文化名城的行列。针对这种认识，郑孝燮始终坚持以史实为根据、以理服人，提出历史文化名城要有重点地反映不同历史阶段的城市社会性质和环境风貌，并首先提出历史文化名城也要包括近代和现代史上有过重要影响的城市。郑孝燮的观点得到了许多专家的赞同和响应。可是不知什么原因，在向国务院上报第二批历史文化名城的预定方案时，上海被从名单中取消了。当时，素有文物保护“三驾马车”之称的郑孝燮、单士元、罗哲文正在合肥出差，得到消息后，他们联名给国务院副总理万里写了一封紧急信，并委托安徽省委作十万火急件送交万里。在信中他们提出，上海是中国半封建半殖民地社会的缩影，既是帝国主义侵略者依靠炮舰从政治、军事和经济文化等各方面入侵我国的最大缺口和基地，又是近百年来中国人民抗击外国侵略的英雄城市。鸦片战争期间，70多岁的民族英雄陈化成浴血抗战，在吴淞口炮台为国捐躯；上海还是孙中山辛亥革命的主要活动地点和中国共产党的诞生地，也是抗日战争的主要战场之一，在“一·二八”、“八一三”事变中，上海军民谱写了可歌可泣的爱国华章；上海既保存有重要的古代建筑等文物遗存，更有大量具有特殊的历史、艺术和科学价值，反映中国近现代历史文化风貌的市区环境与建筑。上海在中国近现代史上占有重要的地位，理应被定为历史文化名城。同时，郑孝燮又利用自己全国政协委员的身份，四处奔走呼吁。最后，他们的建议终于被国务院采纳，并且还使天津、武汉等同类性质的城市被纳入历史文化名城的行列。

郑老不仅经常深入到很多历史文化名城进行调查研究和评议工作，还时刻关注着历史文化名城的保护和规划建设情况。他认为，保护名城，除必须提高思想认识和贯彻国家有关方针、政策、法令外，还需要加强研究四个问题。

一是突出重要历史意义和艺术价值是保护名城的核心。二是保护名城的文物，要存其形、遗其神、得其益。名城的文物古迹是一部历史实物及现场见证的史册。由于文物古迹不能再生，所以这种史册非常珍贵。因此，保护它们，存其景物形体及其内外环境，应当是第一位的。这样，我们才能身临其境，或欣赏，或研究，或受教育，“化景物为情思”，引起联想。三是名城的文物保护要内外结合，环境协调。我国的传统艺术，一般均讲究境界气氛，所谓境界气氛并不是空旷无物、不可捉摸的幻觉，而是艺术品自身与外界的一种有机联系，也可以说是某一情景主题与它所产生的余韵的结合。四是保护名城要讲全局景系，即大观和小观。郑老说，名城景观是城市环境艺术的综合表现，名城景观的全局是大观，文物古迹，风景名胜，不论城区郊区、地上地下，都尽在其中。他认为，北京旧城内的文物风景，郊区的长城，西山的胜景和名园、古寺、遗迹等，均为“大观”，具有不同性质和程度的历史、艺术及科学价值。这种大范围的景观，有的可成为城内一些文物古迹的“借景”。北京西郊“三山五园”互为因借，承德避暑山庄的环借与湖区的东借西隔等，都足以说明中国城市环境艺术中“景系”的哲理——既有“大观”，又有“小观”，“大观”“小观”共存共荣，一起为历史文化名城增添光彩。

### 整体和谐　世遗不能独善其身

在全国政协的档案馆里，存放着一份珍贵的文件，其编号为663号。1985年春天，在世界遗产公约签署13年后，全国政协委员侯仁之、阳含熙、郑孝燮、罗哲文联名向政协递交提案，建议中国申请加入世界遗产公约组织。这一提案拉开了中国申报世界遗产的序幕。1985年11月22日，中国政府决定加入《保护世界文化和自然遗产公约》，迄今为止，我国已经有30处文化和自然遗产被列入《世界遗产名录》，成为继意大利、西班牙之后的第三遗产大国。

山西的平遥古城是明清时期城市的典型代表，更是中国票号的发祥地，在中外金融发展史上具有重要意义。1997年，平遥被联合国教科文组织列入世界文化遗产项目后，得到了很好的保护，大量的中外游人慕名纷纷前来。但当年平遥的入选却颇费了一番周折。

1995年6月15日，国家文物局开会“审议推荐的世界文化遗产预备项目”，其中包括：苏州园林、辽宁牛河梁遗址、丽江古城及其他推荐项目的建议及总结。专家会上，平遥古城没有被列入书面推荐名单，主持人只安排了同济大学的阮仪三教授做口头简介。郑老当时就拍案而起：“为什么平遥不能进入名单？它体现的是儒家思想体系的汉族文化，贯穿着封建礼制的规范，形成了讲求方正、对称、中轴、主次及等级关系的城市布局形制，并特别突出了晋中地方民居的建筑特色。不是说‘越是民族的，就越是世界的’？我们中国这样有特色的古城已经不多了。”会后，郑老立即给建设部侯捷部长写信，阐明自己的观点，对平遥古城形制的基本历史价值及其文化品位作了介绍。同时他指出，平遥虽是县城，却拥有四处全国重点文物和多处省级重点文物，不仅文化品位很高，且绝大多数保护得很好。平遥的古建筑中，五代、宋、金、元时期的就有八处，明清时代的就更多。郑老重点介绍了清代的日升昌票号，它始建于1824年，“直到20世纪初……北京、上海、广州、武汉等城市里的那些比较像样的金融机构，最高总部大抵都在山西平遥县和太谷县……大名鼎鼎的日升昌……是金融发展史上的一个里程碑。”（摘自1994年10月18日《北京广播电视报》）郑老认为，平遥日升昌票号保存至今的前店后院式的三进四合院的建筑，虽貌不惊人，却是原汁原味。尤其是它蕴藏着如此非凡的历史内涵，应该引起调查研究人员的重视。郑老还引用了同济大学陈从周教授《保持古城特色的平遥县城规划》一文中的题言：“妥保斯城，务使旧城新貌，两不干扰。”郑孝燮的这些观点得到了侯捷的赞同，最终平遥得以申报，并被列入世界文化遗产名录。

长期工作和生活在北京，郑老自然对北京皇城申报世界文化遗产投入了极大的关注。他认为，历史上，皇城与紫禁城从来是不可分割的。明清由大太监掌管的专为皇帝管家、提供保卫和供应的内务府就设在里面。皇城的红墙世称萧墙，红墙加黄琉璃瓦，本身就是皇家的标志。皇城占地6.8平方公里，对故宫进行维护烘托，使雄峙都城中央的紫禁城的气势更加巍峨壮丽。皇城之内布置有左祖右社、三海宫苑、皇家寺观和景山，还有内务府系统的衙门及府宅。现在，皇城仍保存着较多的这类低缓、平和、虚实互补的建筑格局，虽然历经沧桑，但整体文态环境仍然能够明确反映出“封建礼制”下森严的等级，有着主体突出、中轴对称、高低错落、内外有别、完美有序的历史文化烙印。皇城保护区从来都具有与故宫密切相连的历史、艺术和科学价值，可以说，皇城是紫禁城的外花园和外院。郑老说，紫禁城是世界文化遗产，皇城也应该是。但郑老也不无遗憾地表示，可惜目前我们对皇城的保护很不理想。

年纪步耄耋，理想无止疆。郑老人老心不老，至今犹不懈地为文物保护、历史名城保护及世界遗产保护而执着地坚守着，倾情地付出着。

（原载于《北京规划建设》2004年第6期）

# 郑孝燮三次“上书”保护文物纪实

窦忠如

参政议政是政协委员的职责和使命，向有关部门建言献策是他们参政议政的一种重要方式。作为第五、六、七届全国政协委员，郑孝燮老先生在三次紧急情况下以“上书”形式促成文物保护。

## 一

1979年初，北京市有关部门为修建立交桥准备拆除德胜门箭楼。当时，德胜门箭楼虽然还未列入文物保护单位，但是郑孝燮先生深知其文物价值和在城市风貌中的景观作用，于是他鉴于时间紧迫，不得不“上书”时任国家副主席的陈云同志，提出应该迅速制止拆除德胜门箭楼的“紧急建议”。郑孝燮先生的这一建议，很快得到党中央、国务院及有关部门的重视，并很快被采纳落实，使德胜门箭楼这处北京重要的文物古建筑得以保留下来。此封“上书”内容如下：（略，见调研考察《关于制止拆毁德胜门箭楼的紧急建议》）

## 二

1986年5月20日，郑孝燮、罗哲文、单士元“三驾马车”正奔驰在安徽境内考察历史文化名城，忽然从北京传来消息说，国家建设部日前召开党组会议讨论上报第二批国家历史文化名城名单时，将原本列入上报国务院这一名单中的“天津、上海、武汉三市暂不列历史文化名城”。闻知这一消息，“三驾马车”感到大为震惊，遂经紧急磋商后着手办了两件事：一是紧急赶往安徽省省会所在地合肥，将由“三驾马车”联袂署名给时任国务院副总理万里的“紧急建议”书，通过安徽省办公厅以急件方式发往北京；二是由郑孝燮先生给时任上海市委统战部部长、市政协主席张承宗同志写信，建议他促请上海市的全国人大代表、全国政协委员给中央写信，紧急建议将上海列入全国历史文化名城，并提议说可以采取向陈云同志“上书”的方式反映问题。果然，经过“三驾马车”和上海市有关人士的共同努力，当年12月在国务院正式公布第二批国家历史文化名城名单中，有了上海、天津和武汉这三座记录中国近代历史和文明的新兴城市。那么，“三驾马车”为何对上海等城市能否列入国家历史文化名城这件事如此兴师动众呢？

其实，它不仅关系到上海及天津、武汉是否列入国家历史文化名城之列，能否得到更加全面、科学、整体的规划和保护，还关系到世人，特别是评选国家历史文化名城的决策机构，是否能够正确理解国家历史文化名城这一名词，关系到中国诸多与上海、天津、武汉具有相同或类似性质的城市能否享有这一殊荣，能否享受到全面、科学、整体保护的待遇问题。因此，郑孝燮先生所言“应当全面反映中国古代、近代、现代三大历史阶段”的论断是体现国家决策机构对这一名词理解残缺与否的一大例证，也是国家文物保护事业是否真正向更广泛方面发展的一大标志。

## 三

1995年6月，关于中国政府申报世界遗产有关决策单位，对于平遥古城在申报过程中采取“缺席裁判”一事，郑孝燮先生高喊“刀下留城”。兹录郑先生当年为此向国家历史文化名城保护专家委员会周干峙主任，以及国家建设部和文物局主要领导所写一封建议信，从中可看出该事件之端倪。

干峙主任并侯捷部长、如棠副部长、德勤局长、张柏副局长：

1995年6月15日，国家文物局开会审议推荐世界文化遗产预备项目。项目为：“(1)苏州园林；(2)辽宁牛河梁遗址；(3)丽江古城；(4)其他推荐项目建议及总结。”我对前三项均无异议，但对平遥古城未列入书面，只由主持人口头上提出，感到奇怪。相形之下，一不请山西省及平遥县人来，二无平遥准备的文件，三无平遥录像可看。“缺席裁判”，我认为很不公正……

向联合国申报世界遗产项目是对人类文明尽责，也是为国争光的大事。我国是《保护世界文化与自然遗产公约》的参加国，对此更当义不容辞。为了审慎地做好申报的下一步工作，建议：建设部和国家文物局组织“历史文化名城保护专家委员会”的部分专家参与两座古城的调查与评议。联合国教科文组织办理申报项目的审定，就是先经专家调查，然后再作决定。

几个焦点性的问题：

（一）关于历史遗产的“原汁原味”，即历史纯度的问题。我国已列入《世界遗产名录》项目的历史纯度，并非均为百分之百。……至于平遥古城，我认为则接近百分之九十。……平遥、丽江的古城风貌在全国仍是古色古香之最。

（二）关于古城形制的基本历史价值。平遥古城体现的是儒家思想体系的汉族文化，贯穿着封建礼制的规范，形成了讲求方正、对称、中轴、主次及等级关系等的城市布局形制，并特别突出了晋中的地方民居建筑特色。丽江古城则体现以纳西族为主的少数民族文化，贯穿着元、明、清土司统治体制的关系以及因地制宜、不拘规矩的城市自由布局的形态。代表汉族文化的平遥与代表少数民族文化的丽江应同时并重。

（三）关于多少的问题。历史名城已列入《世界遗产名录》的如墨西哥有五个，意大利有四个，泰国、巴西、波兰各有两个……我国现在从零开始，这次申报平遥、丽江两项不能说多。

（四）关于重点文物的文化品位。平遥虽是县城，却拥有四处全国重点文物和多处省级重点文物，它们的文化品位都很高，而且绝大多数保护得很好。仅我所见的平遥古建筑，五代、宋、金、元时期的就有八处，明清的就更多……

（五）1981 年国庆，同济大学陈从周教授为《保护古城特色的平遥县城规划》一文题言："妥保斯城，务使旧城新貌，两不干扰。"现在不仅平遥，而且丽江的规划都采取了古城区与新建区分开的方针，既保留古城区风貌，又另建斯区，两不干扰。

以上建议如有不妥或有错误，请指示。

郑孝燮

1995 年 6 月 19 日

正是因为有郑孝燮先生这一建议，才促使平遥古城最终于1997年12月得以戴上了世界文化遗产的桂冠。

（原载于《纵横》2010年第3期）

# 我的名城保护工作的引路人——郑孝燮

申有顺

如果说，侯仁之教授是我从事名城研究启蒙导师的话，郑孝燮先生则是我跻身于历史文化名城工作的引路人。

1982年2月8日国务院公布24个城市为国家历史文化名城后，在国内外引起极大反响。它不仅提高了城市的知名度，而且对城市的经济社会发展和产业结构调整起到了有力的推动作用。因此，当1985年听说国务院要公布第二批国家历史文化名城的消息后，邯郸市建委会同市文保处共同起草了申请报告。但是，由于当时认识上的局限，资料准备的不充分，工作不到位。在国务院公布的第二批国家历史文化名城中，我市名落孙山。

1988年10月“河北省城市科学研究会首届理事会暨省辖市市长城市问题研讨会”在邯郸召开，时任建设部副部长周干峙，全国政协委员、文史委委员郑孝燮应省建委邀请，亲临我市参加会议并作学术报告。郑老是我国著名的名城专家，主持并参加国家历史文化名城的评审工作，又是第一次到邯郸，他提出除作学术报告外，要看看邯郸这座古城。考虑到郑老年近80高龄，受省、市领导委托，由我和市文保所陈光唐所长陪同他用一天时间，看看赵王城遗址、从台据胜亭、回车巷和学步桥。没想到郑老越看越兴奋，他提出还要到市外看看，我们又到矿区考察了南北响堂寺、磁州窑遗址、玉皇阁、水浴寺和黄粱梦吕仙祠、插箭岭、赵王陵，就这样一连看了三天。看后，郑老非常震惊，他感叹地说：“我只知道邯郸有三千多年，恐怕没什么东西了。想不到还有这么多文物，保护得这么好，邯郸理所当然应该是国家历史文化名城。”随后，郑老在和市领导交换意见时透露国家还要进行第三批历史文化名城评审，这可能是最后一批，建议我市要高度重视，抓紧工作，争取赶上这趟“末班车”。

他说，我现在还能跑得动，回北京后我还要发动一批专家来，我要亲自拍幻灯片，留资料，亲自宣传邯郸。随后，他又与时在邯郸视察工作的宋淑华副省长交换了意见，建议河北省应尽快启动省级历史文化名城审批工作，为邯郸进入国家历史文化名城夯实基础。

郑老回到北京后，就向建设部、国家文物局的领导作了汇报，并在国家级专家层面进行宣传。第二年4月，又应市政府邀请，会同时任全国政协委员、国家文物局顾问、全国著名的古建筑专家罗哲文，国家文物研究所古建筑专家杜仙洲、国家古建筑园林研究会秘书长何俊寿等一行四人，到我市进行考察，并指导历史文化名城申报工作。在邯七天时间内，郑老等足迹遍布我市及临漳、涉县、武安、磁县等文物古迹点及古民居，亲自录制了赵王城、赵王陵、南北响堂山石窟、磁州窑遗址、无梁阁等大批幻灯片，搜集了有关资料；与市委、市政府领导及宣传部、建委、城建局、文化局、规划院、建筑设计研究院、文保所、园林处等各方面负责同志和专家进行了座谈，并对申报工作提出了具体的指导意见。

郑老在邯郸调研考察期间，那种对名城事业热衷的态度，对工作认真负责的精神，平易近人的工作作风，以及渊博的名城知识，时时刻刻影响着我，感动着我。记得在考察赵王城时，郑老对我说："赵王城是我国目前保存最好的一座战国时期的都城遗址，我们要拍成幻灯片（当时摄像机还未普及），要把资料完整地保留下来，中午怕回不来了，你带点干粮和一暖瓶热水（当时还没有瓶装矿泉水和纯净水），咱们中午饭就在山上吃。"但我考虑到郑老、罗老（罗哲文）、杜老（杜仙洲）都是七八十岁的老人，又是国宝级的专家，中午不回来吃饭、休息一会怎么能行。于是只带了两暖壶开水，没有带食品。心想到时候拉也得把他们拉下来，叫他们回宾馆吃点热乎饭，休息一会儿，千万别把这些老头子给累坏了。但没想到的是，到了赵王城遗址现场，他们支起架子，拍起片子来，那种专心致志劲，好像忘了时间，忘了周围的一切，劝也劝不动，拉也拉不回，无奈之际，我只好带上车又跑到宾馆拉上吃的回来。那一天我算了算，从上午8点出发，一直到下午6点多夕阳西下快看不清时才回来，四个70岁以上的老人一口气整整工作10多个小时。还有一次，我们在峰峰矿区考察时，郑老他们发现在彭城镇和临水镇交界处的纸坊村有一座明代时期建在太行古八径之一滏口径古道上的一座阁，当地叫玉皇阁，是村子里的一个小学课堂，学生还在里面上课。郑老一看惊奇得不得了，非常兴奋地一边看一边对我说：“好、好、好，此阁全称应叫‘玉帝四明无梁阁’，俗称‘无梁阁’。该阁建在古道石拱券的平台上，拱券下面是古代通往太行山区的唯一一条大道，是太行山地区具有地方特色的一座建筑。该阁为砖瓦结构，无梁拱顶，阁内无一梁柱，阁顶支撑在层层出超的24层砖垒斗拱之上，形成强烈的上冲气势，顶部正中藻井饰以飞龙，各斗拱间均有沥粉彩绘人物，柱廊上部梁柱间还有精美木雕，真乃是国保级文物，不可多得。”当他听说该建筑还未列入文保单位时，十分遗憾地说：“在咱们国家古代建筑中，有无梁殿、无梁寺，但在道路上建的无梁阁还没有发现，恐怕这是仅有的一座。”随即他又对罗老、杜老说：“回北京后，咱们一定得找国家文物局说道说道，把它列入国家文保单位，好好地保护起来。”事情也还正如郑老所说的那样，2006年5月25日，该阁正式被国务院公布为第六批全国重点文物保护单位。目前学校已经搬出，已成为我市一个著名的游览景点。

当郑老发现玉帝四明无梁阁，正在此拍幻灯资料片时，还发生了一段至今仍让我们心有余悸、惊心动魄、难以忘怀的事情。由于该阁位于矿区东西一条大道上，人来车往络绎不绝，我们恐怕路过此地的车辆碰着正在拍资料片的郑老，又不能阻断交通，于是几个陪同人员只能围成一圈招呼过往车辆绕行或缓行，就是这样还是碰到了一个开手扶拖拉机的愣头小伙子，虽然他的车速减得很慢，开得很小心，不知是心慌还是忙乱失措，一不小心就照着正在拍幻灯片的郑老背后撞了过来，由于郑老正在聚精会神拍片，也没注意到身后开来的手扶拖拉机，车一下子从背后就将郑老撞得跌倒在地上，当时把我吓得脸色煞白，浑身发抖，把陪同考察的矿区郭清林副区长吓得不知所措，开拖拉机的小伙子也吓得从拖拉机上蹦了下来。这时，只见郑老一骨碌从地上爬起来，连身上的土也没顾上拍一下，又拍起片子来。我们急忙赶上前去担心地问道：“郑老，您感觉怎么样？看看碰到哪没有？”郑老一边看片子，一脸疑惑地说：“怎么啦，怎么啦！别吵吵，片子还没拍完呢！”好像刚才发生的惊险一幕和他一点关系也没有。随后，郭区长赶紧叫来交警，把车和司机扣下，非要叫郑老上医院检查检查。郑老还奇怪地说：“检查什么？到底出什么事了？”虽然此事只是虚惊一场，但郑老那种工作起来心无旁骛，专心致志的精神又一次让我们所有在场人员所感动。

郑老两次来邯，他对名城工作那种情有独钟的精神，执着认真负责的工作态度，对我市触动很大。在白录堂市长亲自主持下，成立了常务副市长、主管副市长为主的申报与保护国家历史文化名城领导班子，明确一名副秘书长协调，市建委、文保处、规划设计院、社科所抽出专人负责，按照申报规定和程序，从文物古迹介绍、照片影集汇编、保护规划编制、申报材料搜集等方面入手，全面启动了申报前的各项工作。从此，我才真正成为名城工作战线上的一员。

（原载于《邯郸城市研究》2012年第4期）

# 郑孝燮："匹夫有责，当仁不让"

朱祖希

为了保护古建筑，郑老先生已记不清有多少次“紧急上书”了。这期间固然有成功的，当然也有过失败，更有许多是他无可奈何的。但是郑老却从来没有放弃过。

我认识郑老先生，完全是由于侯仁之先生。在北大求学时，我是侯老的学生，也是一直跟随他的弟子。而郑老与侯老早在20世纪50年代就已在清华大学建筑系相识了，因为侯师受时任清华大学建筑系主任梁思成先生的邀请，为学生开设“北京的地理背景”一课，而此时的郑孝燮先生已是该系的教师了。

郑老从“文化大革命”结束后的1978年开始担任第五届全国政协委员，并且连任三届。正是从这时起，郑老几乎把全部精力都投入到文物保护和历史文化名城保护工作中，以至后来的世界遗产保护工作他都不遗余力。在任第六届全国政协委员期间，以侯仁之先生为首的四位委员（其余三位分别是阳含熙、郑孝燮、罗哲文）在全国政协会议上提出了“中国加入‘世界遗产公约委员会’”的提案之后，他们之间的关系就更亲密了。

2004年，在联合国教科文组织世界遗产委员会的资助下，中华书局编辑出版了《中华世界遗产年鉴》一书，其中的“人物”一章拟列入侯仁之先生。这自然是一件好事。只是侯老已年届93岁高龄，撰写文稿已力不从心，经郑老推荐由我撰写，侯老最后审定。自此以后，我与郑老先生的联系就逐渐多了起来。甚至连侯老90岁大寿、95岁大寿时，郑老都让我代表他去给侯老送生日贺礼。

就在与郑老先生的接触日渐增多的过程中，我不仅领略到了郑老的学识渊博，更领悟到了老人家那份赤子之心和敢于担当的雄浑气概。

### “金饭碗”，不是用来吃饭的

“历史是根，文化是魂。”

这是郑老最爱讲的一句话。他认为对于一个国家、一个民族而言，文物保护工作实质上就是延续祖国的历史、传承民族的文化的过程。因为文化是历史的见证，是文化的载体，一个民族如果断了根，去了魂，那我们就可以这样说：这个民族就不存在了。

“金饭碗，不是用来吃饭的。”这也是郑老经常会提及的一句话。何谓“金饭碗”？这个故事源于郑老的一次政协考察经历。在他任第五届政协委员期间，曾与其他相关委员一起对卢沟桥作实地考察，他就把卢沟桥比喻成“金饭碗”。

卢沟桥是修建于距今820年的古老石桥。这座桥横卧于卢沟（清代称“永定河”）之上，由于其工程浩大，工艺精湛，自古以来就流传有许多故事。北京歇后语中就有“卢沟桥的狮子数不清”之说；在卢沟桥之墩迎水面的分水夹上桥有“三角形”铁柱，能在春暖花开之时，击碎上游顺流而下的冰凌，从而保护了桥墩，因而有“斩龙剑”之称；更有在入秋之后，可以领略天高云淡，晨曦初露的“卢沟晓月”的美景……

但是，当郑老在现场看到一辆辆满载物资的车辆、拖拉机从古老的卢沟桥上疾驰而过时，就好像碾过他老人家的躯体——他的心都要碎了。就在随后召开的政协会议上，郑老开口了：“桥是走车的，但是在过去可以，现在不行。一个简单的道理，碗是用来盛饭的，难道我们能用故宫内的金饭碗来盛饭吃吗？我认为，这只大金碗只能是看的，而不是用来吃饭的。”

继而，郑老深情地说：“我们作为炎黄子孙，看到自己祖国的历史文化遗产与外国人看到的不一样，人们看到卢沟桥，不仅是为了欣赏桥梁本身的艺术魅力，更重要的是卢沟桥记录了抗日战争的历史，它是爱国主义教育的基地，是一部史书，我们的历史名城、古建筑、古遗址，我们的大好河山，都是历史的教科书。要教育我们的子孙后代，不能因为经济发展、生活富裕而忘记了历史这个根，更不能丢掉文化这个魂。”

正如郑老所言，在世界文化史中，唯独建筑是人类一切造型艺术创造中最大、最复杂，也是最耐久的一类。所以，它能够代表的民族思想和艺术特征更显著，也更为重要。建筑是有民族性的。这是建筑文化先贤梁思成先生归结出来的重要理念。正是基于建筑文化所含有的这种属性，所以某种特别壮丽而又显示民族特色的历史建筑，往往成为象征国家的标志。天安门是这样，天坛也是这样。

也正是基于这样一种理念，郑老对南京城墙的保护提出了他独到的建议。他说，明城墙有三处：第一处是凤阳，第二处是南京，第三处就是北京。其中城墙保存最多、最好的就是南京，就南京城墙来说，现在看来有2/3得以幸存，这就全国而言，已经是非常可贵的了。全人类、全中国城墙都是稀有的、十分珍贵的文物。毁掉了，就再也没有了。南京城墙经过几十年的风风雨雨，好不容易剩下这么一点点，要绝对加强保护。何况，南京城墙在明朝的三个都城乃至全国所有城墙中，文化品位都是高的，工程技术水平也是最高的。

不仅如此，郑老还当场呼吁：“我们不仅要保护南京古城墙本身的历史文化价值、艺术价值、科学价值，同时还要依托城墙的一砖一石，依托它周边发生的历史上重大事件，而决不可以独善其身地只保护它自己。因为南京保存下来的城墙，既是物质的文化古迹，又是获得历史教育、爱国主义教育的精神文明课堂。”

不得不说，这真是一个具有真知灼见，又具有深远意义的建议，即托物寄史、托物寄情，寄托我们的爱国主义之情，热爱中华民族之情。

**紧急提案，“刀下留门”**

关于北京的城墙，已故的建筑大师梁思成先生有一段非常精辟的论讲：“环绕北京的城墙，是一种气魄雄伟、精神壮丽的杰作。它不只是为防御而叠积的砖堆，它磊拓嵯峨，是一圈对于北京形体的壮丽有莫大关系的古代工程。无论是它壮硕的品质，或它轩昂的外象，或它那样年年历风雨甘辛，同北京人民共甘苦的象征意味，总都要引起后人复杂的情感。”

但是从1958年底开始，北京的城门被陆续拆除，一直持续到“文化大革命”期间才完。梁思成为此痛哭了一场。

郑老目睹了古城墙和城楼一段又一段、一个又一个倒下，见证了那段辛酸和痛心的历史，但又义无反顾地加入到古建筑保护的行列中。

1979年初，北京市为了修建立交桥，拟拆除德胜门箭楼。得知此事，郑老心急如焚。可当时德胜门箭楼没有列入文物保护单位，它并没有被保护的“身份证”。而当时负责拆箭楼的北京房屋修建二公司已经进驻德胜门，情急之下，郑老给时任国务院副总理的陈云同志写信，希望他尽快制止拆毁德胜门箭楼。（略，见调研考察《关于制止拆毁德胜门箭楼的紧急建议》）

郑老先生的这个“紧急建议”得到了党中央、国务院有关部门的重视，很快被采纳落实，使德胜门箭楼，这个北京城重要的标志性建筑物得以保留下来。

郑老说：“陈云同志同意了这个紧急建议，并交给国务院，曾记得当时是谷牧副总理批示，由计委拨了30万块钱，来修缮德胜门箭楼。这样，就算是‘刀下留门’了。”

### 为平遥古城“拍桌子”

平遥古城是山西太原南面一座有2700年历史的古城。现存的东城墙建于明洪武三年（公元1370年），是迄今发现的保存最完整的明代古城，其古城墙、古街道完整保存率达90%以上。不仅如此，平遥还是中国近代金融历史的发源地。

但是，在是否将平遥列入世界遗产名录的申报过程中，专家组产生了歧义，而且还一度未将平遥列入申遗的名单之中。就因为这件事，一向以“脾气好”而著称的郑老先生气得当众“拍桌子”。

在回忆这件事的时候，郑老这样说：“我们事先商量的时候，是说好要报平遥的，但是后来在准备正式递交的名单中却没有了平遥，所以我火了，我很不礼貌地站了起来，拍了桌子。当然，拍桌子就是不礼貌嘛。但是如果不拍桌子，平遥古城肯定要被抹掉了。你觉得合格，别人觉得不合格，这也是很常有的事。但是有一点前提是，事先我们是说好的，你怎么就突然来这么一下？漏掉了平遥，这个做法不好！”

会后，郑老赶紧给有关部门的领导写了一份报告，建议将平遥古城和丽江古城同时向联合国教科文组织申报为“世界文化遗产”。他真诚而挚爱的态度和严谨治学的精神，深深地打动了有关领导。平遥古城的申遗终于重新审定，并正式列入申报联合国教科文组织世界遗产名录的名单之中。

### “上海，必须列入历史文化名城”

郑老在长期的城市规划和文物保护工作中，逐渐认识到城市是一个有机的综合体。它体现着一个地方，甚至是一个国家的历史文化，并由此提出了历史文化名城个性、特色“三要素”，即性格、品格和风格：“性格”是指由于自然环境造成的个性特色；“品格”是指在古代礼制和习俗史影响下所形成的社会属性；“风格”则是指形式和内容相结合的艺术特色。

正是“三要素”的互相整合，构成了中国历史文化名城完整和有鲜明个性的风貌特色。在此基础上，郑老又提出：“城市的文态环境”这样一个全新的概念。这就是以建筑的整体布局形象为主导而形成的，贯穿着“美的秩序”的城市文化环境，而城市文态环境保护的主旨，这就要维护和发扬这种文化。

正是基于上述的这些调查、研究，在1981年，郑老和另外几位全国政协委员提出了“历史文化名城”的保护。1992年2月，国务院正式批准了关于确定历史文化名城的文件。

而就在是否应该把上海列为历史文化名城的过程中，又发生了这样一个故事——

郑老说：“最初讨论的时候，没有人反对，都是赞成的。但是，在有关媒体所报道的名单中，却未见上海，就不应该了。当时我们正在安徽。我们三人（郑老和已故的原故宫博物院院长单士元、已故的古建筑专家罗哲文）很着急。因为不几天国务院就要正式批复，如果批下来没有上海，那就麻烦了。因此，我们赶紧到省委，请他们把我们写的一封给万里副总理的信尽快递上去。”

信中谈到，上海不仅有古可考，而且它所反映的是近代史，是半封建、半殖民地城市中最典型的代表。再者，孙中山先生所开展的很多活动都在上海，共产党很多活动、很多统战工作也在上海。上海是中国共产党的诞生地。“上海，必须要列入历史文化名城”。

令人高兴的是，时任国务院副总理的万里先生同意了郑老他们的意见。

上海最终被列入了国家历史文化名城的名单之中。

同样，在对河北承德避暑山庄的保护工作，郑老先生也是功不可没的。除前面所说的卢沟桥、德胜门箭楼之外，明十三陵、八达岭、天坛、大钟寺等文物的保护或申遗，也都凝聚着郑老辛勤的汗水，得益于他积极的参与和奔走呼号。

现如今，我们面前的郑老已是年届百岁高龄的耄耋老人了，但是在我与他相识的十多年来，从他那伟岸的身躯、洪亮的声音、敏捷的思维，以及他侃侃而谈的神情中，总是能感到老人内心仍在燃烧着炽热的火焰。

“匹夫有责，当仁不让。”这就是郑老的品格。为了保护古建筑，郑老先生已记不清有多少次“紧急上书”了。这期间固然有成功的，当然也有过失败，更有许多是他无可奈何的，但是郑老却从来没有放弃过。“没有声音是不行的，哪怕很小，这个信念是不会改变的。”郑老先生如是说。

（原载于《中国政协》2014年第4期）

# 怀念文物保护专家郑孝燮先生

单霁翔

101岁的郑孝燮先生走了。我想他一定是了无遗憾的！长命百岁，自古以来就是人们的美好祝愿。而他的百年，是有质量的百年。对国家、对事业、对亲人，有眷念，没遗憾！

2017年春节前夕，当我像往年一样，做好了看望郑孝燮先生的打算，他却提前离开了我们。20多年来，难以计数多少次向先生请教，而每次感觉都是那么轻松愉快，没有交流障碍。我想这种感觉，一方面来自先生的谦和儒雅、奖掖后学的品格，另一方面来自我们共同的专业背景：同样毕业于建筑学科，同样长期从事城市规划实践和理论研究，同样热爱文物和历史文化名城保护事业。因此，在向先生请教的过程中，我总是获益匪浅。

郑孝燮先生是我国建筑和城市规划领域的前辈学者，拥有很高的学术声誉，作出过突出的历史贡献。同时，先生也是名副其实的文物保护专家。他的丰富经验和学术思想，长期以来对我都产生了深刻影响。实际上，在我的眼中，先生更是促进建筑、城市规划和文物保护三门学科融合、创新、发展的实践者和先行者。

## 古都卫士

郑孝燮先生长期生活在北京，对这座文化古都充满感情，对于北京文物古迹的抢救性保护更是竭尽全力。人们记忆犹新，在他的呼吁下，北京德胜门箭楼得以免遭拆除，卢沟桥得以停止机动车行驶。实际上，20世纪80年代、90年代，直至21世纪初，北京地区开展的每一项文物保护的重要行动，都可以看到他和多位专家学者奔走的身影，凝结着他们的心血，记录着他们的艰辛。比如，看到天坛内坛中轴线的旁边，由于长期倾倒弃土，形成又高又大的土山，严重破坏天坛的原有面貌和意境，他大声疾呼搬掉土山，使天坛恢复了庄严景观和优良环境。再比如，看到400多条污水管向故宫筒子河排放废水，造成环境污染，他又为此疾呼开展清淤，使故宫角楼的倒影再次映照在筒子河水面。

2002年9月，郑孝燮先生和侯仁之、吴良镛、宿白等25位专家、学者致信国家领导，题为“紧急呼吁——北京历史文化名城保护告急”，建议“立即停止二环路以内所有成片的拆迁工作，迅速按照保护北京城区总体规划格局和风格的要求，修改北京历史文化名城保护规划”。针对北京城市建筑，先生认为创新与传统不可分割，“中而新”应是首都建设风貌的总基调。指出“所谓‘中而新’，包括两个基本特征：一是城市建设现代化对传统要有所继承和发扬，同时把外来营养化为自己的血液；二是创新应导致北京建设风貌的多样化，形成比较丰富的、完美的、有机的整体特色”。2002年10月，郑孝燮先生又积极呼吁整体保护北京皇城，提出皇城保护的“三低原则”，即“低人口密度、低建筑高度、低交通流量”。

### “文保”委员

郑孝燮先生自1978年开始担任全国政协委员，连任三届。在此期间，他把大量精力投入到文物保护、历史文化名城保护，以及此后的世界文化遗产保护事业之中。例如1981年6月，针对当时外贸部门经常深入各地收购文物，客观上助长了文物偷盗、古墓盗掘及投机倒把，直至最后大批文物外流，先生提出“今后应发展文物复制品出口，并禁止文物原件出口。建议国务院组织有关领导、专家、教授研究，提出意见，慎重决策”。这一建议影响深远，奠定了此后流散文物保护政策的基础。

1985年，在全国政协会议上，侯仁之、阳含熙、郑孝燮、罗哲文联名提交政协提案，呼吁中国加入世界遗产公约，“以利于我国重大文化和自然遗产的保存和保护，加强我国在国际文化合作事业中的地位”。这一提案引起高度关注，同年11月全国人大常委会批准我国加入《保护世界文化和自然遗产公约》，从此拉开了中国申报世界遗产的序幕。经过30多年努力，如今中国已经成为拥有世界遗产最多的国家之一。也正是有先生等前辈政协委员树立的榜样，此后历届全国政协都有不少为保护文物而深入调查，奔走呼吁，联名提案的委员，使文物保护成为政协委员义不容辞的责任。

1989年，我在北京市规划局工作期间，探索设立历史文化保护区的工作。这一以往没有开展过的保护规划目标，当时并未引起人们关注。但是，当我请教先生时，得到了热情鼓励和指导，经过报批，北京市政府确定了25片历史文化保护区。2000年，我回到北京城市规划部门工作后，又开始组织编制25片历史文化保护区保护规划，再次获得了郑孝燮先生的积极支持。2001年8月，郑孝燮先生撰写了“赶快规划历史文化名城的历史保护区”一文，指出“这是个化整为零，分散成片，相对集中保护古都历史风貌的重要规划方案”，并强调“北京旧城的25片保护区的决策和经验在当前也是其他历史文化名城应该借鉴的”。

早在1993年1月，郑孝燮先生就写信给当时的建设部周干峙副部长和储传亨总规划师，建议研究改进“旧城改建”的提法。指出“旧城改建”的提法，虽然沿用已久，但是毕竟不够完善，有很大的片面性，特别对于历史文化名城而言，“旧城改建”的提法很危险，会误导公众，建议改为“旧城改建与保护”。这一建议经过建设部领导批示后，刊登于《城市规划通讯》，引起全国城市规划系统的重视。20世纪90年代以来，先生在不同场合多次提出城市文态环境保护的概念，指出“在我国，除生态环境保护外，我认为还存在另一种环境保护——即城市的文态环境保护”。什么是城市的文态环境？简而言之，就是以建筑整体布局形象为主导而形成的贯穿着“美的秩序”的城市环境文明。

### “三驾马车”

在文物系统，提起“三驾马车”，尽人皆知。面对一些地区出现破坏文物的情况，郑孝燮先生会同单士元先生、罗哲文先生，马不停蹄地奔赴当地，及时开展文物保护状况调查，呼吁对处于险境的文物古迹实施抢救，树立起挺身而出保护文化遗产的不朽形象。“三驾马车”的足迹遍及全国各地的历史文化名城和文物保护单位，河南、河北、陕西、山西等文物大省更是经常留下他们的足迹。从承德避暑山庄和外八庙，到山西晋祠、大同华严寺；从云冈石窟，到龙门石窟、敦煌石窟；从邙山古墓群，到秦始皇陵、汉魏洛阳故城遗址；从定海古城，到丽江古城、平遥古城。数万公里的忘我奔走，20余年的大声疾呼，使一处处文物古迹、一片片历史街区、一座座文化名城得以依法保护，如今许多已成为全国重点文物保护单位，甚至列入《世界遗产名录》。

1998年5月，单士元先生病逝，郑孝燮先生曾深情回忆道："史无前例摧文明，七十余年紫禁城。祸起萧墙拨乱后，匹夫老马三人行。三驾马车二十年，金刚护法叟为先。鞠躬尽瘁魂归去，洒泪追思悼国贤。"昔日的"三驾马车"不知疲倦地奔驰在祖国大地，今天三位先生相继离开了我们。但是他们的精神永存，激励一代代文物保护者坚定前行。实际上，先生和侯仁之、吴良镛、谢辰生、傅熹年等专家学者拥有的深厚友谊，也都堪称典范。人们经常看到他们一起赴文物保护现场调研，共同出席文物保护论证会议，联合签名上书呼吁抢救性保护。长期以来，专家学者们之间的友谊，成为推动文物保护事业发展的重要力量，也赢得了全国文物保护人士的普遍尊敬。

## 两大倡议

十几年来，我多次收到郑孝燮先生关于加强文物保护建议的来信。例如2003年他不顾年近90岁高龄，参加了甘肃、新疆等地文物保护考察，自敦煌出发，西出玉门关，穿越被称为"死亡之海"的罗布泊，考察了楼兰、龟兹、交河等处考古遗址保护状况。回京以后，先生会同谢辰生、罗哲文、徐苹芳等几位专家，给我写了一封长信，反映沿途所见文物保护存在的问题，特别是对古楼兰国遗址保护状况"极为忧虑"，希望国家文物局给予关注，加大支持和投入力度。对此，国家文物局通过深入调研，将情况及时上报国务院，引起高度重视，批准设立新疆大遗址保护专项资金，随后启动了全国大遗址保护行动计划。近年来，实施大遗址保护，建设国家考古遗址公园，得以推广至全国各地，得益于先生和专家们的呼吁。

2005年7月，郑孝燮先生与吴良镛、谢辰生、傅熹年等11名专家学者联名致信国家主要领导，倡议我国设立"文化遗产日"，希望通过设立"文化遗产日"使广大民众更多地了解祖国文化遗产的丰富内涵，自觉参与文化遗产保护与传承的行动。仅仅几天之后，来信得到回复。当年12月，国务院决定从2006年起，每年6月的第二个星期六为我国"文化遗产日"。为了表彰专家学者对设立我国“文化遗产日”所作出的重要贡献，在第一个“文化遗产日”前夕，国家文物局决定授予郑孝燮先生等11名专家学者“文物保护特别奖”。当我把“文物保护特别奖”证书送到郑孝燮先生家中时，先生露出了欣慰的笑容。如今每年的“文化遗产日”已经成为亿万民众共同的文化节日，文化遗产保护的理念愈来愈深入人心。

郑孝燮先生无比热爱祖国的文化遗产，为我国文物古迹和历史文化名城保护研究倾注了毕生心血。退休以后，先生本来可以选择优裕、安定的生活，但是他却凭着对祖国文化传统的热爱，选择了文物保护这一在当下极其艰苦的工作，并作为长期奋斗的事业。先生一直强调，文物保护不仅仅是文物部门的事，还应该是综合的、全面的事业，通过多学科广泛参与，才能实现更加有效的保护。文物保护是全民的事业，人们不论年老与年少，不论在职与离退，也不论业内与业外，都可以加入到保护的行列。他是这么说的，也是这么做的。2009年6月，在第四个中国“文化遗产日”到来时，为了表彰先生对文物事业作出的突出贡献，文化部、国家文物局授予先生“中国文物博物馆事业杰出人物”荣誉称号。

### 故宫情怀

故宫是郑孝燮先生毕生关注、研究的对象。在他的专著和讲话中，故宫是永远的话题，特别是对于故宫整体保护有着独到见解。1995年9月，他在《紫禁城的布局规划》一文中提出“保护紫禁城决不能独善其身，决不能失去外围——即皇城及内城——的整体保护关系。就是说，要由内而外和谐地过渡，取得渐变的协调风貌关系”。10年以后，2005年5月先生又撰写了《古都北京皇城的历史功能和传统风貌与紫禁城的“整体性”分不开——迎接故宫博物院八十华诞》一文，进一步强调“对故宫古建筑的研究与保护，除对它本身的‘真实性’外，必须连同它的外围‘整体性’在内。”“所以，紫禁城的保护不可以独善其身，而要结合皇城的保护，达到整体性的统一和谐”。

2002年，国务院决定启动“故宫古建筑整体维修保护工程”。为了保证工程顺利实施，文化部成立了专家咨询委员会，郑孝燮先生成为成员并积极参加咨询会议，提出不少具有建设性的意见。2012年初，我从国家文物局局长岗位调任故宫博物院院长。对此，先生再次给予了积极鼓励。他不但向我讲述这一岗位的重要性，而且谈到了其独特性和艰巨性，鼓励我努力做一名称职的故宫博物院院长。他饱含深情地讲道，“紫禁城是人类文明的瑰宝，我们应该世世代代把它保护好，并完好地传给子孙后代”。每当想起先生的这番话，都令我心潮澎湃。先生对故宫、对中华文化的真情挚爱，激励我们努力推动故宫博物院事业发展。

**培养之恩**

十几年来，每年春节期间，我都要到郑孝燮先生家中看望。由于正月初三是清华大学“老同学”们看望先生的固定日期，所以正月初四的上午就成为我拜访先生的时间——他总是把这一时间留给我。近些年来，由于老伴“看得紧”，先生参加各项活动的场合越来越少，春节也就成为我每年向先生当面请教的难得机会。

老伴去世以后，先生的身体一年不如一年。但是2013年春节，我去看望先生时，他居然在认真地做着手工模型，房间里还摆放着十几件已经完成的模型，全部是各国世界文化遗产的题材。先生高兴地向我介绍这些成果，并执意要将一件世界文化遗产“圣彼得教堂”送给我留作纪念。几年来，先生制作的这件模型一直摆放在我的办公室计算机旁。每天开始工作时，我都会看到这件模型，仿佛看到先生勤奋工作的身影，感受一位学者顽强的生命力，激励我满怀信心地投入新的一天工作。

今年春节前夕，我再次来到郑孝燮先生家中，面对的却是先生的遗像，心绪难平，感想颇多。2005年3月，先生获知我获得美国规划协会“2005年规划事业杰出人物奖”的消息后，曾作诗一首加以鼓励：“有识之官有识士，图今用古献人民。城规‘杰出’知音远，文物千秋民族魂。”2007年12月，先生不顾91岁高龄，参加了我的清华大学博士论文答辩。两天之后，先生又寄来了一首诗予以祝贺：“水木清华点状元，德才兼备栋梁官。业余五载愚公志，流水高山青出蓝。”2010年3月，电话询问我参加全国政协会议的情况，听我汇报所提交的22份政协提案全部是关于文物保护的内容后，94岁高龄的先生再次赋诗一首：“谊深网上祝高寿，匹夫回首多平凡。此生同爱新天地，民族基因优胜传。”如今，重温这些充满真情实感的诗句，深切缅怀先生的培养之恩。

**历史丰碑**

郑孝燮先生是建筑、城市规划领域德高望重的学者，也是历史文化名城保护的先驱和文物保护领域的专家，以学贯中西的远见卓识和博大精深的历史情怀，在建筑教育、城市规划、文物保护等诸多方面均有开创性的建树，成为一座丰碑，永远令后人崇敬与追思。今天，无论国家还是社会，对文化遗产的保护都提出了更高的标准和更加严格的要求，文化遗产的内涵和外延也在不断丰富和拓展。文物保护工作任重而道远，需要不断与时俱进，创造性地开展工作。

对我们这些后辈而言，郑孝燮先生留下的不仅是他的研究成果、他的学术文章，更重要的是他留给我们的精神财富，一种勇于开拓、恪尽职守的品格，一种百折不挠、不懈奋斗的情操，一种笃实严谨、尊重科学的风范，一种呕心沥血、无私奉献的境界。我认为，这是先生留下的丰厚遗产，需要我们倍加珍惜，努力加以研究、实践和传承。

日前，经过数年努力，《故宫保护总体规划》已由北京市人民政府正式公布。我想，这也是对长期以来为故宫保护倾注大量心力，也与故宫结下不解之缘的郑孝燮先生最好的纪念。我们以此表达“故宫人”深深的敬意和思念。

（原载于《人民日报》2017年2月18日海外版）

**图书在版编目（CIP）数据**

一份沉甸甸的责任 / 郑孝燮著 .-- 北京：中国文史出版社，2018.12

（政协委员履职风采）

ISBN978-7-5205-1092-9

Ⅰ . ①一… Ⅱ . ①郑… Ⅲ . ①中国人民政治协商会议—参政议政—文集Ⅳ . ① D627-53

中国版本图书馆 CIP 数据核字（2019）第 081388 号

**责任编辑：**刘华夏

---

出版发行：**中国文史出版社**
社　　址：北京市海淀区西八里庄 69 号院　邮编：100142
电　　话：010—81136606　81136602　81136603（发行部）
传　　真：010—81136655
印　　装：北京地大彩印有限公司
经　　销：全国新华书店
开　　本：787 × 1092　1/16
印　　张：26.25　　插页：6
字　　数：414 千字
版　　次：2019 年 6 月北京第 1 版
印　　次：2019 年 6 月第 1 次印刷
定　　价：68.00 元

---